Zettelkästen. Maschinen der Phantasie

marbacherkatalog 66

Herausgegeben von Heike Gfrereis
und Ellen Strittmatter

Deutsche Schillergesellschaft
Marbach am Neckar

Inhalt

Jean Paul, Arno Schmidt und Walter Kempowski, Hans Blumenberg, Friedrich Kittler, Niklas Luhmann und Aby Warburg.

ARCHITEKTUR

Heike Gfrereis / Ellen Strittmatter
Architektur und Maschine. Statt eines Vorworts

Am Anfang dieser Ausstellung stand eine architektonische Idee: Zettelkästen sind Häuser des Lesens, Denkens und Schreibens, Räume der Phantasie im Raum der Wirklichkeit.

– – –

Außen meist konfektioniert, innen so unterschiedlich wie es nur sein kann: gefüllt bis an den Rand mit Lesefunden und Ideenzufällen, manchmal auch nahezu leer, Kisten des Versuchs, des Erfolgs und des Scheiterns. Ein Dichter wie Jean Paul hat aus ihnen große Romane wie den *Titan*, die *Flegeljahre* oder die »Blumen-, Frucht- und Dornenstücke« des Armenadvokaten Siebenkäs herausgezogen, ein Gelehrter wie Aby Warburg mit ihrer Hilfe seine Dialektik der magisch-aufklärerischen Bilder, der Schlangenformen und Zwitterwesen entfaltet. Zettelkästen sind viel mehr als nur Zubehör eines interior designs, das seinen Ursprung in der Bibliothek, den gelehrten Gehäusen und den religiösen Lotterien[1] hat und seit einigen Jah-

ABSTRACT

Zettelkästen. Maschinen der Phantasie

Hier fuhr aus den aufgezognen Schleusen des Herzens ein reißender Strom von Blut unter das Räder- und Mühlenwerk seiner Ideen hinein, und die ganze geistige Maschine klapperte, rauschte, stäubte und klingelte –.

Schreiben macht, zumindest in Jean Pauls *Siebenkäs*, einen Höllenlärm. Der Zettelkasten ist die leibgewordene und vordigitale Variante dieser Phantasiemaschine: Lesefrüchte und Schreibeinfälle werden hier gesammelt und einsortiert, vernetzt und verschachtelt und – durch Glücksaufschläge, Buchstaben- oder Zahlencodes – immer wieder in neue Zusammenhänge gebracht: ›Es‹ denkt und schreibt. Buch und Ausstellung versuchen die Geheimnisse dieser Kästen und ihrer Maschinisten zu ergründen, darunter einige der berühmtesten Zettelkastenimperienbauer:

ren – seit dem Siegeszug der kleinen digitalen Schreib-
tische und Schachteln, der iPads und Smartphones –
den simplen Kasten immer mehr als modischen Lieblings-
gegenstand entdeckt. Sie sind in ihrer sehr reduzierten
äußeren Form Sprach- und Bildmaschinen, Denk- und
Vorstellungsgeräte, Gedächtnisräume, leibhaftige Gehirne,
das anfassbare Unbewusste.

– – –

Ihre Besitzer selbst führen die Metaphern, aus denen die
Zettelkästen ihren Reiz gewinnen, gern aus. Die durch-
sichtige Plastiktüte, in der im Hause von Arno und Alice
Schmidt die von ihm in den Papierkorb geworfenen und
von ihr wieder herausgeholten Zettel zu *Caliban über
Setebos* aufbewahrt wurden, nannten die beiden »das
Gehirn« [→ Seelandschaft]. Niklas Luhmann hat seine
Zettelkästen zu »einer Art Zweitgedächtnis, ein[em] alter
Ego« erklärt.[2] Durs Grünbein nennt seine veröffentlichten
Karteikarten »Dream Index« und im Deutschen doppeldeu-
tig: »Aus der Traum (Kartei)«.[3] Der englische Schriftsteller
Will Self spielt angesichts seines über und über mit Post-
its überklebten Schreibzimmers mit der Doppeldeutigkeit
seines Namens, ›self‹ – ›selbst‹: »Betrachte Dich selbst
als eine kleine Korporation. Nehme an teambildenden
Übungen teil (lange Wanderungen). Feiere jedes Jahr
eine Weihnachtsparty, bei der Du sehr laut mit Dir selber
sprichst, während Du eine Flasche Wein trinkst.«[4]

– – –

In Zettelkästen kann man aufräumen, ohne wegzuwerfen,
und finden, ohne zu suchen. »In stillen Stunden ziehe ich
bei Dunkelheit wahllos einen dieser Zettel, halte ihn mir
vor die Augen und schalte blitzschnell Licht ein und aus.
Diese kurze Zeitspanne genügt, um das Kennwort in mich
eindringen und mich bewegen zu lassen.« So berichtet
Walter Kempowski seiner Mutter [→ Imperium]. Ein Zettelkasten schafft auch da äußerlich eine Ordnung, wo
sonst keine möglich ist. Er ist nicht an das Format der für
ihn geschaffenen weißen, gelben, grünen, hellblauen,
rosafarbenen oder grauen Karteikarten gebunden, fasst
Loseblattsammlungen und Fundstücke aller Art, Postkarten,
Fotos, Zeitungsausschnitte, Werbesendungen, und
gibt selbst den merkwürdigsten Dingen eine Systematik:
Nicht-Zusammengehörendes, Namenloses, Unbekannt an
Unbekannt, alles, was gefunden wurde. Er hat Platz für
sehr unterschiedliche poetische und wissenschaftliche
Verfahren (wie Notieren, Sammeln, Ordnen, Abschreiben,
Exzerpieren, Zitieren, Dokumentieren, Erfinden, Atomisie-
ren, Analysieren, Visualisieren, Übersetzen, Dekonstruie-
ren, Reimen, Variieren, Improvisieren, Vergleichen, Verlis-
ten, Registrieren, Auslassen oder Auslöschen) und fasst
sogar unbeschriebene Blätter – ein Vorratsgefäß auch für
alles, was noch kommt. Er ist ein dichter Raum, eine Art
Traumkiste, die unwillkürlich Assoziationsketten erzeugt
und das Denken in Analogien provoziert. Wobei er im
Unterschied zu den methodischen Gedankenschleudern,

den Brainstorming-Techniken *mind map* und *clustering*, seine Tiefe bewahrt und nicht einfach in die Ebene der Diagramme und Linien, Pfeile, Gleichungen und Formeln gebracht werden kann. Er verlangt nicht notwendig eine Festlegung und Verbindung und kommt im extremen Fall ganz ohne innere Ordnung aus. Schlicht *Zettel* lautet der Titel einer Ausgabe von Ludwig Wittgensteins Schachtel mit weitgehend ungeordneten und in ihrer Funktion unklaren Notaten, die er aus anderen Manuskripten herausgeschnitten hat.[5]

Theoretisch ist der Zettelkasten, hierin ein Archiv im Kleinen, in seinen Inhalten und Verknüpfungen unendlich. Jeder Zettel ist in sich eine Arabeske, der mit einem anderen zu einer neuen Figur verbunden werden kann. Theoretisch wiederholen sich auf jedem Zettel alle anderen, nicht nur weil das Gehäuse des Kastens zu einer zumindest äußerlich einheitlich begrenzten Formatierung zwingt. Was zu groß ist, muss gefaltet werden, was zu klein ist, wird gern aufgeklebt oder eingetütet. Je nach Faltung, Beschneidung, Einhüllung oder Einklebung des Fundstücks, je nach der Struktur und Beschriftung enthält ein Zettel sich mehrfach selbst. Durchaus, aber nicht immer so komplex und reich wie eine der fraktalen Naturformen: Schneeflocken, Farnwedel oder die Zaubervariante des Blumenkohls, der Romanesco. Die Oberfläche, die ein Zettelkasten in ausgelegtem Zustand einnimmt, ist

um ein Vielfaches größer als seine kompakte äußere Form, wobei er anders als zum Beispiel die Seiten eines Buchs eine Vielzahl von Ordnungsprinzipien herausfordert: Thema, Ort und Datum des Funds, Ort und Datum der Verwendung, Zettelnummer, Quelle, Art und Größe des Notats, Farbe des Zettels usw. Einer Ordnungsmöglichkeit steht so immer auch schon die nächste zur Seite. Der Zettelkasten ist ein Zufallsgenerator: »Ohne die Zettel, also allein durch Nachdenken«, behauptet Niklas Luhmann, »würde ich auf solche Ideen nicht kommen. Natürlich ist mein Kopf erforderlich, um die Einfälle zu notieren, aber er kann nicht allein dafür verantwortlich gemacht werden« [→ Kommunikationspartner].

Dieses Potenzial macht den Zettelkasten zum Papiercomputer, schon digital, weil er mit allen Impulsen gleich umgeht, aber noch eindeutig ein Handwerkzeug. Der Zettelkasten lebt vom wirklichen Anfassen und Begreifen, nicht nur vom optischen Öffnen und Schließen und Hin- und Herschieben der hängeregistergleichen Ordner, in das die Computerprogramme die Zettelkastenschlüssigkeit samt die seines Gegenstücks – des Papierkorbs – übersetzen.[6] Zettel und Karteikarten kann man »überall mitnehmen: ins Büro, zum Einkaufen, an den Abendessentisch oder sogar ins Bad«, sie erinnern »ständig an die Bedeutung« einer Arbeit.[7] Mit der Anlage und Benutzung eines Zettelkastens ist Zeit verbunden, ein reales

8

Gewicht und ein realer Ort. Ein Zettelkasten verlangt
Platz, seine Besitzer brauchen eine hartnäckige Ausdauer.
Manche bringen es daher nur zum einfachen Notieren auf
Zettel oder auch nur zu einem einzigen Kasten. Andere
sortieren und klassifizieren ein Leben lang und halten,
weil die Vielfalt der Funde sich mit dem Leben ändert, die
Spannung zwischen Ordnung und Unordnung aus, die im
Zettelkasten liegt: Man löst in ihm Bilder und Sätze aus
ihrem Zusammenhang, überführt einen gedruckten fremden Text in die eigene Handschrift oder auch – wie Hans
Blumenberg – in die eigene Stimme [→ Nachrichten],
um daraus neue Ordnungen und Bücher herzustellen.
Der Zettelkasten ist so immer auch eine Performanz-
maschine.[8] Doch die Gefahr ist groß, dass man sich darin
verliert und buchstäblich verzettelt. Ein Zettelkasten läuft
per se der Vorstellung einer festen Weltordnung mit
Anfang, Mitte und Ende zuwider. Sein Besitzer »bewirt-
schaftet [die] Sphäre des Optionalen« und »lebt von der
Rebellion gegen das Definitive des Gedruckten«.[9] Die
Welt des Kastens wird von verschiedenen Seiten aus
bestimmt, von hinten und vorne, von den Nachbarn in
Raum und Zeit. Es gibt Neuzugänge und Kassationen,
Haushaltsausflösungen und Umzüge, auch Unfälle.
Nichts verliert, wenn es herunterfällt, so leicht und schnell
seine Ordnung wie ein Zettelkasten. Seine äußere Form
ist stabil, seine innere labil.

– – –

Ihre Labilität und ihr Platzanspruch sind zwei der Gründe,
aus denen es so schwer ist, Zettelkästen als das auszu-
stellen, was sie für uns auch sind: Häuser – Landsitze,
Wohnkomplexe oder Stadtanlagen des poetischen Spa-
ziergängers, des phantastischen Träumers und des intellektuellen Flaneurs. Der eine hat wie Aby Warburg seine
Kästen individualisiert und bunt beklebt, manchmal auch
passend zu deren Innenleben wie seinen mit einem gelb-
lichen Schlangenhautimitat beklebten Zettelkasten Nr. 6:
»Ikonologie Synthese«, mit dem Auftaktregister »(Sage) –
Schlange – Baum«.[10] Der nächste zielt wie Georg Picht in
seinem 750 schwarzbezogene Kästen umfassenden Pla-
ton-Archiv auf die Einheit der Form und der Oberfläche.[11]
Der dritte imaginiert sich wie Jean Paul in seinen
Exzerptheften die Kästen nur [→ Geist], weil sie es
anders als ein sukzessiv geschriebener und gelesener
Text erlauben, trotz der Identität in ein oder mehr Punkten
die zeitliche und räumliche Differenz zwischen den Notaten zu bewahren:

> Ein Entwurf ist aber bei mir kein Predigtentwurf in
> Hamburg, den der Hauptpastor am Sonnabend aus-
> gibt und am Sonntag ausführt – er ist kein Glieder-
> mann, keine Akademie, kein Kanon, wornach ich
> schaffe – er ist kein Knochenskelett für künftiges
> Fleisch; – sondern ein Entwurf ist ein Blatt oder ein
> Bogen, auf welchem ich mirs bequemer mache und

mich gehen lasse, indem ich darauf meinen ganzen Kopf ausschüttele, um nachher das Fallobst zu sichten und zu säen, und das Papier mit organischen Kügelchen und mit Lagen von Phönixasche bedecke, damit ganze schimmernde Fasanereien daraus aufsteigen. In einem solchen Entwurfe halt' ich die unähnlichsten und feindlichsten Dinge bloß durch Gedankenstriche auseinander. Ich rede mich in dergleichen Entwürfen selber an und duze mich wie ein Quäker und befehle mir viel; ja ich bringe darin häufig Einfälle vor, die ich gar nicht drucken lasse, weil entweder kein Zusammenhang für sie auszumitteln ist, oder weil sie an sich nichts taugen.[12]

\- \- \-

Der Zettelkasten ist eine Art camera obscura, die deutlich macht, dass das Abbild eines Gegenstands nicht der Gegenstand selbst ist, weil sie die Verhältnisse auf den Kopf stellt:

> Gedächtnis ist nur eine *eingeschränktere* Phantasie.
> Erinnerung ist nicht die bloße Wahrnehmung der *Identität* zweier Bilder, sondern sie ist die Wahrnehmung der *Verschiedenheit* des *räumlichen* und *zeitlichen* Verhältnisses *gleicher* Bilder. [...] Die fünf *Sinne* heben mir außerhalb, die *Phantasie* innerhalb meines Kopfes einen Blumengarten vor die Seele; jene gestalten und malen, diese tut es auch; jene drücken

die Natur mit fünf verschiedenen Platten ab, diese als sensorium commune liefert sie alle mit *einer*.[13]

Zettel sind die kleinsten realen Teile, die von Ideen und Lektüren übrig bleiben: der blasse Abdruck der Druckplatte im Kopf, nicht mehr nur Traum, aber auch nie nur wirklich. Sie sind Rest und Fragment, mehr vergangen und zukünfig als gegenwärtig. Sie haben immer den Charakter des Vorläufigen, Vorübergehenden, Nochnichterfüllten, Unter- oder Überbelichteten [→ Überbelichtet]. Jeder Zettel ist ein Ianus, der voraus- und zurückblickt und zwischen verschiedenen Systemen eingespannt ist, mehr da und dort als hier – für Jean Paul ein idealer Distanzerzeuger:

> Schreiben ist empfangen, empfangen genießen; aber im Genusse gleichen wir alle dem Papagei, der während seines Fressens auf Einem Beine steht. Die Gegenwart ist eine falsche Brille, und oft scheint die Fliege, die zu nahe vor dem Auge vorbei fliegt, ein Adler, und der Adler, den die Entfernung in einen schwarzen Punkt verwandelt, eine Fliege zu sein.[14]

\- \- \-

Nicht immer haben Zettelkastenautoren reale Kästen hinterlassen, und nicht immer haben Archive diese dann auch aufgehoben – sie brauchen Platz, passen nicht ohne Weiteres in die Ordnung der Archivkästen und -mappen. So gibt es oft nur die Auszüge, aber nicht mehr die

Schränke, manchmal auch nicht einmal mehr die kleinen Kisten und Index-Mappen. Kästen, Faszikel und Ordner bewahren das Material unter konservatorischen Gesichtspunkten ohnehin nicht optimal, weil das Papier in ihnen auf Kante steht und nicht flach liegt. Die Zettel werden als Einzelautographen gezählt und sind als Ganzes ein unermesslicher Schatz. Manche sind nur in musterhaften Beispielen erhalten, andere umsortiert, bereinigt oder auch von ihren Besitzern selbst dezimiert worden. Hat es ihn gegeben und hat er sich erhalten, dann ist für den Zettelkasten jede Ortsveränderung eine Bedrohung: Die Gefahr ist groß, dass die labilen Ordnungen durcheinandergebracht werden, die der Tod ihrer Besitzer zu letztgültigen gemacht hat: ihre Ordnung letzter Hand.

– – –

Als Haus ist ein Kasten geschlossen. Um sein Inneres zu zeigen, muss man ihn öffnen. Doch seine Zimmertüren, die einzelnen Register, geben noch lange nicht die Einrichtung und die Bausteine dahinter preis. Zettelkästen sind so unausstellbar. Man kann nicht den realen Kasten und dessen reale Architektur sehen und gleichzeitig die imaginäre Architektur der Zettel. Der Zettelkasten provoziert die Installation, doch baut man einen Raum aus Zetteln, so ist die kleine Form des Kastens verloren. Greift man zum Hilfsmittel der medialen Animation, so kommt eine zweidimensionale Blättermaschine heraus oder ein inkommensurabler Hypertext ohne die Grenze der Kiste,

ein Spiel der Überlappungen oder der Flickenteppich einer möglichen Kombination, der – dort, wo die Zettel wirklich zu einem Text zusammengebaut worden sind – die Textgenese visualisiert und mit der Vorstellung vom Autor als Genie und der Literatur als Erlebnis aufräumt: Der Zettel wird Teil eines größeren Textes, der Autor ist ein Zettelarrangeur. Spannender ist die umgekehrte Bewegung: das Zerschneiden des fertigen Textes in Zettel:

> Mit einer hinreichend großen Fläche (Fußboden), etwas Fleiß und ausreichend geringem Respekt vor zusammengebundenen Seiten empfiehlt es sich nun, den Kommentar konsequenterweise zu zerschneiden und den jeweiligen Versen in ihrer Ausgangsform auf Karteikarten zuzuordnen. Die beiden Textspalten ergeben nicht nur ein abwechslungsreiches Muster, wenn sich zu 999 Zeilen Gedicht (nach Ansicht des Herausgebers wird das Gedicht erst durch die 1000. Zeile vollendet, die indes die erste ist: also, am besten im Kreis anordnen!) 254 Seiten (zu durchschnittlich 30 Zeilen pro Seite) Anmerkungen fügen.[15]

– – –

Um die überlieferten Zettelkästen, ihre Zettel und deren Verbindungsmöglichkeiten in Ansätzen real sichtbar zu machen, mag man an Wäscheleinen denken, an ihnen die Zettel, neben- und nacheinander, in langen, dichten Reihen, die Leinen ab und zu wie bei den berühmten Fadenbildern der 70er-Jahre um die Nagelpunkte bestimmter Themen gewickelt und von Zeit zu Zeit anders gespannt. Eine Installation zwischen Piranesi und Escher, die in Aby Warburg einen Vorgänger findet: Dieser hat für seinen *Bilderatlas* Fotografien mit Nadeln auf schwarzes Tuch gesteckt, um die er dann Wollfäden schlang, damit er Beziehungen zwischen den Bildmotiven markieren konnte – immer wieder arrangiert er neu, um eine letzte Ordnung zu finden, in die alles schlüssig passt: »Massenverschieb[un]g innerhalb der Photo-Tafeln. [...] Habe angefangen, die ganze Götterwelt auszuschneiden«.[16] Auch die reale Anordnung im Raum kann die Komplexität der Zusammenhänge nicht fassen, die man zeichnend sowieso immer nur andeuten kann:

> Warburg benutzt *Bäume* für genealogische Abhängigkeiten, *Gitter* für tabellarische, also synchrone und diachrone Lesbarkeiten, und *Netzwerke* für die europäischen Übertragungswege und ihre Verluste. [...] Nicht alles ist in jedem Graphen darstellbar, und eine Synthese der drei Typen im Sinne der Warburg'schen ›Evidenz‹ eines Zusammenhangs von Genealogie, Typologie, und Topographie ist schon mathematisch unmöglich.[17]

Schon Mitte des 16. Jahrhunderts entwirft Konrad Gessner ein ideales Buch, auf dessen Blättern vier Fäden befestigt sind, so dass man die Zettel nur einschieben muss und jederzeit problemlos umordnen kann.[18] Mit den versuchten Ordnungen wachsen die Möglichkeiten des Ordnens. Der Zettelkasten markiert mit seiner kleinen, überschaubaren Form und der darin eingefalteten Komplexität die Schwelle zwischen Chaos und Ordnung, Verzweiflung und Übersicht, Verzetteln und Effizienz, Beweglichkeit und Methode. Er ist ein kybernetisches Objekt und führt die unterschiedlichen Zeitsysteme, Geschwindigkeiten und Gangarten des Denkens zu ihren Extremen, lebt vom Durcheinander von Ausdauer, Langeweile und Schnelligkeit, Studium und Erleuchtung, Tiefe und Oberfläche, Kopf und Hand. Das 760 laufende Meter umfassende Tessiner Archiv des Ausstellungsmachers Harald Szeemann wird von einem Chaos der Ordnungen in allen Ebenen beherrscht: Zettel an Schnüren von der Decke, Karteikästen mit Registern auf Tischen, Schubladenschränke, Regale, Kisten und Tüten, Versuche des Reihens und Stapelns, der Serien- und Haufenbildungen – »Unordnung ist eine Quelle der Hoffnung« steht unter einem Regalbrett: »Das Wichtigste ist für mich, mit geschlossenen Augen durchzugehen, und meine Hand wählen zu lassen.«[19] Der Künstler Mark Lombardi hat auf eine Kartografie aus Pfeildiagrammen und gestrichelten Linien zurückgegriffen, die mehr das Prinzip der Verknüpfung als eine tatsächliche ursächlich-logische Verbindung markieren, um immer wieder eine neue Auswahl aus seinen rund 14 000 Karteikarten zusammenzuordnen: »wie eine Form des Webens, bei der Schreiben, Zeichnen, Archivieren und Denken simultan stattfinden und ein Gefühl von Freiheit und Emanzipation auslösen.«²⁰ Alissa Walser sammelt in ihrem Kasten »kleine und größere Blitze. Überbelichtetes und Unterbelichtetes. Wörter, Sätze, Bilder, flüchtig notiert, irgendwo herausgerissen, sich allen möglichen Ordnungsmustern widersetzend. Eine Arche der Überraschungen. [...] ein undurchdringlischer Dschungel«. Sein Reiz liegt gerade im Nichtverbundensein der Einzelstücke: »Gottseidank weiß mein Zettelkasten nichts von Ordnungsprinzipien und Selbstverlorenheiten. Ihn zu durchstreifen ist jedesmal wie ein Spaziergang durch den undurchforsteten Dschungel. Was sich beim Durchstreifen anzettelt, ist Kondensation des Glücks, ist Wolkenbildung und Erinnerungsregen.« [→Überbelichtet]. Die Verdopplung des Kastens ist dann die letzte Konsequenz: ein Buch mit losen Karten und Dingen²¹ oder ein noch nicht geschriebenes, nie schreibbares Buch [→Fingerkunst].

Der Zettelkasten changiert zwischen Raum und Tableau, zwischen Kiste, Gebirge, Tafel und Spielkarte. Er ist ein Modell des Ausstellungslabors, so wie der Atlas, den man mit diversen Schnitten und Verlusten aus ihm destillieren kann, ein Pendant zur Ausstellung ist. Immer sitzt da jedoch noch einer daneben oder besser: darin. Der Zettelkasten zeigt die innere Physiognomie seiner Besitzer, ihr Denkergesicht und ihren Schreiberkopf. Kasten und Kästner, Maschine und Maschinist. Nicht jeder unter ihnen ist ein Höhlenbewohner. Der Exilant Siegfried Kracauer hat das Zettelschreiben im Café zur Überlebensstrategie ausgebaut [→(Halb-)Seiden]. Einen Zettelkasten zu führen, bedeutet nicht notwendig, sich zu verzetteln, auch wenn das Medium dazu verführt, sich in seinem Labyrinth zu verlaufen. Nabokov hat erst dann auf Karteikarten geschrieben, wenn er schon genau wusste, wo er hin wollte. Für ihn war sein Feld der einzelnen Sequenzen eine Wegkarte des Schreibens, ein Atlas seiner imaginären Wortwelt. Jules Verne hat mit Hilfe von am Ende rund 25 000 vor allem auf seinen Reisen zusammengetragenen Stichwortkarten mindestens zwei Bücher pro Jahr geschrieben, insgesamt 98.²² Aus Niklas Luhmanns am Ende über 90 000 Karteikarten in Postkartenformat gingen immerhin noch 53 Bücher und Hunderte von Aufsätzen hervor. Es gibt auch Zettelkästner im Geiste wie Jean Paul, der Großästhetiker dieses Mediums, der im strengen Sinn weder Zettel oder Kateikarten beschrieben noch Kästen angelegt hat. Der Zettelkasten steht bei ihm für das Prinzip seiner poetischen Konstruktionen, er ist deren ›soft ware‹ und nicht, wenn man so formulieren möchte, die ›hard ware‹. Es gibt weiche Zettelkästner neben den extremen Vertretern wie Luhmann und Blumenberg. Zettler, Stapler und Häufler, Registrierer und Indizierer, Teilnutzer von Karteikarte, Register und Kasten, Maschinisten des Rechtecks oder des Quadrats. Eckart Henscheid erspart sich den Umweg des Zettels über den Kasten und die Registratur [→ Milch], auch Theodor Fontane verwendet nur das weiche Gehäuse eines Papierumschlags [→ Liste] und Hans Ulrich Gumbrecht die Registernase einer Büroklammer, wenn überhaupt [→ Termitenhügel]. Der einzige Zettelkasten von Walter Benjamins Hand ist eine Auftragsarbeit, so gern er selbst die Verzettelung und die Kartothek als Bild seiner Schreibarbeit gewählt hat [→ Buchtitel]. Der junge Peter Rühmkorf hat seine Einfälle nur eine Zeit lang in einem Kasten gesammelt [→ Lyriden], und auch für Friedrich Kittler sind seine Zettelkästen nur der frühe Traum von einem Computer (und so zugleich viel mehr als dieser [→ Fingerkunst]). Der Zettelkasten dient nicht nur der Textproduktion, er kann auch wie bei William S. Heckscher Selbstzweck sein [→ Fingerkreise] und wie bei Ernst Jünger ideales Sammelbecken für die vielen verschiedenen Fassungen der kleinsten Teile seiner Literatur: Anekdote und Aphorismus, letztes Wort und Maxime [→ Schwärme]. Bei manchen wie Reinhart Koselleck erweitert der Zettelkasten das Ablagesystem in Büchern und Mappen um einen dritten Raum mittlerer Größe [→ Hexerei]. Oswald Egger stellt letzlich den Kasten auf den Kopf, wendet sein Innerstes nach außen und schreibt in ihm und aus ihm heraus Gedichte über Gedichte. Das aus einem Märklin-Baukasten gebastelte quadratische Gestell und der Würfel

sind bei ihm poetische Dinge, aber auch Hilfsmittel der literarischen Fabrik [→ Geraume Zeit]. Er denkt seine Texte sozusagen im Quadrat, allein im Textrahmen des Gestells hat er etwa 16 000 Vierzeiler geschrieben – der Zettel kommt hier nicht in den Kasten hinein, sondern aus ihm heraus, eine Wort-für-Wort-Konstellation, herausgegriffen aus einem Meer möglicher Buchstabenkombinationen.

> »Im Dreißigjährigen Krieg sagte ein Soldat jeden Morgen das ganze Alphabet auf, weil da alle Gebete drin sind und auch das richtige also dabei sein wird. [...] Ich schaffe Ösen, ich suche Ausblicke. Bei Beckett im *Endspiel* schaut einer aus dem Fenster, der andere fragt: ›Siehst du etwas oder bloß alles?‹«[23]

– – –

Die Marbacher Ausstellungen haben solche Physiognomien des kreativen Denkens wiederholt in den Blick genommen – in den Formen und Arten des Sammelns und Strukturierens (*Ordnung. Eine unendliche Geschichte*, 2007), in den Übersprungshandlungen des Schreibens, den Randzeichen (*Randzeichen. Drei Annäherungen an den kreativen Prozess*, 2010), in den Umformatierungsarbeiten von Ernst Jünger (2010), in den Notizheften von Robert Gernhardt (2007) und in den Büchern-aus-Büchern von W.G. Sebald (2008). Nun zerfällt das Buch in seine Einzelteile und die Welt der Literatur und Wissen-

14

schaft wird in ihr kleinstes Element zerlegt. Der Zettelkasten braucht die Bücher, aus denen er sich speist, und
ist doch deren Anti-Modell – insgesamt unhandlich, in seinen in jede Jackentasche passenden Teilen jedoch das
extreme Gegenteil: autorbesetzt und autorlos zugleich,
Bauwerk und Baustein, Attribut der Sorgfalt und Objekt
der Spekulation, ein Dynamo, der seinen Reiz aus den
Anekdoten der Dichter- und Denkerwerkstätten schöpft
und seine Energie aus dem wiederholten Umgang mit den
Zetteln gewinnt, aus ihrem unabgeschlossenen Zusam-
menordnen und Auflösen innerhalb eines in seiner äußeren Form nach fest definierten, aber anbaufähigen Sys-
tems. Extreme des Kastens sind (in seinem äußeren
Ausmaß an Fächern) der Apotherkerschrank und (in seiner inneren Fläche an Speicherplatz) der Computer. Beide
werden an Beispielen von Tankred Dorst und Ursula Ehler
bzw. Friedrich Kittler in kleinen Begleitausstellungen zum
Thema und falten die Ecken und Kanten unsres Gegenstands weiter aus.

— — —

Hans Blumenberg notierte auf einen Zettel ein Zitat von
Immanuel Kant. »Denken ist reden mit sich selbst …
innerlich hören«. Der Zettelkasten ist das Haus dieses
Gesprächs, ein Resonanzraum. Um sein Inneres zu zeigen, muss man ihn öffnen und leeren, die Register bedienen, die Zettel herausnehmen und in ein Neben- und
Nacheinander bringen. Blumenbergs Karteikarten führen

als Leitfaden durch die Ausstellung, die mit den 15 Buchstaben eines unvollständigen Alphabets die unterschiedlichsten Zettel-Labyrinthe von Schriftstellern und Wissen-
schaftlern vorstellt.

Friedrich Christian Delius
Die Befreiung von den Karteikarten

Ende 1986 kam mir die nicht sehr originelle, aber verführerische Idee, den behäbigen Zeitgeist der 80er-Jahre mit einer Collage von Zitaten zu erfassen. Entferntes Vorbild war Gustav Flauberts *Wörterbuch der Gemeinplätze*, noch entfernter Karl Kraus, außerdem hatte ich das polemische Zitierverfahren in *Wir Unternehmer* (1966) schon einmal durchprobiert. Es juckte mich, die Allgemeinplätze meiner Zeit, das eher moderate als aggressive konservative Denken der frühen Kohl-Jahre und die fortgeschrittene Interessensprache der Wirtschaft festzuhalten. Hier bot sich das wohldurchdachte, feinredigierte Material an, das vom Leitmedium *Frankfurter Allgemeine Zeitung* täglich ins Haus geliefert wurde. Daraus sollte etwas Neues gebaut werden, eine Art

Lehrbuch *Konservativ in 30 Tagen. Ein Hand- und Wörterbuch Frankfurter Allgemeinplätze.*

So las ich das ganze Jahr 1987 über die Leitartikel, Glossen und Kommentare der Ressorts Politik und Wirtschaft – das Feuilleton blieb aus gutem Grund ausgespart. Das waren täglich etwa acht Meinungsbeiträge zu den verschiedensten Themen, aus denen ich die auffälligsten Phrasen und die ideologisch windigsten oder verfänglichsten Formulierungen heraussuchte. Die Artikel wurden ausgeschnitten und aufgehoben, die brauchbarsten Sätze markiert und dann abgeschrieben und mit dem jeweiligen Datum versehen. Eintausend bis zweitausend Zitate waren am Ende des Jahres zu verwalten. Sie wurden für die tägliche Lektion zunächst thematisch geordnet (beispielsweise »Der Mensch««, »Die Natur«, »Die Frau«, »Gesundheit und Krankheit«, »Die Kirche und das Übersinnliche«, »Gewerkschaften«, »Der Markt«, »Die Geschichte«, »Krieg und Frieden«). Danach die didaktische Aufbereitung – von Lesetexten über Vokabeln, Redensarten, Merksätze bis zu Übungen.

– – –

Zugegeben, ein masochistisches Unterfangen – wenn ich es auf die traditionelle Weise, mit Karteikarten und Zettelkästen hätte durchstehen müssen. Die Lust, dieses Neben-Projekt anzufangen, und die Energie, es zum Abschluss zu bringen, verdanke ich ganz wesentlich dem Computer. Seit dem Sommer 1986 arbeitete ich an einem Apple Macintosh der ersten Generation (Baujahr 1984) zunächst mit 512, dann mit 1024 KB und hatte vor dem Kleinstbildschirm die beiden Endfassungen des Romans *Mogadischu Fensterplatz* (1987) geschrieben. Ich wusste also, dass ich jedes Zitat, einmal abgetippt, beliebig oft kopieren und hin- und herschieben und probehalber in verschiedenen Zusammenhängen platzieren konnte. Ich wusste auch, dass ich am Ende bei der Manuskriptfassung nicht noch mal alles abschreiben musste. Ergänzungen aus den nach Datum geordneten Originaldokumenten waren so leicht zu machen wie Kürzungen. Das Vergnügen, je nach Bedarf die Optionen ›Copy‹, ›Paste‹ und ›Print‹ zu wählen, wurde zur Befreiung von den steifen Karteikarten.

– – –

Ein großer Freund dieser Karten und des Zettelkastens war ich allerdings nie gewesen. Schon deshalb, weil sie eine lineare, eine hierarchische Ordnung vortäuschen – und solche militärischen Konstrukte fand ich beim belletristischen oder – wie hier – satirischen Schreiben eher hinderlich. Mit Hilfe des Computers kommt man fraktalen Ordnungen schon ein Stück näher. Ohne das primitive Apple-Gerät wäre *Konservativ in 30 Tagen* nicht entstanden, ohne diesen Computer hätte sich wohl nicht einmal die Idee zu dem Zitaten-Buch entwickelt.

BESTIARIUM
Das Bestiarium von Hans Robert Jauß

Schnecke, Wolf und Ziege, Bär, Fuchs und Igel. Der erste Zettelkasten, den der Romanist Hans Robert Jauß (1921 – 1997) anlegt, versammelt die Namen der Tiere, die im Mittelalter den Menschen einen Spiegel ihrer Eigenschaften vorhalten: langsam, dumm, gierig, stark, listig und schlau. Die Welt in der Zigarrenkiste, Grundlage für die 1957 angenommene und 1959 veröffentlichte Habilitationsschrift über mittelalterliche Tierdichtung, wurde im Laufe der Zeit ergänzt um ein mehrstöckiges, im Haus von Jauß zwischen Wohn- und Arbeitszimmer aufgestelltes Zettelkasteninterieur. Jauß, der den Begriff vom ›Erwartungshorizont‹ bekannt gemacht hat, übersah darin alles, was ihn umtrieb: Epochenschwellen z.B., Autoren, literarische Motive und ästhetische Erfahrungen.

Das Alphabet ist hier kein unhintergehbares Ordnungssystem von A bis Z: Es wiederholt sich, auch unvollständig und manchmal zweckentfremdet – das »O« einer Registerkarte etwa hat Jauß kurzerhand in das Lemma »BibliOgraphie« verwandelt. Er verzichtete auf komplizierte Sortierungs-, Nummerierungs- und Verweisungssysteme und füllte seine Kästen nach einer pragmatischen Methode: Er ließ sich DIN-A4-Seiten in sechs Teile perforieren, damit er den ganzen Bogen in die Schreibmaschine spannen, beschriften und auch sogleich Durchschläge anfertigen konnte, um sie in verschiedene Zusammenhänge einzusortieren und dort jeweils stehen lassen zu können. Verwendete Zettel wurden markiert, aber nicht weggeworfen, sodass die Kästen auch die Zeit sichtbar machen und vergangene Projekte neben zukünftige stellen.

Die Kästen sind Archiv und Werkstatt zugleich, provozieren das Wechselspiel von erinnerndem Ich und erinnertem Ich, das Jauß schon in seiner Dissertation über Marcel Prousts *Auf der Suche nach der verlorenen Zeit* (1952) untersucht hat. Sein eigenes Buch wiederzulesen, sei »eine Erfahrung der Befremdung am Eigenen«, schreibt er anlässlich von deren Neuauflage 1986.[24] Man wolle »seinen eigenen Ort in der Zeit wiedererkennen« und werde »dabei der Grenzen seines Horizonts gewahr«.[25] Die Zettelkästen bewahren jeweils diesen Horizont und erlauben zugleich, dass man darüber hinaus geht, immer wieder befremdet von seinem eigenen Ort. In *Ästhetische Erfahrung und literarische Hermeneutik* findet sich die (vervollständigte) Hälfte jenes Zettels wieder, vor den Jauß seinen kleinen Stein gelegt hat: »Das genießende ästhetische Verhalten sei, so heißt es in [Paul Valérys] Discours sur l'esthétique von 1937, ›le type même de cette confusion ou de cette dépendance réciproque de l'observateur et de la chose observée, qui est en train de faire le désespoir de la physique théorique.‹«[26] Ästhetische Erfahrung ist »das Modell jener Verwechslung oder wechselsei-

tigen Abhängigkeit von Beobachter und beobachtetem Objekt, an der die theoretische Physik zu verzweifeln droht.« *hg*

Peter Reuter
Nur Buchtitel? Walter Benjamins Lichtenberg-Bibliografie

1. VORGESCHICHTE UND ÜBERLIEFERUNG

Wenige Monate vor seinem Tod am 26. September 1940 notiert Benjamin rückblickend über den ›Arbeitsertrag‹ seiner frühen 1930er-Jahre:

> Nebenher beschäftigten mich bibliographische Arbeiten. Im Auftrage verfasste ich eine vollständige Bibliographie des Schrifttums von und über G. Chr. Lichtenberg, die nicht mehr im Druck erschienen ist.[27]

Die Lichtenberg-Bibliografie ist in einem Zettelkasten überliefert, der heute als Teil des Nachlasses von Martin Domke (1892 – 1980) zur »Sammlung Walter Benjamin« der Universitätsbibliothek Gießen gehört. Die Provenienz ist aus der biografischen Beziehung leicht nachzuvollziehen. Benjamin war mit Domke seit der Studentenzeit in Berlin bekannt, offenbar ist Domke zeitweise Benjamins Vertreter als Vorsitzender der Freien Studentenschaft

gewesen (1911 – 14). Der Kontakt blieb bis ins Exil bestehen, und Domke spielte eine zentrale Rolle bei der Überlieferung von Benjamins Nachlass, denn er übergab bei
seiner Emigration in die USA im Juni 1941 jenen Teil des
Nachlasses an Adorno, den Benjamin auf seiner Flucht im
August 1940 in Marseille in die Obhut seiner Schwester
Dora gegeben hatte. Seine eigene Benjamin-Sammlung
übergab Domke jedoch nicht Adorno, sondern behielt sie
im amerikanischen Exil bei sich. Über ein Antiquariat in
Montreal ließ er sie 1965 verkaufen, wo sie für die Gießener Universität erworben wurde. Martin Domke ist ein großer Lichtenberg-Sammler und -Kenner gewesen, und
seine Lichtenberg-Sammlung, die neben Primär- und
Sekundärliteratur auch wertvolle Autographen umfasste,
war bedeutend. Domke gelang es, die Sammlung in die
Emigration – er floh mit seiner Familie im April 1933 nach
Paris – zu retten. Aus dem Briefwechsel mit dem Lichten-
berg-Biographen Otto Deneke (1867 – 1950) geht hervor,
dass Domke spätestens seit Mitte der 20er-Jahre zunächst alleine an der Erstellung einer Lichtenberg-Bibliografie gearbeitet hat, schon im Juni 1925 sollte sie
gedruckt werden. Nicht zuletzt durch den Einfluss
Denekes, der Domke auch auf grundsätzliche Fragen
und Probleme einer Personalbibliografie hinwies und ihm
Kontakte zu führenden Bibliografen der Zeit vermittelte,
wuchs zum einen der Umfang der verzeichneten Schriften
in den Folgejahren erheblich an. Zum anderen nahm

Domke grundlegende Änderungen an der Konzeption
und der Gestaltung der Bibliografie vor. Im Herbst 1931
schließlich – die Bibliografie war auf einen Umfang von
umgerechnet rund 80 Druckseiten angewachsen[28] –,
nahm Benjamin seine Arbeit an der Bibliografie auf.
Darüber berichtet Benjamin in einem Brief an Gershom
Scholem vom 3. Oktober 1931:

> Und, da wir beim Bibliographischen sind, zum Schluß
> noch eine erfreuliche, aber mit äußerster Diskretion zu
> behandelnde Tatsache: der größte deutsche Lichten-
> bergsammler hat mich, gegen ein monatliches Entgelt,
> mit der Durchführung einer von ihm begonnenen aber
> nicht abgeschlossenen Lichtenberg-Bibliographie
> betraut. Zweimal wöchentlich arbeite ich ein paar
> Stunden in seiner Bibliothek. Den von mir angelegten
> Zettelkatalog müßtest Du sehen. Da ist denn wenigs-
> tens eine meiner jüdischen Passionen – leider die
> belangloseste – zu ihrem Recht gekommen, und, wie
> Du zugeben wirst, am würdigsten Gegenstande. Ich
> glaube, der Katalog wird ein Wunderwerk, das man
> unter den Juden öffentlich zeigen kann, etwa wie eine
> Synagoge aus Strohhalmen.[29]

Neben der eingangs zitierten Passage aus dem *Curriculum vitae* ist dies der einzige eigene Beleg Benjamins für
seine Arbeit an der Bibliografie. Inhaltlich ergänzt wird sie
durch einen Brief, den Domke einige Wochen später, am
26. November 1931, an Deneke schreibt:

Im übrigen nimmt die Bibliographie einen solchen Umfang an, daß ich mir notwendigerweise Beschränkungen auferlegen muß, so sehr ich das bedaure. […] Ich denke, daß es tatsächlich nur noch kurze Zeit währen wird, daß ich Ihnen die gesamten Karten, die ich jetzt von einheitlicher Hand für die Zwecke des Setzers sorgsam abschreiben lasse, vorlegen kann.

Mögliche Zweifel daran, dass Benjamin der von Domke beauftragte ›Abschreiber‹ gewesen ist, lassen sich alleine schon durch die Tatsache zerstreuen, dass die Kartei in Benjamins Handschrift vorliegt. Fraglich ist aber, ob Benjamins Rolle als ›Abschreiber‹ angemessen charakterisiert wird, und es sind auch Zweifel angebracht, ob die Bibliografie tatsächlich den finalen Status erreicht hatte, den Domke vorgibt. Bemerkenswert ist auch der Hinweis, dass die Bibliografie in Form einer »Kartei« und nicht mehr, wie noch 1927, weitgehend unstrukturiert in Form eines »jahrelang gesammelten Zettelmaterials« vorlag – und damit genau die Form der Lichtenberg-Bibliografie in der Gießener Sammlung aufweist.
Benjamin hat an der Bibliografie ausweislich der Zeugnisse zwischen Oktober 1931 (der früheste Beleg ist der Brief an Scholem vom 3. Oktober 1931) und Ende Januar 1933 (der letzte eindeutig datierte Eintrag ist der 20. Januar 1933), wenn auch wohl mit größeren Unterbrechungen, gearbeitet. Da Benjamin von Anfang April bis Ende Oktober 1932 nicht in Deutschland, sondern auf Ibiza, in Frankreich und Italien weilte, kann davon ausgegangen werden, dass er im Herbst/Winter der Jahre 1931/32 und 1932/33 an der Lichtenberg-Bibliografie arbeitete.

2. DIE KONZEPTION DER BIBLIOGRAFIE

Die Lichtenberg-Bibliografie liegt in Form eines zwar vom Volumen, aber nicht vom Format her passenden, zeitgenössischen Karteikastens mit 339 Karteikarten in verschiedenen Farben im Format 7,4 × 10,5 cm vor. Davon sind 256 rosafarben, 22 orange, 35 hellgrau, 11 blaugrün, 10 blaugelb, 3 grau und 2 gelbgrün; zur Kartei gehört außerdem ein gefalteter Blanko-Leihschein der Preußischen Staatsbibliothek. Die Karten sind teilweise ein-, teilweise zweiseitig in einer fast durchweg gut lesbaren, etwa 2 bis 3 mm großen Handschrift von Benjamin beschrieben worden; lediglich auf den Karten, die als Konzept- und Notizzettel benutzt wurden, ist die Handschrift weniger gut lesbar. In einigen Fällen hat Benjamin die lateinische Schrift benutzt, in einigen anderen Fällen, die allerdings sämtlich durchgestrichen worden sind, auch Druckbuchstaben. Ein Teil der Karten weist zusätzliche, handschriftliche Bemerkungen auf. Größtenteils werden dabei Abkürzungen verwendet, die auf den Karten im hinteren Teil der Kartei, die das methodische Vorgehen erläutern, aufgelöst sind.

Offensichtlich sollte die Farbe der Karten als Ordnungsprinzip dienen. Auf den rosafarbenen Karten wird Literatur zu Leben und Werk von Lichtenberg verzeichnet, wobei die Bandbreite von Artikeln in Lexika und zeitgenössischen Quellen über Anekdoten bis zu Dissertationen und fiktionalen Texten reicht; auch Rezensionen finden sich darunter. Auf den orangenen Karten werden Editionen von Briefen und in zwei Fällen von Tagebuchsplittern vermerkt. Auf den hellgrauen Karten sind (meist neuere) Lichtenberg-Ausgaben, Editionen aus Lichtenbergs Nachlass sowie die vier Ausgaben von Johann Christian Polycarp Erxlebens *Anfangsgründe der Naturlehre*, die Lichtenberg erweitert herausgegeben hat, angeführt. Die blaugrünen Karten verzeichnen Lesebücher und Anthologien, die Stücke von Lichtenberg enthalten, die blaugelben Karikaturen und Varia, die beiden gelbgrünen eine tschechische und eine italienische Auswahlausgabe und die drei grauen schließlich Antiquariats- bzw. Versteigerungskataloge zu bedeutenden Lichtenbergsammlungen. Unter den rosafarbenen, den orangen und den hellgrauen finden sich auch Karten, die ausschließlich oder zum größten Teil Notizen enthalten, in den meisten Fällen Titellisten von durchzusehenden Büchern oder Zeitschriften. Hervorzuheben sind sieben hellgraue Karten, die konzeptionelle bzw. methodische Überlegungen zum Aufbau der Bibliografie festhalten. Auch auf der Rückseite des Leihscheins sind Notizen vermerkt.

Innerhalb der Farbgruppen ist keine weitere durchgängige Ordnung mehr erkennbar. In einigen Fällen sind thematische Inseln auszumachen, vor allem in der Großgruppe der rosafarbenen Karten, so beispielsweise zu Lichtenbergs Beziehungen zu Goethe, zu Kant oder zu naturwis senschaftlichen Themen. Lediglich in den Fällen, in denen eine Rezension direkt auf den besprochenen Titel folgt, kann von einer erhaltenen Ordnung ausgegangen werden. Allerdings ist dies keineswegs immer, wo es sachlich angebracht gewesen wäre, auch der Fall. Ob die ursprüngliche Reihenfolge der Karten erhalten geblieben ist, muss mangels eines erkennbaren Ordnungskriteriums daher offen bleiben.
Zahlreiche Hinweise legen nahe, dass Benjamin die Arbeit an der Bibliografie keineswegs abgeschlossen hat. Dies geht u. a. daraus hervor, dass die auf mehreren Karten hochformatig notierten 46 »Maximen für die Aufnahme der Bücher über Lichtenberg«, die sich im hinteren Teil der Kartei befinden, nicht konsequent angewandt wurden (so wird die Textbezeichnung »Rezension«, wie in Maxime 19 vorgeschrieben, nicht einmal bei der Hälfte der verzeichneten Rezensionen verwendet). Die Annahme liegt nahe, dass diese Maximen erst während der Arbeit festgehalten wurden und als Kriterien für eine erneute Überarbeitung dienen sollten, die dann aber nicht mehr zu Ende geführt wurde. Für die Annahme von mindestens zwei Bearbeitungsstufen spricht auch die häufig auf den Karten zu fin-

dende, nachträglich aufgebrachte Abkürzung »FD« für ›fehlt in Domkes bibliografischen Aufnahmen‹. Dass eine Autopsie bei der Erfassung der Literatur angestrebt wurde, geht schon daraus hervor, dass nicht eingesehene Literatur gemäß den »Maximen« eigens mit einem »n« bzw. »nv« (für ›nicht‹ bzw. ›nicht vollständig gesehen‹) zu kennzeichnen ist, was auch häufig geschehen ist. Aus diesen und weiteren Eintragungen geht außerdem hervor, dass Benjamin ganz offensichtlich nicht nur in Domkes Bibliothek gearbeitet hat, wie im Brief an Scholem vermerkt. Die Notizen, die sich auf einigen Karten am Ende der Kartei finden, belegen eine systematische Suche vermutlich in der Preußischen Staatsbibliothek. Neben abgearbeiteten Listen findet sich auch eine Karte »Vergeblich durchgesehen«, die zehn Titel aufführt. Die Zusammenstellungen, die nicht immer eine Entsprechung in der Kartei haben, zeigen, dass Benjamin offenbar noch Ende Januar 1933 plante, die Suche auszuweiten bzw. zu vertiefen.

Kriterien für eine sachliche Erschließung der verzeichneten Werke liefern jedoch auch die »Maximen« nicht, sie beziehen sich fast ausschließlich auf Fragen der formalbibliografischen Erschließung und legen beispielsweise fest, ob und gegebenenfalls wie Sonderdrucke verzeichnet (Maxime 9 und 10) oder Zwischentitel vermerkt werden (Maxime 8). Selbst bei konsequenter Berücksichtigung dieser im Übrigen überraschend detailreichen und

differenzierten »Maximen« wäre, was die inhaltliche Erschließungstiefe der Bibliografie betrifft, nicht viel gewonnen gewesen. Jenseits der Farbe der Karten und der mit ihr möglichen, wenn auch alles andere als eindeutigen Unterscheidung verschiedener Textsorten bzw. -typen fehlt ein sachliches Ordnungsprinzip, das eine weitere Navigation erlauben würde, wie es übliche Notationssysteme ermöglichen. Auch eine chronologische Anordnung innerhalb der Farbblöcke ist nicht erkennbar, was infolge einer fehlenden sachlichen Vorsortierung und durch den Verzicht auf eindeutige Identifikatoren für die einzelnen Karten auch kaum möglich gewesen wäre. Elemente einer verbalen oder visuellen Sacherschließung finden sich auf den Karten ebenfalls nicht. Damit hatte Benjamin etwa in den älteren Konvoluten der *Passagen*-Arbeit (zwischen 1927 und 1929) gearbeitet, indem er zentrale Begriffe im Text markierte bzw. hinzufügte und durch farbige Siglen ergänzte und damit – in Grenzen – kontextunabhängig such- und findbar machte.

Die überlieferte Ordnung der Lichtenberg-Bibliografie und die ihr zugrundeliegenden Prinzipien, soweit erkennbar, sind für ein ambitioniertes bibliografisches Vorhaben nicht differenziert genug und bleiben beispielsweise hinter seinerzeit maßgeblichen bibliografischen Arbeiten, etwa der auch in der Lichtenberg-Bibliografie mehrfach erwähnten Jean-Paul-Bibliografie von Eduard Berend, deutlich zurück. Weder bestätigt die Bibliografie in ihrer überlieferten Form die eingangs erwähnte Behauptung Benjamins, es handele sich um »eine vollständige Bibliographie des Schrifttums von und über Lichtenberg«, noch genügt sie Domkes eigenen Ansprüchen. Sie berücksichtigt mit wenigen Ausnahmen nur Literatur *über* Lichtenberg, sie ist nicht nach »Materien« geordnet, und sie enthält auch nicht die »Verweisungen«, die »auch für philologische Studien die Benutzbarkeit« ermöglichen, wie Domke es im November 1931 Deneke gegenüber angab. Am ehesten lässt sich die Lichtenberg-Bibliografie als Ergänzung zur chronologischen Erfassung der Primär-werke Lichtenbergs (inklusive der zahlreichen, häufig an entlegener Stelle publizierten Briefe) durch Friedrich Lauchert verstehen.[30] Erst 1972 ist eine systematische Bibliografie der Primär- und Sekundärliteratur zu Lichten-berg erschienen,[31] die den ursprünglichen Ansprüchen von Domke zumindest in einigen Punkten nahekommt.

3. BENJAMIN ALS BIBLIOGRAF

Sicher ist, dass Benjamin nicht nur als »Abschreiber« an der Lichtenberg-Bibliografie beteiligt war. Nimmt man die handschriftliche Ergänzung »FD« auf den Karten als Berechnungsgrundlage, so gehen rund 20 Prozent der verzeichneten Titel auf Benjamins eigene Recherchen zurück. Allerdings bedeutet dies nicht, dass seine Leis-tung damit bereits vollständig umrissen wäre. Auch wenn

nicht wirklich sicher gesagt werden kann, worin genau sein Beitrag bestand, bleibt zu vermuten, dass auch einige der spezifischen Charakteristika der Bibliografie auf Benjamin zurückgehen. In diesem Zusammenhang ist auch an die zentrale Bedeutung der Bibliografie, die Ben-jamin mehrfach in seinen veröffentlichten Schriften her-ausgestellt hat, zu erinnern. In einer Rezension, die 1928 in der *Frankfurter Zeitung* erschienen ist, heißt es:

> Wenn je, so ist hier Anlass es auszusprechen, dass Wissenschaft nicht Ermittlung von Informationen über Gewesenes (und sei es auch gewesenes Denken) ist, sondern in einem Traditionsraum steht, dessen Gesetze sie wenn nicht zu achten, so zu kennen hat. Die Bibliographie als Wissenschaft ist das Zeremonial dieses Raumes und hat wie jedes andere seinen guten Grund. Jede geistesgeschichtliche Wahrheit ist zugleich Erkenntnis von ihrem Werden: das Literatur-verzeichnis ist ein Beitrag zu dessen Geschichte.[32]

Was die Quellen für die verzeichnete Literatur, die sowohl Monographien wie unselbständige Literatur enthält, betrifft, so ist eine systematische Durchsicht des entspre-chenden Kapitels der dritten Auflage von Karl Goedeckes *Grundriss zur Geschichte der deutschen Dichtung* schon durch mehrfache Hinweise auf den Karten erkenn-bar. Für die umfangreichen Angaben bei Carl Heinrich Jördens *Lexikon deutscher Dichter und Prosaisten*, das ebenfalls in der Lichtenberg-Bibliografie aufgenommen ist, gilt dasselbe. Zusammen mit der Sammlung Martin Domkes und den vielen Hinweisen, die Otto Deneke zur Verfügung stellte (darunter möglicherweise auch seine eigenen bibliografischen Unterlagen), dürfte damit die wesentliche Quellenbasis für die Bibliografie benannt sein. Daneben werden in der Bibliografie aber auch eher entlegene Quellen angeführt, beispielsweise häufig Beiträge aus Zeitungen und literarische Zeugnisse, also Textsorten, die in Bibliografien üblicherweise nicht berücksichtigt werden. Als Beispiel may Gottfried Benns *Nach dem Nihilismus* (1932) dienen, in dem Lichtenberg lediglich in einem Halbsatz erwähnt wird. Bemerkenswert ist auch die Aufnahme des zweiblättrigen Verlags-Prospektes zur seinerzeit maßgeblichen Ausgabe der Briefe Lichtenbergs durch Albert Leitzmann und Carl Schüddekopf, das u.a. ein Handschriften-Faksimile enthält. Einige Notizen weisen auch auf eine Beschäftigung mit Themen hin, die nicht mit der Lichtenberg-Bibliografie in Verbindung stehen, so Bücher zum Okkultismus (womit sich Benjamin auf seiner ersten Ibiza-Reise näher beschäftigt hat).

Mit Blick auf die *Passagen*-Arbeit, in der Benjamins bibliografische Angaben häufig ungenau, wenn nicht gar fehlerhaft sind, erweisen sich die Angaben in der Lichtenberg-Bibliografie als ungewöhnlich genau und übertreffen die bibliothekarischen Regelwerke teilweise beträchtlich.

Selbst wenn man berücksichtigt, dass die geplante Bibliografie sicherlich auch den Bedürfnissen der Sammler, wie es Martin Domke ja war, entgegenkommen sollte, was beispielsweise die sehr genauen und differenzierten Beschreibungen von Titelblättern und die Hinweise auf Druckvermerke und Vignetten erklären hilft, bleiben die teilweise ausufernden bibliografischen Beschreibungen auffällig. So führt Benjamin etwa sämtliche Herausgeber einer bekannten Zeitschrift mit ihren akademischen Titeln und Wohnort auf, notiert penibel die genaue Anschrift und Rechtsform von Verlagen, oder übernimmt auch den Hinweis: »Aufgeschnittene und verschmutzte Exemplare werden nicht zurückgenommen.« Wie genau Benjamin die bibliografische Verzeichnung genommen hat, lässt sich aus den zahlreichen Korrekturen ersehen, die nur dem Zweck einer einheitlichen Ansetzung dienten, so bei der konsequenten Abänderung numerischer Angaben. Auffällig ist daneben auch die Aufmerksamkeit, mit der Benjamin Widmungen und Motti verzeichnete; beide werden getreu Maxime 6 auch dann aufgenommen (und genauestens abgeschrieben), wenn sie sich nicht auf der Titelseite befinden, und in Maxime 42 wird sogar erwogen, auch die Widmungen in Zeitschriftenaufsätzen aufzunehmen. Möglicherweise verbirgt sich hinter diesen, für eine Bibliografie atypischen Besonderheiten ein genuines, ikonografisch oder rezeptionsgeschichtlich motiviertes Erkenntnisinteresse Benjamins, das auch Paratexte und die formale und ästhetische Erscheinung des Buches umfasst. Benjamins großes Interesse an Fragen der Buchgestaltung und generell an der Physiognomie von Büchern ist bekannt. Vor diesem Hintergrund mutet eine der letzten Karten der Lichtenberg-Bibliografie allerdings seltsam nüchtern an; Benjamin notiert auf einer Karte, die sich unmittelbar an die »Maximen« anschließt, unter der Überschrift »Grundsätze« lediglich einen einzigen: »Wer eine Bibliographie macht, muss von der Überzeugung ausgehen, dass Buchtitel wichtiger sind als Bücher.«

Herausragendes Charakteristikum der Bibliografie – im Unterschied zu vielen anderen Bibliografien, auch denen von Berend und Jung – sind die Annotationen; Benjamin spricht von »Raisonnements« gemäß einer *Bibliographie raisonnée*. Die weitaus meisten Titel sind kurz beschrieben oder erläutert, häufig in Verbindung mit Zitaten. Es ist zu vermuten, dass diese »Raisonnements« im Wesentlichen eine Leistung von Benjamin sind, da sie in Domkes brieflichen Erläuterungen zu seiner bibliografischen Arbeit keine Rolle spielen. Zwar schreibt er im März 1931 an Deneke: »Das Problem des catalogue raisonné interessiert mich ungemein, auch im Zusammenhang meiner Lichtenberg-Bibliographie«, geht aber weder in den Jahren vorher noch in der Zeit danach jemals näher darauf ein. In diesen »Raisonnements« zeigt sich zum einen immer wieder Benjamins profunde Kenntnis insbesondere

der Literatur der Goethezeit, zum anderen belegen die Kommentierungen eindrucksvoll, wie intensiv sich Benjamin mit der Lichtenberg-Literatur beschäftigt hat. Entsprechend den »Maximen« enthalten die Raisonnements zum Teil allerdings auch Angaben, die zur formalbibliografischen Beschreibung gehören, sich also nicht auf den Inhalt beziehen. Wo auf den Inhalt Bezug genommen wird, geschieht dies meist durch Zitate, mit denen die Werke zum »Sprechen« gebracht werden sollen; die Zitate sind daher häufig recht lang. Kritische Erläuterungen sind dagegen selten und dann auch nur kurz. Sowohl von der Konzeption, der Gestaltung wie der Sprachform her erinnern die »Raisonnements« stark an die von Benjamin im März 1932 publizierte »Bibliographie« *Hundert Jahre Schrifttum um Goethe*

4. BENJAMINS BESCHÄFTIGUNG MIT LICHTENBERG

Die Gründe, warum Benjamin den Auftrag zur (Mit-)Arbeit an der Lichtenberg-Bibliografie angenommen hat, sind ebenso wenig bekannt wie die Gründe für die Diskretion, mit der sowohl Domke als auch Benjamin diese Tatsache behandelt haben. Es ist aber eher unwahrscheinlich, dass Benjamin die Arbeit lediglich als Broterwerb, als Auftragsarbeit ohne eigene Interessenskonstellation, gesehen hat. Dagegen spricht die Bedeutung, die Benjamin einerseits dem Sujet, also Lichtenberg, und zum anderen der Bibliografie als (Hilfs-)Wissenschaft, zugestanden hat.

Dass Walter Benjamin zeitlebens Lichtenberg sehr geschätzt hat, geht nicht nur aus Zeugnissen ihm nahe-
stehender Personen wie beispielsweise Pierre Missac
hervor, sondern wird auch aus Lektürelisten und – wenn
auch eher gelegentlichen und manchmal versteckten –
Zitaten und Hinweisen deutlich. Bekannt ist der Eintrag
aus seinem Tagebuch vom August 1931: »Ich verleihe
mir vor Toresschluß einen Titel, den Lichtenberg erdacht
hat ›Professor philosophiae extraordinariae‹«.[33] Auch
die literarische Form der Einbahnstraße legt eine Affinität
zum Lichtenberg der Sudelbücher nahe.
In seinem Essay Johann Peter Hebel. Zum 100. Todestag, der am 22. September 1928 im Berliner Börsen-
courier erschienen ist, bezieht sich Benjamin explizit auf
Lichtenberg: »[...] und er hätte gut Lichtenbergs Wort
sich zu eigen machen können, ihm sei an keiner Übersetzung seiner Sachen mehr gelegen, als an der ins Hebräische.«[34]
Benjamin nimmt Bezug auf eine Formulierung in den
Sudelbüchern, wie sie sich in den beiden frühen Ausgaben der Vermischten Schriften findet, auch in der von
Lichtenbergs Söhnen veranstalteten Ausgabe, die
sich seit 1920 in Benjamin Besitz befand; dort heißt der
Eintrag: »Unter allen Übersetzungen meiner Werke,
die man unternehmen wollte, erbitte ich mir ausdrücklich
die hebräische.«[35]

Seit der Ausgabe von Albert Leitzmann (1902 – 1908) hat
sich jedoch die Lesart ›verbitte‹ statt ›erbitte‹ durch-
gesetzt, und mit ihr hat eine intensive und bis heute nicht
abgeschlossene Diskussion um Lichtenbergs Verhältnis
zum Judentum eingesetzt.[36] Benjamin kommt drei Jahre
später erneut im Zusammenhang mit Hebel und dem Verhältnis zum Judentum auf Lichtenberg zu sprechen.
Benjamins Wort von der »jüdischen Passion«, die in der
Lichtenberg-Bibliographie am »würdigsten Gegenstand« zu
ihrem Recht kommt, hat vielleicht hier ihren Ursprung.
Bekanntestes Beispiel für eine Bezugnahme Benjamins
auf Lichtenberg ist zweifellos seine luzid kommentierte
Edition des Briefs von Lichtenberg an Gotthilf Hieronymus
Amelung von 1783 in seinem Buch Deutsche Menschen,
wo der Brief an exponierter Stelle gleich als zweiter
platziert ist. Benjamin dürfte diesen Brief, der mit dem
Kommentar erstmals anonym am 22. August 1931 in der
Reichsausgabe der Frankfurter Zeitung publiziert wurde,
schon früh kennengelernt haben. In seinem Verzeichnis
der gelesenen Schriften notiert Benjamin (in einem Eintrag, der vor 1925 geschrieben wurde) auch das Buch
Lichtenbergs Mädchen, von Erich Ebstein bereits 1907
veröffentlicht, das sich ausschließlich der Verbindung
Lichtenbergs zu Maria Dorothea Stechard widmet, und in
dem der genannte Brief abgedruckt wird, wie in Benjamins Deutsche Menschen im Übrigen ohne den Nach-
satz, nur mit diesem Schluss:

[…] und dieses himmlische Mädchen ist mir am 4ten August 1782 abends mit Sonnen-Untergang *gestorben*. Ich hatte die besten Aerzte, alles, alles in der Welt ist getan worden. Bedenken Sie, liebster Mann, und erlauben Sie mir, dass ich hier schliesse. Es ist mir unmöglich fortzufahren.[37]

Einer breiteren Öffentlichkeit wurde Lichtenbergs Brief durch Tucholskys berühmten *Schrei nach Lichtenberg* bekannt, der am 25. Januar 1931 in der *Vossischen Zeitung* erschienen war. Von Tucholsky hat Benjamin möglicherweise den Vergleich mit Lessings Brief an Eschenburg vom 14. Januar 1778 übernommen. Auch die bibliophile Ausgabe, die Martin Domke 1929 besorgte, dürfte Benjamin bekannt gewesen sein, auch wenn sie – anders als die beiden erstgenannten Werke – in der Bibliografie nicht aufgeführt wird.

Mit Beginn der Arbeit an dem Hörspiel *Lichtenberg. Ein Querschnitt* beginnt eine Phase intensiver, produktiver Rezeption Lichtenbergs durch Benjamin. Am 22. April 1932 schreibt Benjamin aus Ibiza an Scholem:

Jetzt bin ich vom berliner Rundfunk mit einem ›Lichtenberg‹ beauftragt worden, den ich auf jenem Mondkrater, der nach Lichtenberg benannt ist, beginnen lassen will (denn so einen gibt es doch wohl).[38]

Ein fließender Übergang zwischen der Arbeit an der Bibliografie und der an dem noch vor seiner Flucht fertiggestellten, aber aufgrund der politischen Umstände nicht mehr gesendeten Hörspiel, an dem Benjamin nach eigener Aussage noch im Ende Februar 1933 gearbeitet hat, ist evident. Wesentliche Anregungen, Impulse und Hinweise für das Hörspiel erhielt Benjamin zweifellos durch die Arbeit an der Bibliografie. Wie auch in dem anderen ›literarischen‹ Hörspiel *Was die Deutschen lasen, während ihre Klassiker schrieben* wählt Benjamin die »quellenmäßige Erforschung der Tatsachen« als Ausgangspunkt. Die Konzeption als ›Querschnitt‹ weist ebenso auf das Material der Bibliografie hin wie die methodische Selbstverpflichtung zur Quellennähe. Die Bibliografie dient nicht nur als Ideenreservoir, die ausführlichen, größtenteils originalen Zitate in den »Raisonnements« bilden das tragende Gerüst des Hörspiels, das Benjamin dann aus vielen verschiedenen Quellen ›komponiert‹. Abzulesen ist dies vor allem an den großen Themenkomplexen, die im Hörspiel ausführlicher behandelt werden – Lichtenbergs Reise nach England und die Begegnung mit Garrick, die Auseinandersetzung mit Lavaters Physiognomik anlässlich des Prozesses gegen den Mörder Rütgerodt, die Beziehung zu seinem Verleger und Vermieter Dietrich, Lichtenbergs Krankheit und Hypochondrie, und schließlich die Liebe zu Dorothea Stechard (Lichtenbergs Brief an Amelung wird auch im Hörspiel ausführlich zitiert). Die Vorarbeiten zum Hörspiel lassen dabei eine allmähliche Konzentration auf diese zentralen Themen aus einer Fülle von Ideen und Exzerpten, die in der Bibliografie vergleichsweise ausführlich behandelt wurden, erkennen. Hier ist eine zentrale Bedeutung und das damit verbundene Potenzial des Zettelkastens, die Benjamin wenige Jahre vorher bereits präzise formuliert hatte, gut zu erkennen. In der *Einbahnstraße* (1928) heißt es:

> Heute schon ist das Buch, wie die aktuelle wissenschaftliche Produktionsweise lehrt, eine veraltete Vermittlung zwischen zwei verschiedenen Kartothekssystemen. Denn alles Wesentliche findet sich im Zettelkasten des Forschers, der's verfaßte, und der Gelehrte, der darin studiert, assimiliert es seiner eigenen Kartothek.[39]

FÄDEN

Hektor Haarkötter
Fäden und Verzettelungen.
Eine kurze Geschichte des Zettelkastens

Damit wir uns nicht gleich am Anfang verzetteln: Das Verzetteln selbst hat mit den papiernen Zetteln und den höl
zernen Zettelkästen eher wenig zu tun. Ausweislich der
etymologischen Studien der Brüder Grimm und des *Rhei-
nischen Wörterbuchs* stammt das Wort ›Verzetteln‹ nicht
von dem losen Stück Papier, das sich wiederum vom lateinischen ›cedula‹ ableitet, sondern aus der Fachsprache
der Weberei. Als ›Zettel‹ werden dort die Kettfäden bezeichnet, die in Längsrichtung im Webstuhl aufgespannt
werden. Wer sich verzettelt, der hat im wahrsten Sinne
des Wortes den Faden verloren. Die berühmteste literarische Figur des Namens Zettel spielt in Shakespeares
Sommernachtstraum mit und ist nicht von ungefähr
Weber von Beruf. Die schon beinahe ans Wunderbare

heranreichende Verkettung des Weberzettels mit der Textur, dem Gewebe der Texte, legt es nahe, sich an dieser
Stelle, wo sich alles um die Zettelkästen dreht, auch
selbst ein bisschen in und mit der Geschichte der Zettelkästen zu verzetteln.[40]

– – –

Der Zettelkasten ist mehr als nur ein technisches
Medium, er stellt ein geistiges Ordnungsprinzip dar. Er
verspricht Übersicht übers Wirrwarr der Informationsflut,
Orientierung im Dickicht des Bücherdschungels und er
gibt Antwort auf eine der elementaren Menschheitsfragen:
Wo stand das noch mal? Es gibt darum guten Grund zu
sagen, dass die Erfindung der Schrift gleichursprünglich
ist mit der Erfindung des Zettelkastens. Im Zweistromland
vor mehr als 5000 Jahren musste alles Geschriebene auf
Zettel passen. Dort drückten Sumerer abstrakte Ideo-
gramme in Tonscherben. Auch um Ordnung zu schaffen:
in Ernten, in die Abfolgen von Hochwasser, in Steueran-
gelegenheiten, auch in den unübersichtlichen Götterhim-
mel. Wer schreibt, der strukturiert. Die sumerische Keilschrift zeigt aber auch, dass das Ordnungsprinzip, das der
Zettelkasten schaffen will, von Anfang an bedroht ist. Der
Assyrologe Carl Bezold prägte das Wort von der »schreck-
lichen Keilschrift«, der Altphilologe Ernst Doblhofer spricht
geradewegs von »Tohuwabohu«.[41] Denn die Prinzipien der
sprachlichen Ordnung wurden in dieser frühen Schrift
ständig geändert, ein und dasselbe Zeichen konnte für

grundverschiedene Silbenwerte stehen, und was gemeint war, kann man letztlich nur raten. Wer sich mit mesopotamischen Keilschriften beschäftigt, muss sich also zwangsläufig, tja: verzetteln.

– – –

Wer nach den direkten Vorfahren des Zettelkastens fragen will, der muss es in der Kiste rappeln lassen. Die klösterliche Buchkultur des Mittelalters passte nämlich in eine ebensolche, die Bücher-Arche. Bevor man den Manuskripten eigene Klosterzellen einräumte, lagerte man sie in eisenbeschlagenen Truhen, die man auch ›Tresekammern‹ nannte, vom lateinischen Wort ›Thesaurus‹ für Schatzkammer. Unser Begriff ›Wortschatz‹ leitet sich noch da her.[42]

– – –

Erst als die Zahl der Bücher so groß wurde, dass sie nicht mehr alle in die Kiste passten, wandelte der Container die Funktion. Von nun an wanderte nicht mehr die Information in den Kasten, sondern nur noch die Meta-Information, der Auszug, das Exzerpt: die Bibliografie. Bücherflut als Informationsflut war eine verbreitete Klage seit der Renaissance, vor allem nach der Erfindung des Buchdrucks im 15. Jahrhundert. »Wenig kunst und buecher vil / das ist der narren frwden spil«, heißt es in einer Augsburger Übersetzung von Petrarcas *De remediis utriusque fortunae*, dem *Glücksbuch*.[43] Mit einem Mal standen so viele gedruckte Bücher zur Verfügung, dass kein Mensch sie mehr lesen konnte. Wirklich keiner? Doch, ein unbeugsamer Gelehrter machte sich an das wagemutige Projekt, alle Bücher seiner Zeit zu lesen und auf einen Nenner zu bringen. Seine Name war Conrad Gesner (1516 – 1565), der Prototyp des Universalgelehrten, des Polyhistors. Gesners *Bibliotheca Universalis*, die zwischen 1545 und 1548 in zwei Foliobänden mit jeweils über 1000 Seiten erschien, wollte nichts weniger als alle Bücher verzeichnen, die seit Gutenberg erschienen waren. Ganz nebenbei entwickelte Gesner auch die erste systematische Methodik des Exzerpierens, womit er nichts Geringeres leistete, als die Wissensproduktion in einen Festspeicher (Read-only-memory = ROM) und einen flüchtigen Speicher (Random-access-memory = RAM) aufzuteilen. Der Festspeicher, also die Universalbibliothek, war im frühneuzeitlichen *information overload* aufgrund seiner Unüberschaubarkeit kein probates Arbeitsmittel mehr. Der Gelehrte griff für die »Komposition und Disposition von Texten« (Zedelmaier) als gängiger Praxis der Wissensproduktion bis weit ins 19. Jahrhundert nunmehr nur noch auf den flüchtigen Speicher der Exzerptsammlungen zurück, die die ›loci communes‹ enthielten: die ›Gemeinplätze‹, die auch für uns heute noch sprichwörtlich sind.[44] Für diese Prozedur schlug Gesner, informationstheoretisch gesprochen, einen Algorithmus vor, der auch als Gründungsakte des Verzettelns und des Zettelkastens gelten kann:

a) Schreibe alles Wichtige zur Weiterverwendung auf ein einseitig zu beschreibendes Blatt;

b) widme jedem neuen Gedanken eine neue Zeile;

c) zerschneide alle Exzerpte mit einer Schere;

d) untergliedere die Teile nach inhaltlichen Aspekten neu;

e) ist die gewünschte neue Ordnung hergestellt, fixiere sie!

Der letzte Schritt der Fixierung erfolgte noch mittels des althergebrachten Mediums, die Notate wurden in das sogenannte Zettelbuch geklebt. Gesner selbst nannte diese Sammlungen auch ›chartaceos libros‹, also Karteibücher. Der Ordnungsbegriff, der hiermit etabliert wird, ist aber nur noch ein vager, denn das Zettelbuch ist jederzeit derangierbar, damit der Informationsflut Rechnung getra gen und ständig neue Einträge hinzugefügt werden können – ein dekonstruktives, um nicht zu sagen: dekonstruktivistisches Verfahren. »Du weißt, wie leicht es ist, Fakten zu sammeln, und wie schwer, sie zu ordnen‹, schrieb der Basler Gelehrte Caspar Wolf, der Herausgeber der Werke Gesners.[45]

Exzerpieranleitungen wurden im 17. und 18. Jahrhundert zu den wichtigsten Ratgebern in Sachen wissenschaftlichen Arbeitens, da doch »keiner der Zeit hat / alle und jede Bücher zu durchlesen / welche sonderlich keine Schulbücher sind / und nur zu dem nachschlagen dienen«, wie der fränkische Barockdichter Georg Philipp Harsdörffer feststellte. Der Jesuit Francesco Sacchini entwickelte mit seiner Schrift *De ratione libros cum profectu legendi* (1614) Gesners Zettelwirtschaft entscheidend weiter, indem er beim Exzerpieren eine Art doppelte Buchhaltung vorschlug. Der jesuitische Algorithmus sah so aus:

a) Trage in das erste Buch ohne jede Ordnung alles ein, was einem während des Lesens bemerkenswert erschien;

b) im zweiten Buch ordne dieses Material bestimmten Sachthemen zu!

Der deutsche Gelehrte Vincent Placcius unternimmt anno 1689 den Versuch einer Inventur aller damaligen Methoden der Wissensorganisation und Wissensverwaltung: *De arte excerpendi / Vom gelehrten Buchhalten liber singularis.* Darin enthalten ist auch eine etwas kryptische Schrift eines anonymen Verfassers des Titels *De scrinio litterato / Über den gelehrten Kasten.* Es geht darin um die

Vorstellung eines Kastens oder Aufbewahrungsortes für gelehrte Studien, eine Methode, mit deren Hilfe alles Gelesene, Gehörte und Gedachte leichter aufbewahrt und schneller wieder aufgefunden werden kann.[46]

Der »gelehrte Kasten« wird in dieser Beschreibung sowohl aufs Mittelalter zurückweisend als ›Arche‹ wie auch zukunftsweisend als ›machina‹, als Maschine bezeichnet. Die Schrift enthält nicht nur eine illustrierte Bauanleitung für den Holzschrank, sondern auch detaillierte Angaben über die Größe der zu verwendenden Notizzettel (›chartae‹). Die Wissensorganisation erfolgt nach dieser neuen Methodik (›novus modus‹) in einem dreistufigen Algorithmus:

a) *scribendi modus*: das Aufschreiben der Exzerpte auf Zettel;

b) *digerendi modus*: die Ordnung der Exzerpte;

c) *utendi modus*: das Wiederfinden der abgelegten Exzerpte.

Der Karteischrank muss in der damaligen wissenschaftlichen Welt für einige Furore gesorgt haben und kann vielleicht als »Start-up moderner Wissensmaschinen« bezeichnet werden.[47] Gottfried Wilhelm Leibniz (1646 – 1716), der nicht nur angesehener Mathematiker und Philosoph war, sondern auch Bibliothekar der Herzog August Bibliothek in Wolfenbüttel, soll sich ein solches Büchermöbel nach eigenen Vorstellungen bauen lassen haben. Da Leibniz zugleich der Erfinder des binären Zahlensystems ist, das jeden Wert ausschließlich aus Einsen und Nullen darstellt, könnte man sagen, dass sich in seiner Studierstube zum ersten Mal Computercode und Zettelkasten begegnet sind.

Die große Zahl von Verzettelungs-Anweisungen in der Aufklärungszeit deutet darauf hin, dass nicht nur der *information overload* als problematisch empfunden wurde, sondern auch die neue Form der Wissensaneignung durch randomisierte oder stochastische Verfahren, wie sie ihren Ausdruck in frei disponiblen Ordnungssystemen mit losen Zetteln fanden. Gerade vor Loseblatt-Sammlungen wurde darum immer wieder streng gewarnt. Frühneuzeitliche Wissenschaftsfolgenabschätzung hielt nur jenes Wissen für beherrschbar, das noch möglichst vollständig der *memoria*, also dem Gedächtnis, zur Verfügung stand. Gedächtnissplitter dieser Ideologie finden sich noch bei Karl Kraus: »Wer schreibt, um Bildung zu zeigen, muß Gedächtnis haben; dann ist er bloß ein Esel. Wenn er die Fachwissenschaft oder den Zettelkasten benützt, ist er auch ein Schwindler.«[48]

Ein warnendes Beispiel von *memory overflow* als verfehlter polyhistorischer Wissensaneignung existierte in Person des Hamburger Gelehrten Joachim Jungius, der in der Mitte des 17. Jahrhunderts ein »Zettelkonglomerat von rund 160 000 hochverdichteten Textelementen« gesammelt hat, ohne dass daraus je eine Publikation erwachsen wäre.[49] Dennoch weisen die diversen Exzerpierhandbücher darauf hin, dass schon auf dem einsamen Gipfelpunkt des Gutenbergzeitalters das Medium Buch eine ernste Konkurrenz durch relationale Aufschreibsysteme erfuhr. Das Buch ist nur noch Durchlauferhitzer für individuelle freie

Wissenssysteme, wie es erst geraume Zeit später Walter Benjamin explizit beschreibt:

> Und heute schon ist das Buch, wie die aktuelle wissenschaftliche Produktionsweise lehrt, eine veraltete Vermittlung zwischen zwei verschiedenen Kartotheksystemen. Denn alles Wesentliche findet sich im Zettelkasten des Forschers, der's verfaßte, und der Gelehrte, der darin studiert, assimiliert es seiner eigenen Kartothek.[50]

Der Universalitätsanspruch, der hinter enzyklopädischen Großprojekten wie dem Conrad Gesners als zeitlose »Ordnung der Ordnungen« (Zedelmaier)[51] steckte, war natürlich schon im Ansatz paradox. Hatte man einmal damit angefangen, den Erkenntnisprozess zu systematisieren, perpetuierte er sich zwangsläufig. Dazu zählten die Enzyklopädien auch selbst, die das Weltwissen vergrößerten, ohne sich selbst zu enthalten: Der Zettelkasten ist nicht Teil des Zettelkastens. Die Ordnung war darum schon gestört, kaum dass sie hergestellt war. Es ist gerade diese Entropie, die die Systematisierung des Erkenntnisprozesses so produktiv macht.

Unter Beweis gestellt hat diese Produktivität des Zettelsystems der schwäbische Rechtsgelehrte Johann Jacob Moser (1701 – 1785). Unter der Überschrift »Meine Art, Materialien zu künfftigen Schrifften zu sammlen« beschreibt er selbst den Algorithmus, mit dessen Hilfe er seine »Zettelkästgen« füllt:

a) Stelle Zettel von der Größe eines halben Octav-Blattes her;
b) Schreibe alles, was aus anderen Büchern künftig zu Diensten sein könnte, auf diese Zettel;
c) Lasse vom Schreiner Holzkisten fertigen, die jeweils zwei solcher Zettel nebeneinander fassen können;
d) die Länge sei 1 Schuh, sodass rund 1000 Zettel in den Kasten passen.[52]

Mosers Verzettelungstechnik ist ein nachdrücklicher Beleg dafür, wie man allein durch Umadressierung aus den Exzerpten alter Bücher neue machen kann. Seine auf über 500 Titel veranschlagte Publikationsliste hätte Moser nach eigenem Bekunden ohne das von ihm geschaffene Hilfsmittel nicht bewerkstelligen können. Noch auf andere Art hat der schwäbische Jurist sich, wenn auch unfreiwillig, in die Mediengeschichte der Verzettelungen eingeschrieben: Er hat den ersten begehbaren Zettelkasten geschaffen. Nach Verfassungsstreitigkeiten kerkerte der württembergische Herzog Carl Eugen, mit dessen rüden Methoden auch Schubart und Schiller Bekanntschaft machen mussten, den Juristen auf der Festung Hohentwiel ein und verbot dem Bibliomanen als besondere Schikane jedes Schreibmaterial. Moser ritzte daraufhin mit der Schere alle Wände seines Kerkers sowie die freien Stellen in Briefen, der Bibel und das Toilettenpapier voll.

Diese Notate dienten ihm später als Grundlage für seine überaus erfolgreiche Lebens-Geschichte.[53]

– – –

Für die schöne Literatur war es der Schriftsteller Jean Paul Richter [→Geist, Zykel], der Mosers Verfahren adaptierte und äußerst fruchtbar in immer neue Werke umsetzte. In seinem Idyll *Leben des Quintus Fixlein, aus funfzehn Zettelkästen gezogen; nebst einem Mußteil und einigen Jus des tablette* (1796) erweist er dem schwäbischen Juristen auch ausdrücklich die Referenz. In der »Geschichte meiner Vorrede« sowie im zweiten der »Zettelkästen« überschriebenen Kapitel erwähnt der Dichter einen »Herr von Moser«, den »Gevatter und Vorläufer deiner Zettelkästen«, der »in seinem Leben keinen zusammenhängenden Bogen geschrieben, sondern nur Aphorismen, Gnomen, Sinnsprüche, kurz nichts als Flechtwerk«.[54] Jean Paul hat eine schier beängstigende Fülle an Exzerpten und Zetteln hinterlassen: In den Nachlasskisten der Staatsbibliothek zu Berlin finden sich 12 000 Zettel samt Register, ungefähr ein Drittel des gesamten Dichternachlasses. Hätte man sie jemals edieren wollen, wären im Layout der bisher erschienen Nachlassbände bei Verzicht auf jegliche Kommentierung etwa acht bis zehn jeweils tausendseitige Bände herausgekommen.[55] Wie stark die ständige Umadressierung von Inhalten aus dem *random access memory* die Arbeitsweise Jean Pauls beeinflusst hat, ist schon seinen Zeit-

genossen aufgefallen, vor allem negativ. In seinem Brief über den Roman behauptet Friedrich Schlegel, »Friedrich Richters Romane seien keine Romane, sondern ein buntes Allerlei von kränklichem Witz. Die wenige Geschichte sei zu schlecht dargestellt, um für Geschichte zu gelten, man müsse sie nur erraten«.[56] Und Georg Wilhelm Friedrich Hegel dekretiert in seinen *Vorlesungen über die Ästhetik*:

> Jean Paul hat deshalb auch, um immer neues Material zu haben, in alle Bücher der verschiedensten Art, botanische, juristische, Reisebeschreibungen, philosophische, hineingesehen, was ihn frappierte, sogleich notiert, augenblickliche Einfälle dazugeschrieben und, wenn es nun darauf ankam, selber ans Erfinden zu gehen, äußerlich das Heterogenste – brasilianische Pflanzen und das alte Reichskammergericht – zueinandergebracht.[57]

Jean Paul ist ein subversiver Benutzer seines Zettelkastens. Denn ähnlich wie literarische Konventionen unterwandert Jean Paul auch die Netiquette ordnungsgemäßer Verknüpfungen und Speicheradressierungen. So können Zitate und Fundstücke sich auf echte ebenso wie auf fiktionale Werke beziehen. Erschwerend kommt hinzu, dass Jean Paul auch die Gesamtheit seiner eigenen Schriften in ein komplexes Biblioversum aus Motiven, Geschichten und Personal verknotet hat. Am Ende seines Lebens wollte Jean Paul sich gar selbst in seinen Zettelkasten hineinschreiben, eine Art umgekehrte Transsubstantiation von Fleisch in Wort. »Papierdrache« sollte sein letztes Werk betitelt sein, und ein Papierdrache sollte es auch werden: Zusammengefaltet aus der Masse der Exzerpte, Zettel, Geschichten, Bücher und biographischen Daten. Ein Werk, das alles enthält, auch das eigene Leben,

> weil in das letzte Buch oder den Papierdrachen alles hineingeschrieben werden muß – damit nur einmal ein Ende wird mit mir und von mir –, was ich nur von Einfällen, komischen Auftritten, Bemerkungen über Menschen und Sachen […] im Pulte und im Kopfe vorrätig beherberge.[58]

Von der Lesetechnik zur Verwaltungstechnik wurde der Zettelkasten ziemlich genau im Jahr 1773. Ursache war ein Papierstau. Nach der Auflösung der ober- und niederösterreichischen jesuitischen Klosterbibliotheken durch Kaiser Joseph II. ergießt sich eine unbeschreibliche Bücherflut über die Wiener Hofbibliothek und stellt den Hofbibliothekar Gottfried Freiherr van Swieten vor das verwaltungstechnische Problem, wie tausende von Bänden in eine Büchersammlung zu integrieren seien, die ohnehin schon seit Jahrzehnten keinen aktualisierten Katalog mehr besitzt. Letzterer Umstand war auch der kuriosen Tatsache zu verdanken, dass man das Anfertigen von Bücherverzeichnissen für eine Privatangelegenheit der Bibliothekare erachtete, die nicht zu den offiziellen Dienstobliegenheiten zählte. Van Swieten in seiner Not stellt sieben Bibliothekshelfer ein und legt ihnen, erstmalig in der Bibliotheksgeschichte, eine schriftliche Anweisung vor, wie zu bibliografieren sei: *Unterricht und Anweisung für diejenigen, so die Titel und Bücher abschreiben sollen.*[59] Der solchermaßen beschriebene Algorithmus lässt sich wie folgt zusammenfassen:

a) Richte einen separaten Raum abseits des Bibliotheksbetriebs ein.

b) Ein Bibliotheksdiener trage die Bücher jeweils eines Kastens aus einem Regal des Prunksaals in den Bibliografier-Raum.

c) Überprüfe, ob das jeweilige Buch eine Signatur hat.

d) Wenn die Signatur fehlt oder fehlerhaft ist, dann korrigiere sie.

e) Schreibe die bibliografischen Angaben in der Form (Titel / Autor / Druckort/Jahreszahl / Name des Druckers / Format / eventuelle Defekte) auf einen vorgefertigten Zettel;

f) Der Bibliotheksdiener trage die Bücher zurück in ihren Kasten im Prunksaal.

Der Josephinische Katalog, der auf diese Weise zusammenkam, enthielt am Ende inklusive eines ausgefeilten Verweissystems rund 300 000 Zettel. Dass er aber als erster Zettelkatalog Bibliotheksgeschichte schrieb, lag

eher an einem Fehler im Programm. Die letzte Befehls-
zeile des Codes von van Swieten wurde nämlich schlicht
nicht ausgeführt. Sie hätte lauten sollen:
g) Übertrage alle bibliografischen Angaben in einen
   Bandkatalog und vernichte die Zettel.
Der Grund für diesen Programmierfehler bestand in öko-
nomischem Kalkül: Der geplante Katalog hätte gut und
gerne 50 bis 60 Folio-Bände umfasst und wäre doch kurz
nach Fertigstellung schon wieder obsolet gewesen.
Darum wurden die Wiener Zettelkästen zur ersten relatio-
nalen Suchmaschine mit Erweiterungsfunktion.[60]

– – –

Von der Verwaltungstechnik des Wiener Zettelkastens zur
Wirtschaftsverwaltung und von der Bücherordnung zur
Buchführung war es nur noch ein kleiner Schritt, den der
US-amerikanische Bibliothekar, Sprachreformer und
Unternehmensgründer Melville Dewey (1851 – 1931)
gegangen ist. Dewey führte als Chefbibliothekar der
Columbia University und der New York State Library das
nach ihm benannte Dezimalsystem ein (Dewey Decimal
Classification), das bis heute weltweit von vielen Bibliotheken genutzt wird. Daneben gründete er eine Firma
namens Library Bureau, die sich auf Bibliotheksmobiliar
spezialisierte. Mit der Normierung von Karteikarten für die
Karteikästen eigener Fabrikation machte Dewey sich um
die Weiterentwicklung der Verzettelungstechniken verdient, ohne etwas damit zu verdienen. Um den ökonomi-

schen Ruin zu verhindern, stellte das Library Bureau im
Jahr 1888 die eigene Buchführung vom traditionellen Ver-
buchungssystem auf das schnellere und kostengünstigere
System des ›card index‹ um. Der »Technologietransfer
zwischen Bibliothek und Büro« (Krajewski),[61] nämlich die
Buchführung in Zettelkästen, wird ein Erfolgsschlager:
Banken und Versicherungen, Stahl- und Eisenbahnunter-
nehmen übernehmen das Karteisystem und damit auch
die Karteikästen von Deweys Firma. 1896 schließen das
Library Bureau und Hermann Holleriths Tabulating
Machine Company, die spätere Fa. IBM, einen Koopera-
tionsvertrag: Die Zettel bekommen Löcher und werden zu
Lochkarten, die maschinelle Informationsverarbeitung
kann beginnen.

– – –

Der Reimport der ökonomisch durchkalkulierten und -kal-
kulierenden Karteikästen nach Europa geschah postwen-
dend, aber mit einer für den alten Kontinent vielleicht
typischen geistigen Sublimierung. Der Berliner Philoso-
phieprofessor Friedrich Kuntze sah 1922 anlässlich einer
Büroausstellung die Möglichkeiten einer Rückanwendung
für die Produktion geistiger Inhalte und damit die Einführung tayloristischer Fließbandarbeit auch im Felde des
Guten, Wahren, Schönen: »die Einführung der Maschine
in den Hain der Minerva«.[62] Dass das Herunterbrechen
einst absoluter Wahrheiten auf die Größe von Karteikarten
nur mit den brachialen Methoden einer im Wortsinn analy-

tischen Philosophie geht, drückte der Weltkriegsteilneh-
mer Kuntze mit drastischen Worten aus: »ein Zeitalter, das
die Vernichtungsstrategie erfunden hat, will diese auch
gegenüber der Welt der geistigen Inhalte«.[63] Die Disjunk-
tion von Ordnung und Unordnung bleibt dabei stets viru-
lent: Ewigkeitsansprüche sind an eine Loseblattsammlung
nicht mehr zu stellen. Umso stärker wird die Notwendigkeit gesehen, durch Normierungen Mindestanforderungen
ans Ordnungssystem von Zettelkästen zu stellen. Hier
hat sich in Deutschland Walter Porstmann (1886 – 1959)
mit seinem in vielen Auflagen erschienenen Handbuch
der Karteitechnik Meriten verdient. Porstmann hat unter
anderem das Din-A-Papierformat entwickelt und sah
gerade in der Vielfalt der Karteisysteme, die durch die
Ökonomisierung des Zettelkastens zwangsläufig eintrat,
die Zukunftsfähigkeit der Methode gesichert. »Es scheint,
als hätte die Wildheit der Entwicklung«, schreibt Porstmann beruhigend, »keinerlei wilde Formen gezeitigt«.[64]
Im Gegenteil, er spricht sich vehement für die Auflösung
der alten Ordnung der Gutenberg-Galaxis und damit
für die »Auflösung von Druckwerken und Büchern in Karteiblätter« aus:

> Im Bereich der Buchung (Buchführung) hat die Kartei
> schon längst das Buch in den Fällen verdrängt, wo es
> nicht am Platze ist; nun beginnt sie auch im Bereich
> des gedruckten Buches den Wettbewerb.[65]

Die Auflösung des Buches in Karteiblätter hat starke Aus-
wirkungen auch auf die Belletristik: Nicht erst seit Moser
und Jean Paul darf der Zettelkasten als Geburtsstätte
der meisten weltliterarischen Werke gelten. Doch während
das Metapherngeflecht aus Texten und Verweben gut
erschlossen ist, harrt die Verbindung von Dichten und Verzetteln nach wie vor der tieferen literatur- und medienwissenschaftlichen Untersuchung. Der Zettelkasten ist in der
schönen Literatur viel mehr als nur Ordnungssystem,
er wird buchstäblich zur literarischen Maschine, die auch
stochastische Elemente in die Literaturproduktion bringt
und als eine der grundlegenden genetischen Prinzipien für
Literatur gelten darf. Schon die Ähnlichkeit des Zettel-
formats mit der Größe von Spielkarten kommt nicht von
ungefähr: Als Abbé François Rozier 1775 den Auftrag
erhält, sämtliche zwischen 1666 und 1770 im Namen der
Académie des Sciences in Paris erschienenen Schriften zu
indizieren, verfällt er auf die Idee, dazu einheitlich präzise
vorgefertigte Papiereinheiten zu verwenden, nämlich han-
delsübliche ›cartes à jouer‹, Spielkarten. Eindrücklicher
lässt sich der *random access* im Literaturbetrieb gar nicht
belegen. Das Spiel kann beginnen: Tristan Tzara legte im
Züricher Cabaret Voltaire mit seinen »Zettelgedichten« den
Grundstein für den Dadaismus. Er las willkürlich aus der
Tasche gezogene Textschnipsel vor, die er zuvor aus Zeitungen ausgeschnitten hatte. André Breton machte in seinem ersten surrealistischen Manifest aus der Zetteltaktik

eine Methode: Die »écriture automatique« will bewusstes Gestalten ausschalten und Literatur ausschließlich durch »das Schweifenlassen der Gedanken ohne jede Kontrolle durch die Vernunft« generieren.[66] Heutige digitale Literaturmaschinen, von Enzensbergers Poesie-Automat (der im Marbacher Literaturmuseum der Moderne in Augenschein zu nehmen ist) bis zu den automatisierten Erzählstrategien der Computerspieleindustrie basieren alle auf dem nämlichen Prinzip eines Thesaurus, der randomisiert auf Bausteine zugreift und sie neu kombiniert: Ars combinatoria.

– – –

Der Großmeister literarischer Verzettelungen war ohne jeden Zweifel Arno Schmidt. Sein legendärer Zettelkasten kam zum ersten Mal für *Seelandschaft mit Pocahontas* [→ Seelandschaft] zum Zuge, einer Erzählung, die aus 638 Notizzetteln zusammengesetzt ist, die Arno Schmidt so eigenhändig wie eigenbrötlerisch »mit Kleber, Stift und Farbband bearbeitet hat, ein wirkliches Handwerk, das von Lust und Schweiß seiner Verfertigung zeugt«.[67] Über seine Arbeitsweise hat Arno Schmidt selbst zu Protokoll gegeben: »Wenn ich ein Buch anlege, dann sind schon die Zettelkästen da, ich habe dann schon 60 bis 80 Prozent zusammen und kann sagen, wieviele Seiten der Text bekommt.«[68] Schmidts *opus magnum* trägt den Zettel schon im Titel: *Zettel's Traum*, benannt nach eben jenem sich verzettelnden Weber aus Shakespeares *Sommernachtstraum*. Der Roman soll sich aus rund 120 000 Zetteln zusammensetzen, deren »Zettelwirtschaft der unendlichen Assoziationen auch materiell handgreiflich« gemacht werden sollte.[69] Auf der Website der Arno Schmidt-Stiftung ist seit 2002 täglich ein anderer »Zettel des Tages« zu sehen.[70]

– – –

Systematisiert hat den produktiven Einfluss des Zettelkastens auf die geistige Arbeit der Schöpfer der Systemtheorie, Niklas Luhmann [→ Kommunikationspartner]. Selbst Besitzer des neben dem von Hans Blumenberg vielleicht wissenschaftlich bedeutendsten Zettelkastens im 20. Jahrhundert, hat Luhmann mit seinem kleinen Erfahrungsbericht *Kommunikation mit Zettelkästen* Erhebliches zur Theorie der Verzettelung beigetragen.[71] Luhmann begreift nämlich seine Zettelsammlung als vollwertigen und kreativen Kommunikationspartner. Der Algorithmus, dem der Luhmann'sche Zettelkasten folgt, könnte lauten:

a) Präpariere hölzerne Kästen mit Ausziehfächern und Zettel im Oktavformat.

b) Schreibe auf die Zettel alles, was dir interessant erscheint.

c) Gehe dabei ohne systematische Ordnung vor.

d) Sortiere alle Zettel zu einem Thema in einem Fach, das du mit einem Buchstaben versiehst.

e) Gib jedem Zettel im Fach eine Nummer.

f) Notiere auf jedem Zettel die Nummern aller anderen Zettel, mit denen er zu tun hat.

Nur der Verzicht auf systematische Ordnung bzw. die »Kombination von Ordnung und Unordnung«[72] garantiert jenen »Einbau von Zufall ins System«,[73] der die Kommunikation mit dem Zettelkasten kreativ macht. Das höchste Maß an Produktivität ist erreicht, wenn die Maschinerie des Zettelkastens Automatismen entwickelt. Der Zustand, der dann erreicht wird, grenzt beinahe an eine wissenschaftliche *écriture automatique* und lässt sich auf den zentralen Begriff Luhmann'scher Systemtheorie bringen: Auto-Poetik.

– – –

Verschiebt sich das Gewicht von Ordnung und Unordnung im Zettelkasten nur um ein Weniges in Richtung Entropie, so erhält man jene Zettelsammlung, in der der britische Maler Francis Bacon (1909 – 1992) sich regelrecht wohnlich eingerichtet hatte. Der begehbare Zettelkasten des Künstlers besteht nicht mehr aus Fächern, sondern nur noch aus Zonen, Schichten und Klumpen. Sein Algorithmus würde lauten:

a) Reiße Seiten, Artikel oder Bilder aus Zeitungen, Büchern und Katalogen und wirf sie auf den Boden.
b) Nimm Fotografien von Freunden oder von dir selbst, auch Röntgenbilder, fasse sie mit ölverschmierten Fingern an und wirf sie auf den Boden.
c) Nimm alte Vinylschallplatten und wirf sie auf den Boden.
d) Nimm alte Gemälde und Manuskripte von dir, zerreiße sie und wirf sie auf den Boden.
e) Nimm alte Kleidungsstücke und Schuhe und wirf sie auf den Boden.
f) Besudle alles hier und da mit Ölfarbe oder mit Bier, sodass die einzelnen Blätter oder Zettel zusammenkleben und Klumpen bilden.[74]

Bacons begehbarer Zettelkasten, sein Atelier in der Reece Mews Nr. 7, South Kensington, London, wurde 1988 abgebaut und in der Dublin City Gallery The Hugh Lane originalgetreu wieder aufgebaut. Ein Team von Restauratoren, Archäologen (!) und Kuratoren hat hierfür mehr als 7000 Einzelstücke in einer Datenbank katalogisiert.[75]

– – –

Die finale Entropie erreicht hat mit seinen Verzettelungen schließlich der finnische Mathematiker, Kernphysiker, Filmemacher, Klangexperimentator und Synthesizerentwickler Erkki Kurenniemi (1941 – 2005). Er hatte nichts weniger vor, als sein gesamtes Leben in einen Zettelkasten zu verwandeln. Verwirklichen wollte er damit eine Prophezeiung Norbert Wieners, des Begründers der Kybernetik, die besagte, dass es »theoretisch möglich [sei], einen Menschen durch eine Telegrafenleitung zu schicken«.[76] Kurenniemi untersuchte die evolutionären Möglichkeiten, den menschlichen Geist auf Schnittstellen zu übertragen, die nicht aus lebender Materie bestehen.

Teil dieser Experimente war es, dass Kurenniemi sich als »Archivar seines eigenen Lebens« (Lars Bang Larsen) betätigte. Manisch sammelte der Forscher Fakten und Hirnströme in Gestalt schriftlicher oder bildlicher Aufzeichnungen. Sein ›Archiv des Ichs‹ genannter Zettelkasten besteht aus dutzenden von Notizbüchern, hunderten Stunden Video- und Audiomaterial, Disketten, Festplatten und unzähligen Fotos und enthält

> Tagebucheinträge (zu verschiedenen persönlichen Begegnungen oder Fernsehsendungen), Programmcodes, Quittungen, Ausstellungstickets, Übersetzungen verschiedener Zitate [...], Schnappschüsse, eine Originalzeichnung des Künstlers Olli Lyytikäinen, Schaltkreisdiagramme, einen Ausschnitt aus einem 16-mm-Erotikfilm sowie frenetische Ausrufe wie »Ich brauche dringend / einen schönen Körper / und einen hässlichen Geist / und einen hässlichen Körper / und einen schönen Geist / Ich bin jetzt bereit«.

Wenn aus Kurenniemis mitunter depressivem Ton herauszulesen ist, dass Alkohol und Drogen offenbar eine wichtige Funktion hinsichtlich seiner »Selbstbefreiung durch Datenspeicherung und -transferierbarkeit« innehatten, dann vielleicht auch deswegen, weil seine Hoffnung auf ein Leben jenseits der Vergänglichkeit enttäuscht wurde von einer neuen Form der Zerbrechlichkeit im digitalen

Zeitalter, wie er selbst es ausdrückte: »Es lässt sich durch den einfachen Befehl DATEI LÖSCHEN zerstören«.

Der Befehl DATEI LÖSCHEN wurde in der Zwischenzeit auf die Zettelkästen selbst angewendet. Aus Büros, Buchhaltungen und sogar aus den Bibliotheken sind die papiernen Zettelsammlungen mittlerweile vollständig verschwunden – eine der großen Medienvernichtungen der Menschheit. Der Zettelkasten ist historisch geworden. Aus den analogen Algorithmen, wie sie seit den Zeiten Conrad Gesners entwickelt wurden, sind digitale geworden. Die elektronische Zettelsammlung hat das random access memory elektrifiziert. Die Buchführung bestimmen heute Excel und SAP. Für Privatanwender – und in diese Rolle sehen sich Hobby-Autoren und Schriftsteller, Journalisten und Wissenschaftler gleichermaßen versetzt – gibt es eine schon durch ihre Vielzahl verwirrende Menge an Softwaretools zum Notieren und Verzetteln, von simplen Notizzettelprogrammen über grafisch aufwändige mind mapping-Software bis hin zu komplexen Datenbanklösungen. In öffentlichen Bibliotheken hat der Online Public Access Catalogue (OPAC) den analogen Zettelkasten ausgerottet. Der heutige Zettelkasten ist digital, aus Holzkisten sind Schaltkreise geworden. Dabei stellt uns die unbestimmte Alterungsbeständigkeit der neuen, digitalen Medien vor ganz neue Archivierungsprobleme. Während wir bei Stein, Holz, Pergament oder Papier recht gut unterrichtet sind, wie lange sie die Zeitläufte überdauern, sind wir uns bei CD-Roms, USB-Sticks und Festplatten noch nicht völlig im Klaren darüber, wie lange sie Informationen bewahren. Vielleicht werden die Speichermedien von heute zu den Vergessensmedien von morgen. Und die nächste Herausforderung steht schon vor der Tür oder vor den USB-Slots. Die Unüberschaubarkeit digitaler Medienangebote, die Größe heimischer Festplatten und die schier endlosen Speichermöglichkeiten des *cloud computing* erzwingen völlig neue Antworten auf die uralte Frage, auf die vormals die Zettelkästen antworten wollten: Wo stand das noch mal? Erst recht gilt dies für die sogenannte Rechnerallgegenwart, das *ubiquitous computing*. Wenn Alltagsgegenstände wie Kühlschränke und Möbel, Kleidungsstücke und Supermarktwaren selbst zu Informationsträgern und Speichermedien werden, ist prinzipiell fraglich, ob Ordnungssysteme der verzettelnden Art überhaupt noch Antworten auf die uralte Frage finden – müssten sie doch, wie weiland beim fränkischen Dichter Jean Paul, buchstäblich das ganze Leben enthalten. Das fragile Gleichgewicht aus Ordnung und Unordnung hat sich im Medienzeitalter womöglich vollends zur Unübersichtlichkeit verschoben, und wir werden uns vielleicht bald nach den Zeiten des guten alten Zettelkastens zurücksehnen, als wir uns noch ordentlich verzetteln durften.

Jost Philipp Klenner
Schlagschatten, Betonbrücken und Fingerkreise. William Heckschers Bilderkasten

William S. Heckscher ist 86 Jahre alt, als der Renaissanceforscher Dieter Wuttke, in dessen Buchreihe zuvor die ausgewählten Aufsätze des Ikonologen erschienen waren, 1990 in Hamburg bei einem Symposium zu Ehren von Aby Warburg auf eine Frage aus dem Publikum mit einer provokanten Rückfrage reagierte: »Wer liest denn noch Heckscher?« Elf Jahre später – zwei Jahre nach Heckschers Tod und nach gescheiterten Verhandlungen mit dem Getty Archive – kommt das »William S. Heckscher-Archiv« 2001 ins Hamburger Warburg-Haus, an jene Stätte, der Heckscher sich biografisch und intellektuell verpflichtet fühlte, seit Gustav Pauli, damaliger Direktor der Kunsthalle Hamburg, ihn mit Erwin Panofsky bekannt und durch »reinen Zufall« zum Ikonologen gemacht hatte.[77] An Heckschers eigene Ordnung erinnert das Archiv, das den schriftlichen Nachlass wie auch den ›Zettelkasten‹ umfasst, heute nur wenig. Wie eine enorme Endmoräne hatten sich die Arbeitsmaterialien durch sein Arbeitszimmer und seine Wohnung in Princeton gezogen. Auf einem stabilen Unterbau aus Kästen und Schubfächern stapelten sich Mappen, Ordner, Pappkartons, Tüten, Zeitungsausschnitte und lose Blätter, die an den Rändern in fragilen

Schichtungen ausliefen. ›Verzetteln‹ war für Heckschers Denken und Arbeiten ›Methode‹.[78] Seinen anarchischen Artikeln, die mit ihren Fußnoten, Kommentaren und Annotationen den Hang der Ikonologie zum ausufernden, philologischen Unterbau ins Extrem steigerten, entsprechen ebenso verzettelte Produktionsbedingungen.

– – –

Freunde und Kollegen, die die eindrücklichen Gebirge in Heckschers Princetoner Wohnung bestaunt hatten, rätselten über den Antrieb und die innere Struktur, die der gigantischen Sammlung, deren Herzkammer der Zettelkasten war, zugrunde lag. Freigebig versuchte Heckschor, Anfragen zu ikonografischen, bibliografischen wie auch allgemeinen Problemen aus seinem Kasten zu beantworten. Seine Sammlung begrüßte andere Wahrnehmungen und Urteile, war kollektiv und kooperativ. So soll Panofskys berühmtem Aufsatz über *Die ideologischen Vorläufer des Rolls-Royce-Kühlers* (1963) etwa die Bitte an seinen »Lieblingsschüler« Heckscher vorausgegangen sein, ihm etwas über Wagenmodelle und ihre Physiognomie mitzuteilen. Was aber umfasste der Zettelkasten überhaupt, wenn selbst Rolls-Royce-Typen enthalten waren? Heckscher selbst beschrieb ihn so:

> Meine Zettelsammlung. A.) sogenannte Primordia;
> d. h. eine Kartei unter chronologischer Anordnung
> nach jahr monat tag. Der erste Schlagschatten. Die

erste Betonbrücke. Das erste ›ähnliche‹ Portrait; ich werde versuchen einige Seiten hiermit einzuschliessen, die Ihnen [Dieter Wuttke] davon einen Eindruck vermitteln. Da ich aufs index-machen versessen bin, wird alles crossreferenced, so dass jedem chronologischen primordialen Eintrag zwei drei oder mehr alphabetisch arrangierte cross-references in einem separaten System untergebracht werden. B.) ich habe einen alphabetischen Index wo man ALLES findet; ›breasts‹ – ›laughter‹ – ›folklore‹ – ›Annunciation of the beata virgo Maria‹ (das Prinzip hier ist eine Unterabteilung nach Stadien der Ankündigung; Abwehr, Zweifel, Hingabe, das segelnde Christuskind von oben kommend); sowas könnte der dumme Index of Christian Art brauchen; aber die Leute sind zu borniert um Aussenseitern ein offenes Ohr zu leihen …[79]

Ergänzt wurde der Index zudem durch ein eigentümliches Englisch-Lateinisches Lexikon, das Grundlage für Heckschers *Princeton Alciati Companion* ist, sowie eine Sammlung lateinischer Neologismen und Wortspiele.

– – –

Heckschers Index war thematisch und formal offener als die großen Versuche ikonografischer Klassifikation im Princetoner *Index of Christian Art* oder im niederländischen *ICONCLASS*. Während der *Index* nur grob klassifizierte und dafür ungemein detaillierte Beschreibungen der Darstellungsweisen in den ›subject files‹ enthielt, setzte *ICONCLASS* auf eine kleinteilige Klassifizierung ikonografischer Varianten unter völligem Verzicht auf die Darstellungsweise. 1962 hielt Heckscher vor über siebzig Mitgliedern der *Society of Indexers*, deren Gründungsmitglied er war, einen ausschweifenden, kritischen Vortrag über Struktur und Systematik des Princetoner Index.[80] Im selben Jahr erwarb die Universität Utrecht schließlich, als einziges Institut neben dem Vatikan, auf Betreiben Heckschers eine vollständige Kopie des *Index*, dem er sofort einen »Index of Secular Art« unter dem Namen *Index iconologicus* zur Seite stellen wollte. Morphologisch versuchte der *Index of Christian Art* durch Klassifizierung von frühchristlichen und mittelalterlichen Bildwerken das Studium von bildgeschichtlichen Konjunkturen zu ermöglichen. Er zielte darauf ab, Aufstieg, Hegemonie, Verfall und Wiederkehr von Sujets geographisch und chronologisch beschreiben zu können. Der Ikonologie von Erwin Panofsky, Edgar Wind oder Millard Meiss kam der *Index* durchaus entgegen. Für Heckscher aber, der das humanistische Gehäuse der Schüler Warburgs immer wieder durchbrach und im höchsten Maße sensibilisiert war für die visuellen Zeugnisse und sprachlichen Manierismen der Massenkultur, war er in seiner Klassifizierung zu grob und in der Absolutierung der Hochkunst zu beschränkt. Anders Heckschers eigener Zettelkasten. Er konnte problemlos unter ikonografischen Stichworten auch Presse-

photos, Postkarten, Werbeanzeigen, bibliografische Hinweise, Sprichworte, Anekdoten, Spielkarten oder Briefmarken aufnehmen. »Alles unter der Sonne« konnte, wie er einmal schrieb, hier Platz finden. Die Indizierung war nicht von seinem imaginativen Denkstil zu trennen. Wohl trifft man klassische ikonografische Stichwörter und Sujets an, aber auf der anderen Seite stehen Einträge, die sich allein Heckschers Interessen und seinem Sinn für semantische Unfälle verdanken. Nicht wenige davon beziehen ihre Kraft erst aus Heckschers launigen Anmerkungen. Radikaler als klassische Bildindices setzte er auf die Verknüpfung von Wort und Bild. Welches universitäre Bildarchiv wäre bereit gewesen, Einträge unter »style – American« zu »the nice type« und »Barbarian & anti-intellectual 1968« aufzunehmen? Könnten systematische Zettelkästen polemische Kommentare zu deutschen Briefmarken wie »the tendency to mental diarrhea« enthalten oder Werbeanzeigen, die für die ›Space Station‹ mit dem Slogan »Space research is this generation's call to greatness« warben, unter »Fascism for idiots!!« rubrizieren? Und schließlich: Hätten institutionelle Indices mit solcher Beweglichkeit Einträge nach aktuellen Stimmungslagen ändern können, wie es Heckscher sein Leben lang tat? So lautet eine Stichwortkarte im Zettelkasten, die von einem phallischen, schräg nach oben zeigenden Finger verziert ist: »woman/women [...] now: femininity ... has become: [see also:] feminism ...«.

Immer wieder ist auf die ›Kunst der freien Assoziation‹ von Heckschers kulturgeschichtlichen Arbeiten hingewiesen worden, der auf der anderen Seite der Hang zu striktester, penibelster Forschung entsprach. Dieser Anspruch findet auch im Zettelkasten seinen Ausdruck. »The whole thing scholarly uncompromising but never dull«, lautete Heckschers Formel.[81] Aus seinen Überlegungen zur Geschichte der Ikonologie hatte er als Konsequenz auch die Überschreitung disziplinärer Grenzen gezogen. »The more you constrict yourself with a program«, hat er im Interview mit Elizabeth Sears formuliert, »the less your chances to find things. I believe that every good art historian, every good scholar, is an amateur. Because if you're not an amateur you're a specialist and you know it already.«[82] Dieser Anspruch an die liberalisierenden Kräfte seiner Ikonologie galt uneingeschränkt auch für den Zettelkasten. Er ist Ausdruck von Heckschers Interesse an Bilddetails, Verdrängtem oder Assoziativem, die ihn auch in seinen Aufsätzen wie den *Petites Perceptions* (1974), *Pearls from a Dungheap* (1981) oder *Aphrodite as a Nun* (1953) gereizt hatten. Oder anders gesagt: Er lebt vom idiosynkratischen Gestus. So finden sich unter dem Warburg'schen Begriff der »Pathosformeln« ebenso Bildreihen zur Mimik in amerikanischen Werbeanzeigen wie eine Sammlung von insektenhaft oder physiognomisch wirkenden Raumfahrzeugen, Hubschraubern und Automobilen. Klassische Themen der Tierikonographie ergänzte

er um scheinbar völlig ins Leere führende Einträge: unvermittelt jedenfalls findet sich unter »animals« neben Einträgen zur Herrschaftsikonografie des Pferdes und allegorischen Affen unter »animals – cat« eine kleine Sammlung von Postkarten, die Katzenwelpen zeigen.

– – –

Fanden die kleinen Einfälle und Beobachtungen aus Heckschers Index auch wieder heraus oder blieben sie eingeschlossen in einer träumerischen Maschine voller Bildwitz und funkelnder Ideen? Verhinderte das verzweigte Getüge voller Querverweise, Holz- und Umwege nicht womöglich sogar die Produktion wissenschaftlicher Prosa und ließ den Autor mit einem schmalen Werk voller Miszellen, fußnotengesättigter Aufsätze und annotierter Editionen zurück? Heckscher nutzte seine »Primordia«-Sammlung regelmäßig für seine Studien. So stützt er zum Beispiel seinen Vortrag zur *Genesis der Ikonologie,* dem er den »synthetisierenden Geist« der Jahre um 1912 zugrundelegte, durch Einträge aus der chronologischen Ordnung. Über Indices hingegen hatte er schon in seinem Artikel über den *Index of Christian Art* geschrieben, dass diese durchaus auch ihr Ziel allein in sich selbst finden könnten,[83] was für seinen eigenen Index vor allem gegolten zu haben scheint. Dennoch konnte das Spiel mit den Karten auch Texte evozieren. Im Herbst 1986 begannen Kunsthistoriker aus dem Umfeld der Zeitschrift *Artibus et Historiae* an einer Festschrift für den 1991 anstehenden

44

70. Geburtstag des polnischen Ikonologen Jan Białostocki zu arbeiten. Geplant war ein äußerst schmaler Band mit kleinen Beiträgen polnischer Freunde und Kollegen, der auch den Abschied Białostockis aus der Lehre würdigen sollte. Der plötzliche Tod des Ikonologen veränderte die Situation hingegen umgehend: Der in Wien ansässige Verlag IRSA, der zuletzt Białostockis *The Message of Images* publiziert hatte, wollte die ursprünglich geplante Festschrift nun mit Hilfe von internationalen Kunsthistorikern als Erinnerungsband unter dem Titel »Porta Mortis«. *In Memoriam Jan Białostocki 1921 – 1988* veröffentlichen.[84] Unter der illustren Runde angefragter Autoren fand sich auch William S. Heckscher, der mit Białostocki über Jahrzehnte freundschaftlich verbunden war.[85] Die Gedenkschrift an Jan Białostocki sollte jedoch nie erscheinen. Gleichwohl finden sich im Nachlass Heckschers erste Versuche für einen Artikel, der den Titel des Bandes vom Nekrolog zur Liebesformel verwandelte: An einen Umschlag des IRSA-Verlages heftete er einen Zettel mit einer kleines Handzeichnung und der Anweisung »call it: ›Porta amoris‹«.[86] Ausgelagert aus dem Index enthält die Mappe »Gesten: ›Porta amoris‹« eine kleine Bildstrecke zu einer Gebärde, bei der sich Daumen und Zeigefinger kreisförmig zusammenfügen, während die anderen Finger gestreckt bleiben. Ursprünglich in einen größeren Zusammenhang von Gesten und Gebärden in Folklore und Religion eingebettet, ist allein die Zusammenschau eines äußerst disparaten Bildmaterials geblieben, das durch die Form des Fingerkreises zusammengehalten wird. Neben dem Ausschnitt aus einem tibetischen Thangka-Rollbild, das Buddha auf dem Lotusthron als Lehrenden in der »Vitarka mudra-Position« – bei der sich Zeigefinger und Daumen zur »Geste der Unterweisung« oder zum »Rad der Lehre« schließen – zeigt, findet sich eine schematische, psychedelisch ornamentierte Darstellung des »mudra« selbst. Heckscher hatte sie offenbar aus einem Veranstaltungsflyer für einen Vortrag Peter Y. Chous zu *The Wisdom Mudra in Art, Philosophy, and Albert Einstein (Intersession 80, Worcester Polytechnic Institute, January 14 – 16, 1980)* ausgeschnitten, der sich an »anyone interested in art symbolism, philosophical wisdom, and Einstein« richtete. Vielleicht hatte der Flyer auch zunächst durch Heckschers eindrückliche Begegnung mit Einstein in Princeton 1953, mit dem er sich in seinem Anarchismus und Hang zum freien Assoziieren traf, in den Zettelkasten gefunden. Vermutlich wird Heckscher, neben der buddhistischen Tradition, auch Vergleiche mit anderen kreisförmigen Handgebärden wie dem griechischen Segensgestus auf byzantinischen Ikonen und Darstellungen des »Christus pantokrator« im Sinn gehabt haben. Seine anderen Bildbelege für die »Porta amoris«-Ikonografie hatten jedoch keine religiöse Konnotation, sondern entstammten Alltagsgebärden: so etwa ein Cover des *New York Times Magazine* vom Oktober 1989, das

den amerikanischen Comedian Arsenio Hall zeigt und den Artikel »Hot Inc.« des Journalisten Michael Norman über Halls Show *The Arsenio Hall Show: Late Night Cool* ankündigte.[87] Geradezu körperlich spürbar ist die Bedeutung des Fingerkreises aufgewertet und überhöht. Die Aufnahme zeigt Hall im tadellosen, hellen Anzug, leicht schräg an eine Wand gelehnt, als Erscheinung abgeklärter, selbstsicherer Coolness. Daumen und Finger zum perfekten Kreis gefügt und die anderen Finger in äußerster Anspannung weit nach oben gestreckt, bezieht Halls Geste ihren widersinnigen Ausdruck aus der Akzentuierung geschmeidigen Stilwillens in formelhafter, verfestigter Pose. Ergänzt wurde das Magazincover in Heckschers Sammlung durch zwei Ausschnitte aus der *New York Times*: Ein Porträt des vormaligen schwarzen Nationalisten Stanley Crouchs, das eine Rezension seiner Essays *Notes of a Hanging Judge* begleitete, zeigt ihn frontal lächelnd im Halbporträt unter der Überschrift »Nobody's Victim« mit kreisförmig geschlossenem Daumen und Zeigefinger.[88] Anders aber als bei Hall ist die Hand- und Fingerhaltung bei Crouch locker, fast zart als Geste der Zuversicht (des amerikanischen »a-okay«) gemeint. Eine weitere Pressefotografie, die sich in Heckscher Mappe befindet, porträtiert sechzehn Mitglieder der Mädchengang *Tiny Diablas* aus Los Angeles. Dieses letzte Bild scheint schließlich Heckschers Interesse an der folkloristischen Seite der Geste aufs Äußerste geweckt zu

haben. Denn einige Gangmitglieder legen zwar Daumen und Zeigefinger kreisförmig zusammen, im Unterschied zur bekannten Siegergeste oder dem Ausdruck von Zuversicht, Zufriedenheit oder Lob ist die Handinnenfläche diesmal nach oben gekehrt, sodass die gestreckten Finger horizontal zur Seite weisen und der Kreis zur scharfkantigen, harten Form gesteigert wird. Umgehend wandte Heckscher sich an den Autor des Artikels, Seth Mydans:

> May I ask you about one aspect of the Girls' Gang you describe so beautifully: the GESTURES which are shown in the accompanying photograph which is credited to ›Gamma Liaison/Feborah Copaken for the New York Times.‹ I am busy compiling material for the role of gestures in folklore and religious cults. In particular I would single out the gesture shown by three of the kneeling girls in the foreground: Digit and thumb form an inner circle while the three remaining fingers point upward. This gesture appears in pagan times and in representations of the seated Buddah.

Aber auch das Kernstück seiner Überlegungen ließ er nicht unerwähnt, denn dem Ikonologen taugte die Abbildung in seiner Eigenwilligkeit auch zum zeitgenössischen Beleg für die Übereinstimmung der Form bei völligem Bedeutungswandel. »Wherever I could find it«, formulierte Heckscher, »it seems to have a different meaning. You will understand how incredibly interesting it would be to find out what meaning the Girls' Gang members attach to it«.[89] Gleichzeitig sandte Heckscher einen Brief an die Fotografin Feborah Copaken mit der Bitte um Überlassung eines Abzugs der »Members of the Tiny Diabla«.[90] Damit stellte er die Fingergeste in die Tradition von Aby Warburgs Überlegungen zur »Pathosformel«, des »Nachlebens der Antike«, die ihn seit den 60er-Jahren zunehmend beschäftigt hatte. Warburgs Begriff meinte in Bildformeln gebannte Zustände gesteigerter Erregung, in seinen eigenen Worten »Superlative der Gebärdensprache«, die in fremdem, unerwartetem Zusammenhang intensivierte, abgeschwächte oder sogar entgegengesetzte Bedeutungen annehmen konnten. In Heckschers Zettelkasten finden sich zahllose Pressefotos, die dieser Idee in die Mimik folgen und Bilder von Muhammad Alis Sieg über Sonny Liston (»triumph & defeat«), das berühmte Photo John Filos der *Kent State shootings* (»grief«) oder ein Filmstill aus *Suddenly Last Summer* (»fear«) erfassen.

Wie Warburgs Pathosformeln zielten auch Heckschers Überlegungen auf die widersprüchliche emotive Ladung von Gesten, Mimik und Gebärden.[91] So auch in seiner Sammlung zu »Porta amoris«. Heckschers Deutung der ikonischen Fingergeste lässt sich hingegen nicht mehr ermitteln. Ein Manuskript für die geplante Gedenkschrift zu Ehren von Jan Białostocki findet sich nicht im Nach-

lass. War er an der Aufgabe gescheitert? Kam ihm das Nichterscheinen des Bandes vielleicht sogar zupass? Oder hatte er schlichtweg noch nicht begonnen zu schreiben? Die Bildausschnitte und Notizen stammen jedenfalls größtenteils aus den Monaten nach der von den Herausgebern des Gedenkbandes avisierten *deadline*. Nur zwei assoziative Spuren von Heckschers Überlegungen lassen sich erkennen: Am 31. Dezember 1989, an dem der Artikel eigentlich hätte eingereicht werden sollen, vermerkte er unter einer kleinen Handzeichnung: »Mention the emblematical character of modern advertisments: Vinken's article«. Gemeint war Pierre J. Vinkens dreißig Jahre zuvor in der Zeitschrift *Gazette* erschienener Artikel *The Modern Advertisement as an Emblem* (1959), der Reklame erstmals als »emblemförmige« visuelle Form beschrieb, die selbst dem esoterischen, enigmatischen Gehalt von Barocksinnbildern nahekäme.[92] Vinkens Emblembegriff und -kenntnis lag Heckschers Artikel über *Renaissance Emblems* (1954) und der von Heckscher gemeinsam mit Karl August Wirth verfasste Lexikoneintrag *Emblem, Emblembuch* (1959) zugrunde, was ihm augenscheinlich schmeichelte. Denn Vinkens Artikel ist eher für seinen Einfallsreichtum und Wagemut als seine emblemkundliche Akkuratesse bekannt. Bis heute gilt der Zeitschriftenbeitrag als bedeutende Anregung für das Nachleben und die Wanderung von Emblemen in zeitgenössische Bildwelten, hat aber aufgrund seiner begriff-

lichen Unschärfe ebenso harsche Reaktionen heraus-
gefordert. Hätte es für Heckscher also nicht näher liegen
müssen, den Aufsatz Peter M. Dalys zu *The Modern
Advertising and Renaissance Emblem* (1988) anzufüh-
ren, der nur zwei Jahre zuvor erschien?[93] Ein Autor, den
Heckscher persönlich kannte und mit dem er gelegentlich
korrespondierte? Offenbar gab der Ikonologe dem asso-
ziativen ›wilden‹ Denken des Amateurs mehr Vorschuss,
als es seine eigene emblemkundliche Kennerschaft
vermuten ließe. Zudem scheint es so, als ob er die harten
Akzentuierungen Vinkens etwa zur zunehmenden Bedeutung von Reklameüberschriften sogar noch habe verschär-
fen wollen. Denn unter dem »emblemhaften Charakter«
versammelte Heckscher nicht allein Werbeanzeigen, die
der dreiteiligen Form des Emblems (Motto – Bild –
Begleitverse) entsprachen, sondern auch politische Pla-
kate und Zeitschriftencover. So auch das Titelbild des
New York Times Magazine, das für Heckscher die
enigmatische Form des Sinnbildes in seiner Zusammenschau von deutungsbedürftiger Geste und »Late-Night
Cool« zu erfüllen schien. Aber Heckscher gibt noch einen
weiteren Hinweis auf den Antrieb zu seiner Sammlung der
kreisförmigen Geste. Denn auf die kurze Erinnerungsnotiz
folgt wie eine Grußformel: »What a beautiful dick«. Erst
von hier aus wird der eigentliche, verrätselte Antrieb seiner ungeschriebenen Studie deutlich und zugleich enthüllt
sich die Anspielung der von »Porta mortis« in »Porta

amoris« verwandelten Titelformel. Die zwei Handzeichnungen des ehemaligen Kunstmalers Heckscher, die neben
den kreisförmig zusammengelegten Fingern auch
jeweils ein Gesicht mit zum Kussmund gespitzten Lippen
zeigen, deuten die Geste als Ausdruck sexueller Bewun-
derung, als Symbol einer Vagina und ihres oralen Stellver-
treters, als Zeichen einer Liebespforte (»call it: ›Porta
amoris‹«). Heckscher, der in seinen Korrespondenzen und
Gesprächen immer für eine derbe Anekdote gut war
und gern den Rand seiner Briefe mit weiblichen Akten
bedeckte, hätte, so scheint es, selbst im Gedenkband für
den verstorbenen Freund und Kollegen Jan Białostocki
seiner Erotomanie freien Lauf gelassen. Freilich gut
versteckt unter humanistischem Beiwerk.

Im Zettelkasten Heckschers begegnet man dem fetischi-
stischen Umgang mit dem Erotischen und der Darstellung
von Körperteilen unverstellt. Sie machen einen Großteil
der Bildbestände aus: von ikonologisch motivierten Eintr-
gen zu »feet«, die aus dem Umfeld seines Lexikonbeitrags
zum *Dornauszieher* (1958) stammen und für einen nicht
eingelösten Eintrag *Fuß, Füße* gedacht waren, bis zur
umfangreichen Sammlung zu »breasts«, die neben mytho-
logischen und politischen Motiven sowie Materialien zu
einem Vortrag über *Lactation in Art* (1966) auch zahllose
pornografische Bilder enthält. Einen Augenblick lang kann
man anhand der Abbildungen und Notizen zur »Porta

amoris«-Geste dem Bilderspiel des humanistischen Anarchisten Heckscher zuschauen, kann sehen, wie Bilder unterschiedlichster Provenienz sich inspiriert durch Warburgs Theorie der Pathosformel zusammenfügen und mit Leben füllen. Blättert man heute im Zettelkasten des Ikonologen, lässt sich die Begeisterung seines Schöpfers für die Kunst des Indizierens und der freien Assoziation nachvollziehen: Vielleicht stößt man auf eine Bildstrecke von überragender Prägnanz – vielleicht lässt er einen auch nur mit einer Katzenpostkarte zurück.

FINGERKUNST

Tania Hron / Martin Stingelin
Fingerkunst. Zur Ökonomie von Friedrich Kittlers Zettelwirtschaft und ihrer ›Übertragung‹ auf Festplatten

Friedrich Kittler hat seine medienwissenschaftlichen Feststellungen, durch die er erst die Germanistik im Besonderen, dann die – durch ihn selbst als solche wesentlich mit ins Leben gerufenen – Kulturwissenschaften im Allgemeinen revolutioniert hat, zunehmend im Flugschatten von Minervas Eule erhascht. Vielleicht noch nicht 1977 in seiner Dissertation über den Schweizer Dichter Conrad Ferdinand Meyer *Der Traum und die Rede*[94] (wenn sich hier in der Rezeption der französischen Fortsetzung von Sigmund Freuds Weg durch Jacques

Lacan auch schon deutlich abzeichnet, dass die Bilder des Imaginären, die Buchstaben des Symbolischen und der Rest des Realen verschiedenen Formen der Vermittlung bzw. des ›Medialen‹ und deren unterschiedlicher Archivierung vorbehalten sind), doch spätestens 1980 in seiner Programmschrift über Programme, die selbst Programm geworden ist: *Austreibung des Geistes aus den Geisteswissenschaften*.[95] Was man von der medientechnikhistorischen Entwicklung zu einem gegebenen ›Heute‹ jeweils schon wissen kann, ist, weil die aktuellen medientechnikhistorischen Bedingungen der Möglichkeit dieses Wissens seinen unhintergehbaren blinden Fleck bilden, zu diesem Zeitpunkt immer schon vergangen.[96] Deutlich ablesbar in ihrer Konsequenz ist die zunehmende Tiefenschärfe dieses ›Durchblicks‹, durch den die Kulturwissenschaften den medientechnikhistorischen Dreischritt vom Speichern über das Übertragen zum Rechnen zu deklinieren und zu konjugieren gelernt haben, an Kittlers Umgang mit den Speichermedien des gelehrten Wissens, genauer: daran, wie sich in seinen Arbeitszimmern und in seinen Institutsbüros in Freiburg im Breisgau, Bochum und Berlin der Übergang vom Zettelkasten zur elektronischen Speicherung vollzogen hat.

– – –

Am Sonntag, den 30. April 1989, abends um 21 Uhr, hält der damals 45-jährige Friedrich Kittler in der ›Reihe um 9‹ im Kunstmuseum Bern einen Vortrag unter dem Titel »Die

Nacht der Substanz«.[97] Im Eintritt von neun Schweizer Franken (bzw. sechs Schweizer Franken für »Künstler, Mitglieder, Studierende«) war ein ›Aperitif‹ inklusive: »Apéro ab 20.30 Uhr, Kino im Kunstmuseum Bern, Hodlerstrasse 8« – die Rückseite der Einladungskarte kündigt für Sonntag, den 11. Juni 1989, Peter Weibel mit dem Titel »Der soziale Subtext« an. Die Anmerkungen zum Vortragsmanuskript zählen u.a. auf: Richard Alewyns und Karl Sälzles Buch *Das große Welttheater* (1959) über die Epoche der höfischen Feste, Friedrich Nietzsches Basler Vortragsreihe »Über die Zukunft unserer Bildungs-Anstalten«, Karl Groos' Buch über *Die Spiele des Menschen* (1899), Hegels *Phänomenologie des Geistes* (in der 6., von Johannes Hoffmeister 1952 in Hamburg herausgegebenen Auflage).[98] Doch wie konnte Friedrich Kittler sich all dies zur Vorbereitung des Berner Vortrags, aber auch der vielen vorangegangenen und der noch viel zahlreicher darauf folgenden Vorträge[99] überhaupt ›merken‹?

Der Vortrag selbst jedenfalls hatte genau diese Frage zum Gegenstand, die Kittler nach seiner Dissertation über Conrad Ferdinand Meyer seit Ende der 70er-Jahre umtrieb und die der Beweggrund seines diskursanalytischen Projekts wurde, Archive zu archivieren:

> Speicher speichern, also ›merken‹ sich unter historisch genau benennbaren Bedingungen ihrer eigenen technischen Bedingungen nicht alles, sondern sie nehmen nur bestimmte Informationen auf und andere nicht; sie speichern für meßbare Zeiten und liefern ihre Daten in meßbaren Zugriffszeiten; sie werden unter definierten Umständen gebaut und unter definierten Umständen von anderen abgelöst.[100]

Der Gegenstand von Kittlers Berner Vortrag war allerdings noch präziser gefasst: Wie verändert sich unser Wissen historisch, also ›epistemologisch‹ (so der Fachbegriff für die Geschichte unseres Wissens), sobald die Möglichkeit der alphabetischen Ordnung erfunden (für Kittler 1295) und in die Ordnung von Karteikästen, die nach Stichwörtern geordnet sind, überführt worden ist (1806), von wo sie, sei es theoretisch (1936), sei es praktisch (1989), in die Computer wandern? Am Anfang stand die Revolution durch den Buchdruck. Gegenüber der Hand- bzw. Abschriften hieß Wissen plötzlich »Blättern, Zitieren, Exzerpieren und Kompilieren, immer nach Maßgabe gedruckter Seitenzahlen.«[101] Diese Seite im Buch der (Wissens-)Geschichte aber wurde umgeblättert durch den Umstand, die Buchstaben des auf Papier festgeschriebenen Wissens in die digitale Form jederzeit ins Nichts auflösbarer Abfolgen diskreter Zahlen übertragen zu können:

> Wer heutzutage [1989] dem IBM-Befehl nachkommt, seine Schreibmaschine gegen Word Processing-Software einzutauschen, kennt diese künstliche

Nacht. Eine falsche Fingerbewegung auf der Benut-
zertastatur – und ganze Texte, die abgespeichert
werden sollten, sind statt dessen verschwunden.[102]

– – –

Es könnte dies, vom Speichermedium des Zettelkastens
zum Speichermedium des (Personal) Computers, historisch also exakt der Weg (gewesen) sein, den innerhalb
der Kulturwissenschaftsgeschichte Friedrich Kittler nicht
nur selbst reflektiert hat, sondern zugleich exemplarisch
verkörpert: die Ablösung des Zettelkastens durch den
Personal Computer. Doch: Spricht Kittler denn überhaupt
aus persönlicher Erfahrung im Umgang mit Zetteln?
Pflegt, wer das Losungswort der »Austreibung des Geistes aus den Geisteswissenschaften« im Programm führt,
einen Zettelkasten?[103] Aufschlussreich in diesem Zusammenhang ist ein Werkstattgespräch, das Friedrich Kittler
2011, im Jahr seines Todes, mit Andreas Rosenfelder
unter anderem auch über seinen Marbacher Vor- bzw.
Nachlass geführt hat:

> *Welt am Sonntag:* Der durchschnittliche deutsche
> Professor kann nicht einmal seine E-Mails allein
> beantworten. Sie haben schon in den Achtzigern Ihre
> Computer aufgeschraubt. Erwartet uns eine Edition
> Ihrer gesammelten Festplatten?
> *Friedrich Kittler:* Ich habe versucht, zumindest die
> Dateien aufzuheben. Aber die meisten alten CDs sind

jetzt kaputt. Meine Zettelkästen dagegen stehen noch
hier im Nebenzimmer. Mit Schreibmaschine verfasst,
ganz ordentlich geführt.
Welt am Sonntag: Was wird die Zukunft damit
anfangen?
Friedrich Kittler: Als ich das Christusalter von
33 Jahren erreichte, guckte ich meinen Zettelkasten
an und stellte fest, wie viele Themen ich angesammelt
hatte, über die ich noch schreiben wollte. Aber dieses
Leben reicht dafür nicht. Alle Farben, die der Mond in
der Lyrik je bekommen hat, sind da zum Beispiel
aufgeführt, auf orangenen DIN-A6-Zetteln. Ich habe
das tröstliche Gefühl, dass jemand, der wissen will,
wie meine ungeschriebenen Bücher aussehen
könnten, das ganz gut rekonstruieren könnte, falls
ich plötzlich umfalle.[104]

Am unmittelbarsten überrascht sowohl, wie herkömmlich
Friedrich Kittler dabei in der Traditionslinie von der
frühneuzeitlichen Wissensverarbeitung bis zu ihrer auf-
klärerischen ›Kritik‹ verfährt,[105] als auch – verglichen
gerade mit Niklas Luhmann, wenn dessen Zettel auch von
Hand, Kittlers Karteikarten mit Schreibmaschine geführt
sind – wie einschränkend im Hinblick auf die rhizoma-
tische, nicht-lineare Vernetzungsfähigkeit der Anlage
dessen, was Luhmann seinen »Kommunikationspartner«[106]
[→ Kommunikationspartner] genannt hat.

– – –

Bislang ist der Nachlass von Friedrich Kittler im Deutschen Literaturarchiv Marbach in den typischen grünen Kästen einfach durchnummeriert. Nr. 114 bis 128 enthalten seine Zettelkästen, die sich grob inventarisieren lassen:
– 114: eine Holzkiste mit Deckel, alphabetisch geordnet
– A wie Augenfarbe bis W wie Wolkenfarbe; Farben (Bergfarbe blau; Mond, bleich; Mondfarbe, rosenfarben), Zustände (Mond, metallisch; Himmel, stumm), Metaphern (Berge, Treppen zum Himmel), Bibelreferenzen (Moses, Hohelied), Sprachbilder (figura etymologica: Schwimmer schwimmt) und Vergleiche (Liebe als Ärztin, Mond und Melancholie, Himmel als Deckel); zu dem jeweiligen Topos, der oben links vermerkt ist, sind unten Autorennamen angegeben, rechts daneben Zitate und/oder nur Quellenangabe; teilweise sind die Karten beidseitig beschriftet.
– 115 bis 119: fünf Plastikschuber ohne Deckel, Größe ca. 33 × 13 cm mit Din-A6-Karteikarten blau oder grün (es könnte sein, dass dies durch Verfärbungen entstanden ist), Autornamen alphabetisch, Nachname, Vorname, Titel, evtl. mit Seitenzahl, selten mit einem Stichwort/-wortgruppe oder Zitat versehen; keine Aufschlüsselung von Kürzeln, keine Verweise. 115: A bis D, 116 E bis I, 117 J bis M, 118 N bis Sch, 119 Sch bis Z (hier am Ende erste orange Karten des Schlagwortverzeichnisses in den folgenden Kästen).

– 120 bis 123: vier Plastikschuber ohne Deckel, Größe ca. 33 × 13 cm mit Din-A6-Karteikarten orange, Schlagworte alphabetisch. 120 A bis F, 121 H bis L, 122 N bis S, 123 S bis XYZ, hinten noch SCH.
– 124 bis 126: drei große braune Plastikschuber ohne Deckel, Karten Größe Din A5, bunt, pink, blau, gelb, orange, grün – neues Thema = neue Farbe; nicht alphabetisch geordnet; Germanistik- und Romanistikstudium: Exzerpte, Literaturnachweise, Deutungsversuche, Schematisierungen von Figuren, Ideen, Epochen; große, vielfarbige Karteikarten mit Exzerpten, zeitlich (Antike bzw. Mittelalter bis Neuzeit) und fachbezogen (Germanistik, Romanistik) geordnet, meist: je Autor eine Farbe, neuer Autor oder Text = neue Farbe. Die zeitlich eingeordneten Autoren stehen rechts, dazu meist der Titel oder eine Kurzform desselben, zu dem Exzerpte gemacht wurden.
– 127: eine grüne kleine Plastik-Kiste ohne Deckel, Karten bunt Din A6, nicht alphabetisch.
– 128: eine Metallschublade offen, ca. 33 × 28 cm, Din-A6-Karteikarten, Autoren, nicht geordnet; eine Stichprobe ergibt, dass die hier verzeichneten Autoren sich nicht noch einmal in den anderen Autorenkatalogen (115 – 119) finden – vielleicht wurden sie benutzt und dann nicht wieder eingeordnet, eventuell aus Platzmangel: Alle Schuber sind voll.

Werfen wir, um einen genaueren Eindruck zu gewinnen, einen Blick in den Holzzettelkasten aus Kasten 114: Tatsächlich sind hier ›Berge‹ nicht nur »erhaben« (Belege aus Flauberts *Madame Bovary* und Kants *Kritik der Urteilskraft*, § 26, B95) bzw. »wild« (Belege aus Schillers *Der Alpenjäger* und Tiecks *Runenberg*); sie werden auch – mehr oder weniger unmittelbar, das heißt über das Stichwort ›Berge: wild‹ (Belege u.a. aus Wolframs *Parzival* und Gottfried von Straßburgs *Tristan*) – in das Stichwort ›Bergfarbe: blau‹ (Beleg u.a. aus Goethes *Die Wahlverwandtschaften*, Hofmannsthals *Briefe des Zurückgekehrten*) und alle von Friedrich Kittler akribisch gesammelten Farben für die Berge überhaupt überführt: Vom »blau« geht es weiter zu »blaue Flammen« (Belege u.a. von Tieck, Baudelaire, Ernst Bloch) und »Blauer Himmel« (Belege u.a. von Bachelard, Droste-Hülshoff, Mörike, Bonaventura, Eichendorff, Rimbaud, Goethe, Schiller, Wieland, Jean Paul usw.), zu ›blaues Meer« (Belege u.a. von Eichendorff, Goethe, Schiller, Proust, Wieland und Dürrenmatt usw.). In diesem Kasten geht auch Friedrich Kittlers Mond mit allen von ihm gesammelten Farben auf [→ Mondfarben].

— — —

Bleibt die Gegenprobe. Konkrete Re-Konstruktionsversuche führen sehr schnell an ihre Grenzen. Im Falle aller Farben, die der Mond in der Lyrik je bekommen hat, mag in ihrem prismatischen Spektrum tatsächlich ein mögli-

ches Buchprojekt aufblitzen (und man könnte als Buchprojekt auch die ›Träume‹ versammeln, von denen Friedrich Kittlers Zettelkästen träumen); aber die Umkehrprobe – die methodisch ausloten sollte, wie die Zettelkästen allenfalls sinnvoll in die geplante Edition der *Gesammelten Schriften, Stimmen, Programme* von Friedrich Kittler integriert werden können – ergibt auf der Suche nach dem Beleg: »Diese Nacht hat mir viel geträumt. Ich sah Schlangen, wilde Tiere und schreckliche Menschen. Aber nicht wahr, der Traum lebt nicht? Ein gemaltes Tier ist ja auch kein wirkliches Tier«,[107] dass dieser zwar tatsächlich gefunden werden kann, aber überraschenderweise nicht in den Karteikästen selbst, sondern als Zettel gesammelt in den acht Mappen im jetzigen Kasten 6 des Nachlasses, der unmittelbare Vorarbeiten zur Dissertation versammelt (analog zu vergleichbaren Sammlungen zur Magisterarbeit über Hebbel).

— — —

Da der Zettelkasten, wie Friedrich Kittler in seinem Interview mit der *Welt am Sonntag* ausdrücklich hervorgehoben hat, also weitestgehend tatsächlich lauter ungeschriebene Bücher enthält, scheint in seinem Fall von den Karteikarten kaum je ein rekonstruierbarer Weg zurück zu den Zetteln zu führen (diese Feststellung ausdrücklich unter dem Vorbehalt intensiverer Prüfung), ja man muss sich bei der Benützung des Nachlasses geradezu feinfühlig für die Unterscheidung sensibilisieren, dass Kittler

in (Holz- und Plastik-)Kästen sowohl Karteikarten –
in der Alltagssprache des Gelehrtenverstandes so
genannte ›Zettel‹ – als auch lose Blätter führt, auf denen
er etwa die Dissertation zu Conrad Ferdinand Meyer
zusammenträgt, und die wiederum ›Zettel‹ heißen mögen,
ohne diese mit Ersteren zu verwechseln. Ironie der Denk-
geschichte: Im Augenblick, da Friedrich Kittler die
technischen Möglichkeiten offenstehen, das Verwalten
von Karteien auf dem Personal Computer fortzuführen,
verlässt er zwar augenscheinlich ebenso bereitwillig, ja
eilig wie konsequent den Zettelkasten, aber indem er
sich bemerkenswerterweise medientechnikgeschichtlich
(noch) weiter zurückfallen lässt und weniger der – für
ihn noch kaum absehbaren – Merkfähigkeit elektronischer
Speichermedien als der – erhebliches Selbstvertrauen
voraussetzenden – Merkfähigkeit des eigenen Gedächtnisses anvertraut.

- - -

Friedrich Kittler begann 1987, so sein Bruder Wolf,
seine ersten Computer zu einer Zeit zu benutzen, als die
Windows Desktop-Oberfläche noch kein allgegenwärtiger
Benutzerstandard war: Personal Computers wurden nicht
vor allem für Büroangestellte (und Lebensverwaltung)
konzipiert, die ihre vertraute analoge Arbeitsplatzumge-
bung mit Fächern, Ablagen, Postein- und -ausgängen,
Kalendern, Filofax, Arbeitswerkzeugen wie Textmarkern
und Stiften, Büroklammern oder Notizzetteln wiederfinden

wollten, sondern waren Maschinen, mit dem man in einer
neuen Sprache kommunizieren musste, um schreiben,
lesen, prozessieren, sortieren und speichern zu können.
Da Kittler den Computer nicht etwa als eine erweiterte
und Arbeitsprozesse vereinfachende Schreibmaschine
begriff, sondern als ein völlig neues Medium, hat er den
Code zur Kommunikation mit der Maschine von Beginn an
seiner Bekanntschaft mit den Turingmaschinen verstehen
wollen und angewendet: Er schrieb bis zum Schluss in
Assemblersprache und der Programmiersprache C
Befehle in seinen PC. Er hat sich auf seinen Rechnern
kein Desktop-Verzeichnis abgelegt, aus dem er dann
Dateien hätte anwählen können und aufrufen, auch keine
Kataloge oder Verzeichnisbäume mit selbsterklärenden
Dateinamen und Einordnungen in eine thematische
Struktur. Alle seine Dateien sind zumeist in Ordner sortiert, die sich nach dem an den Dateinamen angefügten
Kürzel ihres Dateityps richten, so etwa die Textdateien
nach .lat, .tex, .utf bzw. .pdf – selten aber nach Themen
oder gar Autoren. Mit anderen Worten: Beim Übergang
vom analogen Medium des Zettelkastens zum digitalen
der Von-Neumann-Architektur hat Friedrich Kittler eine
ganz andere Form des Speicherns, Archivierens und
Durchsuchens verwendet. Die hört seit Ken Thompsons
Entwicklung auf den Befehl *grep*, was für *global search
for a regular expression and print out matched lines*
steht. 1969 hatte Kenneth Thompson zusammen mit

Dennis Ritchie die erste Version des Unix-Betriebssystems in den Bell Labs implementiert, er schrieb eine Vorstufe zur Programmiersprache C – welche Friedrich Kittler noch in seinen letzten Jahren an der Humboldt-Universität seine informatikinteressierten Studierenden im Rahmen des fast jeden Semesters stattfindenden Seminars »Graphikprogrammierung in 32Bit-Systemen« lehrte. Auch das System uft8 zum Kodieren von Unicode-Zeichen wurde von Thompson entwickelt, seit den 2000er-Jahren hatte Friedrich Kittler seine Textdateien so abgespeichert. Fast alle Textdateien haben die für die früher DOS-Betriebssysteme typischen abreviierten Benennungen: *Musik und Mathematik* heißt ›m+m‹, nummeriert von eins bis sieben, *Aufschreibesysteme* heißt ›AS‹, ›GFT‹ steht für *Grammophon, Film, Typewriter*. Da zumindest die *Aufschreibesysteme* noch nicht mit einem Computer geschrieben waren, Kittler diese vielmehr auf der Schreibmaschine tippte, wird klar, dass diese Kurzformen ihren Ursprung noch in den analogen Zettelaufbewahrungen hatten. Dort finden sich Notizen unter der Überschrift ›AS‹ und ›GFT‹ ebenso wie unter ausgeschriebenen Bezeichnungen. Diese Abkürzungspraxis hat Friedrich Kittler den meisten Dateien beibehalten, manchmal sind diese Kürzel rätselhaft.

– – –

Mit dem Befehl »grep«, der in Unix-basierten Betriebssystemen und Unix-Derivaten nach definierten Zeichenketten filtert, ist der Zettelkasten mit seiner thematisch-alphabetischen oder anderen denkbaren Sortierung obsolet geworden, und anders als viele Computernutzer, die ihre Exzerpte nun in einem Ordner ›Exzerpte‹ ablegten oder zwischen Notizen, Zitaten, Bibliografien oder themenbezogenen Zugehörigkeiten unterschieden und ihre Dateien entsprechend in Baumstrukturen ablegten, um dann so nach den gespeicherten Informationen zu suchen, hat Friedrich Kittler, wenn er etwa einen Vortrag zur pythagoräischen Musikmathematik schreiben wollte, einfach einen Befehl wie »grep -rE ›Philolaos|Kroton‹ *.utf« (›suche alle Vorkommen von Philolaos und Kroton in allen Dateien, die auf utf enden‹) eingegeben und sich die Dateien anzeigen lassen, in denen diese Begriffe vorkamen. Diese Praxis hatte Friedrich Kittler nie abgelegt, selbst wenn sich der Gebrauch als umständlich erwies oder gar bei Überschreibungen oder Festplattenaustausch zu Datenverlust führte – er arbeitete immer unter Linux/Unix, wo der Befehl »kill« eben genau das tut, was er besagt: Er beendet einen Prozess. Besonders dann, wenn man sich wie Friedrich Kittler keinen mit limitierten Zugriffsrechten ausgestatteten Benutzeraccount anlegt, sondern immer auf der Root-Ebene als Administrator mit Recht auf endgültige und unwiderrufliche Löschung arbeitet – als Super-User, sozusagen als Gott des Systems.

– – –

Zudem verließ sich Friedrich Kittler auf sein Gedächtnis hinsichtlich dessen, was er schon einmal geschrieben oder notiert hatte; zumindest den Ort der Ablage behielt er im Gedächtnis. Artikel aus Fachzeitschriften und Büchern ließ er seine Hilfskräfte kopieren; wenn er sie gelesen hatte, schrieb er das, was ihm relevant erschien, in die jeweilige Arbeitsdatei zu einem Buch oder Projekt, oft nur wenige Zitate oder ein paar Stichworte mitsamt einer Seitenzahl. Wenn er die Texte nicht mehr weiter zu verwerten gedachte, wurde die Kopie weggeworfen, oft hob er kopierte Seiten, in große Ordner gestopft, auf, bzw. ordneten sein Sekretär oder seine Mitarbeiter diese in beschriftete Mappen ein, die dann eine Flut von wenig sortierten Materialien enthielten, Zeitungsartikel, Textkopien, Notizzettel. Manchmal wurden solche Materialien in eine chronologische Ordnung gebracht, etwa hinsichtlich der Zeit ihrer Entstehung, manchmal von allgemeinen zu spezifischeren Themen innerhalb eines Feldes abgeheftet und mit beschrifteten Reitern versehen. Eine zentrale Erfassung oder einen Ort mit Verweisen und Verknüpfungen, wie sie der Zettelkasten mit den Karteikarten bot, gab es jedoch nicht mehr.

Was heißt das für die Praxis des Zettelkastens? Sie wurde abgeschafft. Friedrich Kittlers umfangreiche Datensammlung auf Karteikarten, in Mappen, Ordnern und Kästen, nach Themen, Autoren, fachlichen Schwerpunkten oder auf ein bestimmtes Forschungsvorhaben bezogen, wurde von ihm nicht in den Computer überführt, sondern stand, als archaisches Objekt, im ›kleinen Schreibzimmer‹. Selten hat er darin noch etwas nachgeschlagen, war sich aber immer der Bedeutung dieses Zettelkastens als Quelle zu seinen Werke bewusst. Damit kommen wir zum Kern des Problems, der Archivierung. Zwar kann der umsichtige Computernutzer seine Dateien bei jeder Änderung mit einem neuen Namen versehen und so eine beliebige Anzahl von Vorstufen und Änderungen dokumentieren, gemacht hat Friedrich Kittler dies jedoch nur selten. Man kann das an den Dateien zum letzten großen Buchprojekt, *Musik und Mathematik*, gut nachvollziehen, da sich hier noch etliche Dateien zu künftigen Bänden der Reihe in einem frühen Stadium befinden. Begonnen hat Friedrich Kittler mit Notizen und groben Gliederungsstrukturen, die dann immer feiner unterteilt werden in Wittgenstein'scher Nummerierung von 1 bis zu Verzweigungen wie 1.1.1.1.1.2. Zu Beginn stehen knappe allgemeine Bemerkungen und Fragen zum Band, auch Hinweise. Unter den Kapiteleinteilungen folgen manchmal schon Motti, dann wenige Stichpunkte, die im Zuge der Arbeit an dem Kapitel umfänglicher werden, teils mit kurzen Hinweisen wie ›check‹ versehen. Aus diesen Stichpunkten werden Wortgruppen; Sätze, Absätze, Zitate werden eingefügt, Übersetzungen dazu geschrieben. Die Stichpunkte werden dabei einfach überschrieben, ein

Textteil im späten Stadium hat nur noch wenige Notizen und Verweise auf zu recherchierende Quellen. Am Ende steht ein fertiger Text, dessen Vorstufen, so sie nicht schon einmal ausgedruckt und aufbewahrt wurden oder per E-Mail an Leser verschickt waren, verloren sind. Literaturverweise und -Verzeichnisse fügte Friedrich Kittler von Hand ein bzw. beauftragte damit seine Mitarbeiter – ein Programm, dass bibliografische Hinweise verwertet und bewahrt, sucht man auf seinen Rechnern vergeblich. Material gesammelt hat er zu diesem und anderen Projekten in großen Ordnern, für *Musik und Mathematik* finden sich diese Materialsammlungen in den Nachlasskästen 70 bis 79. Ordner über Ordner, jetzt stapelweise in Mappen einsortiert, waren im Berliner Arbeitszimmer angefüllt mit Kopien von Aufsätzen oder wenigstens Auszügen aus diesen, mit Lexikonartikeln, Zeitungsartikeln, Monografien. Geordnet hatte Friedrich Kittler diese Texte, zumeist Sekundärliteratur, über Namen (Aristoteles, Heidegger, Ohm, Mallarmé), Epochen (z. B. 20. Jahrhundert, Renaissance, Hellenismus), Aspekte (Technik, Computer) bzw. Themen (Odyssee, Akustik), diese Unterordnungen dann jeweils einem projektierten Band von m+m zugewiesen, so etwa den Unterordner ›Archaik‹ in ›m+m 1‹ abgeheftet. Aus dieser Materialsammlung arbeitete er dann Verweise und Informationen in die Textdateien ein, die unter ›m+m. utf‹ gespeichert sind.

Offen bleiben muss hier einerseits die Frage, wie Zettelkästen ediert werden soll(t)en; andrerseits aber auch die Frage, welche neuen historischen ›Erzählmuster‹ sie allenfalls würden gestiftet haben können:

> Ich kriege in Gestalt meiner jungen Mitarbeiter immer wieder zu hören: Eigentlich muss man die narrative Sequenzierung der historischen Erzählung in jedem Satz aufgeben, wenn man die mediale Infrastruktur von geschichtlichen Epochen überhaupt nur träumt, geschweige denn denkt. Aber meine unendliche Liebe zu Jorge Luis Borges und anderen Menschen, deren Geschichten so erzählt sind, dass es spannend ist sie zu lesen, und man am Anfang nicht weiß, was am Ende rauskommt, hindert mich eigentlich an einer Zettelkastenschreiblogik oder einer Logik, wie Derrida sie manchmal in kleineren Büchern hat. Da steht alles parallel nebeneinander und der Leser muss sich dann den Reim selber machen. Ich glaube zwar nicht an die narrativen Sequenzen, meine aber, dass es eine der besseren Formen ist, Dinge zu erzählen. Ich habe eigentlich wenige Texte geschrieben, denen es gelungen ist, das Schema des Vorher-Nachher aufzugeben. [108]

GEIST

Markus Bernauer / Angela Steinsiek
**Vom Geist in der Feder.
Jean Pauls Exzerpieren und Registrieren**

Deutsche Italienreisende hatten es kurz nach 1815, als die napoleonischen Kriege gerade beendet waren, schwer mit Reiseführern. Johann Jacob Volkmanns *Historisch-kritische Nachrichten von Italien* von 1771/72 boten zwar reichste Kenntnisse des Landes, waren aber durch die Verheerungen, die Italien seit 1796 heimgesucht hatten, überholt. Und überhaupt: Wer jetzt reise, reise nicht mehr mit dem enzyklopädischen Bildungsanspruch der Aufklärer, sondern auf der Suche nach seiner eigenen Sensibilität vor Landschaft und Kunstwerken. Da kam ein Buch ins Gespräch, das sich als konventioneller Reiseführer denkbar schlecht eignete: Jean Pauls *Titan* (erschienen 1800–03 in vier Bänden), dessen Anfang auf den Isole Borromee im Lago Maggiore spielt und dessen 26. und

27. ›Jobelperiode‹ zu Beginn des vierten Bandes von einer Romreise erzählen [→ Zykel]. Henriette von Ende, eine Angehörige des sächsischen Landadels und Freundin von Jean Paul und seiner Frau, schreibt aus Rom zur Jahreswende 1818/19 an die beiden und erwähnt, dass sie dort mit »großer Freude« im *Titan* lese, den Jean Paul ihr auf der Hinreise mitgegeben habe.[109] Dass dieser Deutschland nie verlassen hatte, war ihr bewusst; wie seine romaneske Reise zustande gekommen war, hingegen weniger. Jean Paul hatte Johann Georg Keysslers *Neueste Reisen* (1742) und vor allem Volkmanns *Historisch-kritische Nachrichten* ausgewertet, die ihrerseits wie ein ausgeschütteter Zettelkasten die Lesefrüchte des Verfassers aus der Italienliteratur des 18. Jahrhunderts vor dem Leser ausbreiten. Ein Blick in Jean Pauls Exzerpthefte zeigt jedoch, dass er für sein Wissen über Italien noch andere zeitgenössische Literatur verarbeitet hat. Am Ende des 17. ›Zykels‹ (also weit vor der erzählten Romreise) ist der Boden von S. Paolo fuori le mura als Vergleich bemüht:

> Eben so wurde die Schulstube, auf deren Boden nichts fehlte, was man in Kanarien-Heckkasten zum Nestmachen wirft, Heu, Moos, Rehhaar, ausgezauseter Flanell und fingerlanges Garn, beiden durch den Fußboden der alten (geographischen und historischen) Welt zugedeckt, welcher, der römischen Paulskirche ihrem gleich, aus Marmortrümmern voll abgebrochener Inschriften besteht.[110]

Dass der Fußboden von S. Paolo aus Marmorfragmenten mit Inschriften bestehe, hatte Jean Paul einem seiner Exzerpthefte von 1790/93 entnommen:

> Der Fusboden der S. Paulskirche in Rom ist aus Marmortrümmern, auf denen noch Stücke von Inschriften sind. Heinze[111]

Das Exzerpt stammt aus Wilhelm Heinses wenige Jahre zuvor erschienenem Skandalroman *Ardinghello und die glückseeligen Inseln* (1786/87); dort heißt es in der Mitte des dritten Teils:

> Da ich so nahe mich befand, wandelte ich noch zum Tore hinaus über die alte Via Ostia nach der *Sankt-Pauls-Kirche*, die Konstantin der Große angelegt haben soll. [...] Der Boden ist aus Marmortrümmern, worin hier und da noch Fetzen von Inschriften sich befinden.[112]

Diese dem Protagonisten des Romans in den Mund gelegte Beobachtung ist nun aber ihrerseits zurückverfolgbar; in einem der römischen Aufzeichnungshefte Heinses kann man nachlesen: »Der Boden besteht aus Marmortrümmern, worin hier u da noch Fetzen von Inschriften sich befinden.«[113] Die Notiz steht in einer umfangreichen Beschreibung der römischen Basilika vom Frühjahr 1783. Äußerlich gibt sie sich als der Anschauung, nicht der Lektüre geschuldet, auch wenn die Besonderheit dieses Fußbodens zeitgenössischen Reiseführern zu entnehmen war.[114] Dabei hatte Heinse seine römischen Hefte als umfangreiche Sammlungen angelegt, in der ausdrückliche Exzerpte, Beschreibungen auf der Grundlage eigener Anschauungen und Gedankensplitter nebeneinander stehen oder auch ineinander verschränkt sind – alles »einmal für die Zukunft zur völligen Ausarbeitung«, wie der Titel des Heftes mit der Beschreibung von S. Paolo verspricht.

– – –

Heinses Nutzbarmachung des Wissens und der Anschauung (eine Italienzeitschrift war 1783 geplant, 1786 wurde daraus der Roman *Ardinghello*) steht die schiere Lust am Sammeln bei Jean Paul gegenüber. Dessen Exzerptbände sind nicht zur späteren Ausarbeitung im Hinblick auf einen bestimmten Plan hin angelegt. Sie gleichen in Masse und Anlage vielmehr einer Bibliothek, die um ihrer selbst willen aufgebaut ist, ohne Zweck, und durch die die Lektüre an die Stelle der Anschauung treten kann, übrigens auch in den Romanen selbst. Jean Pauls monumentale Sammlungen sind in seinem Nachlass zu einem großen Teil überliefert. Sein 1888 in die Staatsbibliothek Berlin gekommener Nachlass umfasst ohne die Briefe etwa 40 000 Blatt in 26 Faszikeln (ursprünglich der Ausdruck für Kästen, wobei viele Faszikel wegen ihres Umfangs heute aus mehreren Schachteln bestehen).[115] Diese Konvolute in Heft- und Loseblattform bestehen neben Autobiographika und Briefkopierbüchern zu einem kleinen Teil aus Manuskripten für zeitgenössisch Gedrucktes (und hier vor allem aus solchen, die den überarbeiteten späteren Auflagen der Romane seit dem *Hesperus* dienen oder Vorarbeiten für spätere Zeitschriftenbeiträge sind). Erhalten sind darin ausgearbeitete oder fragmentarische Satiren und Abhandlungen, in beeindruckender Menge aber auch Einfälle, Skizzen, Gedankensplitter, selbst Wortsammlungen, oder Studien und Bausteine, die sich einzelnen Werken zuordnen lassen. Letztere Sammlungen sind wahre Zellelkästen und enthalten eine Fülle von Material sehr heterogener Art zur weiteren Verwendung, erkennbar aus den verschiedensten Zusammenhängen entstanden. Ein Drittel und damit der größte zusammenhängende Teil dieses einzigartigen Dichternachlasses – ein monumentaler Zettelkasten – besteht aus Exzerpten.[116]

1778 legte Jean Paul auf Anraten seines väterlichen Mentors Erhard Friedrich Vogel sein erstes Exzerptheft an. Der damals 15-jährige Schüler Johann Paul Friedrich Richter plante, Theologie zu studieren, worauf er sich mit Hilfe der gut ausgestatteten Bibliothek Vogels vorbereitete, der 1775 die Pfarrei in Rehau – eine Fußstunde von Schwarzenbach entfernt – übernommen hatte. Unter Vogels Bücherschätzen fanden sich die Zeitschriften und Bücher aller Autoren der Aufklärung, die er jedem Inter-

essierten zur Verfügung stellte, allen voran seinem Eleven Richter, der daraus seitenweise exzerpierte. Die Bibliothek Vogels bildete die Basis der Exzerptensammlung des späteren Schriftstellers; als Jean Paul im Mai 1781 zum Studium nach Leipzig geht, lässt dieser ihm postalisch Bücher zukommen. In seiner Schüler- und Studentenzeit entstehen 15 dichtbeschriebene, mit »Verschiedenes aus den neuesten Schriften« und der jeweiligen Jahreszahl betitelte Bände, mit langen, zusammenhängenden Zitaten aus allen erdenklichen Wissensgebieten. Die kalligraphisch aufwändigen Titelblätter und die Fadenheftungen der Bände simulieren gedruckte Bücher. Die insgesamt rund 3000, von Jean Paul selbst paginierten Seiten lassen schon auf den ersten Blick erkennen, dass es hier zunächst einmal um Bildungslektüre ging, um die inhaltliche Aneignung der Quellen, deren Titel sorgfältig festgehalten wurden. Gelesen hat Jean Paul in dieser Zeit theologische Titel (v.a. in Zeitschriften) ebenso wie philosophische, geographische, medizinische oder schöngeistige Schriften,[117] aus denen er z. T. auch kommentierend exzerpierte.

Das Problem, die schnell wachsende Textmenge verfügbar zu halten, stellte sich schon bald. Am Ende der ersten sechs Bände gibt es bibliografische Listen der im jeweiligen Band exzerpierten Werke sowie nummerierte Auflistungen, die die Exzerpte *in nuce* zusammenfassen – Exzerpte der Exzerpte. Letztere nennt der junge Richter

im ersten Band »Register der in diesem ersten Bande enthaltnen Sachen« und versieht sie mit der an sich selbst
gerichteten Arbeitsanweisung: »Das Register wird von
Seite zu Seite oder wie die Materien folgen, nicht nach
dem Alphabet, gemacht werden.«[118] Die entscheidende
Wende von dieser chronologischen Dokumentation zur
systematisierenden Erschließung tritt wenig später ein:
Die bis Ende des Jahres 1779 entstandenen Bände 1 und
2 (1778) sowie 3 bis 5 (1779) werden in einem gesonder-
ten Heft mit zwei alphabetisch geordneten, insgesamt 42
Seiten umfassenden Schlagwortregistern erschlossen,[119]
deren Einträge sorgfältig auf die Band- und Seitenzahl
der Exzerpte verweisen[120] – eine Methode, die Jean Paul,
angepasst an die sich bald ändernden Bedürfnisse, von
denen noch zu handeln sein wird, mindestens bis 1804
bei-, besser gesagt: durchgehalten hat.[121]
Wann genau Jean Paul diese Register, die hier noch eher
Inhaltsverzeichnisse sind, angelegt hat, ist nicht bekannt.
Aller Wahrscheinlichkeit nach sind sie der nur für zwei
Jahrgänge der Exzerpte ausgeführte Plan des Schülers,
sich der angelesenen Inhalte auf Dauer zu versichern. Sie
dürften somit eine weitere Bearbeitungsstufe der am
Ende von Band 1 bis 6 befindlichen Exzerpte der Exzerpte
sein, weil erst diese Form einen schnellen Zugriff auf die
Zitate bzw. die Inhalte der Zitate erlaubt. Für eine zeitnah
zu den Exzerpten selbst vorgenommene Anlage spricht
auch der Befund, dass in beiden Verzeichnissen mit dem

Gesamttitel »Register über die vorzüglichsten Sachen, in
den Exzerpten aus den neuesten Schriften« die inhaltliche
Rückbindung an die exzerpierten Quellen unübersehbar
ist, mehr noch: Die Schlagworte verweisen in der über-
wiegenden Zahl auf die Themenfelder Theologie, Philoso-
phie und Rhetorik, während die zitierten Quellen selbst
viel heterogener sind. Dort ist die Lektüre von Goethes
Werther oder der *Auserlesenen Gedichte* von Anna
Louisa Karsch ebenso dokumentiert wie die von naturwissenschaftlichen Schriften. Das erste Register (zu den
Bänden 1 und 2 in Fasz. I a) verzeichnet beispielsweise
unter G die Stichworte: »Gebet – Gedichte – Geist –
Gefül – Genesis – Genie – Genugthuung – Geschmak –
Geschwindigkeit – Gewitter – Glaube – Glük – Got –
Güte – Grab «
Unter »Got« finden sich die für einen angehenden Theolo-
giestudenten nicht unerwartbaren Einträge:

> seine Unendlichkeit I, 78 – 79. am Kreuze, ist ein
> falscher Ausdruk II, 117. wont in einem Frommen,
> ist nicht im eigentlichen Verstande zu nennen. II, 241 –
> 242 wirkt nicht unmittelbar in den Frommen I, 195.
> seine Existenz ist unverläugbar I, 205. Beschreibung
> seines Wesens I, 211 – 214. seine Heiligkeit I, 214.

Stichworte wie »Geschwindigkeit« und »Gewitter« mit den
Einträgen »ihre Länge I, 206. was sie sind I, 207«[122] sind
in diesen frühen Registern eher die Ausnahme. Diese

die Kohärenz der Themen störenden Stichworte, die im Register der Bände 3 bis 5 (Fasz. I a) zunehmen,[123] weisen bereits auf ein sich auf immer mehr Wissensgebiete ausdehnendes Interesse voraus sowie auf den freier werdenden Umgang mit den Quellen des späteren Autors und seine kreative Methode, Zitate als Stichwort- oder gar Motivgeber für eigene literarische Werke zu dekontextualisieren.

– – –

Als Jean Paul im Briefwechsel mit seinem Gönner Vogel, in dem es immer wieder um Bücherwunsche des Viellesers geht, Ende 1784 schreibt »Ihre Bibliothek ist meine Akademie und ich darf bei allen Ihren Büchern Kollegien hören, die ich obendrein gratis bekomme«,[124] hatte sich sein Umgang mit Büchern und Zeitschriften bereits grundlegend geändert, denn Ende 1781 hatte er sich entschlossen, das ungeliebte Theologiestudium zugunsten des Schriftstellerberufs aufzugeben. In den Exzerptheften treten an die Stelle der langen, mit Nachweisen versehenen Zitate zunehmend kürzer werdende, jetzt unzusammenhängende Einträge, die ein erkennbar anderes Ziel verfolgen. Es sind nicht mehr die Lesefrüchte eines Lernenden, sondern die der schnell wechselnden Lektüre eines Autors, der die gelesenen Texte auf ihre literarische Verwertbarkeit hin befragt und nutzt. Ohne bei seinen Notaten schon ein bestimmtes Ziel im Auge zu haben, sind ihm die Auszüge Quelle der Inspiration.[125]

Jean Pauls rasant wachsende Exzerptensammlung vergrößerte sich bis 1823, zwei Jahre vor seinem Tode, auf 112 Bände im Umfang zwischen 30 und 360 Seiten. Insgesamt haben sich rund 12 000 Manuskriptseiten erhalten – andere separat angelegte Materialsammlungen nicht mitgerechnet. Jean Paul hielt die Exzerptensammlung für das Herzstück seiner Werkstatt. Bevor er im Juni 1812 zu einer Reise nach Nürnberg aufbrach, hinterließ er seiner Frau Caroline die Anweisung: »Bei Feuer sind die schwarzeingebundnen Exzerpten zuerst zu retten.«[126]

– – –

Erkennbar ist, dass Jean Paul seinem Materialspeicher durch thematisch angelegte Bände eine Ordnung zu geben versuchte, wobei der Zusammenhang durch Titel oder Nummerierung oft über viele Bände hinweg hergestellt wird (so tragen die ersten acht Bände aus Fasz. IIa den Titel »Geschichte«, danach weitergeführt und durchnummeriert als »Exzerpte«, es gibt auch »Geographie« oder »Natur«). Dabei kann es vorkommen, dass Jean Paul sich eine Textstelle parallel in thematisch verschiedenen Bänden notiert hat.[127] Ein Verfahren, das eine auf die Spitze getriebene Fragmentarisierung der Quellen ist, die dadurch ihre Rückbindung an den ursprünglichen Zusammenhang verlieren.
Um bei der rasant wachsenden Menge seiner Exzerpte und Arbeitsmaterialien nicht den Überblick zu verlieren, gab sich Jean Paul immer wieder schriftlich fixierte

Arbeitsanweisungen, darunter ein »Register dessen was ich zu thun habe«;[128] darin heißt es:

1 Dieses Register iezt zu machen. 2 Aus der ›Geschichte‹ ein Register. 3 Aus den ›Gedanken‹ eines. 4 Das erste durchzulesen und 5 Das andere. 6 Das Wörterbuch vermehren. 7 Es lesen. 8 Die ›Geschichte‹ lesen. 9 Die ›Gedanken‹ lesen. 10 Register aus den Thorheiten machen. 11 Eines aus der ›Witzsammlung.‹ 12 Diese lesen. 13 Die Ironien lesen. 14 Ein Register daraus machen. 15 Die Anleitung zum Wizze lesen. 16 Die zur Tugend lesen. 17 An dem deutschen Lexikon arbeiten. 18 Lesen der Anekdoten. 19 Ein Register für die Register aus der ›Geschichto‹ machen [ ]«.[129]

Erst recht zum Problem wurde Jean Paul die für die Auswertung notwendige Erschließung der Exzerptbände. Fünf Oktavbändchen in festem Umschlag und ein schmales Heft versammeln – in deren Ordnung – Auszüge aus den Exzerptbänden, Auszüge, die Jean Paul übrigens nicht alle eigenhändig tätigte.[130] Diese Ordnung erlaubt allerdings keine systematische Erschließung der alten Materialien. Zu einem nicht bekannten Zeitpunkt begann Jean Paul neue Register anzulegen; sie werden in insgesamt 19 Konvoluten heute als Fasz. III a und III b im Nachlass aufbewahrt – und umfassen 1244 Seiten! Der Ordnung liegen Schlagwörter zugrunde; für den Buchstaben G sind dies beispielsweise:

Galle – Ganz Stück – Garten – Geben, belohnen schenken – Gebunden – Geburt – Gedächtnis – Gefängnis – Gefühl – Gehäuse – Geld – Gemälde – Geruch – Geschmack – Gewitter – Gift – Glatt – Glückseligkeit – Götter.[131]

Michael Will hat den Charakter dieser Schlagwörter beschrieben:

Eine Pointe dabei ist, dass es sich bei diesen Registerartikeln um ein sukzessive entstandenes, dabei letztlich aber willkürliches und zufälliges Nacheinander von themenverwandten verkürzten Exzerpten handelt, die ihrerseits wieder aus einem willkürlichen Nebeneinander, nämlich dem der a priori nicht themenverwandten ursprünglichen Exzerpte stammen. Ihre wirkliche Herkunft haben diese oftmals in so schrillem Kontrast zueinander stehenden Textfragmente aber in den von Jean Paul exzerpierten Büchern. Und diese wirken zwar in ihrem bunten Nebeneinander wie willkürlich aus der großen Unordnung des Wissens und der existierenden Bücher herausgegriffen, markieren aber für sich genommen in den meisten Fällen gerade das Gegenteil dieses Chaoszustandes: da Jean Paul bevorzugt enzyklopädische oder im weitesten Sinne wissenschaftliche Bücher exzerpiert, handelt es sich dabei vielfach um explizite Versuche, Systeme und Ordnungen zu etablieren. [...] In den

Registern und den ähnlichen registerähnlichen Ord-
nungsinstanzen nimmt das ehemalige Wissen, das
dekontextualisiert und auf Phänomen, Denkfiguren
und Bildessenzen reduziert wurde, einen hybriden
neuen Aggregatzustand an: den eines ordentlichen
Chaos«.[132]

In ihrer Materialität zeigen die Registerschlagwörter,
wie instabil diese Ordnungen sind. Einen Überblick
vermitteln von Jean Paul angefertigte Inhaltsverzeichnisse der Schlagwörter, von denen sich drei erhalten
haben (Fasz. III a, Mappe 1). Sie weisen den Schlagwörtern der Hauptregister Ordnungsnummern zu: Eins
dieser Inhaltsverzeichnisse hat eine durchgehende Zählung der Artikel, ein zweites lässt die Zählung bei jedem
Buchstaben neu beginnen, und ein drittes gibt eine Art
Konkordanz. Die Zählungen sind nicht identisch, und
weder stimmen die Schlagwörter innerhalb der Inhaltsverzeichnisse noch im Vergleich durchgehend mit der
Überlieferung der Schlagwörter im Hauptregister überein:
Die Ordnungsnummern auf den Titelblättern der Schlagwörter des Hauptregisters stimmen in vielen Fällen,
aber eben längst nicht in allen mit einem oder mehreren
der Inhaltsverzeichnisse aus Fasz. III a/1 überein.
Dass die Buchstaben I, J und K im Nachlass vollständig
fehlen, dürfte nicht auf Jean Paul zurückgehen. Aber
auch innerhalb des erhaltenen Materials des Haupt-

registers gibt es Brüche. Ein Registerschlagwort
»Gesetz«, das die Konkordanz aus Fasz. III a/1 mit den
Nummern 68 bzw. 15 des Buchstabens G »Gesetz Verbot«
verzeichnet, findet sich weder in den beiden anderen
Inhaltsverzeichnissen aus Fasz. III a/1 noch existiert es
als Schlagwort im Hauptregister. »Ganz Stück« mit
der Nummer 2 für den 2. Registerartikel von G besteht
im Hauptregister aus einem gefalteten, aber unaufge-
schnittenen Bogen, der im Hinblick auf seine Füllung
bereits gebunden wurde. Die meisten Schlagwörter
bestehen aus verschiedenen Papiersorten, die mit angebunden oder mit Siegellack angeklebt wurden. Dies
und die Schrift lassen das allmähliche Anwachsen einzelner Registerschlagwörter, aber auch Umordnungen
erkennen.
Dazu noch ein Beispiel: »Faulheit Arbeit« beispielsweise
besteht aus einem Doppelblatt, an das mit Siegellack ein
weiteres Blatt geklebt wurde; diese drei Blätter weisen
zudem Bindungslöcher auf. Das Deckblatt ist vollständig
leer, die beiden anderen Blätter sind sichtlich zu verschiedenen Zeitpunkten beschrieben. Eine alte Paginierung in
Tinte zählt die Seiten 1 und 2 und in Bleistift die dritte
Seite. Ein erster Eintrag erfasst etwa $2/3$ der ersten Seite,
später dazugekommen sind hier drei verregistrierte Stellen.
Wie fast durchgängig in diesen Registerfaszikeln sind
die einzelnen Blätter mit Kolumnentiteln versehen, hier
auf S. 1 »Arbeit Faul*heit*«, auf S. 2 und 3 nur »Faulheit«.

Tatsächlich hat Jean Paul diese Einträge zu einem erkennbar späteren Zeitpunkt mit einer großen, auffallend sauberen Schrift getätigt; dabei reichte offenbar das vorhandene Papier nicht aus, so dass er eine dritte Seite ergänzen musste. In diese Mappe eingelegt ist nun aber noch ein loses Blatt, bei dem Papier wie Schrift stark abweichen; der Kolumnentitel lautet hier »Müssiggang Arbeit«. Die Einträge hier sind insofern atypisch, als sie ohne Bezeichnung des Bandes Stellen aus verschiedenen Exzerptbänden mischen, aber überall konsequent mit Bandnummer (oft in einer linken Marginalie) und Paginierung versehen sind.

- - -

Die Schlagwortsammlung war Jean Paul so wichtig, dass er sich genaue Gedanken über ihre Anlage machte. Auf einem der Schlagwort-Inhaltsverzeichnisse findet sich eine Anleitung zur Erstellung der Artikel:

Mögliche Artikel
1. Auf deren leeren Seite jedes Artikels z.B. <u>Alt</u> stehe die Nummer jedes Bands, aus dem <u>Alt</u> registriert ist.
2 Vor der Hand ist schon das bloße Heften der Artikel genug.
3. Hinten Buchstabe aufzukleben; oben Nummer mi[...] Sache, z.B. <u>O Anfang</u>.
4 Wie zu bezeichnen deutlich, daß ich etwas aus einem Buche genommen, das nicht in den Exzerpten

steht? – Dieß in den Titel vor den Artikel latein. hinsetzen oder mit rothem Bleistift od. Dinte, oder das Ganze mit roth. Dinte
5 Dem O Register ist zugleich das Register des Registers beizuheften.
6 Seitwärts herab stehe bei A: Name o Anfang,
7 Advokat p.
7 Leim besser als Siegellack
8 Was nur ein mal vorkommen kann, werde sogleich registriert, nicht exzerpiert.
9 Wie sind die noch nothwendigen Artikel zu finden.
10 mit bloßer Schnur sind Exzerpten Bände auch gehalten
11 Frage: um wie <u>vieler</u> Artikel wegen 1 Band durchzulesen 7. B. etwan der noch magern wegen? Ich dächte
12 Die magern Artikel zuerst bedenken
13 Die Zahl-Etikette muß an jedem Artikel schon darum vorne sein, weil sich hinten das Papier immer vermehrt. [133]

Jean Pauls Register dienten als Vermittlung zwischen der Unmasse der Exzerpte und der Arbeit an den Romanen. Einige Beispiele aus dem zweiten »Komischen Anhang« zum *Titan* können seine Arbeitsweise mit Exzerpten und Registern deutlich machen. In Artikel 9 der »Einladungs-Zirkulare« verwendet Jean Paul das Stercorarium bei der Papstkrönung für einen Vergleich:

Unter jedem regierenden Genie – in der Philosophie und in der Dichtkunst – tritt gleichsam ein Erlaß- und Hall-Jahr ein, wo nicht gesäet werden durfte und die freie Ernte den Sklaven, Armen und Thieren gehörte. Ein guter kritischer Senat hält nun Wache, damit kein neuer Alter vom Musenberg, kein Gegenpabst auf den alten besetzten Thronsitz hinauflaufe. Daher gleicht das anfangende Genie den deutschen Kaisern, die sonst unter den drei Kronen, die sie aufbekamen, auch eine eiserne aus Reliquien-Nägeln erhielten, oder den Päbsten im zwölften Jahrhundert, die auf drei verschiedenen Sitzen gekrönt wurden, wovon das Stercorarium der erste war.

Eine Fußnote dazu gibt die Quelle preis: Voltaires *Essai sur les mœurs*, Kap. 48.[134] Unter dem Schlagwort »Fürst – Sklave« konnte Jean Paul diesen Eintrag finden: »Pabst wurde b d Krönung auf 3fache Stühle gesezt.«[135] Die fehlende Stellenangabe lässt sich in diesem Fall durch den Kontext leicht ergänzen; der Eintrag verweist auf Band 6 der Exzerpte von 1784, der den Titel »Geschichte« trägt; auf S. 13 findet sich hier das Zitat von Voltaire:

Im 12. Jahrh. wurde der Pabst so gekrönt; erstlich wurde er gesezet auf une chaise percée, Stercorarium genant, dan auf un siége de porphire, sur lequel on lui donnait deux clefs; de là sur un troisiéme siége, où il recevait douze pierres de couleur. Ch. XLVIII.[136]

Auch eine andere Stelle geht auf einen Eintrag in den Exzerpten zurück, diesmal ohne Quellenangabe: »Ich warte sogar wie ein Paradiesvogel meinen Schlaf über den Wolken ab und ankere vorher in der Luft.«[137] So der Luftschiffer Giannozzo in der »Ersten Fahrt«. Unter dem Schlagwort »Flügel« (mit Verweis auf Band 4, Seite 33 der Exzerptbände) findet sich der entsprechende Eintrag: »Paradiesvogel fliegt auch im Schlafen«.[138] Im entsprechenden Exzerptband aber, der Sammlung »Geschichte. Vierter Band 1783«, findet sich allerdings auch kein anderer Wortlaut als im Register;[139] das Notat steht aber im Kontext mit drei anderen Exzerpten, die alle aus Buffons *Histoire naturelle générale et particulière* stammen dürften. Buffon freilich bezeichnet die Geschichten über den Paradiesvogel als »Gewebe von groben Irrthümern«,[140] was von Jean Paul unterschlagen wird, denn ihn interessieren gerade die »Irrthümer«, die poetischen Bilder, nicht die wissenschaftlichen Erkenntnisse. Aus seinem letzten Zusammenhang dekontextualisiert, ist das poetische Bild vom ewig fliegenden Vogel in seinen *Giannozzo* montiert. Es steht als Beispiel dafür, dass selbst scheinbar unauffällige Stellen in Jean Pauls Prosa aus seinen Materialbüchern genommen sind, ja, dass – metaphorisch gesprochen – aus dem Material der Zettelkästen ein Netz gewoben scheint, das diese Prosa erst trägt.

GERAUME ZEIT

Oswald Egger
Geraume Zeit

Fußt, was in arealen Arealen vorgeht, zu keiner Zeit, nirgends? Und ist *nach dem Muster* mein insichdichtestes Gedicht *eins*, ein Ding, von dem man wisse, es sei irgendwo, innerlich, unbedingt; von diesem Zeithof-offen hat ein hüpfender Punkt zwei, nämlich, dass etwas (wie Nichts, das ist) hier wörtlich oder dort *und* hier und dort buchstäblich da ist? Mein halbes Leben habe ich die vagen Schatten der Frage gehegt und gejagt, was an der Zeit *ist*, Ideen, die aber zu beiläufig waren, um nur falsch zu sein: ich habe sie nicht wahrgenommen, indessen zu wägen gelernt, habe diese Tag und Nacht – über Jahre – in impliziten Syzygien mitgetragen und als verborgene Variable der Rede (davon kein Wort nun) gleichsam eingerechnet. Um ihretwillen habe ich fast alle übrigen Beschäftigungen aufgegeben, kurz, ich habe für sie und durch sie gelebt, bis sie – jetzt: gleich und gleichsam ein Wort für Wort in meinen Wortformen *Zeit war*; und dann wachte ich eines Tages, wohl sehr bald schon, auf, und die Idee war verschwunden (und die Zeit vorbei). Zweifel gegen meine Wirklichkeit zu reden begegneten mir zweifach; zunächst in Schritten und fließend, jetzt laufend. Will ich wirklich wissen?, ob eine Ereignisreihe von Vorkommnissen später (als nie) oder früher (als

gedacht) vorstellbar wäre, deren Aspekte auf die Abfolge von Geschehnissen zielte, in Begebenheiten, die entweder vergangen (oder verpasst), gegenwärtig (unmöglich gegenständlich) oder zukünftig (noch nie dagewesen) sein werden (kaum zu erwarten). Infolge überdachte ich, ob Dichten und Denken ihren Widerpart in sich austrachten, der bei dem Versuch, ihn zu entfernen, in einen unendlichen, bald Hase-, bald Igel-Regress mündete. Genaugenommen war das Wahrnehmen von Dingen und Undingen, sogar Dingsda-Ereignissen mit der Zeit nichts anderes als ihre interime wie intermittierende, stillschweigende Übereinkunft in der Frage nach der Frage, auf die das ganze Um und Auf die Antwort isterte und sei (zumindest wisse), diese, wortwörtlich, *Ununterredungen mit Ungoroimtem*, – denn *ein* Wort für Wort war entweder zu zweien, ungeschehen, ungegenwärtig, oder unverursacht davon. Aber häufig entstanden Zweifel aus jener, wenn auch nur schwankenden Syzygie partieller Unentschlossenheit. Oft ist es jedoch nicht so. Ich sollte und wollte schon so oft (warten, bis dass es alles geschehen sein würde, doch nicht gewesen sein wird), und um mir die Zeit zu vertreiben, dachte ich Gedichte, die ich nie denken würde. Ich verglich die Aktionsarten und Aspekte des poetischen Tuns, vielleicht, um einen Kuckucksraum von Unschlüssigkeiten beides, zu lustrieren und zu teilen, da ich bereits wusste, dass das Jahr die Ernte macht und nicht der Acker. Doch die dergestalt gläserne Grenze spielte beim Unzustandekommen der Rede von Etwas, das ich gut sein lassen werde können, ein so und so doubliertes, verwürfeltes und ewig offenes Spielen des Spielens, nicht wahr, nicht gemacht (nicht wirklich) – mit viel Spiel zwischen den Zielen.

GESICHTER
Der Gesichter-Index von W. G. Sebald

Von A wie »Austerlitz« bis W wie »Wertach/Unterjoch« – für hunderte von Gesichtern, unzählige literarische Figuren und Motive, Orte, Länder und Landschaften hat W. G. Sebald ein eigenes Bilderarchiv angelegt. Einen handlichen, gerade noch überschaubaren Bilderkosmos, aus dem seine Geschichten schöpfen. In einer auffächerbaren Registermappe im DIN-A4-Format, die heute nicht mehr existiert, hat er über 200 Fotos – mit eigener Kamera geschossen, aus Familienalben genommen oder von Flohmärkten mitgebracht – aufbewahrt und nach einem werkspezifischen »Index« sortiert:

A. Ausgewanderte. Austerlitz – B. Bereyter – C. Castle. Casement – D. – E. Egelhofer – F. Familiengeschichte – G. Gletscher – H. – IJ. Istanbul. Ipswich. Ireland, Japan. Jerusalem – K. Klosterneuburg – L. Manchester – M. Marie – Mc. – N. Napoleon. Naval Battles, Nanfreyes [?] – O. – P. Photocopies Q. – R. Roman – S. Self. Schorsch & Rosa – T. Teasmaid. Tschechow – V. Verona. Vesuvio. Venezia. Viena – W. William. Wertach/Unterjoch. – X.Y.Z.

Sebalds Indexmappe ist ein Konvolut der verwirklichten, verworfenen und angedachten Erzählanlässe, eine Sammlung von literarischen Haupt- und Nebenschauplätzen, von Auswahl- und Ausschuss-Material. Sie ist das Herzstück des Sebald'schen Bildergedächtnisses. Neben den Fotografien, die es in die Druckfassungen seiner Romane geschafft haben, liegen hier aussortierte Bilder und neben so mancher markierten oder vergrößerten Fotoansicht deren Original und Varianten. Was schon in Sebalds Texten oft unheimlich anmutet, findet sich hier auf kleinstem Raum zusammengedrängt: eine Schule des durchdringenden und beredten Sehens. Aus den alten Fotos blicken einen unverwandt eine ganze Reihe von unbekannten Augenpaaren an oder ein Einziger schaut plötzlich aus einer Menschenmasse heraus. Weil Sebald eine Vorliebe für alles hatte, was dem menschlichen Auge ähnlich ist,[141] bekommen hier selbst Bauwerke, Teemaschinen oder Fahrräder Augen.

Auch der Beziehungszauber, der Sebalds Romanfiguren und seine Leser verknüpft und das Vergangene in allen seinen Geschichten zu neuem Leben erweckt, wirkt schon in der Indexmappe: Hier vernetzen sich weit auseinander

liegende Lebensgeschichten und Erinnerungen automatisch miteinander; noch bevor sie in eine poetische und
ästhetische Ordnung gebracht werden, nehmen die
Gesichter Augenkontakt miteinander auf. Seine Vorliebe
für diese Art des Zusammentreffens beschreibt Sebald so:

> In jedem Lebenslauf gibt es sehr unwahrscheinliche
> Zufälle, Überlappungen mit dem Leben von anderen,
> Elemente, die nicht mit dem Verstand zu klären
> sind. Ich glaube, wir neigen dazu, das alles zu über-
> sehen und zu vergessen. Unsere Bemühungen, retro-
> spektiv die Historiographie eines einzelnen Lebens-
> laufs zu rekonstruieren, sind willkürliche Versuche,
> Logik in diese Unordnung zu bringen.[142]

Immer wieder scheinen die Gesichter aus der Index-Ord-
nung gebracht und in Bewegung geraten zu sein. Manche
Fotos sind unter anderen Buchstaben des Alphabets
eingeordnet als man vielleicht erwarten würde. Eine der
Wertach-Erinnerungen ist bei dem nicht weiter verschlag-
worteten ›D‹ abgetaucht, andere bei ›XYZ‹. Deutlich wird,
dass sich Sebalds Gesichter auf Wanderschaft begeben
konnten. Viele von ihnen gelangten, weil sie zu Abbildungs-
vorlagen der Romane wurden, samt Dokumenten, Notizen,
Fotos, Zeitungsausschnitten, Landkarten, Reiseprospek-
ten, Briefen und Kopien aller Art in große, graue Ordner,
in denen Sebald die Nachlässe seiner literarischen Figuren
erfand. *es*

HEXEREI

Adriana Markantonatos
Eine Fotohexerei.
Einblicke in Reinhart Kosellecks Bildarchiv[143]

Vielleicht können wir im Folgenden teilhaben an einem Stück Paradiesgeschichte. Denn genau dorthin versetzt fühlte sich Reinhart Koselleck nach eigenen Aussagen während seiner Zeit im Hamburger Warburg-Haus. Bei seinem Auszug aus dieser einzigartigen Forschungseinrichtung habe er sich gefühlt wie Adam, als jener das Paradies habe verlassen müssen.[144] In dieser Zeit, 1996/97, war es auch, als Koselleck begann, seine ganze Energie in die Erforschung der politischen Ikonologie zu stecken. Der Register-Band der *Geschichtlichen Grundbegriffe* war endlich druckreif abgeschlossen, beflügelt vom Warburg'schen Geist setzte Koselleck sich systematisch daran, sein privates Bildarchiv mit neuem Bildmaterial zu füllen, neu zu ordnen und ihm ein für die

Sammlung eines Gelehrten angemessenes ›Gehäuse‹ zu geben: das des Zettelkastens. Doch ist der Zettelkasten die Hintertür zum Paradies?

– – –

In den folgenden anderthalb Jahrzehnten wurde diese über Jahre aufgebaute Bildersammlung zur politischen Ikonologie immer mehr zu einer Bildergeschichte des gewaltsamen Todes und des hippologischen Zeitalters. Nicht versteckt, aber doch geschützt hat Koselleck sein Bildarchiv im Kellergeschoss seines Privathauses in Bielefeld angelegt und in Aby Warburgs »guter Nachbarschaft« (an)wachsen lassen: unter der Aufsicht von Erwin Panofsky, von dem er ein Foto aufgestellt hat, und eskortiert von allerlei trabendem Nippes. Der Kellerraum beherbergte auch den Teil der Koselleck'schen Bibliothek mit den Werken von Holocaust-Überlebenden wie Jean Améry und Primo Levi. Etwa 30 000 Bilder im weitesten Sinn hat er in rund 50 Kästen und 70 Papier-Schubern abgelegt, zunächst topographisch und dann nach Sachbegriffen geordnet, vor allem Abbildungen von Kriegs- und Reiterdenkmälern, dann aber auch von Motiven des dynastischen und politischen Totenkults, der politischen und christlichen Ikonographie sowie von Holocaustgedenkstätten. Darunter befinden sich Bildmaterialien aus der Hoch- wie der Alltagskultur, mit dem Fotoapparat auf unzähligen Reisen von Koselleck selbst festgehalten, aber auch von der Familie, Freunden und Kollegen

zusammengetragen, Postkarten, Werbematerial, Zeitungsausschnitte, ergänzt um eine umfangreiche Spezial-
bibliothek, die im Erdgeschoss ihren Platz hatte, im soge-
nannten »Ikonographie-Zimmer«.

– – –

Koselleck verwendete – neben den klassischen Gelehr-
tenutensilien Stift und Papier – einen »fotografischen
Notizblock«,[145] eine handliche Kleinbild-Kamera im Format
8 × 11 der Firma MINOX. Das genaue Modell ist nicht mehr
bekannt, der Apparat selbst leider nicht erhalten, umso
erstaunlicher seine Spuren. Handschriftlich hat Koselleck
auf den MINOX-Abzügen jeweils das Aufnahmemedium
festgehalten. Möglich, dass der Gebrauch dieses Kamera-
typs biografisch bedingt war. In den Nachlassmaterialien
findet sich ein Spendenaufruf der Deutschen Kriegs-
gräberfürsorge, der an den einstigen Kriegsgefangenen
Leutnant Klaus Sasse erinnert, der mit seiner MINOX-
Kamera heimlich Aufnahmen aus seinem Lager nach dem
Krieg gemacht hat und die Filme lange Zeit unter Lebens-
gefahr verbergen musste, bis sie Kameraden nach
Deutschland bringen konnten.[146] Koselleck hat diesen
Bericht mehrfach markiert. Vielleicht passte die umgangs-
sprachlich auch als Spionage-Kamera bezeichnete Klein-
bildkamera, die als »Kamera für (un)heimliche Bilder«[147]
beworben wurde, aber auch nur besonders gut zu jeman-
dem, der in seinem Nachruf als »nachdenklich gewitzter
Detektiv«[148] beschrieben wird. Die MINOX-Fotos werden

von Koselleck immer wieder mit einem »F« und einer
Zahl beschriftet, meist mit rotem Bunt- oder Bleistift am
rechten oberen Rand der beigefügten Notiz festgehalten,
aber auch auf der Rückseite des Abzugs, manchmal
auch nur auf die Zahl reduziert, aber stets in analoger
Manier und deutlich so, dass ein Zusammenhang dahinter
steckt: »F« wie Film, die Zahlen verweisen auf die chronologische Nummerierung der von Koselleck aufbewahrten
MINOX-Filme.

– – –

Drei Kisten sollen als Beispiele aus Kosellecks Archiv
herausgenommen werden: eine dunkelgrüne Box, mit
16 × 18 cm ebenfalls sehr handlich, zumal nicht schwer,
und beschriftet »1976 – 92« (1976 reiste Koselleck nach
Köln, 1992 nach Rom) sowie zwei Bildkästen, der eine zu
deutschen, der andere zu italienischen Reiterdenkmälern,
die zusammen knapp 2000 einzelne Spuren verzetteln.
In der grünen Box befinden sich 62 kleine Umschläge der
Firma MINOX, am rechten unteren Rand klebt jeweils
das Logo des Bielefelder Traditionsgeschäfts ›Lohöfener
Foto Bielefeld‹, dem Koselleck nicht nur im Entwickeln
der MINOX-Bilder viele Jahrzehnte seine Treue erwies.
Öffnet man den ersten Umschlag, mit einer »1« und dem
Datum des 29. März 1976 versehen, so hält man eine der
kleinen MINOX-Fotohüllen mit Platz für fünf Negativ-
streifen in der Hand, wie sie Ende der 60er-Jahre auf den
Markt gekommen sind.[149] Das erste Foto zeigt ein Foto-

geschäft, im Hintergrund lassen sich Dia-Projektoren erahnen, auch hängen großformatige Fotoabzüge an den Wänden, im Vordergrund stehen Glasvitrinen mit Foto-zubehör. Ein Blick in den Bielefelder Fotoladen? Danach sind einige fotografische ›Unglücksfälle‹ – weitere sollten folgen[150] – einsortiert, die ersten Aufnahmen der Kölner Hohenzollernbrücke und ihrer ›Vorreiter‹, der Reiter-standbilder von Friedrich Wilhelm IV., Kaiser Wilhelm I., Kaiser Friedrich III. und Wilhelm II. 1976 hatte Koselleck, das Lemma »Fortschritt« in den *Geschichtlichen Grund-begriffen* war gerade fertig gestellt und veröffentlicht, sich die Frage der »Beschleunigung der Geschichte« gestellt.[151] Im Laufe der Zeit sollte Koselleck diese Reiter wiederholt fotografieren, zunächst statisch, dann immer bewegter, bis mehr als zwei Jahrzehnte später Friedrich Wilhelm IV. zu Pferd auf dem einfahrenden ICE zu reiten scheint. Eine Fotohexerei?

Kurios, aber folgerichtig, denn der von Koselleck gese-hene Zusammenhang zwischen Reiterdenkmal, Eisen-bahnbrücke und ICE wird durch die fotografische Einstel-lung unterstrichen. Das Überlagern unterschiedlicher Zeitschichten und verschiedener Bewegungsmotive – als Ausdruck der Technikgeschichte, des Fortschreitens und Fortreitens, ja des ›Fort(sch)ritts‹ schlechthin – muss für Koselleck bei der Einfahrt über die Hohenzollernbrücke in den Kölner Hauptbahnhof immer wieder ein Denkmodell gewesen sein, um Fragen zu lösen, die er, wie so oft, zunächst »rein theoretisch versucht hatte zu stellen.«[152] Heißt es 1976 in *Gibt es eine Beschleunigung der Geschichte* noch »Wie der Titel zeigt, wird der Wechsel vom Pferd zur Lokomotive thematisiert, zum ungeheuren Pferd, oder nicht metaphorisch gewendet: die Beschleuni-gung«,[153] so zeigt das Foto diesen Wechsel.

›Bewegung‹ ist seit jenen Jahren der bestimmende Faktor für Kosellecks wissenschaftliches Arbeiten, das vermitteln die von ihm aufgegriffenen Fragestellungen, das deutet die Metaphorik seiner Sprache an, das zeigen seine fotografischen Annäherungen. Kaum eine andere optische ›Erfahrung‹[154] bringt das so gezielt auf den Punkt wie die Fotoserien der Kölner Reiter. Der Zugang zum For-schungsgegenstand offenbart sich dabei wörtlich genom-men als ein ›Zugehen‹ auf diesen: »Kunsterfahrung erschließt sich nur durch Bewegung, durch Inblicknahme, durch Einstellungen auf nah und fern, durch Umher-schauen, Herumgehen und Überschauen«.[155] Sich ein Objekt nur vorzustellen, überhaupt vorstellen zu können – unmöglich: »Ich kann mir freilich nicht vorstellen, wie ich persönlich auf den Raum reagiert hätte. Dazu reichen die guten Fotos sicher nicht aus«,[156] schreibt er an einen Kollegen, der ihm Bildmaterial hat zukommen lassen. Die eigene Erfahrung, das sich Davorstellen sind für Kosellecks Arbeit grundlegend. Dem Drang, die Motive immer wieder aufzusuchen und in ihrem sich wandelnden ikonologischen Kontext neu zu sehen und immer wieder neues Bildmaterial älteren Reisedokumentationen bei- oder nachzuordnen, manchmal sogar alles komplett neu zu ordnen, entsprach die Form des Zettelkastens mit seinen »beweglichen Notizen«[157].

- - -

Setzte dieses Format doch einmal Grenzen, so wurde passend gemacht, was nicht passen wollte: gefaltet und gerollt, an den Rändern zurechtgestutzt oder zerschnitten, oder direkt in der parallel zur Bildsammlung angelegten Materialsammlung abgelegt, und damit in einer Mappe im weniger begrenzten DIN-A4-Format. Dabei stieß Koselleck oft an die Grenzen, nicht nur des Zettelkastens. Er hat jenseits der fachlichen, aber auch medialen Grenzen gesammelt und verzettelt, was seiner Erkenntnis dienlich schien: der Arbeit am Detail, in dem – mit Aby Warburg – bekanntlich der liebe Gott steckt.[158] Fokussierte Koselleck in seiner Profession als Historiker langfristige Struktur- wandlungen und scheute selten den essayistischen Rund- blick, legte er als Fotograf den Fokus auf die singulären und zufälligen Erscheinungen. Zu den »fotografischen Notizen« kommen, wie bei einem Feldforscher schon vor Ort, handschriftliche Notizen. Er befragt Passanten und fertigt diagrammartige Zeichnungen an, nicht nur auf Notizblöcken und Blättern, sondern auch auf umgenutzten Briefen, Postkarten, Fototaschen, Zeitungsausschnitten,

Werbesendungen, Visitenkarten, Tagungsmaterialien, Vorarbeiten zu Veröffentlichungen.

Bis auf einzelne Ausnahmen notiert Koselleck stets Ort und Zeit, womit die spätere Einordnung in das an erster Stelle topografisch angelegte Bildarchiv gewährleistet ist. In der Zusammenführung von Topografie und Chronologie entsteht damit eine Art ›optisches Denktagebuch‹. Hinzu kommen regelmäßig Angaben zum Objekt, insbesondere zu Entstehungszeit, Material, Gattung, Größenverhältnis- sen, Künstler und Standort, wobei Koselleck einen beson- deren Blick für die scheinbaren Paradoxien des Alltags hat. Werbeschilder irritieren die Sicht und am Himmel fügen sich Kreuze zusammen. Der Kunsthistoriker Josef Adolf Schmoll gen. Eisenwerth schickt eine Aufnahme von einem reitenden König an Koselleck:

> Die Darstellung ist fast kurios zu nennen, in den Bogenläufen des gotischen Portals […] kommt das Pferd frontal heraus, die Vorderläufe und Ohren weggebrochen, sonst noch gut erhalten, dem König fehlen die Füße […] Doch wollte das Bild unbedingt zu Ihnen, zur Vervollständigung des Themas ›Pferd und Reiter außen an der Kirche‹![159]

Koselleck präzisiert den Titel: »Ausritt aus der Kirche«. Auch die Gemütszustände werden gedeutet: »General Missori auf traurigem Pferd« betitelt er eine 1999 in Mailand entstandene Reisedokumentation. »Fotohexerei«

schreibt er auf die Rückseite einer vermeintlich verun-
glückten Fotografie eines Denkmals in Athen: Ein Fehler
beim Druck der digitalen Vorlage hat dazu geführt,
dass Teile des Bildausschnitts sich wiederholen und den
Eindruck von Bewegung evozieren.

– – –

Als Schreibwerkzeug dienten vornehmlich Kuli und
Bleistift, manchmal auch Tinte, in der Nachbearbeitung
wurde zusätzlich mit einem roten, gelegentlich auch
grünen Bunt- oder Filzstift hervorgehoben. Die meisten
Notizen und Handzeichnungen wurden vor Ort gemacht,
die fotografischen Aufnahmen ergänzend, manchmal
auch ersetzend, vornehmlich dann, wenn diese schwierig
oder gar verboten waren, wie zum Beispiel in Museen.
Dann ersetzen ausgefeilte Handzeichnungen das Foto,
kommentiert mit »ohne Foto«. Hat er doch Fotos machen
können, so hält er fest: »verbotene Fotos«.

– – –

Breitet man den Inhalt der verzettelten Bildkästen aus,
entfaltet sich ein komplexes Bedeutungsgewebe, das
Kosellecks Methode sehr plastisch und konkret vor Augen
führt: »diachron und synchron vergleichend«,[160] mit Hilfe
»einer Bedeutungstheorie, die im Besonderen das Allgemeine […] zu erkennen versteht.«[161] Auch im Fall der
Bildarbeit bleiben seine Fragen der historischen Anthropologie, besonders nach den »Möglichkeitsbedingungen
historischer Erfahrung«[162] leitend. Die beiden Bildkästen

zu den deutschen und italienischen Reiterdenkmälern
werden eröffnet von Abbildungen von Ewald Mataré be-
ziehungsweise Marino Marini: Künstler, die sich nach den
Erfahrungen beider Weltkriege auf das Jahrtausende
während Verhältnis des Menschen zum Tier, insbesondere zum Pferd, zurück besannen und in ihren Werken
stets nach Vereinfachung und Verdichtung strebten,
die Form auf ein »Grundraster von Erfahrungsweisen«[163]
reduzierend.

– – –

Rom 1992: Dort endet – ›vorbeige(sch)ritten‹ an deutschen und italienischen Städten, verzettelt in hunderten
von Spuren – die Reihe der Aufnahmen in diesen Kästen
und damit auch eine von Kosellecks »fast unendlichen
Geschichten«.[164] Gleichzeitig zeichnet sich die nächste
Geschichte ab: »Ich hoffe«, so schreibt Marianne Pieper
aus dem Warburg-Haus an den soeben abgelösten
Warburg-Professor, »Sie hatten eine schöne Heimreise
mit interessanten Stops!«[165]

Jochen Missfeldt
Der Karteikasten, die Karteikarten und ich

Zettelkasten? Das klingt nach Verzetteln und Verlorenge-
hen, denn was sind Zettel? Papiere verschiedener Größe,
Farben, Gewichte. Damit kann ich nichts anfangen. Ich
brauche Karteikarten in Postkartengröße, liniert (bloß
keine ohne Linien!). Sie sollen Postkartengewicht haben
(ich will die Dinger auch mal als Postkarte verschicken),
sie sollen weiß oder gelb sein, nicht rosa oder blau.

– – –

Kasten? Da kann mir nicht jeder kommen. Ich suche
lange, bis ich den passenden gefunden habe. Immer seltener finde ich den, immer weniger Schreibwarenläden
haben ihn im Regal. Sie gehen nicht mehr, sagt mir die
Verkäuferin beim Bürobedarf. Man könne doch heutzutage
alles mit dem Computer viel besser und viel schneller …
Ich höre das immer wieder und höre mir das deswegen

nicht bis zu Ende an, weil ich es nicht mehr hören mag.
Für meine schriftstellerische Arbeit sind diese drei Grund-
zutaten bitter nötig: Der Karteikasten, die Karteikarten
und ich.

– – –

Ich finde dann aber doch einen; denn ich finde immer,
was ich suche. Da ist er ja! Der Karteikasten steht als
Ladenhüter im letzten Regal, angestaubt und wie unver-
käuflich. Jetzt sind wichtige Fragen fällig: Ist er aus Holz?
Hat er einen Deckel? Wie funktioniert der Klappmecha-
nismus? Ist er etwa abschließbar? Das alles kann ich
schnell überprüfen, und ich kann mich auf mein Urteil verlassen; denn ich habe lange und große Erfahrung mit Karteikästen. Ich muss nicht, wie beim Computerkauf, tage-
lang umherirren von Laden zu Laden und von einem
Verkäufer zum anderen. Hier und angesichts des Karteikastens sage ich: Ja, dieser hier. Der Kauf ist schnell
abgewickelt. Was kostet der Spaß? Ein altes Preisschild
gibt Auskunft: 60 DM. Ich zahle dreißig Euro. Fontanes
Altväter-Spruch habe ich immer im Hinterkopf: »Rede
wenig, rede wahr / Brauche wenig, zahle bar.« Damit und
mit so einem Kasten fängt bei mir jedes neue, größere
Schreibprojekt an.

– – –

Der Karteikasten steht auf meinem Schreibtisch. Noch ist
er leer. Bald aber wird er nicht mehr leer sein. Langsam
und sicher wandern die Karteikarten hinein, jede mit Blei-

stift beschrieben; mit Bleisift, denn der Kugelschreiber ist der Feind der Karteikarte. Mit jeder Karteikarte wandere ich mit. Wohin stecke ich dich? frage ich die Karteikarte. Die Karteikarte weiß es selber, denn oben links in der Ecke steht, wie sie heißt und wohin sie will. Ich stecke sie an ihren Platz. Im Kasten liegen die Karteikarten nahe beieinander, sie profitieren vom gegenseitigen Wissen, sie sind ihre ganz eigenen Herrschaften, denn stabile, beschriftete Pappwände sorgen wie in einem Haus für ein angenehmes Nebeneinander: nicht zu nahe dran und nicht zu weit entfernt. Ich verzichte auf die alten Karteikarten-reiter, die sind teuer und schwer, also unpraktisch. Meine Papptrennwände schneide ich mit der Schere aus, dann schreibe ich ihren Namen drauf. Sie stehen alpha-betisch geordnet im Kasten. Das Alphabet, das ich bei der Ordnungsarbeit immer wieder lerne und vor mich hin-plappere, macht die Ordnung zum Kinderspiel und verleiht der Karteikasten-Wirtschaft die unendliche Formbarkeit und Freiheit. Mit anderen Worten: In meines Karteikas-tens Haus haben viele Karteikarten ihre Wohnung.

Da ich für meine Schriftstellerarbeit viel lese und ich mir nicht alles merken kann, was ich gelesen habe, ist das Notieren unumgänglich. Ohne Notiz ist die Karteikarte nur das Papier wert, und ohne Karteikarte ist die Notiz nichts als Luft. Immer habe ich die Karteikarten dabei, immer ist mir der Bleistift zur Hand. In der Bahn, im Auto, auf dem Fahrrad, beim Wandern, im Café, im Biergarten, immer habe ich sie greifbar. Oft fällt mir unterwegs etwas ein. Wertvolles und Billiges, Schnapsideen und Bullshit melden sich, wollen notiert und aufbewahrt werden. Zu Hause am Schreibtisch trenne ich die Spreu vom Weizen, stecke die Karteikarten an ihren Platz, und ich sehe, wie der Vorrat im Kasten größer und größer wird. Ich exportiere mein Gedächtnis und sehe mein Außenlager immer größer, anspruchsvoller und wertvoller werden. Neue Pappen muss ich schneiden und beschriften. Neue Titel für die neuen Abteilungen müssen gefunden werden.

Ich hocke also im Karteikasten und werde mit jeder Kar-teikarte, die dort hineinwandert, immer umfänglicher, das heißt selbstbewusster und wissender, gebildeter und klü-ger. Das kann mir keiner nehmen, das Ich aus meinen Karteikarten. Und wenn ich den Deckel über mir wie das Kabinendach eines Düsenjägers schließe, dann herrscht zwar Dunkelheit, aber die Welt in mir ist hell und die Freude an mir selber ist groß. Hinzukommt: Ich rieche den säuerlichen Duft, den das Buchenholz verströmt, aus der Karteikartenlage besonders gut. Es riechen übrigens auch die Karteikarten; die beschriebenen riechen anders als die unbeschriebenen, die einseitig beschriebenen riechen anders als die zweiseitig beschriebenen. Der Geruch in diesem Gehäuse ist ein ganz besonderer. So wie das Haus vom besonderen Geruch seiner Bewohner erzählt, so erzählt das Karteikartenhaus auf seine unverwechselbare Weise den Geruch von Schrift, Papier und Holz.

— — —

Dann bin ich bei all meinen Lieben. Ich sehe meine Familie in Solsbüll versammelt um den Tisch im Kinderzimmer, ich stehe an der Bar im Offizierscasino von Fürstenfeldbruck und trinke mit meinen Fliegerkameraden auf mein und anderer Leute Wohl. Ich stehe an der Steilküste von Norgaardholz und grüße die armen erschossenen Matrosen. Und dann höre ich Theodor Storm mit seinem Tenor die Arie von Max aus dem *Freischütz* singen. Ich grüße seine acht Kinder und seine beiden Frauen, ich sehe ihn in seinem Exil in Potsdam und Heiligenstadt und höre die Stimmen seiner Nachbarn. Kein Abschied, denn immer heißt es: dableiben.

— — —

Das alles geht nicht mit meinem Computer. Selbstverständlich brauche ich den für meine Arbeit auch, er ist so notwendig und nützlich wie das Auto, um mich von A nach B zu fahren. Der Computer ist aber eine leblose Maschine, sie verbraucht Strom, sie erwärmt sich und verpufft ungenutzte Energie. Sie funktioniert oder sie funktioniert nicht. Wer glaubt, er habe Papier in der Hand, Holzgeruch in der Nase und das satte Klappen des Karteikastendeckels im Ohr, wenn er den ON/OFF-Knopf des Computers drückt, der irrt sich.

— — —

Der Karteikasten ist eine Arche des Wissens, eine Oase der Ruhe. Tief drinnen webt und bebt das Karteikartenleben, das treue, teure Garn des Werkes. Schöner, besser und tiefgreifender kann ich mir die Erinnerungswirtschaft nicht vorstellen. Nur allzu oft erlebe ich an Sturm- und Regentagen – die Regentonnen laufen über von den überfließenden Fallrohren, das Wasser steht mir bis zum Hals, ich weiß nicht mehr weiter –, wie ich in meine Arche springe und den Deckel schließe, dort warm und trocken hocke und tief im Innern höre, wie tobende Seen an die Bordwand schlagen. Macht nichts. Meine Arche fährt schwer beladen ruhig dahin und steuert dem sicheren Hafen zu, wo Wind und Wetter sich beruhigt haben. Dann heißt es: anlegen, Deckel öffnen, frische Luft in die Lunge und die Karteikarten sprechen lassen. Wird der Computer je in der Lage sein, solchen Unwettern zu trotzen, wird er sie je überstehen?

Sabine Wolf
»Karteien sind auch nicht zu verachten.«
Walter Kempowskis ›Zettel-Imperium‹

Ungezählt sind die Tausenden von Karteikarten, die der
Schriftsteller Walter Kempowski (1929 – 2007) in seinem
Archiv hinterließ. Allein die Kartei des »Archivs der unpublizierten Autobiographien und Alltagsfotografien« umfasst
über 8000 Zettel in numerischer Folge, die den Gesamt-
bestand dieser lebensgeschichtlichen Sammlung in
der Reihenfolge der Einsendungen aufführt. Um dieses
Material inhaltlich zu erschließen und nutzbar zu machen,
verzettelte es Kempowski durch – geschätzt – 40 000
Schlagwörter. Namen, Ortsbezeichnungen, historische
Daten, Begriffe und Motive folgen keiner Hierarchie,
allenfalls dem Alphabet und sind durch Kempowski durchaus subjektiv geprägt. In ihrer Abfolge und Kombination
führen sie jedoch heute noch – auch im Zeitalter der
Suchmaschinen – auf Um- und Abwege der Recherche,
provozieren neue Fragen und Assoziationen:

> Alkohol – Allee – Allenstein [...] Auschwitz – Aus-
> flug – Ausgebombt [...] Bukowina – Bund der
> stalinistisch Verfolgten – Bund Deutscher Mädel [...]
> Häkelalbum – Hakenkreuz – Halberstadt [...] Sport –
> Sprache – Sprengtrichter [...] Wiederaufbau –
> Wiedergutmachung – Wiedervereinigung[166]

Diese herausgegriffenen Stichwortzettel verdeutlichen
Kempowskis Absicht, durch eine Fülle authentischer priva-
ter Zeugnisse die Facetten der deutschen Geschichte des
20. Jahrhunderts mit ihren Katastrophen und Umbrüchen
besser zu verstehen und daraus – womöglich – zu lernen.
Expliziter Wertungen enthält sich der Archivar Kempowski.
Als kluger Pädagoge verfolgt er aber gerade damit sein
aufklärerisches Ziel. Der Zettelkatalog – erarbeitet als
Inventar und Findhilfsmittel – unterscheidet sich dabei
jedoch fundamental von Kempowskis ›Zettelfassungen‹
seiner literarischen Manuskripte, die in unüberschaubarer
Zahl ebenfalls im Nachlass überliefert sind. Zu allen
Romanen der *Deutschen Chronik* existieren meist mehrere Zettelfassungen als frühe Stufen der Werkgenese,
ebenso zum Erstling *Im Block*. Doch woraus erklärt sich
Kempowskis Affinität zu den Zetteln, die so stark war,
dass er sogar seine eigene literarische Methode daraus
entwickelte?

– – –

Es kann als sicher gelten, dass Kempowski schon in jun-
gen Jahren mit dem Werk des bedeutenden Volkskundlers
Richard Wossidlo (1859 – 1939) in Berührung kam. Wos-
sidlo war ein Zettelkastenarbeiter *par excellence*, betrieb
Feldforschung und sammelte durch Befragungen einen
Schatz niederdeutscher volkskundlicher und sprachlicher
Zeugnisse. Mit Hermann Teuchert begründete er das
Mecklenburgische Wörterbuch, dessen Ausgaben von

1939 und 1942 sich in Kempowskis Besitz befanden und in seinem Archiv überliefert sind. Sein Lehrer Johannes Gosselck (1881–1948), dem Kempowski im *Tadellöser* ein Denkmal setzte, betreute die museale Sammlung des Plattdeutschen Vereins, in dem auch Kempowskis Vater Mitglied war, und arbeitete maßgeblich am Wörterbuch und an weiteren Publikationen Wossidlos mit. Die Methode der Sammlung und Strukturierung erhobener Daten und Funde mittels Zetteln mag Kempowski daher von Kindheit an vertraut gewesen sein. Belegt ist, dass er bereits als Kind Lektürelisten führte und gesehene Kinofilme auf Karteikarten verzeichnete.[167]

Im Rückblick auf seine ersten schriftstellerischen Versuche ab 1956 befand Kempowski im Jahr 2005: »Alles nichts wert, was damals entstand. Erst mit den später erwähnten Zettelkästen begann es.«[168]

In seinen frühen autobiografischen, postum 2012 veröffentlichten Aufzeichnungen von seiner Entlassung aus dem Zuchthaus Bautzen über die Ankunft im Westen bis zum Erscheinen seines ersten Buches können wir heute nachlesen, wie der beginnende Schriftsteller sein ›Imperium‹ aufbaute. Am 10. Januar 1958 wird erstmals eine Kartei erwähnt: »Briefe geschrieben, Kaffee getrunken, wieder geschrieben (Kartei)«.[169]

Die Anschaffung von Karteikästen wird registriert,[170] der Preis vermerkt[171] – zwei Karteikästen kosteten im Jahr 1959 immerhin fast soviel wie ein Paar Schuhe und dop-pelt soviel wie ein Regenschirm. Die Anzahl beschriebener Karten und Zettel wuchs rasch, im November 1958 zählte Kempowski 371 Stück,[172] ein Jahr später waren es bereits über 2000.[173] In einem unveröffentlichten Prosatext aus dem Umfeld der Entstehung des *Block* wird das innerste Bedürfnis des Autors, sich durch verzettelte Gedanken anregen zu lassen, poetisch gefasst:

> Ich habe mir jetzt, liebe Mutter, in meinem Zimmer, welches übrigens sehr einfach eingerichtet ist und nur den geringsten Bedürfnissen entspricht, ein Kästchen aufgestellt. Begegnet mir irgend etwas Bewegendes, so schreibe ich das Kennwort dafür auf eine[n] Zettel, den ich dann in das Kästchen lege. In stillen Stunden ziehe ich bei Dunkelheit wahllos einen dieser Zettel, halte ihn mir vor die Augen und schalte blitzschnell Licht ein und aus. Diese kurze Zeitspanne genügt, um das Kennwort in mich eindringen und mich bewegen zu lassen.[174]

Dreizehn Jahre währte die Inkubationszeit, bis Walter Kempowski mit seinem als Haftbericht untertitelten Werk *Im Block* an die Öffentlichkeit trat.[175] Parallel hatte er dabei auch seinen ersten Roman der *Deutschen Chronik* vorangetrieben.[176] Nicht nur thematisch, sondern auch methodisch bewegte er sich zweigleisig: er benutzte Karteien, um Einzelheiten zusammenzutragen, aber auch, um Überliefertes in Partikel zu zerlegen.

Als Walter Kempowski im März 1956 aus Bautzen[177] nach Hamburg zu seiner Mutter kam, war er ein aus Zeit und Raum Gefallener. Nahezu nichts hatte er, an dem er sich festhalten konnte. Acht Jahre erzwungenen Stillhaltens lagen hinter ihm, wichtige Jahre der Reifung und Selbstfindung zwischen dem 18. und 26. Lebensjahr, die besten Jahre seiner Jugend. Kein Wunder, dass er sich zunächst der Rekonstruierung seiner Biographie und der seiner Familie zuwandte. Durch systematische Befragungen seiner Familienangehörigen tauchte er ein in die Geschichte seines Lebens. Die Erlebnisberichte hielt er fest und gewann so das umfangreiche Material, das er später literarisch verarbeitete:

> Ostern 1959 begann ich bei Kaffee, Kuchen und Zigaretten Mutters Erzählungen – sanft gelenkt – wie ein Wilder mitzuschmieren. Die Schmierzettel übertrug ich dann später in Göttingen auf Schreibmaschinenschrift. Später setzte ich dann das Tonbandgerät ein, wodurch es mir gelang, den größten Teil der eigentlichen Lebensbeschreibung wortwörtlich festzuhalten.[178]

Die Haftberichte der Mutter, des Bruders und weiterer Leidensgenossen bildeten vor allem für die Erweiterung des *Block*-Stoffes im Roman *Ein Kapitel für sich*[179] die Grundlage. Darüber hinaus waren Margarethe und Robert Kempowski fast unerschöpfliche Quellen der Familiengeschichte: Daten und Fakten, Anekdoten, Sprüche und

Wendungen – was Walter Kempowski nicht aus eigenem Erleben kannte oder erinnerte, wurde ihm hier in Fülle dargeboten. Seine Befragungstechnik feilte er aus und erweiterte sie beispielhaft.[180] Daneben legte er sich Karteien an. Auf Zetteln hielt er Einfälle und Beobachtetes fest, gelebtes und erzähltes Leben. In der offenen Struktur des Zettelkastens fand Kempowski offenbar seine Form des Arbeitens:

> Ich habe überhaupt eine ganz merkwürdige Art zu arbeiten. Seit Tagen weiß Ich, daß morgen die Semesterarbeit angefangen werden sollte. Als ob ich absichtlich jeden Gedanken unterdrückte, der mich in die Nähe dieser Arbeit führte, griff ich mir allerhand Bücher, las hier eine Stelle, dort ein Stück, griff in den Karteikasten, schrieb etwas auf Karten usw. Alles scheinbar nutzlose Sachen, [...]. Und doch – in meine seltsame Art zu lesen kam von selbst Methode. Allmählich traf ich in mir eine Auslese und siehe da: fast spielerisch ist das erste Gerüst auf Notizzetteln entstanden, ohne daß ich es überhaupt wollte![181]

Dass eine Zettelsammlung jederzeit an jeder Stelle angereichert, Gedanken darin vertieft, Abschnitte strukturiert und Abläufe umgestellt werden konnten, kam dem werdenden Autor entgegen. Ohne abgeschlossene Ausbildung, ohne vorgegebenen Handlungsrahmen, frei aus sich schöpfend und aus den Erfahrungen seines Lebens, gewiss auf der Basis einer bürgerlich-humanistischen Erziehung, aber zunächst ohne Systematik im Kopf, griff er alles auf, was sich ihm darbot und tummelte sich sammelnd und ordnend auf den unterschiedlichsten Feldern. Erinnerungsstücke aller Art waren ihm wichtig, sein Leben neu zu konstituieren. Bücher, die in der Bibliothek seiner Eltern gestanden hatten, kaufte er nach, auch Gegenstände, Spielzeuge und anderes, trug Fotos aus Familienalben entfernter Verwandter zusammen, fing die Erlebnisse seiner näheren und weiteren Umgebung als Stimmen ein, die viele Jahrzehnte später in den Stimmen-Chor des *Echolot*[182] mündeten. Und: Kempowski sammelte Gedanken, Einfälle, Beobachtungen.

> Ich habe schon immer Zettel beschrieben, meistens im Postkartenformat, damit ich sie in die Brieftasche tun und mit mir herumtragen kann. Andererseits natürlich auch, um ein einheitliches Format für den Karteikasten zu haben. Jeder Zettel hält einen besonderen Eindruck fest, ein Bild oder eine Erinnerung. Diese Zettelsammlung habe ich oft bei Bahnfahrten vermehrt, und ehe ich mich's versah, wuchs mir unter der Hand ein ganzes Zettel-Imperium heran.[183]

Thematisch ließ sich die Vielzahl der Einzelnotate leicht bündeln – in Aufzeichnungen zur Haftzeit, zur Familiengeschichte, zur Pädagogik usw. Aber auch das umgekehrte

Verfahren nutzte der Autor, um seines Stoffes Herr zu werden:

> Ich will alle meine erzählenden Bautzen-Manuskripte in kleine Pillen zerlegen, auseinanderzerren, als Elemente benutzen. Andere Elemente liefert mir mein Prozeß, ein ganzes Bündel Akten. Auch die Stellungnahme der Richter, Ablehnungsbescheide usw. werden nach charakteristischen Elementen durchforstet (natürlich gezielt formuliert, eine bloße Übernahme ist fragwürdig). Dazu Gutachten, Briefe, Biografie und Briefe meiner Mutter, Glossen, Zeitungsmeldungen, »Listen« (von Effekten zum Beispiel, von Parolen), meine Vorträge und vielleicht sogar die Monotypien, die ich Dir einmal zeigte. Alles das wird zerlegt in »Elemente«, in einem großen Zettelkasten gespeichert und dann neu zusammengesetzt.[184]

Mag es zunächst den Anschein gehabt haben, dass sich die Fülle des Materials durch die Sammlung und Bearbeitung im Zettelkasten wie von selbst zu Kempowskis eigenem Stil fügte, so wird hier deutlich, dass Kempowski ganz bewusst diese Form wählte und sie sich anverwandelte. Das menschliche Erleben und Zusammenleben, das Neben- und Ineinander, Wechselwirkungen und Abhängigkeiten, Verläufe und Zäsuren, Notwendigkeit und Zufall, kurz: Chaos und Struktur der Weltprozesse wurden in

Walter Kempowskis Zettelkästen zu Literatur verdichtet. Die Erzählungen von Margarethe Kempowski, zunächst bei Familientreffen notiert, später auf Tonband aufgenommen, bildeten die stoffliche Basis sowohl für Kempowskis erstes Buch, *Im Block*, als auch für die Romane der *Deutschen Chronik*, beginnend mit *Tadellöser & Wolff*. Beim Aufschreiben zeigte sich schnell, dass die Erinnerungen der Mutter hin- und hersprangen, der Fluss der Rede stockte, Wiederholungen sich einschlichen und das gewonnene Material also bearbeitet werden musste. Schon zur Erstellung einer Familienchronik ordnete Walter Kempowski die Erzählblöcke neu an, stellte um, straffte oder ergänzte und schrieb die bearbeitete Version neu ab. Für seine literarischen Ambitionen taugte diese Prosa jedoch nicht.

Um die vielen Stimmen, nicht zuletzt seine eigene, zusammenzuführen, Lebensdokumente einzubeziehen, gesammelte Fakten, Anekdoten und Ähnliches einzuarbeiten, erschien im Vor-Computer-Zeitalter der Zettelkasten als praktischstes Mittel. Hatte der Kunsthistoriker und Schriftsteller Carl Einstein (1885 – 1940) Manuskriptseiten zerschnitten, um die Aufzeichnungen sequenziell neu zu bündeln,[185] ging Walter Kempowski beim *Block* etwas anders vor. Er notierte Erinnerungspartikel, durchkämmte die Aufzeichnungen der Gespräche mit seiner Mutter und anderen, griff Motive, Aussagen, Faktisches heraus, schrieb Stichworte oder Zitate auf und legte Zettelkataloge an, die er bearbeitete, bis ein Reifestadium erreicht war. An diesem Punkt begann er mit der Zusammenstellung einer ›Zettelfassung‹: Drei bis vier Zettel, meist im Format DIN A6, klebte er in einer vorbedachten Abfolge auf ein Trägerpapier in DIN-A4-Größe und füllte damit sechs Ringordner. Auch diese Form war noch eine sehr offene, konnten doch ohne Schwierigkeiten Blätter ausgetauscht und umsortiert werden, bevor eine Abschrift dem Stoff eine festere Gestalt verlieh. Mehrfach äußerte sich der Autor selbst dazu:

> Der BLOCK war das Gesellenstück, Den T/W [*Tadellöser & Wolff*] als Meisterwerk angegangen. Riesenaufwand beim BLOCK, das Zettelstadium zu früh verlassen, das M[anuskript] zu früh getippt, jede Seite schließlich bis zu 10mal neu. […] Bei T/W dann konsequent die Anwendung und Weiterführung der erlernten Arbeitsweise. Das Zettelstadium wurde lange beibehalten, ich hinderte mich am vorschnellen Abtippen. Die Zettel sind noch vorhanden, eine Zettelfassung ließe sich rekonstruieren. Wäre ganz interessant. Die Zettel erleichterten die Kontrolle und den Verlauf des »Roten Fadens«, der Durchführung der Motive. Einfälle können an mehreren Stellen deponiert und dann später abgewandelt werden.[186]

Ein überblicksartiger Vergleich der ›Zettelfassung‹ des *Block* mit der Buchausgabe bestätigt zwar, dass Kempowskis Zettelnotate entscheidend die spätere ›Schnapp-schusstechnik‹ seiner erzählenden Prosa hervorbrachten. Die veröffentlichte Fassung ist jedoch stark überarbeitet und gestrafft, der Autor strich oder stellte Handlungs-blöcke um, fügte anderes ein oder führte es erzählerisch aus. Der berühmte Anfangssatz »Im Morgengrauen holten sie mich aus dem Bett« findet sich nicht auf den Zetteln. Statt dessen lässt Kempowski in der Zettelfassung am Beginn seine Mutter erzählen, wie sie die Verhaftung der Söhne erlebte.[187]

Auch die späteren Romane und Projekte ging Kempowski auf diese Weise an. Das von ihm selbst angelegte Verzeichnis seines persönlichen Archivs[188] listet unter anderem auf:

Ein Karton mit den Notiz-Zetteln zu »Gold«
1 Karton mit Notizzettel[n] für »Ein Kapitel für sich«
»Herzlich willkommen«. Erledigte Zettel
Notizzettel, die ich neben den Tagebüchern geführt
1–3 »Schöne Aussicht« sämtliche Zettel, die dem Roman zugrunde liegen
Der Neuling (später »Herzlich willkommen«) […] die Zettelfassung mit Fotos
»Hundstage«-Zettel
Notizzettel unsortiert
Zettel von/für Tadellöser & Wolff. Personennotate

Ein kleiner Zettelkasten mit der Aufschrift »KKL«[189] enthält alphabetisch sortierte Stichworte, Namen oder Begriffe, die Kempowski in einem »Kultur-Lexikon« verarbeiten wollte: Auf »Artmann, H. C.« folgen u. a. die Stichworte »Augenmusik«, »Antofagasta«[190], »Adoption«, »Akrostichon«, »Augstein« – jeweils mit Notizen zu Erläu-terungen bestimmter Besonderheiten für das geplante Lexikon. Das Vorhaben setzte Walter Kempowski nicht um, jedoch schon der überlieferte Ansatz des Projektes gibt tiefe Einblicke in seine Lebens- und Vorstellungswelt. Dieser Versuch einer kanonischen Zusammenstellung korrespondiert – in vielleicht etwas gewagtem Vergleich – mit dem *Güldnen Schatz-Kästlein*[191] der Auguste Wil-helmine Kempowski (1825 – 1912), die den ersten Zettel-kasten – mit Bibelsprüchen und -versen – in die Familie einbrachte.

Zettelkästen waren für Walter Kempowski Gefäße, die er füllte, aus denen er schöpfte und deren Inhalte er in neue Formen goss. Als Erinnerungsspeicher bildeten sie nicht nur die Inhalte selbst, sondern auch die Prozesse der Gedächtnisarbeit ab. Gegenständlich-fest und flexibel zugleich, waren sie für Walter Kempow-ski das ideale Werkzeug, um seine Vorstellungen von collageartiger Literatur zu verwirklichen. Schon bei den Vorarbeiten zum *Block* war ihm dieser Zusammenhang bewusst:

Ich arbeite mit Zettelkasten, das geht ganz prima.
Das viele schon vorliegende Material ist gute Hilfe.
Zunächst dachte ich an eine Art Collage, dies läßt
sich aber wohl nicht durchführen.[192]

Auch nachdem er bereits Computer benutzte, besonders
für das *Echolot*, betrieb er seine Zettelwirtschaft weiter,
wenngleich in reduzierter Form. Zwar übertrafen die
neuen Möglichkeiten elektronischer Volltextsuche in mancher Hinsicht das alte Sammlungs- und Ordnungssystem,
doch die Kempowski vorschwebende Vernetzung, Ver-
flechtung, das Sich-Durchdringen der Welten der Protagonisten, waren mit dem Stand der Technik vor 20, 30
Jahren ebenfalls nicht optimal darzustellen und zu verarbeiten. So wird die von Kempowski im Jahr 1986
genannte Zahl von 150 000 Zetteln[193] in seinem jetzt bei
der Akademie der Künste, Berlin, bestehenden Archiv
sicher weit übertroffen sein. Damit ist das Stichwort
genannt: der Zettelkasten als Urform des Archivs. So
habe bereits der Zehnjährige verkündet, er wolle »Archiv
werden«, berichtet Kempowskis Biograf.[194] Im Jahr 2012
misst das Walter-Kempowski-Archiv in Berlin über
600 laufende Regalmeter und ist damit hier der größte
personenbezogene Bestand. Die ›Archivwerdung‹ von
Walter Kempowski verdankte sich einem disziplinierten,
gleichermaßen schöpferischen wie effizienten Schaffen
auf literarischen, historischen wie pädagogischen Feldern.

Das Zettelkastensystem bildete dabei das Rückgrat für
dieses verzweigte, umfangreiche Werk oder, wie es
Kempowski einmal unter Verweis auf Arno Schmidt formulierte, die »Schiene, um sicher zu gehen«[195].

Johannes F. K. Schmidt
**Der Zettelkasten als Kommunikationspartner
Niklas Luhmanns**

Niklas Luhmann (1927 – 1998), der von 1969 bis zu seiner
Emeritierung 1993 an der Fakultät für Soziologie der
Universität Bielefeld lehrte, war ein in vielerlei Hinsicht
herausragender Soziologe des 20. Jahrhunderts. Seine
Sozial- und Gesellschaftstheorie war schon früh als
eine Universaltheorie konzipiert, die nahezu jedes soziale
Phänomen behandeln konnte: spezifische soziale System-
typen wie Interaktion, Organisation oder Gesellschaft,
gesellschaftliche Funktionssysteme wie Wirtschaft,
Wissenschaft, Recht, Religion, Kunst oder Politik, soziale
Medien wie Vertrauen, Macht oder Liebe, aber auch
zeitdiagnostische Sachverhalte wie die ökologische Frage,
soziale Bewegungen oder Exklusionsphänomene – schon
der Versuch, eine auch nur ansatzweise vollständige

Auflistung der Interessenfelder Luhmanns vorzunehmen,
ist zum Scheitern verurteilt. Entsprechend vielgestaltig
und umfangreich ist Luhmanns Schriftenverzeichnis:
Einschließlich der postum veröffentlichten sowie der im
Nachlass vorhandenen Schriften sind in Luhmanns
40-jähriger Theoriewerkstatt über 50 Monografien und
500 Aufsätzen entstanden. Auf die Frage, wie diese
beispiellose Publikationsleistung zu erklären sei, antwortete Luhmann in einem Interview:

> Ich denke ja nicht alles allein, sondern das geschieht
> weitgehend im Zettelkasten. [...] Meine Produktivität
> ist im wesentlichen aus dem Zettelkasten-System
> zu erklären. [...] Der Zettelkasten kostet mich mehr
> Zeit als das Bücherschreiben.[196]

Diese und ähnliche Äußerungen haben schon bald dazu
geführt, dass sein Zettelkasten[197] zu einem Mythos wurde.
Luhmann selbst allerdings machte um den Gegenstand
kein Geheimnis, sondern führte interessierten Besuchern
und sogar den Massenmedien den Kasten gerne vor. In der
Sammlung kann man einen Zettel finden, auf dem Luhmann in diesem Zusammenhang in der für ihn typischen
Ironie notiert: »Zuschauer kommen. Sie bekommen alles zu
sehen, und nichts als das – wie beim Pornofilm. Und entsprechend ist die Enttäuschung« (Zettel ZK II: 9/8,3)

Der Zettelkasten. Diese Enttäuschung resultierte wohl schon aus dem Äußeren des Zettelkastens, der in seiner Unauffälligkeit auf bemerkenswerte Weise mit seinem Ersteller korrespondiert: sechs größere hölzerne Karteikästen mit je vier Auszügen, das Ganze nicht größer als ein Schrank. In den Auszügen finden sich handbeschriebene und durchnummerierte Zettel im DIN-A6-Format, auf denen Luhmann Lektüreergebnisse, eigene Thesen und Konzepte, Fragen und Literaturhinweise notiert hat. Insgesamt umfasst der Zettelkasten rund 90 000 Zettel und besteht aus zwei Sammlungen:

(a) Die frühere Sammlung (ZK I; etwa 1951 – 62) beruht primär auf verwaltungs- bzw. staatswissenschaftlicher, organisationstheoretischer, philosophischer und soziologischer Lektüre Luhmanns und ist wesentlich in der Zeit seiner Tätigkeit als Rechtsreferendar in Lüneburg bzw. Oberregierungsrat im Kultusministerium in Niedersachen erstellt worden. Die Sammlung weist die Ordnungsziffern 1 bis 108 auf und umfasst in 7 Auszügen rund 24 000 Zettel, eine Bibliografie mit etwa 1800 Titeln sowie ein Schlagwortregister mit rund 1250 Einträgen.

(b) Die spätere Sammlung (ZK II; etwa 1963 – 96) ist durch einen eindeutig soziologischen Zugriff gekennzeichnet und deckt den Großteil der Luhmann'schen Publikationsperiode ab. Die Sammlung weist die Ordnungsziffern 1 bis 11 auf und besteht aus 21 Auszügen mit rund 66 000 Zetteln; neben den eigentlichen Notizen existiert ein umfangreicher, aber offensichtlich nicht vollständiger bibliografischer Apparat mit 16 000 Titeln, ein Schlagwortregister mit rund 3200 Einträgen sowie ein relativ knappes Personenregister mit rund 300 Namen.

Bei den Zetteln handelt es sich in der Regel nicht um einfache Exzerpte. Zwar findet man auch – gerade in den frühen Eintragungen – eher fließtextartige und enger am Originaltext orientierte Zetteleinträge, die offensichtlich direkt beim Quellenstudium erstellt worden sind, in manchen Fällen auch ausführlichere Zitate. Häufiger aber notierte sich Luhmann bei der Lektüre von Texten zunächst nur einige Stichworte mit den entsprechenden Seitenangaben, die man zum Teil auch auf den Rückseiten der bibliografischen Angaben der zweiten Sammlung findet. Diese Notizen sind extrem minimalistisch und keine Exzerpte im eigentlichen Sinne – so passen die Aufzeichnungen anlässlich der Lektüre eines ganzen Buches (wie beispielsweise von Friedrich Schlegels Roman *Lucinde*) häufig auf einen Notizzettel.

– – –

Bereits bei der Lektüre von Texten orientierte sich Luhmann an den schon vorliegenden Einträgen in dem Zettelkasten: Entscheidend war für ihn, »was für welche bereits geschriebenen Zettel wie auswertbar ist. Ich lese also immer mit Blick auf die Verzettelungsfähigkeit von Büchern«.[198] Die erstellten Notizen gingen deshalb nicht eins zu eins in den Zettelkasten über. Vielmehr nahm

Luhmann erst im Anschluss an die Lektüre in einem zweiten, zeitnahen Arbeitsschritt eine Verzettelung der beim Lesen erstellten Notizen vor, die sich an den bereits vorliegenden Zetteln der Sammlung orientierte. Dabei war nicht die Durchdachtheit eines Gedankens von Bedeutung, sondern die Annahme, dass über die Sinnhaftigkeit der jeweiligen Notiz erst durch die Relationierung mit anderen Notizen – und deshalb unter Umständen erst viel später – entschieden werden kann. Luhmann bezeichnet in einer entsprechenden Notiz den Zettelkasten als einen »Wiederkäuer«: »Alle arbiträren Einfälle, alle Zufälle der Lektüren können eingebracht werden. Es entscheidet dann die interne Anschlussfähigkeit« (Zettel ZK II: 9/8i). Wie aber der Zettelkasten funktioniert und wie Luhmann mit ihm gearbeitet hat, dies sieht man der Sammlung auf den ersten Blick nicht an – auch daraus resultierte vermutlich die von Luhmann diagnostizierte Desillusionierung der Besucher. Was also macht das Besondere dieses Aufzeichnungssystems aus, das Luhmann dazu gebracht hat, es als sein »Zweitgedächtnis«[199] zu bezeichnen?

– – –

Das Wesentliche an diesem ausgelagerten Gedächtnis war nicht, dass Luhmann sein eigenes Gedächtnis durch schriftliche Aufzeichnungen entlasten wollte, sondern dass der Zettelkasten mit diesem »Erstgedächtnis« in einen Kommunikationsprozess eintreten konnte. Der Zettelkasten war für Luhmann der Partner in einer Kommuni-

kation, in der sich die Teilnehmer wechselseitig nicht durchschauen.[200] Die Differenz von Aufzeichnungssystem und Nutzer konnte deshalb produktiv werden, weil die spezifische interne Struktur der Zettelsammlung diesen selbst zu einem innovationsgenerierenden Mechanismus macht, der zwar immer der Anfrage durch den Nutzer bedarf, diesen aber selbst dann, wenn er auch der Ersteller der Zettel ist, mit seinen Antworten überrascht:

> Ohne die Zettel, also allein durch Nachdenken, würde ich auf solche Ideen nicht kommen. Natürlich ist mein Kopf erforderlich, um die Einfälle zu notieren, aber er kann nicht allein dafür verantwortlich gemacht werden.[201]

Der Kasten ist also ein Überraschungsgenerator. Wie aber ist es möglich, dass der Zettelkasten eine eigene Kreativität entwickelt, also systematisch zu *nicht* naheliegenden Gedanken führt? Luhmanns Antwort war: Man muss den Kommunikationspartner zur Selbstständigkeit erziehen, also zu einer eigenen Form der Erzeugung und Reduktion von Komplexität.

– – –

Ordnungsstruktur. In seinen Äußerungen über den Zettelkasten hat Luhmann immer wieder dessen spezifische Struktur betont, die erst dessen besondere Produktivität als ›Denk- und Schreibmaschine‹ erklären würde. Der Zettelkasten sei »ein kybernetisches System«, eine »Kombination von Unordnung und Ordnung, von Klumpenbildung und unvorhersehbarer, im ad hoc Zugriff realisierter Kombination« (Zettel ZK II: 9/8).

Auch wenn die Zettelsammlung keine systematische Gliederung und inhaltliche Ordnung aufweist, so findet man keine chaotische Ansammlung von Notizen, sondern die Aggregation einer Vielzahl von Zetteln zu bestimmten Begriffen und Einzelthemen. Entsprechend sind beide Sammlungen durch thematische Groborientierung gekennzeichnet, die sich auch in der ersten Nummer des Ordnungssystems niederschlägt, an die sich – durch ein Komma (ZK I) bzw. einen Schrägstrich (ZK II) abgetrennt – dann die weitere Nummerierung der Zettel anschließt. Allerdings unterscheiden sich beide Sammlungen hinsichtlich dieser thematischen Erstsortierung und damit der Frage der internen Ordnung bereits deutlich. Die erste Sammlung aus den 50er-Jahren ist noch durch eine relativ große Zahl von thematisch differenzierten Gliederungspunkten gekennzeichnet, nämlich 108. Diese Struktur trägt deutlich die Züge der (individuellen) Erarbeitung von bereits vorher weitgehend festgelegten und relativ kleinteiligen Wissensfeldern wie z. B. Staat, Gleichheit, Planung, Macht, Verfassung, Revolution, Hierarchie, Wissenschaft, Rolle, Weltbegriff, Information usw., die hier noch eher listenartig (aber bereits weitgehend unsystematisch) aufgeführt und dann detailliert abgearbeitet worden sind.

Die zweite Sammlung ist von vornherein problemorientierter sowie soziologischer angelegt und hebt sich auch in ihrer Struktur deutlich von der ersten Sammlung ab. Hier findet man nur noch elf Einstiegsthemen: Organisationstheorie, Funktionalismus, Entscheidungstheorie, Amt, formale/informale Ordnung, Souveränität/Staat, Einzelbegriffe/Einzelprobleme, Wirtschaft, Ad hoc Notizen, Archaische Gesellschaften, Hochkulturen. Wie die Liste bereits deutlich macht, handelt es sich dabei weder um eine einfache Auflistung noch um eine Ordnungsstruktur im Sinne einer Systematik oder einer Buchgliederung. Diese erste Ordnungsebene der Sammlung ist vielmehr ganz eindeutig ein historisches Produkt der Lektüre- und Forschungsinteressen Luhmanns: Die 60er-Jahre waren bei ihm geprägt durch ein Interesse für den Funktionsbegriff sowie für organisationssoziologische Fragen im Rahmen seiner Beschäftigung mit der Verwaltungsorganisation. Er beginnt einleitend mit einer Bilanzierung der bisherigen Ansätze zum Verständnis der Organisation, kommt dann als Alternative zu diesen Ansätzen zum Modell der funktionalen Analyse und zum Entscheidungsbegriff. Mit Blick auf die Empirie der Verwaltungsorganisation spielt der Begriff des Amts eine wichtige Rolle, einen genuin soziologischen Zugriff bietet dabei die Unterscheidung von formaler und informaler Ordnung usw. In den genannten elf Bereichen schließen sich an die thematische Erstfestlegung weitere thematische Blöcke mit bis zu vierstelligen Eingangsnummern an, die mit dem eingangs genannten Thema zumindest lose gekoppelt sind. Innerhalb dieser thematischen Blöcke führt dann aber ein spezifisches Ordnungsprinzip dazu, dass die thematische Erstentscheidung nicht zu einer monothematischen Abfolge von Zetteln führt: Fand sich auf einem Zettel ein interessanter Nebengedanke, so wurde dieser auf einer zusätzlichen Notiz weiterverfolgt und der entsprechende Zettel wurde an dieser Stelle in die bestehende Zettelreihung eingeschoben. Dieses Verfahren konnte wiederum auf den eingeschobenen Zettel selbst angewandt werden, sodass man schließlich eine Zettelfolge erhält, die von dem ursprünglichen Thema immer weiter wegführt und ein Wachstum der Sammlung ›nach innen‹ ermöglichte. So findet sich unter dem Stichwort »Funktionalismus« u. a. folgende Begriffsreihung: Funktionsbegriff – Bezugseinheit der funktionalen Analyse – Begriff der Bestandsvoraussetzung – Begriff des funktionalen Problems – Erwartungsbegriff – Soziale Identität – Aufrichtigkeit – Geheimnis.

– – –

Die Platzierung größerer thematischer Blöcke – wie auch der Stellplatz einzelner Zettel in der Sammlung – war aber nicht nur das historische Produkt der Lektüreinteressen und der Notiztätigkeit Luhmanns. Sie war auch eine Folge der Schwierigkeit, eine Fragestellung eindeutig einem und nur einem (Ober-)Thema zuzuordnen. Luhmann löste die-

ses Problem, indem er es als Chance verstand: Statt der Idee einer systematischen Ordnung zu folgen, verfolgte er das Prinzip des Eintrags, der nur an den vorherigen Eintrag anschließen muss, ohne noch auf eine übergeordnete Struktur zu achten. Entsprechend sagt auch die Platzierung eines Themas innerhalb dieser Ordnungsstruktur nichts über dessen theoretische Prominenz aus – denn es gibt in dem Netz der Notizen keine privilegierten Plätze und keine Zettel von besonderer Qualität.[202] So findet man z. B. die meisten Zettel zu dem für die Außendarstellung der neueren Theorie prominenten Autopoiesisbegriff in der zweiten Sammlung unter der untergeordneten Systemstelle mit der Nummer 21/3d26g1i.

– – –

Der mit dieser Ablagetechnik einhergehende Verzicht auf eine festgelegte Ordnung ist eine wesentliche Vorbedingung für einen kreativen Zettelkasten, dessen Struktur sich der Gedankenentwicklung anpasst. Luhmann betont dabei nicht nur die Unbedenklichkeit eines solchen Vorgehens, sondern spricht mit Blick auf die Computertechnik von den Vorteilen eines »multiple storage«-Prinzips (Mehrfachablageprinzip) (ZK II: 9/8b2). Dieses dient im Zettelkasten einerseits dazu, ein Thema oder einen Begriff über verschiedene Zugänge finden zu können, da er an verschiedenen Stellen und damit auch in verschiedenen Zusammenhängen notiert sein kann. Andererseits werden durch die verschiedenen Kontexte, in die ein Thema dadurch eingelassen wird, auch ganz unterschiedliche Informationen erzeugt, da die jeweiligen Vergleichshorizonte unterschiedlich sind.

– – –

Damit der Zettelkasten aber überhaupt zum Sprechen gebracht werden kann, bedarf es einer weiteren Voraussetzung: der Möglichkeit, jeden Zettel individuell zu adressieren und damit auch wiederzufinden. Mit der skizzierten Ablagetechnik in engem Zusammenhang steht deshalb das besondere Notationssystem Luhmanns: Jeder Zettel bekommt eine Nummer und damit einen festen Standort, der im weiteren Verlauf nicht mehr verändert wird: auf 1,1 (bzw. 1/1) folgt 1,2 (bzw. 1/2) usw. Ein später erstellter Zettel, der einen einzelnen Aspekt, der auf Zettel 1 notiert ist, weiterverfolgt, wird durch die Nummerierung 1,1a gekennzeichnet und dann zwischen den Zettel 1,1 und 1,2 eingeschoben; daran kann dann wiederum monothematisch 1,1b anschließen oder aber auch eine weitere Verzettelung folgen, also Zettel 1,1a1, der dann zwischen 1,1a und 1,1b eingeschoben wird usw.
Im Extremfall erhält man dann einerseits Zettel mit bis zu 13-stelligen Zahlen-/Buchstabenkombinationen (z.B. 21/3a1p5c4fB1a Vertraulichkeit) und findet andererseits zwischen zwei ursprünglich direkt nacheinander erstellten und deshalb zunächst auch direkt hintereinander stehenden, thematisch zusammengehörenden Zetteln bis zu 1000 später eingeschobene Zettel. Die Zettelkastensammlung

weist also eine ganz eigene Tiefenstruktur auf – Luhmann nennt das eine »innere Verzweigungsfähigkeit«.[203]

– – –

Verweisungsstruktur. Neben der skizzierten Verzettelungs- und Nummerierungsstruktur ist für die Kreativität des Kastens das Verweisungssystem innerhalb der Sammlungen zentral, bei dem Luhmann auf einem Zettel die Nummer eines anderen Zettels (oder mehrerer Zettel) notierte. Aufgrund einer stichprobenartigen Auszählung kann man davon ausgehen, dass sich in dem ZK I rund 19 000 und in dem ZK II rund 27 000 Verweise befinden, wobei die Zahl der Verweise zwischen den beiden Sammlungen relativ gering ist. Bei den Verweisen kann man folgende Fälle unterscheiden:
a) Verweise im Rahmen einer Gliederungsstruktur: Hier notierte Luhmann am Beginn eines größeren Gedankengangs auf einem Zettel mehrere zu behandelnde Aspekte und markiert diese mit jeweils einem Großbuchstaben, der auf einen entsprechend nummerierten Zettel (bzw. eine Zettelfolge) verweist, die zumindest in relativer räumlicher Nähe zu dem Gliederungszettel steht. Diese Struktur kommt einer Aufsatz- bzw. Buchgliederung am nächsten (s. z.B. ZK I: 17,11e).
b) Sammelverweise: Am Beginn eines thematischen Blocks findet man häufig einen Zettel, auf dem auf eine Reihe anderer Zettel in der Sammlung verwiesen wird, die in einem inhaltlichen Zusammenhang mit dem in der

Folge behandelten Thema/Begriff stehen. Auf einem solchen Zettel können bis zu 25 Verweise aufgeführt werden, wobei in der Regel jeweils zusätzlich zur Nummer die entsprechenden Begriffe aufgelistet sind. Die Verweise können sich auf thematisch und räumlich nahestehende Zettel beziehen, aber auch auf weit entfernte Bereiche der Sammlung (s. z.B. ZK I: 17).

c) Einzelverweise: Im Rahmen von Notizen vermerkte Luhmann ebenfalls sehr häufig einen Verweis auf einen anderen Zettel in der Sammlung, der für das behandelte Thema ebenfalls relevant ist. Dabei muss man unterscheiden zwischen:

c1) Verzettelungsverweis(e) auf einen (oder mehrere) Nebengedanken, der (die) dann auf einem (mehreren) eingeschobenen Zettel(n) in räumlicher Nähe zum Verweiszettel steht (stehen). Der Verweis erfolgt mit einer rot geschriebenen Zahl oder einem kleingeschriebenen Buchstaben, die/der sich dann zusätzlich zur eigentlichen Nummerierung auch wieder auf dem verwiesenen Zettel befindet (s. z.B. ZK I: 17,1b9 und 17,1b9,2);

c2) Verweisen auf einen anderen Zettel, der für das behandelte Thema/den Begriff von Interesse ist, der sich aber an einer ganz anderen Stelle des Kastens und damit dann häufig auch in einem ganz anderen Diskussionskontext wiederfindet. Beim Verweis wird die entsprechende Zettelnummer notiert (s. z.B. ZK I: 17,1b9).

Die Verweise eröffnen zum einen die Möglichkeit, von einem Zettel aus mit einem Schritt in eine ganz andere, auf den ersten Blick weitentfernte Region des Zettelkastens zu gelangen. Diesen, die erste Ordnungsstruktur der Sammlung unterlaufenden Sachverhalt hatte auch schon Luhmann betont:

die Verweisungen dürfen nicht [...] die Leitgesichtspunkte aggregierende[n] Sammelbegriffe erfassen, sondern müssen das unter ihnen gesammelte Material selektiv wegziehen (Zettel ZK II: 9/8b1)

Damit ermöglichen die Verweisungen eine andere Lesart und Kontextuierung der Notizen, als bei der Notierung und Einstellung in die Ordnungsstruktur selbst impliziert war. Zum anderen bilden die Zettel, auf denen mehrere Verweise notiert sind, die Möglichkeit, von einem Punkt aus einen großen Bereich der Sammlung zu erschließen.

Die Bedeutung des Verweisungssystems kann vor dem Hintergrund der oben skizzierten Einstelltechnik und der damit verbundenen Unordnung – bzw. positiv formuliert: der Zukunftsoffenheit – der Sammlung gar nicht unterschätzt werden: »In der Entscheidung, was ich an welcher Stelle in den Zettelkasten hineintue, kann [...] viel Belieben herrschen, sofern ich nur die anderen Möglichkeiten durch Verweisung verknüpfe«.[204] Andererseits ist dieses Verfahren auch mit einem gewissen Risiko behaftet, wie Luhmann selbst notierte:

Jede Notiz ist nur ein Element, das seine Qualität erst aus dem Netz der Verweisungen und Rückverweisungen im System erhält. Eine Notiz, die an dieses Netz nicht angeschlossen ist, geht im Zettelkasten verloren, wird vom Zettelkasten vergessen.[205]

– – – –

Das Schlagwortverzeichnis. Vor dem Hintergrund der skizzierten Struktur der Zettelsammlung muss man schließlich auch die Funktion des Schlagwortverzeichnisses verstehen. Der Verzicht auf eine festgelegte Ordnung und konsequenterweise auch auf ein Inhaltsverzeichnis macht das Register zu einem zentralen Werkzeug für die Nutzung des Kastens – wie sonst sollte man Notizen zu einem bestimmten Thema wiederfinden und damit auch der Einstieg in das Verweisungssystem gelingen? Will man sich nicht nur auf den Zufall verlassen, so muss man zumindest einen Punkt identifizieren und ansteuern können, an dem man in das entsprechende Verweisungsnetz einsteigen kann. Dazu dient das Schlagwortverzeichnis. Während das Register für die erste Sammlung mit 1250 Einträgen noch relativ überschaubar ist, hat die ständige Aktualisierung des Verzeichnisses für die zweite Sammlung schließlich zu 3200 Einträgen geführt, ohne dass es damit zu einer kompletten Erfassung aller Begriffe, die sich im Kasten finden, gekommen wäre. Im Unterschied zu einem entsprechenden Register in einem Buch verfolgt das Schlagwortverzeichnis des Kastens auch keinen

Anspruch auf Vollständigkeit hinsichtlich der Erfassung aller Stellen in der Sammlung, die von dem jeweiligen Begriff handeln. Vielmehr notierte Luhmann in der Regel nur ein oder zwei, maximal drei Systemstellen, an denen der jeweilige Begriff zu finden war.

Die dahinterstehende Idee war, dass man dann über das interne Verweisungssystem schnell zu den anderen relevanten Stellen in der Sammlung geführt wird. Dieses Verfahren funktioniert im Allgemeinen recht zuverlässig, wenn auch eine stichprobenartige Überprüfung ergeben hat, dass in manchen Fällen nicht alle wirklich relevanten Stellen sofort und ohne Probleme gefunden werden. Andererseits führt das Strukturprinzip der Sammlung dazu, dass der über das Schlagwortverzeichnis gesteuerte Zugriff auf eine begrifflich einschlägige Stelle die Suche gerade nicht auf diesen Begriff limitiert, sondern im Gegenteil aufgrund der spezifischen Einstellpraxis der Zettel und der Verweisungsstruktur der Sammlung ein schon bald nicht mehr überschaubares Netz von Notizen eröffnet.

Das lässt sich exemplarisch und ganz ausschnitthaft am Beispiel des Risikobegriffs demonstrieren: Bereits die Eingangsnotiz zu diesem Begriff verweist u. a. auf Aufzeichnungen zum Sicherheitsbegriff, zur Gesetzgebung, zur Wirtschaft und zum Tod. Beim Sicherheitsbegriff wiederum gelangt man über weitere Verweise u. a. zu Zetteln mit Notizen zur Absorption von Unsicherheit, zum

Betriebsklima, zur Rechtssicherheit und zur Bedeutung von Sicherheit im Kontext von wissenschaftlicher Wahrheit. Anhand dieses Beispiels wird erkennbar, wie schnell man aufgrund der Verweisungstechnik von dem eigentlichen Thema weg- und zu Themen hingeführt wird, die man zunächst überhaupt nicht damit in Zusammenhang gebracht hat, wie auch die nun mögliche Relationierung dieser Themen untereinander wiederum ohne die Verweisungskette nicht nahegelegen hätte. Durch die Kombination der Suchanfrage über das Schlagwortregister mit dem Verweisungssystem wird also systematisch der Zufall ins Spiel gebracht.

Die Datenbank als Autobiografie. Konstitutiv für den Luhmann'schen Zettelkasten sind also gerade nicht (nur) die ursprünglichen Lese- und Notizwege Luhmanns, sondern die einerseits durch die spezielle Ablagetechnik, andererseits durch die Verweistechnik hergestellten (selektiven) Relationen zwischen den Notizen, die im Rahmen einer späteren Abfrage mehr auf einmal verfügbar machen, als bei der ursprünglichen Notation intendiert war. Durch das »multiple storage«-Prinzip der Ablage von Themen und die skizzierte Verweisungstechnik, die die für das Zeitalter des World Wide Web gängige Technik der ›Hyperlinks‹ vorwegnahm, simulierte Luhmann schon in den 50/60er-Jahren ein modernes, computergestütztes Datenbanksystem. Die analoge Form des Kastens konnte

diese Möglichkeiten technisch allerdings nur ansatzweise umsetzen, da es statt eines einfachen Mausklicks immer des weitaus aufwendigeren physischen Nachschlagens und Herausnehmens der entsprechenden Zettel bedurfte. Nicht übersehen sollte man aber auch, dass neben der durch die Struktur der Sammlung generierten Überraschungsfunktion der Zettelkasten für Luhmann auch und gerade ein Denkwerkzeug war. Dies gilt nicht nur mit Blick auf die bereits erwähnte These, dass der Zettelkasten ein Kommunikationspartner im Forschungsprozess ist, sondern auch hinsichtlich der Tatsache, dass das Aufschreiben nach Luhmanns Ansicht überhaupt erst ein diszipliniertes Denken ermöglicht:

> Hinter der Zettelkastentechnik steht die Erfahrung: Ohne zu schreiben, kann man nicht denken – Jedenfalls nicht in anspruchsvollem selektiven Zugriff aufs Gedächtnis voraussehenden Zusammenhängen. (Zettel ZK II: 9/8g).

Entsprechend findet man im Kasten auch die Dokumentation der Entwicklung wichtiger Theoriefiguren Luhmanns, z. B. zu den Kommunikationsmedien, dem Evolutionskonzept oder dem Beobachtungsbegriff. Dabei wurde eben nicht (nur) gesichertes Wissen abgelegt, sondern ein Denkprozess dokumentiert, inklusive möglicher Irrtümer und Holzwege, die durch spätere Eintragungen revidiert, nicht aber eliminiert wurden, da die ursprünglichen Zettel immer im Kasten verblieben. Insofern ist der Zettelkasten mehr als nur eine analoge Datenbank der Luhmann'schen Theorie. Er ist vielmehr auch die intellektuelle Autobiografie Niklas Luhmanns.

Das Kuriositätenkabinett des Kurt Pinthus

260 Gedichte von 23 Autoren hat Kurt Pinthus (1886 – 1975) 1919 in seine »Symphonie jüngster Dichtung« aufgenommen, gegliedert in die Kapitel »Sturz und Schrei«, »Erweckung des Herzens«, »Aufruhr und Empörung« und »Liebe den Menschen«. Die *Menschheitsdämmerung* ist eine der erfolgreichsten Anthologien der Literaturgeschichte. Die erhaltenen 24 Karteikästen aus den unterschiedlichsten Phasen und von den verschiedensten Orten seines langen Lebens sind jeweils kleine Individuen und entfalten im Kontext der anderen ihr eigenes System – je nach Gegenstand und Zweck. Sie sammeln Autoren und Buchtitel (»Ausländer« etwa mit Texten englischer, französischer und russischer Schriftsteller), Stichwörter, Skizzen und Thesen zu »Primitive Prehistoire«, »Moderne« und »20th Century«, aber auch mit Haushaltsgummi umwickelte kleine Päckchen mit Vorträgen. Einige davon – aus der Zeit, als Pinthus aus dem amerikanischen Exil immer wieder nach Deutschland zurückkehrte, ehe er sich dann 1967 endgültig in Marbach am Neckar niederließ – tragen den Titel »Kuriositätenkabinette«. Die kleinen, mit Schreibmaschine beschrifteten Kärtchen dienten als Manuskript einer kleinen Rede, die Pinthus 1964 bei Wendelin Niedlich (›Stuttgarts berühmtestem Buchhändler‹) mit allerlei Zugeständnissen an

94

den *spiritus loci* gehalten hat. Darauf abgelegt hat er
einen Zettelpacken zu Else Lasker-Schüler, der auf
eine Bedeutung des Worts ›Kuriosität‹ verweist (›etwas,
was merkwürdig ist, vom Normalen abweicht, Aufsehen
erregt«, von lat. *curiosa* = Neugier), mit der er sie 1922
als Urtyp des Dichters beschrieben hat:

> [Sie] schmettert flammenden Auges, schwarze
> Locken schüttelnd, mit einer Stimme, die bald singt,
> bald höhnt, ihre apokalyptischen Anklagen wie eine
> alttestamentarische Prophetin in die verrottete Zeit.
> [...] Sie ist so sehr Dichterin, daß sie niemals vermag,
> es nicht mehr zu sein. Aus ihrer Anklage schweift sie
> immer wieder in persönliche Erinnerungen, und was
> sie da aus ihrer Kindheit erzählt, von ihren Vorfahren,
> von ihrer Knopfsammlung, ihrem Vagabundenleben,
> ihren ersten Dichtungsoffenbarungen, ja sogar, wie
> sie ihre schmerzlichen Verlegererlebnisse umformt, –
> das ist ebensosehr Dichtung wie ihre schönsten
> Gedichte. Jeder, der ihr zuhört, wird sich bewußt sein,
> daß hier einer der wenigen Menschen steht, in denen
> der göttliche Funke noch lebt, wird überzeugt sein,
> daß es auch heute noch diese menschlichen Kuriosi-
> täten gibt, die seit jeher bei allen Völkern ›Dichter‹
> genannt wurden.[206] *hg*

LINIEN
Alfred Anderschs Leitlinien

Alfred Andersch (1914 – 1980) hat nicht alle seine Erzählungen und Romane mit Hilfe von Karteikarten entworfen,
oft liefern auch Notizbücher – für den Vielreisenden prak-
tischer mitzunehmen – die Vorarbeiten. Wichtig war ihm,
dass das Papier dafür liniert war; seine »Leitlinien« nannte
er diese Notate:

> Anhaltende Lektüre erzählender Prosa, sowie eigene
> Praxis, lösten einen leichten System-Zwang aus.
> Auf einem Zettel kritzle ich:
> form
> thema
> stoff
> handlung
> figuren
> schauplätze
> zeit

Nach einiger Zeit begreife ich, daß es sich bei
dem Zettel nicht um ein abstraktes Signal, sondern
um ein praktisches Kontrollsystem handelt. Schreibt
man die Tabelle etwa auf die linke Seite eines großen
Bogens Zeichenpapier, so läßt sich aus ihr in
grafischer Form das Gerüst der ganzen Erzählung
entwickeln.
Die Qualität einer Erzählung bestimmt sich aus der
Genauigkeit, mit der diese sieben Elemente zur
Deckung gebracht wurden.[207]

Dieses Schreiben in einer gedachten und zugleich auf
einer realen Linie ist das Gegenstück des Schrifstellers
zum Zeichnen des bildenden Künstlers: »Das graphische
Blatt zittert in der Spannung zwischen Linie und
Leere.«[208]

Für den Roman *Efraim* (1967) hat Andersch die Zettel-,
Linien- und Tabellentechnik musterhaft durchzuführen
versucht. Es gibt dazu:

– orangene Registerkarten mit »Figuren«, »Schauplätzen«
und »Themen – Motive«;
– gelbe, linierte Karteikarten mit Figuren- und Ortsnamen sowie Stichworten zu den Motiven, oft nicht weiter
ausgeführt, gegenwärtig allein durch ihr Aufgeschrieben-
sein: »Meg«, »Anna«, »Wannsee«, »Kiste«
– kleine, oft grünlich-bläuliche Zettel, auf denen weiter
Stichworte gesammelt werden;

– zwei Baupläne, in denen die nur noch gezeichneten Karten unterschiedlich arrangiert werden (im Raster von Horizontale und Vertikale bzw. – Versuch einer Quadratur des Kreises – in der Form eines Fünfzehnecks, das sich um den Kreis einer Kernfrage dreht: »Kann die Nachricht über das Kind beschafft werden«).[209]

– ein Rechnungsbuch, in dem die Geschichte in ihrem Verlauf aus Zetteln zusammengeklebt ist, die gerade so groß sind, dass sie zwischen dessen tabellarische Linien passen.

Der fertige Roman entfaltet die Geschichte konsequent aus einem Punkt, in dem die Figur und der Schauplatz unscharf zur Deckung gebracht werden. So als wäre Erzählen das Übereinanderlegen unterschiedlicher Elemente zu einem leicht verrutschten Stapel, zu einem Fächer mit verschiedenen Farben und Mustern.[210]

»Gegen vier Uhr am Morgen regnet es. Ich wache von dem Geräusch auf, das der Regen macht, knipse die Bettlampe an und bringe das Zifferblatt meiner Armbanduhr nahe vor meine kurzsichtigen Augen.« Regen, Bett, Lampe, Zifferblatt, Armbanduhr und Kurzsichtigkeit sind die Elemente dieser extremen Konzentration der erzählten Welt, die über 350 Seiten später buchstäblich wieder in sich zusammengefaltet wird, als lege man den Stapel mit den Karten und Zetteln wieder zusammen: »Ich [ging] durch das effektvolle Licht, mit welchem die Stadtverwaltung Roms ihre Monumente anstrahlen läßt,

die Spanische Treppe hinab, verschwand um die Ecke, wo sich der in jener Nacht bereits geschlossene Zeitungsstand befindet, in die Dunkelheit der Via Borgognona, und betrat, nach wenigen Schritten, mein Hotel«.[211] *hg*

Petra Spies McGillen
Per Liste durch den Papier-Kosmos.
Theodor Fontanes bewegliche Textproduktion –
Beobachtungen zu ›Allerlei Glück‹

Listenproduktion. Die Liste ist eine alte Textform. Von Sumerischen Tontafeln bis zur Computerprogrammierung wird sie seit über 4000 Jahren als offenes und zugleich strukturgebendes Darstellungsmedium benutzt. Im Netz ist der Umgang mit Datenmassen ohne Listen nicht vorstellbar: Suchmaschinen generieren Trefferlisten; Blog-Einträge sowie Webseiten überhaupt wollen in ihrem listenartigen Aufbau ›durchgescrollt‹ werden; Twitter stapelt eingehende Kurznachrichten zu Listen auf. Das Computer-Unternehmen Apple hat sich diese neue Alltäglichkeit der Liste zunutze gemacht und bietet derzeit mehr als siebzig Anwendungsprogramme, sog. Apps unter Namen wie »ListMania« oder »Listomatic« an, deren einziger Zweck darin besteht, die Vielzahl online kursierender sowie privat erstellter Daten-, Nachrichten-, Kontakt- und Aufgaben-Listen zu verwalten. Verkauft werden die meisten Listen-Apps in der Kategorie ›productivity‹. Diese starke Konjunktur der Liste macht neugierig und misstrauisch zugleich: Lässt sich tatsächlich ein Zusammenhang ausmachen zwischen der Liste und Produktivität? Was passiert, wenn man mit Listen arbeitet?

Antworten finden sich bei einem, der ein besonderes Verhältnis zu Listen hatte: Theodor Fontane (1819 – 1898). Die Sichtung seines Nachlasses zeigt, dass Fontanes Arbeitsprozess ganz wesentlich von Listen gestützt und organisiert wurde – Fontane war ein Listenmann. Im Folgenden sollen Fontanes Listen und ihre Rolle in der Textentstehung beobachtet werden. Der Beitrag setzt sich dabei ein doppeltes Ziel: Zum einen gilt es, einen zentralen Ausschnitt aus der Arbeitsweise des Schriftstellers zu zeigen. Zum anderen soll Fontane selbst zum Fall werden, um der Frage nachzugehen, was die Liste als Medium im Textentstehungsprozess leisten kann.

Das Material für die Fallgeschichte liefern Fontanes Aufzeichnungen und Entwürfe zu dem Roman-Projekt *Allerlei Glück* (1865/77 – 79), von denen ein Teil der erhaltenen Konvolute im Deutschen Literaturarchiv Marbach verwahrt wird.[212] Obwohl Fontane das Projekt nie abgeschlossen hat, gilt es als sein »Schulstück«[213] in der Gattung ›Berliner Gesellschaftsroman‹, jener Gattung also, für die er

berühmt geworden ist. Das Projekt läuft an, als Fontane nach über zwölf Jahren dauernd unterbrochener Arbeit seinen voluminösen Roman-Erstling *Vor dem Sturm* zum Seriendruck in einer Zeitschrift untergebracht hat und für die nächsten Schritte einen Gangartwechsel plant. Er will erst einen Band mit Novellen zwischenschieben und sich dann wieder an etwas Umfangreicheres machen, »an eine heitre und […] humoristische Darstellung unsres Berliner gesellschaftlichen Lebens«.[214] Am 3. April 1879 versucht er, den Zeitschriften-Herausgeber Gustav Karpeles per Werbungsbrief für sein nun schon konkreter gewordenes Projekt zu gewinnen:

> Zeitroman. Mitte der siebziger Jahre; Berlin und seine Gesellschaft, besonders die Mittelklassen, aber nicht satirisch, sondern wohlwollend behandelt. Das Heitre vorherrschend, alles Genrebild. Tendenz: es führen viele Wege nach Rom, oder noch bestimmter: es gibt *vielerlei Glück*, und wo dem einen Disteln blühn, blühn dem andern Rosen.[215]

Nachdem *Vor dem Sturm* ihm nicht den erwünschten Erfolg eingebracht hat, will Fontane jetzt offenkundig ganz gezielt die Genre-Sparte bedienen. Zur Ausführung kommt es jedoch nie, da er letztlich keinen Verleger überzeugen kann, *Allerlei Glück* vorzufinanzieren. Ihm bleiben hunderte Entwurfsblätter und Zettel mit vorbereiteten Textteilen.

Gerade darum aber wird das Roman-Projekt zum Fall, an dem sich ein entscheidender Ausschnitt aus Fontanes Arbeitsweise exemplarisch zeigen lässt. Mit Hilfe von besonderen Notationstechniken – allen voran der Benutzung von Listen – konfiguriert Fontane die schon fixierten Entwürfe und Textbausteine nämlich so, dass er sie für andere, spätere Projekte mobilisieren kann. Fontanes Listen, das ist die These für das Folgende, führen somit zu einer besonders flexiblen Form der schriftstellerischen Produktivität: zu einer Arbeitsweise, die es ihm erlaubt, seine Texte nicht ›von null‹ aus zu schreiben, sondern aus existierenden Teilen zusammenzusetzen. Kraft der Liste kann Fontane kompilierend verfahren, neu hinzukommende Stoffe leicht aufnehmen und schlussendlich in Abstimmung auf die Marktlage produzieren.[216] Mit einem Blick auf seine Notizen zu *Allerlei Glück* soll hier gezeigt werden, wie Fontane diese besondere Produktionsweise umsetzt. Dabei geht es weder um eine vollständige Rekonstruktion der Entstehungsgeschichte des Roman-Projekts, noch um eine Interpretation der überlieferten Entwürfe,[217] sondern um die Sichtbarmachung von Arbeitsverfahren, die mit der Liste verknüpft sind.

Liste als Bewegungsform. Fontanes Arbeitsprozess startet aus einem Zuviel von angehäuftem Material heraus. Ob es sich um *Wanderungen*-Kapitel oder Roman-Projekte handelt, er liest sich zu Beginn ein und ›hamstert‹

Stoff. Warum ihm die Fülle wichtig ist, geht aus einem Brief an seine Informantin und Freundin Mathilde von Rohr hervor:

> Ich sammle jetzt Novellenstoffe, habe fast ein ganzes Dutzend, will aber mit der Ausarbeitung nicht eher vorgehn, als bis mir noch mehr zur Verfügung stehn. Es liegt für mich etwas ungemein Beruhigendes darin über eine Fülle von Stoff disponiren zu können, etwa wie wenn man mit einer Extra-Summe auf der Brust leichter auf Reisen geht, wie wenn man schon zwischen Berlin und Jüterbog an zu rechnen fängt und von der Frage gequält wird: wird es auch reichen?[218]

Fontanes Brief knüpft durch die Reise-Metapher eine Verbindung zwischen Fülle und Beweglichkeit, die für seinen Arbeitsprozess entscheidend ist.[219] Er braucht so viel Material, damit er es sich bei der Textproduktion leisten kann, Umwege zu machen, an einem Ort länger zu bleiben als geplant oder auch das Reiseziel zu ändern. Der präzise gesetzte Gegenbegriff zu dieser Form des Material-Sammelns ist ›rechnen‹: Ein Dutzend Stoffe sind eigentlich nicht wenig, und doch ist für Fontane das Sammeln nach oben offen und steht unter der schlichten Devise des ›noch mehr‹. Um genau diesen Zusammenhang aus Fülle und Beweglichkeit herzustellen, kommt die Liste in mehrfacher Funktion ins Spiel.

Ihre erste große Funktion erfüllen Fontanes Listen darin, dass sie die gewünschten Materialmassen zu erzeugen helfen. Seine wenig erforschten 67 Notizbücher[220] sind voll von Bücherlisten, Listen sonstiger Quellen, Briefpartner und Kontakte für alle möglichen Projekte. Die Formen ›Wunschzettel‹, ›To-do-Liste‹ und ›Itinerar‹ kommen in diesen Listen zusammen. Fontane organisiert mit ihnen nicht nur Lese-Programme und Forschungsabläufe, sondern plant ganze Recherche-Reisen, für die er sich selbst Anweisungen zur Punkt-für-Punkt-Ausführung gibt.[221] Der freien Verfügung über Stoff-Massen geht somit genaue Vorbereitung voraus: Fontane ›rechnet‹ und plant, um in den nächsten Arbeitsschritten nicht mehr rechnen zu müssen.

Bei diesen Planungen macht Fontane sich eine zentrale Eigenart der Liste zu nutze. Listen »schalten sinnhafte Querverbindungen« und Gewichtungen zunächst einmal aus; was auf einer Liste steht, ist aus der existierenden Ordnung der Dinge gelöst und wird mit anderen Einträgen unter einem neuen Gesichtspunkt versammelt.[222] Die aufgelisteten Elemente brauchen also gar nichts miteinander gemein zu haben – außer, dass sie auf derselben Liste stehen. Entsprechend heterogen sind die Themen und Quellen, die Fontane bei seinen listengestützten Recherchen abarbeitet. Sie umfassen beispielsweise lokale Anekdoten und zeitgenössische Memoiren, militärhistorische Dokumente, philosophische Schriften und klassische Literatur, aber vor allem auch vermischte Meldungen sowie Sensationsnachrichten aus der aktuellen Massenpresse. Im Fall von *Allerlei Glück* reicht Fontanes thematischer Radius von »Hofschnack« und »Prinzenthum«, einem Berliner Kegelclub und Schliemanns Ausgrabungen in Troja bis hin zum Panama-Kanal,[223] um nur vier disparate Themen herauszugreifen, die in seinem Roman-Projekt aufeinandertreffen.

– – –

Die gezielte Erzeugung von Vielfalt hat Konsequenzen für die Methoden, mit denen Fontane sein Material notiert und verwaltet. Die Arbeit mit Listen zieht eine Notationsweise nach sich, die – genau wie die Liste selbst – nicht auf Zusammenhang setzt, sondern zunächst einmal auf Schnitt und Trennung von alten Kontexten. Fontane benutzt häufig klar begrenzte Einträge – sei es auf Notizbuchseiten, sei es auf losen Zetteln, sei es auf Folio-Bögen –, die das Material in Portionen einteilen und es vielfach selbst wiederum in Listen zerlegen. Insofern ist das, was in seinen Papierkosmos eingeht, kein »Rohmaterial«,[224] sondern bereits (mindestens) einfach vorformatiert und zur bausteinartigen, flexiblen Weiterverarbeitung präpariert. Genau das belegt auch der Blick auf die Textoberflächen der nachgelassenen Entwürfe zu *Allerlei Glück*. Selbst ohne detaillierte Analysen der Entwurfsblätter wird klar, dass ihre Oberflächen kleinteilig und von Zäsuren gekennzeichnet sind – unabhängig davon, was jeweils

notiert wird. Fontane hält zahlreiche Figuren-Charakte-
risierungen auf einzelnen Folio-Bögen fest (»Axel Brah«),
skizziert freistehende Dialogteile in separaten Einträgen
(»Axel über Liebeleien und Libertinage«), stellt Listen mit
Haupt- und Nebenpersonen sowie Schauplätzen auf
und entwirft ganze Szenen in Listenform. Die Liste ist
in seinen Notationspraktiken ein so starkes Format,
dass er selbst die Todes-Szene einer Roman-Figur –
der »Frau von Lampertus Distelmeier« – in ein Erstens-
Zweitens-Drittens aufsplittet:

Allerlei Glück.

Der Tod der Frau
von Lampertus Distelmeier

1. Sie liegt krank, hektisch.
2. Er bringt ihr isländisch-Moos=
Pastillen. Sie ist gerührt.
»Sieh, wenn ich wüßte, Du
glaubest dran, da wär
es nicht viel; aber Du
bringst es mir trotzdem
Du weißt, daß es nichts
ist. Und das ist so lieb
und gut wie nur Du
bist mein alter Lampert.«
3. Er versichert nun, er glaube

dran. Und hält eine wunder
volle Rede über die
Macht des isländischen Mooses.
Die Natur legt dort alles
in dies eine etc. — Sie lächelt
und sagt: ich will es glauben.
4. Was machen wir? Spielen.
wir Karten. »Mariage oder
so etwas«. »Oder so etwas«
sagte sie. »Das ist sehr gut.
Ja, so etwas; das alte Grund=
und Urspiel. (Tod u. Leben).
5. Sie spielen dann Schach.
Er sagt: »es schadet
Dir.«
Sie lächelt: »Es schadet nichts,
wenn es mir schadet«. Und
nun spielen sie. – Der Thurm
fehlte. Er machte einen aus
einem Dambrettstein auf/ einem
Kork und einem kl. Chemisette=
knopf als Krönung. »Wie
hübsch. Du bist und bleibst mein
Tüftelgenie.« Und so erging
sie sich in Anerkennung und Liebe
gegen ihn.
Er verlor absichtlich. »Schach

Schach« sagte sie. »Und ich
bin matt« setzte sie hinzu
und sank in die Kissen
zurück.

Dann ein neues
Kapitel anfangen.
Eine Woche später. Seine
Schicksale seit jener Nacht
erzählen. Dann sein
Besuch bei Brose. Der
empfiehlt ihm Kirchen-
gang.

Das unwahrscheinliche Aufeinandertreffen des Themas
›Tod‹ mit der Form der Liste belegt, wie rigoros Listen in
Fontanes Notationspraxis zum Einsatz kommen und
auf die Inhalte durchschlagen. Darüber hinaus zeigt das
Beispiel, wie diese besondere Notationspraxis eine Text-
produktionsweise mit offenen Anschlüssen begünstigt.
Die Liste setzt unvermittelt und szenisch ein (»1. Sie liegt
krank, hektisch«) und hört ebenso unvermittelt wieder auf
(» [...] und sank in ihre Kissen zurück. // Dann ein neues
Kapitel anfangen«). Durch die abrupten Schnitte wird
die skizzierte Texteinheit besonders leicht verschiebbar –
gerade weil noch keine Übergänge vorhanden sind,
könnte an die Einheit im nächsten Schritt alles mögliche
angeknüpft werden.

Diese Eigenart der Fontane'schen Notationsweise ist
nicht auf die Liste beschränkt, sondern gilt auch für seine
in Fließtext verfassten Aufzeichnungen. Ein Folio-Bogen
mit einer Notiz zur Redeweise der Roman-Figur Bertha
Pappenheim bietet hierzu ein kompaktes und typisches
Beispiel. Die Anordnung des Texts auf dem Papier begünstigt die flexible Weiterverarbeitung dieses Text-Bausteins
auf mehrfache Weise: Das Folio-Blatt ist nur bis knapp
über die Hälfte gefüllt und mit einem breiten linken Rand
versehen; die insgesamt kleine Textmenge kann auf einen
Blick erfasst, durch den unterstrichenen Namen schnell
der betreffenden Roman-Figur zugeordnet und somit leicht
mobilisiert werden, während der freigebliebene Rest des
Blattes es ermöglicht, weitere Notizen hinzuzufügen:

Eine von Bertha Pappen-
heims Lieblingswendungen
wenn es sich um Dichtungen,
Kunstwerke, vor allem
aber um Liebesabenteuer
und confidentielle Mitthei-
lungen ihrer Freundinnen
handelt, ist: »nur nicht
sentimental! «

(Ihr Vater hat die
Wendung : »immer aus
dem Centrum.« etc.)

Separate Notizen wie diese finden sich zuhauf in Fontanes Nachlass. Die auffällig breiten freien Ränder (wie
überhaupt der reichlich vorhandene freie Platz) verstärken
die Annahme, dass dies kein Zufall ist. Seine Aufzeichnungen sind darauf angelegt, bausteinartig miteinander
kombiniert zu werden.

– – –

Die so wachsende Fülle präparierter, zugleich aber auch
unverbundener Elemente ist nicht automatisch zugänglich.
Ganz im Gegenteil – eine große Materialmenge verschließt
sich dem Zugriff, eben weil alles zugleich da ist und in
dem Zuviel von Optionen unklar wird, wo zu beginnen und
zu enden wäre.[225] In dieser Situation kommt die zweite
große Funktion der Liste ins Spiel. Listen machen es Fontane möglich, die erzeugte Stoffmasse überhaupt anzu-
steuern und Teile daraus probierend zusammenzubringen,
indem die Listen ihn in Bewegung halten. Durch ihr
besonderes Schriftbild – Listen werden »als Flächen«
wahrgenommen, haben immer ein »Zuerst und Zuletzt«
sowie »oben, unten, Mitte und Ränder«[226] – regen sie zu
kreativen Grundoperationen an; zum Zusammenfügen und
Teilen, Erweitern und Umstellen, Spielen, Verbinden,
Trennen und Vergleichen.[227] Fontane, nachdem er sein
Material listenförmig und kleinteilig notiert hat, liest sich
selbst in Listenform wieder, lässt sich davon anregen und
generiert in der Folge neue Listen und Textbausteine.
Immer wieder wird an seinen Notizen und Entwürfen

sichtbar, wie er mit Hilfe von Listen Pfade und Sequenzen
durch das angehäufte Material legt und wie sie sich
anschließend verändern und verschieben. Mit diesen Listen werden vorbereitete Dialogteile auf andere Sprecher
umverteilt und ergänzt, Handlungselemente und Szenen in
der Reihenfolge neu geordnet oder Charaktereigenschaf-
ten von einer Figur abgezogen und auf eine andere übertragen. Fontanes Listen helfen ihm somit, die Anregungs-
fülle des Materials zu nutzen – aber gerade nicht, indem
sie das Material stillstellen und rigide strukturieren.
Vielmehr führen die Listen zu Ordnungsmomenten in der
Unordnung, die sich wieder auflösen und neue, momen-
tane Anordnungen hervorbringen können.

– – –

Bezeugt wird dieses Vorfahren der dauernden Verschiebung nicht nur durch die Listen selbst, sondern auch
durch die Beschriftungen der großen Papier-Umschläge,
mit deren Hilfe Fontane die jeweils gerade gültigen Mate-
rial-Anordnungen abteilt und ablegt.[228] Statt einer festste-
henden Systematik zu folgen, deuten die Beschriftungen
auf ein weicheres Vorgehen hin, in dem sich Prioritäten
verändern und gefundene Ordnungen im Verlauf umbilden.
So gibt es Umschläge mit allgemeinen Aufschriften wie
»Figuren (Haupt- und Nebenfiguren)«, nichtsdestotrotz
aber auch Umschläge zu einzelnen Charakteren, die einfach parallel bestehen und keiner übergeordneten Gruppe
einverleibt werden (wie »Lampertus Distelmayer der

Apotheker«); ferner benutzt Fontane Umschläge, die laut Aufschrift lediglich Pläne zur »Eintheilung« des Materials enthalten, während andere dagegen detaillierte Entwürfe zu bestimmten Szenen versammeln (»Im Moor. Brah-Haus. [...]«) und wieder andere verschiedene Stoffe für zwei Projekte zugleich verwahren (»Notizen zu den beiden Romanen, zu dem historischen und dem modernen«). Streichungen und Änderungen der ursprünglichen Aufschriften mit Blau- und Rotstift belegen die Materialverschiebungen zusätzlich.

Fontane, das zeigen die erhaltenen Aufzeichnungen zu *Allerlei Glück* in der Summe, durchquert seinen Papierkosmos immer wieder aufs Neue und bereitet mehr und mehr Material zur Weiterverwendung vor – und das, obwohl die finalen Konturen seines Projekts noch gar nicht feststehen. Seine Arbeitsweise verkehrt somit Vorstellungen von einem irgendwie ›organischen‹ Schreibprozess ins Gegenteil: Er produziert Textteile, bevor entschieden ist, was genau mit ihnen geschehen soll. Die Liste ist ihm dabei nicht so sehr ein Instrument zur verbindlichen Gliederung, sondern vor allem eine Bewegungsform.

Listen und Typen. Dass die Liste für Fontane zum Medium für Bewegung werden kann, hat über ihre besondere Graphie hinaus mit formalen Eigenschaften zu tun. Listen sind als »notorisch unterbestimmte« Textformen »auf Prak-

tiken angewiesen, die ihnen Sinn geben«.[229] Die in überstarker Reduktion aufgelisteten Elemente laden dazu ein, wieder erweitert, verbunden und mit neuem Kontext ausgestattet zu werden. Die Liste lässt sich als ein »kaltes Medium im Sinne McLuhans« fassen, als ein ergänzungsbedürftiger Text, der beim Lesen »aufgeheizt« werden muss – jedoch nicht durch die Phantasie des oder der Lesenden, sondern durch »eine bestimmte mitsuggerierte Welt, aus der die Liste extrahiert ist«.[230] Listen wären demnach »Inseln kalter Medialität« in Fontanes überreichlichem, detailreichen ›heißen‹ Stoff, die dazu auffordern, mehr und mehr dieses Stoffs einzuklinken; konkret: mehr und mehr Elemente aus seiner Lektürewelt – vor allem Zeitungsnachrichten, populärliterarische Vorlagen und Anekdoten – in das Romanprojekt zu ziehen.

An einigen Entwurfsblättern zum Figuren-Arsenal von *Allerlei Glück* lässt sich eine solche aufladende Bewegung nachzeichnen. Deutlich wird, wie auf verschiedenen interagierenden Foliobögen die Figuren-Listen länger, komplexer und ›wärmer‹ werden, indem sie neuen Stoff aus Fontanes Quellen aufnehmen. Eine zunächst nur vier Punkte umfassende Liste von Figuren mit der Überschrift »New Novel. Dramatis personae« wird über sechs weitere Bögen modifiziert und sukzessive zu ganzen Gruppen und Registern von ›Glückssuchern‹ ausgebaut. Figuren kommen hinzu, die in ihrer Schematizität belegen, dass sie auf (populär-)literarische Vorlagen zurückgehen oder – sofern sie auf ›echte‹ Personen aus Fontanes Bekanntenkreis verweisen – dem Rollen-Repertoire populären Erzählens entsprechend typisiert sind. So werden unter anderem ein vom Lebemann zum Mönch bekehrter Rittmeister, ein Hofprediger, ein pensionierter Apotheker, eine »Frau Oberst« mit schöner Tochter, eine »untadlige Wittwe« und eine »ärmliche Vorstadt-Familie« (»gute Leute, […] der Alte mit einem kleinen Sparren«) in die offene Textur des Roman-Projekts eingewoben. Die »mitsuggerierte Welt« ist hier die Welt des Genre-Romans, mit der Fontane sein eigenes Projekt kraft der Listen an immer neuen Stellen verknüpft.

Die starke Rollenhaftigkeit der Figuren geht aber nicht nur auf Fontanes erklärtes Ziel zurück, einen Genre-Roman zu produzieren. Vielmehr zeigt sich, dass die Erzähl-Formeln, Typisierungen und abkürzenden Wendungen im Zusammenspiel mit der offenen Form der Liste eine weitere Funktion haben: Sie halten das Roman-Projekt in einem Status der gut dosierten Vorläufigkeit, von dem aus eine definitive Version des Textes für Fontane selbst greifbar wird, ohne dass er sich überall schon an die Detailarbeit machen müsste. Die Erzählformeln und Komprimierungen ersparen es ihm, Zeit und Mühe zu investieren, bevor die Finanzierung des Projekts gesichert ist. Zugleich sind sie aber ausdrücklich genug, dass sie den tentativen Fortgang der Textproduktion und die Weiterentwicklung des Projekts – den Anschluss von weiteren

Figurengruppen, Episoden, Szenen oder Dialogbausteinen – erlauben, sodass Fontane im Erfolgsfall die Ausarbeitung leichter leisten kann.

Besonders deutlich zeigt sich das an einem Entwurfsblatt, das einige Glückssucher näher bestimmt. Den einzelnen Figuren, die als »Held« und dann schlicht als »Zweiter«, »Dritter« usw. aufgezählt werden, schreibt Fontane Rollen-Attribute, Gesprächsthemen und narrative Funktionen zu, die topisch, abkürzend und formelhaft sind (»der Carrièremacher par excellence […] will eine Ministerstochter heirathen; schließlich heirathet er eine ramponirte Prinzessin«). Gerade deswegen geben sie ihm aber auf nur ganz wenigen Zeilen an, wie die Typen zu gestalten und in seinem Roman einzusetzen sind:

Zu : Allerlei Glück.
Der Held : Künstler.
Zweiter : Techniker, Erfinder,
Verbesserer in Feuerspritzen,
Rettungsapparaten zu Wasser
und im Feuer. Namentlich
das Letztere.
Dritter : Studirt auf Kosten
der Frau v. Posadowksi;
bleibt in gleichen Stellungen;
lebt schließlich wie Boemisch.
Vertheidigt dies Prinzip

als durchaus statthaft.

Vierter: Der Ministerielle, der
Carrièremacher par excellence.
Sein Glück besteht nur in
der Auszeichnung, in dem Er-
scheinendürfen, in Ehre vor
der Welt. Er will eine
Ministerstochter heirathen;
schließlich heirathet er eine
ramponirte Prinzessin.
Fünftens: Gräfin Einsiedel,
Wittwe. Comtesse Ida
(andren Namen nehmen)
ihre Tochter. Der junge
Kattenburg. Die katholische
resp. klösterliche Episode.
Sechstens: Consistorialrath Suffra-
gan. Noch jung. Ehemaliger
Prinzen-Erzieher an einem
kl. thürig. Hof. Lebemann.
Abbé. Partiell orthodox und
zugleich Schopenhauerianer.
[An den Rand daneben:]
Der Pessimismus ist das dem Christenthum und
dem Schopenhauerianismus Gemeinsame. Aber das
eine sagt: »daraus erlöse ich euch«; das andre sagt:
»es ist vorbei.« Da beginnt der Unterschied. Aber in

Bezug auf die Dinge dieser Welt und ihre Erkenntniß,
vertragen sich beide.

In Notizen wie dieser gehen die ergänzungsbedürftige,
offene Struktur der Liste und die Absehbarkeit der eindeutigen, geschlossenen Erzählformel eine produktive
Verbindung ein. Im Ergebnis entstehen Entwurfsblätter,
die als Sammelpunkte für anzuschließende Textbausteine
und Projektionsflächen für vorläufige Geschichten-
Konfigurationen dienen. Eine ausformulierte Version der
Figuren und ihrer Rollen im Roman ist auf dieser Basis
gut vorstellbar, aber noch nicht verbindlich. Zugleich bleibt
Fontanes Produktionsverfahren darauf angelegt, in immer
neuen Runden von Re-Lektüren und Sichtungen des
bestehenden Materials weitere Textbausteine aufzunehmen – nicht umsonst ist auch das obige Entwurfsblatt mit
einem breiten freien Rand versehen und per Bleistiftein-
trag bereits einmal ergänzt.

Neustart statt Abbruch. Weder Fontanes Notationsp"praktiken noch das in seiner Simplizität potenziell alles ein-
schließende Thema ›Allerlei Glück‹ geben ihm für sein
Produktionsverfahren eine Stopp-Regel vor. Aus einer
intensiven Arbeitsphase heraus berichtet er entsprechend
seiner Frau:

Die Stoffe wachsen mir seit 8 Tagen unter den
Händen, und immer neue Bogen werden in die ohne-

hin dicken Packete eingeschoben. Der Roman kriegt nun schon sein *zweites* Packet, aber auch die beiden Novellen [...] empfangen jeden Tag neuen Succurs.[231]

Die Fontanesche Produktionsweise des vorläufigen Zusammensetzens kann grundsätzlich endlos weiterlaufen. Ihr Ende bestimmt sich weniger nach ästhetischen Gesetzen oder ›von innen‹, als vielmehr von außen – es ist der literarische Markt, der hier determiniert, wann ein Projekt tatsächlich zum Abschluss gebracht wird. In diesem Sinne erklärt sich Fontane Anfang Juni 1879 auch gegenüber Mathilde von Rohr. Er schriebe jetzt gern seinen zweiten Roman (*Allerlei Glück*), der, »in Bücher und Kapitel eingetheilt, und in Scenen und Personen skizzirt, längst vor mir liegt«. Doch:

> [...] unsre deutschen Buchhändler-, Verkaufs- und Lese-Zustände lassen es mir leider fraglich erscheinen, ob ich je zur Ausarbeitung kommen werde. Ich kann dieselbe nur vornehmen, wenn ich eine Einnahme von 5000 Thlr. ganz sicher habe, 3000 für den Abdruck in einem Journal und 2000 für die 1. Auflage des Buchs. Aber wo das hernehmen? [...] Wieder unter Sorgen und Aengsten es schreiben, wie den ersten Roman, *das* thu ich sicherlich nicht.[232]

Statt »unter Sorgen und Aengsten« zu produzieren, findet Fontane eine andere Lösung, als ihm tatsächlich kein Verleger die Finanzierung von *Allerlei Glück* zusagt und er sich deswegen die Ausarbeitung der vorbereiteten Teile, ihre verbindliche Vernähung und Ausformulierung, nicht leisten kann. Er löst die bereits getroffenen Konfigurationen wieder auf und mobilisiert einzelne Textbausteine für die Produktion kürzerer, leichter zu verkaufender Novellen, von denen er allein drei noch in der zweiten Hälfte des Jahres 1879 zusammensetzt. Somit ist der Abbruch der Arbeit an *Allerlei Glück* kein Scheitern, sondern ein mehrfacher Neustart, bei dem sich die Vorläufigkeit und Beweglichkeit seiner Produktionsweise im wahrsten Sinne des Wortes auszahlt. Immer wieder verschiebt Fontane Szenen, Figuren, Gespräche, Schauplätze, Motive und Redensarten aus dem Fundus von *Allerlei Glück* in andere Projekte, wie Julius Petersen mit vollster Kennerschaft nachgewiesen hat.[233] Ein Ausflug der Protagonisten mit Besichtigung einer alten Dorfkirche geht demnach in *Schach von Wuthenow* ein; eine Szene im Tiergarten sowie Gespräche über Bismarck in *L'Adultera*, eine Balkon-Szene, zusammen mit der Gestalt des Hofpredigers, in *Cécile*; und Bertha Pappenheims Wendung »Nur nicht sentimental« soll ursprünglich von einer der Schwestern in den *Poggenpuhls* benutzt werden. Die Reihe der Querverwertungen ließe sich Petersens Analyse zufolge weit fortsetzen.

Fontanes Textproduktion, das zeigt der Fall *Allerlei Glück* exemplarisch, ist derart, dass aus präparierten Bauteilen für ein Projekt immer noch etwas anderes werden kann – seine listengestützte Notations- und Arbeitsweise gewährt Fontane diesen Spielraum. Der Spielraum ist entscheidend, um sich auf die Publikationsbedingungen des literarischen Marktes einlassen zu können. Gespiegelt ist Fontanes Bemühen, mit seiner Textproduktion beweglich zu bleiben, auch in der Art und Weise, wie er die Entwurfsblätter zu *Allerlei Glück* aufbewahrt. Nachdem er keine Hoffnung mehr hat, das Projekt in absehbarer Zeit zu realisieren, schlägt er die diversen Entwürfe in zwei Zeitungsbanderolen ein und legt sie getrennt voneinander ab – ein Packen kommt in seinen kleinen Schrank im Arbeitszimmer, der andere Packen in seinen großen Schreibtisch.[234] Es ist gut vorstellbar, dass die Lagerung in getrennten Packen die Plünderung der Einzelteile noch einmal besonders begünstigt hat. Jedenfalls verneint Fontane eine Anfrage seines Sohnes Friedrich aus den 1880er-Jahren, ob aus *Allerlei Glück* denn noch etwas würde, mit der Begründung, er habe nun *zu* viel des seinerzeit produzierten Materials für andere Projekte verwendet.[235] Sprichwörtlich bis zum Ende bedient sich Fontane seines Fundus auf diese Weise: Noch für den *Stechlin* greift er auf die Idylle »Im Moor« zurück, die er – in etwas anderer Variante – ursprünglich für sein Genre-Projekt vorbereitet hatte.[236] Es ist die unterschätzte Form

der Liste, die es möglich macht, dass Fontanes »erster Gesellschaftsroman« sich bis in seinen letzten hineinverzweigt.

Jan Bürger

Peter Rühmkorfs »Lyriden« oder »Gedanken aus Grünkohl, Graupen und Kochwurst«

Wer Peter Rühmkorf etwas näher kannte, sei es durch seine Essays und öffentlichen Tagebücher, sei es persönlich, wird mit großer Wahrscheinlichkeit von seinen »Quanten« gehört haben, die er mitunter auch »Lyriden« nannte. Ihre fortlaufende Produktion gehörte zu den obsessiv verfolgten Tätigkeiten in Rühmkorfs literarischem Leben. Was Quanten oder Lyriden für ihn waren – er verwendete mal diesen, mal jenen Begriff – hat er am 31. Dezember 1988 in *TABU I*, dem ersten von ihm selbst veröffentlichten Band seines Tagebuchs, zu erklären versucht: »Gestern den Begriff ›Lyriden‹ in meine einfallskundlichen Betrachtungen eingeführt – Sternschnuppen aus dem Bild der Lyra, die sich der Vergesellschaftung im lyrischen Gedicht entgegensehnen.«[237] Die Notiz ist im Zusammenhang mit dem Nachwort zur Edition sämtlicher Vorstufen des Langgedichts *Selbst III/88* entstanden.[238] In diesem Nachwort beruft Rühmkorf sich sowohl auf die Tradition der Moderne als auch der Romantik, namentlich die Brüder Schlegel und Novalis. Lyriden sind die kleinsten Vorboten und späteren Partikel eines Gedichts, manchmal nannte er diese auch »Quarks« oder »Niederschlagseinheiten«.[239] Tausende und Abertausende solcher Lyriden hat er überliefert, und allein schon durch ihre Menge stellen sie eine besondere Herausforderung bei der Beschäftigung mit seinen Hinterlassenschaften dar, ganz zu schweigen von Fragen des Inhalts und der Bewertung.

– – –

In der Regel hat Rühmkorf seine Lyriden mit der Schreibmaschine auf DIN-A4-Bögen getippt. Zu einem späteren Zeitpunkt hat er die meisten dieser Bögen durchgesehen und handschriftlich korrigiert. Als Teil seiner Schreibwerkstatt waren sie ihm so unverzichtbar, dass er sie sogar zum Gegenstand eines späten poetologischen Gedichts gemacht hat, der *Ballade von den geschenkten Blättern*, die er im Sommer 2007 zum ersten Mal in der *Frankfurter Allgemeinen Zeitung* veröffentlichte.[240] Rühmkorf scheint in fast jeder denkbaren Lage Lyriden geschrieben zu haben. Die Qualität der festgehaltenen Einfälle ist entsprechend schwankend, aber auf Qualität kam es ihm in dieser Arbeitsphase gar nicht an. Vielmehr hängte er, um Nietzsche zu variieren, das selbstkritische Pendel zeitweilig bewusst aus und schrieb einfach drauflos, rauschhaft und mitunter auch tatsächlich berauscht. Dass sein nüchterner Verstand bei späterer Durchsicht des

Geschriebenen ohnehin ordnend und auswählend eingreifen würde, stand dabei außer Frage. So umfangreich Rühmkorfs Nachlass auch ist, kam es ihm doch keineswegs darauf an, möglichst viele dieser Lyriden zu überliefern. Vielmehr ging es ihm um die oft sehr schmale Ausbeute dessen, was den strengen eigenen Maßstäben genügen konnte. Rühmkorf gehörte zu jenen Grafomanen, die einerseits fortwährend schreiben, andrerseits aber vergleichsweise wenig veröffentlichen. Es war nicht ausschließlich kokett, wenn er betonte, für ein einziges Gedicht so viel Papier zu verbrauchen wie andere für einen ganzen Roman. Wahrscheinlich dachte Rühmkorf dabei auch an seine von Jahr zu Jahr unübersichtlicher werdende Lyriden-Sammlung, die zwar überwiegend Ausschuss enthielt, danoben aber auch einige überragende Kurzgedichte und Aphorismen, die alles andere rechtfertigten.

– – –

Ein Vierteljahrhundert bevor Rühmkorf dazu übergegangen war, seine Einfälle unzensiert und ungeordnet auf handelsüblichem Schreibmaschinenpapier zu fixieren, unternahm er den Versuch, sie auf eine Weise zu systematisieren, die ihm vermutlich im Grundstudium der Germanistik und Psychologie in Hamburg ans Herz gelegt worden war: Er wollte ihrer mit Hilfe eines Zettelkastens Herr werden. Äußerlich setzte er auf die akademische Methode, während ihn die in der Universität gelehrten Inhalte im Laufe des Studiums immer weniger interessierten. Das zeigt sich allein schon an den Oberbegriffen, denen Rühmkorf seine einzelnen Zettel zuordnete. Darunter finden sich folgende: »Männer«, »Kinder«, »Mädchen und Frauen (allgemein)«, »Mädchen: Brüste«, »Penis, Same, Onanie«, »Fleisch, Leib, Haut, Knochen«. Was die Nasenkarten verheißen, lösen die einzelnen Zettel allemal ein. In der Gruppe der »Männer« geht es noch einigermaßen gesittet zu. Hier finden sich Einträge wie dieser (nach Rühmkorfs viele Jahre später ausgeklügelten Systematik handelt es sich um eine Lyride): »Gesang des Kapitalisten: Deine Stirn, dein mildes Auge – mein Einkommen. Mein Konto – Deine Stimme Meine Brieftasche – Dein Gesäuge.« Und: »Das fleißige Schwein.« Und: »Krüppel und Ruinen.« Und: »Die Welt ist gestrichen in den Farben der Dialektik: z.B.: der pazifistische Schwule, der sich an den strammen Kugeln von Infanteristenhintern hochgeilt.« Womit wir beim Hauptthema der Zettel des jungen Rühmkorf angekommen wären, bei der Liebe und bei der Lust: »Mädchen: Zwischen blauer Blume und Rolls Royce.« – »Kuß: Sie presste mir einen glühenden Eierbrikett auf die Lippen.« – Viele von Rühmkorfs Aufzeichnungen tragen so deutlich die Signatur ihrer Entstehungszeit, dass es sich bei ihnen fast um Pop-Literatur *avant la lettre* handelt: »Sie hieß Püppi und hatte Würmer.« – »Sie kam mit Neongesicht. Lila Schnee auf den Backen. Fragte Ob ich mit ins Kino wollte. La Strada – das kam ja nun überhaupt nicht in die Tüte.«

So albern die meisten Einträge auch wirken mögen, im Ganzen stellt Rühmkorfs unakademischer Kasten doch eine bemerkenswerte Spiegelung einer Persönlichkeit dar, die sich in den alltäglichen und politischen Wirren nach dem Zweiten Weltkrieg zu orientieren versucht. Rühmkorf ordnete gewissermaßen den Rohstoff seines Schreibens. So schlägt er auf vielen Zetteln auch einen ganz anderen Ton an: »Gute Gedanken, handgestrickt. Er dachte im Grobschnitt. Gedanken aus Grünkohl, Graupen und Kochwurst, ich konnte ihm gut folgen.« – »Engramme: in die Hirnhaut gefräst.« »Die ewigen Rhythmen und dann das Rauschen des Wasserclosetts.« – »Zauber und Zinnober. Tiefenbluff« – »Das Ding an sich: systematischer Unsinn, Nichtwissen im Schema. Hilflosigkeit in nuce und im Typ.«

Mit den unter der Kategorie »Genie: Programm: Kunst + Kritik« versammelten Zetteln lässt sich sein Lektüre-Horizont erahnen. Programmatisch heißt es da: »poeta doktus. Ich nix: poeta docktus«, was angesichts der riesigen Docks im Hamburger Hafen, in dessen Nähe Rühmkorf damals schon lebte, an Komik gewann, aber nicht ernsthaft auf den Dichter selbst bezogen werden konnte. Denn gleich dahinter findet sich ein Zettel über den russischen Lyriker Wladimir Majakowski, dicht gefolgt von einer nur scheinbar simplen poetologischen Bemerkung: »Bei den bedeutendsten modernen Dichtern sagt man sich immer: das ist doch eigentlich schon außerhalb der Dichtung.

(Jahnn, Benn, Brecht)«. An dieser Stelle zeichnet sich eines der Ziele ab, die Rühmkorf sein Leben lang nicht aus den Augen verlor: Er wollte mit seinen Gedichten etwas schaffen, das mehr ist als Botschaft und Akrobatik. Der Funken sollte überspringen, der ein Kunstwerk unerklärlich macht. Wie die meisten modernen Dichter begab sich auch Rühmkorf auf die Suche nach der Epiphanie. Hierbei waren Zettel, Quanten, Lyriden, wie immer man die unscheinbaren Gedächtnisstützen nennen mag, ein unverzichtbares Hilfsmittel. Denn mitunter kann man den Moment, auf den es ankommt, auch verpassen, übersehen oder vergessen. Oder man merkt viel zu spät, dass durch ein Verspaar oder eine Beobachtung die eigene Existenz plötzlich transparent zu werden scheint. Sicher war es auch eine Form von Verlustangst, die Rühmkorf zum manischen Aufschreiben führte. Dabei bewegte er sich durch seine Sprachwelten wie ein Goldgräber. »Ein paar Zeilen aus der Zeit gewaschen«, heißt es auf einem seiner Zettel. So bewusst er nach neuen formalen Möglichkeiten des Gedichts suchte, so traditionell wollte er den Punkt nicht verpassen, an dem »die Worte ins Magische treffen«. Beim Schreiben kam es ihm letztlich nur darauf an, auf den Sprung ins Unerklärliche. Dieses quasireligiöse Kunstverständnis rechtfertigte den Anspruch, den er nicht nur an sich selbst stellte. Zuweilen führte er ihn auch zur schroffen Ablehnung von Kollegen und Vorläufern. »Wenn ich mich

mal mit Oscar Wilde vergleichen darf –«, notierte er mit dem Selbstbewusstsein des noch sehr jungen Mannes, »so halte ich mich für den Geistreicheren.«[241]

MICH

Eckart Henscheid
Betr.: Mich

»Der eine macht Geschichten, der andre schreibt sie auf«,
dichtete einst der Freiherr J. v. Eichendorff im Kern
richtig. Ganz so simpel war aber der Frontverlauf bei mir
jedenfalls nicht immer, eher selten. ›Aufschreiben‹ tat
ich meist erst, wenn die ›Geschichten‹ schon soweit
standen, halbwegs und roh standen; aber noch etwas
Fleisch und Futter fehlte. Stimmen aus dem Publikum, die
vox populi auf dem Marktplatz oder, häufiger, im und aus
dem Wirtshaus. Derlei ging und geht bei mir zuerst auf
Zettelchen und dann meist in die Hemdbrusttasche, mein
Laptop; von dort dann nach Gutdünken, oft auch nach
Glück und Zufall geklebt auf schon roh- oder halbfertige
Manuskriptseiten.

– – –

Andere Klebezettel in diesen meinen später etwas seltsam
anmutenden Manuskripten schreiben sich von Lektüre
her, manchmal planvoller, häufiger wieder zufälliger. Wie
die verwandten Zettelkasten-Wirtschaften nach Maßgabe
etwa Arno Schmidts oder auch Nabokovs ist die Zettel-
Klebe-Technik ein ebenso einfaches wie ökonomisches
und am Zielausgang sinniges, ja bestechendes und
sehr empfehlenswertes Verfahren im mittleren Produk-
tionsstadium. Ich weiß nicht mehr genau, wann und
wie genau es bei mir angefangen hat – jedenfalls wurde
das Ganze halb wohl unbewußt immer perfekter. An
Zweitverwertung durch ein interessiertes Archiv habe ich
da freilich noch lange nicht gedacht, ich bin ja kein
Beamter wie Th. Mann.

– – –

Zettels Traum: Arno Schmidts Monsterbuch-Titel spielt
auf Shakespeare an. Bei mir träumen die Zettel manchmal
monate-, ja jahrelang vor sich hin, hoffend unscharf auf
Niederkunft, in einem Buch oder einem Besinnungsauf-
satz – aus dem Traum gehen sie dann oft in eine Klebe-
existenz über, manchmal sehr schnell. Eingefügt per UHU-
Alleskleber in schon halb oder fast fertige Manuskripte
(auch ein Vorteil der nicht-digitalen Arbeitsweise, auf dem
Computer ginge das m.E. nicht so schön) – nach einer
Mixtur-Rezeptur aus Planung, Intuition und purem Zufall.
Da habe ich vielleicht ein besonders Talent dafür.

– – –

Manchmal auch ein fehlbares. Etliche Zitatfunde und Ähnliches sind so schön, dass sie sich später auch zweimal wiederfinden, in Büchern oder Zeitungen – vielleicht zu meinem, werweiß sogar zu der Leser Gewinn. Zurzeit werden bei mir aus allerlei Gründen zufällig gleich drei Bücher fast gleichzeitig fertig und wollen auch erscheinen. Gesteh' ich's nur, dann überwölbt mich da der Verdacht, dass ein ganz besonders geschätztes Zitat (Fontane? Adorno? Von der Phrasenkanonierin A. Merkel?) sich in allen dreien wiederfinden könnte. Meine Zettelklebetechnik ist eben doch noch nicht ganz perfekt – oder wird auf die fortschreitenden Jahre hin ein bißchen schlampiger. Die Fälle dürfen dann Sie als Leser wieder persönlich herausfinden und mich entlarven. Wenn nicht das Marbacher Archiv oder sonst eine gottverdammte Suchmaschine. Die meine Kleberei entwerten will.

MONDFARBEN
Friedrich Kittlers Mondfarben

»Ich suche die Farbe des Mondes und will die in Buchstaben haben. Die Buchstaben sollen so eine Farbe haben. Mondig eben.« – »Die Mondoberfläche hat in etwa die Farbe und Helligkeit von altem Asphalt.« – »Grau also.« –»Ne gelblich milchig weiß«. – »Das sind Effekte der Atmosphäre wie Abendrot. Wenn du das willst,

nimm hellgrau und gib einen Klecks Geld dazu. Hast du kein Gelb, musst du es aus Rot und Grün mischen.«[242] Zettelkästen scheinen besonders geeignet, Erscheinungen Herr zu werden, bei denen Realität und Imagination nicht genau zu trennen sind, weil unser Auge uns zum Beispiel andere Farben vermitteln kann, als ein Gegenstand sie wirklich hat. »Reine Farbe ist das Medium der Phantasie«, man »entspricht ihr nicht schöpferisch, sondern empfangend«, schreibt Walter Benjamin über die »zarte, buntgefärbte« Poesiewelt Jean Pauls.[243] Friedrich Kittler (1943 – 2011) hat solche Phänomene – die Farben des Meeres etwa und des Himmels, von Sonne, Mond und Wolken [→ Lyriden, → Schwärme] – in einer eigenen Kiste gesammelt. Ein Buch ist daraus nicht geworden. Sein Zettelkasten ist weniger ein Textgenerator [→ Fingerkunst] als ein Modell der Welt in ihrer Pluralität. In seinem Essay *Farben und/ oder Maschinen denken* zieht Kittler die Parallele zwischen den Farben und Zahlen und eröffnet mit einem Zitat von Oswald Spengler: »Eine Zahl an sich gibt es nicht und kann es nicht geben. Es gibt mehrere Zahlenwelten, weil es mehrere Kulturen gibt.«[244] *hg*

NACHRICHTEN

Ulrich von Bülow / Dorit Krusche

Nachrichten an sich selbst. Der Zettelkasten von Hans Blumenberg

Der Zettelkasten als Medium der Selbstkommunikation. 1981 las Hans Blumenberg den Aufsatz *Kommunikation mit Zettelkästen*[245] von Niklas Luhmann – wie immer mit Stift und Lineal. Die Lesespuren, Unterstreichungen und Kommentare zeigen sein ebenso praktisches wie theoretisches Interesse am Medium des Zettelkastens.[246] Er vergleicht seine Verfahren mit denen Luhmanns, markiert Gemeinsamkeiten und Differenzen. Für bemerkenswert hält er etwa, dass Luhmann einseitig beschriebenes Papier anstelle der von ihm benutzten Karteikarten verwendet, auf eine Sachordnung zugunsten einer Stellordnung verzichtet und ebenfalls ein Schlagwortregister führt. Blumenberg streicht Luhmanns ironische Bemerkung an, nach der man Bücher und Aufsätze »die man tatsächlich gelesen hat« in einem besonderen Kasten aufheben solle. Wo Luhmann von 26 Jahren »Zusammenarbeit« mit seinem Zettelkasten berichtet, vermerkt Blumenberg am Rand: »40!« Auch Luhmanns Bemerkung, dass nach längerer Arbeit mit dem Zettelkasten »ein alter Ego [entsteht], mit dem man laufend kommunizieren kann«, unterstreicht Blumenberg. Allerdings brauche ein Zettelkasten »einige Jahre, um genügend kritische Masse zu gewinnen.«[247] Nützlich sei der Zettelkasten vor allem dann, wenn man »Problemstellungen« sucht, die »Heterogenes zueinander in Beziehung setzen«. Blumenberg und Luhmann sind sich darin einig, dass der Zufall bei der Arbeit mit dem Zettelkasten eine entscheidende Rolle spielt und dass der »Innovationseffekt« gerade auf dessen »kombinatorischen Möglichkeiten« beruht.[248] Der Zettelkasten wird erst dann zu einem Kommunikationspartner, wenn er eine gewisse Komplexität erreicht hat. Kommunikation setzt, so Luhmann, immer »doppelte Kontingenz«, also die Unberechenbarkeit beider Seiten voraus. Aber mit wem unterhält man sich beim Arbeiten mit einem Zettelkasten?

– – –

Ähnliche Fragen stellen sich auch bei anderen Materialien, die sich in den Nachlässen von Gelehrten und Schriftstellern finden. Immer dort, wo der Kommunikationspartner zu fehlen scheint, wie bei Notizheften, Entwürfen und Tagebüchern, dient das Aufschreiben meist dem zeitversetzten Gespräch mit sich selbst. Werke entwickeln sich im Selbstdialog, indem der Autor das von ihm Geschriebene erneut liest und darauf mit Korrekturen und Neuformulierungen antwortet. Im Zettelkasten sammelt sich das, was Luhmann in anderem Zusammenhang die persönliche »Semantik« eines Autors nennt, seine »Beobachtungen«, die »als Beschreibung fixiert, also als bewahrenswert anerkannt und für die Wiederholung bereitgehalten« werden.[249] Ziel ist die »Fixierung von Sinn für wiederholten Gebrauch«,[250] das heißt auch im Fall von Arbeitskarteien: für den Eigengebrauch. Es ist niemand anderes als das eigene frühere Ego, das einem in objektivierter, entfremdeter Form bei der Lektüre der Karteikarten entgegentritt. Obwohl sich dies mit Hilfe systemtheoretischer Begriffe gut darstellen ließe, hat Luhmann die Möglichkeit der Kommunikation mit sich selbst erstaunlicherweise nicht berücksichtigt. Sie fehlt auch der Sache nach in seinen knappen Ausführungen zum System des Bewusstseins.[251] Blumenberg scheint anderer Meinung gewesen zu sein. Immerhin findet sich in seinem Zettelkasten unter dem Stichwort ›cogitare‹ die berühmte Formulierung aus Immanuel Kants *Anthropologie in pragmatischer Hinsicht* (§ 39): »›Denken ist reden mit sich selbst ... innerlich hören ...‹«[252] Er bringt das Selbstgespräch mit Kants Begriff der »Selbstaffektion« in Verbindung und kommentiert auf einer anderen Karteikarte unter der

Überschrift: »Sprache – Mittel, sich selbst zu verstehen«: »Die Konsequenz der Theorie von der Selbstaffektion kommt hier zur Anschauung in der Bestimmung des Denkens als Redens mit sich selbst, als eines inneren Hörens. Kongruenz der Sprache schließt Inkongruenz der Begriffe nicht aus – woher wissen wir, dass wir uns selbst und andere verstehen?«[253] Das Konzept des Selbstgesprächs ist für die Erklärung von kreativen Prozessen kaum entbehrlich.

– – –

Zitate, Kommentare, Gedanken-Notate. Der Beschreibung des Zettelkastens als Medium der Selbstkommunikation scheint die Tatsache zu widersprechen, dass sich auf Blumenbergs Zettelkarten meist Zitate finden – zunächst eine notgedrungen eindirektionale Kommunikation mit Büchern bzw. ihren Autoren,[254] allerdings für sich selbst, für die eigene spätere Lektüre exzerpiert. Im Akt des Zitierens vollzieht er eine stufenweise Aneignung. Zunächst selektiert Blumenberg im gelesenen Buch Textteile durch Unterstreichung. Der Übergang vom fremden in den eigenen Kontext wird durch eine besondere Art der analytischen Lektüre beschleunigt. Anders als anderen Lesern geht es Blumenberg nicht darum, den Gesamtsinn des Werks zu erfassen, er liest – sozusagen unter vorsätzlicher Missachtung des Werkbegriffs – von vornherein selektiv, fokussiert auf ihn interessierende Themen, die selten die zentralen Themen der rezipierten Werke sind.

Vielen Büchern legte Blumenberg Karteikarten bei, auf denen er Stichworte und Seitenangaben notierte; sie enthalten das Register seiner Suchbegriffe. Um nur eines von vielen Beispielen zu nennen: Auf einer Karte zu Freud, die sich in einem Band *Protokolle der Wiener Psychoanalytischen Vereinigung*[255] befand, ist deutlich zu erkennen, dass Blumenberg Bücher nicht unter einem Gesichtspunkt, sondern unter mehreren zugleich las. Nebenbei notierte er auch, wann er in einem Buch gelesen hatte und auf welcher Seite er die Lektüre unterbrochen hat. Dass es sich dabei um eine auf ›Erträge‹ in Form von Exzerpten ausgerichtete Lektüre handelt, zeigt sich auch darin, dass Blumenberg in einigen Fällen das Lesen unterbrach und erst einige Jahre später – und zwar auf der nächstfolgenden Seite – wieder aufnahm. Wäre es ihm um das Sinnganze des Buches gegangen, hätte er nach einer so langen Pause wohl von vorn beginnen müssen.

Die breit gestreuten Themenfelder, nach denen die Bücher ausgewertet wurden, reichen von Begriffen – Anthropologie, Negation, Philosophie – über Namen – Goethe, Moses, Schnitzler, Napoleon – bis zu Metaphern und Bildern wie Quelle, Schlaf oder Umweg. Neben dieses sozusagen ständige Repertoire treten allerdings auch Begriffe, die aus dem jeweiligen Buch stammen. Im Fall der *Protokolle* beispielsweise Stichworte wie »Brustformen«, »Misogynie« oder »Chemismus«.

Im zweiten Schritt werden ausgewählte unterstrichene Zitate durch die Übertragung auf die Karteikarte aus ihrem Textzusammenhang herausgelöst und so endgültig isoliert. Aus den *Protokollen* exzerpiert er beispielsweise auf Seite 195 f. den Satz: »Glück ist die hemmungslose Befriedigung der Perversion.« Das Zitat bleibt einerseits ein Fremdkörper, andererseits wird es durch die Akte der Selektion und Isolation zu einem Produkt eigener Tätigkeit. Es wird dekontextualisiert und mit einem neuen Rahmen versehen. Dies wird besonders gut sichtbar, wo der Autor Zeitungsausschnitte auf Karteikarten klebt. So interessierte er sich jederzeit für eigenwillige und kuriose Definitionen (wie z. B. die des »Schnitzelstreits«: »Was etwas ist, beruht auf dem Standard der Erwartungen.« – siehe Karteikarte 12565 im Bildteil).

Die dritte Stufe der Aneignung besteht in der Einordnung der Karten. Die Exzerpte aus einem Werk werden voneinander getrennt und auf verschiedene Orte im Zettelkasten verteilt. Nicht der fremde Autor oder sein Werk, sondern die subjektiven Kategorien des Lesers regieren den Zettelkasten.

Alle Texte und Zeichen, die sich bei den Zitaten auf den Zettelkarten finden, können als Kommentar angesehen werden, der das vierte Stadium der Aneignung markiert. Dazu gehören Schlagworte, die das Zitat einem bestimmten Thema – oft auch einer Hierarchie von Begriffen –

116

zuweisen, und selbstverständlich alle interpretierenden und rahmenden Texte, die sich als ›Antworten‹ auf die Zitate auffassen lassen.

– – –

Die Zettelkarte als Summe von Zitat und Kommentaren wird als Gegenstand und Gelegenheit für weitere spätere Kommunikationen aufbewahrt. Insofern versammelt der Zettelkasten Nachrichten an sich selbst für eine künftige Lektüre; spätere Kommentare reagieren nicht nur auf den zitierten Text, sondern auf die Gesamtheit von Zitat und Kommentar. Viele Zettelkarten bezeugen solche wiederholten Auseinandersetzungen, denn sie enthalten – an den verschiedenen Schreibmaschinen ersichtlich – Kommentare aus unterschiedlichen Zeiten.

– – –

Blumenbergs fortgesetzter Selbstdialog wäre ohne Objektivierung und Materialisierung nicht möglich. Der Zettelkasten dient als Gedächtnisspeicher oder -stütze, er wirkt dem Vergessen entgegen. Der Wille zur Durcharbeitung durch wiederholte Beschäftigung drückt sich bereits im Handwerklichen des Unterstreichens, des Anlegens einer neuen Karte aus, das Blumenberg durchaus methodisch durchführt, wenn nicht zelebriert. Die Unterstreichungen erfolgen niemals freihändig, sondern immer mit dem Lineal, die ausgewählten Zitate werden der Sekretärin auf das Band diktiert, indem schwierige Worte langsam und fast überdeutlich buchstabiert werden, die Karteikarte

wird nummeriert, die jeweilige Nummer (zumindest anfänglich) säuberlich neben der entsprechenden Stelle im Buch vermerkt, schließlich wird die Karteikarte in eine eigene Liste eingetragen. Das umständliche Verfahren hat in jedem Fall zur Folge, dass jedes Zitat mehrfach gelesen werden muss. Im Lauf der Jahre hat Blumenberg die Prozedur aus Gründen der Zeitersparnis vereinfacht.[256]

– – –

Neben den Zitaten mit oder ohne Kommentar bilden die zitatfreien Gedanken-Notate die dritte Art der Zettelkarten. Einige zeigen den Autor im Selbstdialog mit seinem Zettelkasten, indem sein Text wiederum auf Karteikarten verweist. Wo solche Verknüpfungen fehlen, gewinnen die Texte auf den Karteikarten Eigenständigkeit und erscheinen als Aphorismen oder kleine Essays, die sich oft über mehrere Karten erstrecken. Nicht selten erkennt man wiederum an den verschiedenen Schreibmaschinen-Typen, dass der Autor bei späterer Lektüre auf das Geschriebene noch einmal geantwortet hat. Gelegentlich finden sich auch Karten mit Wortlisten, Tabellen oder Stichworten (wie die Karte 022596 »Kunst Rhetorik« oder »›Das jeweils Umgreifende‹ 1880 – 1975«). Diese ersten Versuche, größere Zusammenhänge zu skizzieren, dienen als Selbstaufforderung zur späteren Ausarbeitung. In einigen Fällen reagiert Hans Blumenberg mit Karten im Zettelkasten auch auf eigene Gedanken und Texte außerhalb des Zettelkastens. So kommentiert und revidiert er Begriffe, die er in bereits veröffentlichten oder auch noch unveröffentlichten Texten benutzte (z. B. auf Karte 018597 »Anthr Jägerkultur«).

– – –

Umordnungen und Werkgenese. Blumenberg nummerierte seine Karteikarten fortlaufend mit einem Rollstempel, sodass sich ihre zeitliche Reihenfolge rekonstruieren lässt. Würde man die Karten entsprechend ordnen, erhielte man so etwas wie ein laufendes Protokoll seines Denkens. Dieser denkbiografische Aspekt war ihm offenbar wichtig, wie bereits die Tatsache zeigte, dass er in Notizbüchern die Zeitpunkte seiner Lektüren und die Erscheinungstermine seiner Werke festhielt. Auch jede Zettelkarte wird noch einmal mit einem Stichwort auf einer Liste verzeichnet. Darüber hinaus führte Blumenberg auf eigenen Karteikarten Statistik über die jährliche Kartenproduktion. Aus der entsprechenden Statistik-Karte kann man zum Beispiel ersehen, dass die Dostojewski-Karte in der Zeit zwischen dem 1. Januar 1946 und dem 1. Januar 1947 entstanden sein muss, vermutlich im Frühjahr 1946.

Auf den Karten werden in Form von Quellenangaben und Nummernfolgen zwar die ›räumlichen‹ und ›zeitlichen‹ Herkunftskontexte festgehalten, aber ihre Kontinuität wird zerstört, indem die Karten nach Themen und Unterthemen rubriziert und sortiert werden. Indem Blumenberg die thematische Ähnlichkeit zum Organisationsprinzip erhebt, erinnert der Zettelkasten an das metaphorische Paradigma. Er verräumlicht und verkörpert eine ständig wachsende Privat-Enzyklopädie, in der jede Vorstellung einen Ort findet, an dem er mit ähnlichen Vorstellungen anderer Herkunft zusammentreffen kann (und soll). Insofern entspricht der Zettelkasten auch dem Grundgedanken der Topostheorie: Überlieferung beruht auf der Wiederholung und Variation ähnlicher thematischer Elemente.[257]

– – –

Der Zettelkasten von Blumenberg ist ein durch neue Funde und Kommentare ständig wachsendes Gesamtwerk, ein Medium der dialogischen Überlieferung. Nicht zuletzt diente er der Generierung von Texten. Dazu zog der Autor einzelne Karten aus dem Zettelkasten, um sie als Gedankenkerne für Vorlesungen oder beim Diktieren zu verwenden. Auch diese Produktionsweise lässt sich anhand des Modells der Selbstkommunikation beschreiben. Die vorliegenden Karteikarten sind eigene frühere Äußerungen und Interpretationen, auf die ihr Autor beim Vortragen oder Diktieren noch einmal antwortete. Dabei bestand die Aufgabe nicht nur darin, eine einzelne Karte erneut zu kommentieren, sondern Verbindungen herzustellen und die verschiedenen Ansätze in ein Ganzes zu integrieren. Bei diesem allmählichen Verfertigen der Gedanken boten die Texte auf den Karten Anhaltspunkte, stellten aber auch hohe Anforderungen, denn bei ihrer Synthese durfte das Niveau der früheren Formulierungen nicht unterschritten werden. Besonders im spontanen Sprechen, das wenig Möglichkeiten der Korrektur bietet, stellt dies eine beachtliche Leistung dar, denn genaugenommen handelt es sich hier um ein Gespräch mit mehreren Partnern, Ich-Personen aus ganz unterschiedlichen Zeiten und Kontexten.

Auf die beschriebene Weise entstanden aus dem Zettelkasten mehr als 1500 kurze Texte, die Blumenberg unter der Bezeichnung »UNF« (für ›Unfertiges‹ oder auch ›Unerlaubte Fragmente‹) sammelte, aber nur zum kleinen Teil in Zeitungen veröffentlichte. Mitunter verwendete er die Kurzessays wiederum als Bausteine für längere Texte. Für die Großprojekte seiner umfangreichen Bücher legte er im Zettelkasten eigene Fächer an und ordnete vorhandene Karteikarten neu, indem er ihnen eine entsprechende Projekt-Sigle zuordnete (z.B. »AMY« für *Arbeit am Mythos*). Oft hat er für geplante Bücher jahrzehntelang Material gesammelt.

Seinen publizierten Texten merkt man häufig die Herkunft aus dem Zettelkasten an. Die synkretistische Methode des Zettelkastens erweist sich geradezu als stilbildend. Ohne die immense Materialbasis, Ausbeute der Lektüren und Gedanken eines ganzen Lebens, wären Blumenbergs späte Texte, die sich durch außerordentlich viele, oft entlegene Zitate und thematische Umwege und Inseln auszeichnen, kaum denkbar. Es handelt sich um polyphone, stets erweiterbare Projekte, bei denen es weniger um deduktive Ableitungen und um Belege für Thesen geht; vielmehr strukturiert das gesammelte Material den Text.

– – –

Um Doppelungen zu vermeiden, sah der Autor sich gezwungen, auf den Zettelkarten jeweils zu markieren, ob und wo er sie bereits verwendet hatte. Drei rote Schrägstriche an der rechten oberen Ecke bedeuten, dass die Karte schon eingesetzt wurde. Auf der Rückseite der Karteikarte notierte Blumenberg in der Regel, wann und wo er eine Karte benutzt hatte. Die Karte 588 beispielsweise ist zweifach gekennzeichnet: Im November 1963 (»11/63«) verwendete er das Dostojewski-Zitat für die Vorlesung *Elemente einer philosophischen Anthropologie* in Gießen; im Oktober 1976 arbeitete er es in den vierten Teil seines Manuskripts ANT (*Anthropologie*) ein.[258] Nach dem Abschluss von größeren Projekten verpackte Blumenberg ganze Stöße verwendeter Karteikarten, indem er sie in Papier einschlug, sorgfältig verklebte und beschriftete. Erst wenn eine Karteikarte ein- oder mehrmals Verwendung gefunden hatte, wurde sie aus dem Zettelkasten und damit aus dem Produktivsystem der Selbstkommunikation ausgeschieden (vgl. die verpackten und verklebten Karten).

– – –

Hans Blumenberg benutzte seinen Zettelkasten über Jahrzehnte zur Erleichterung der Selbstkommunikation

und zur Produktion von Texten. Wie nirgends sonst
scheint hier das Betriebsgeheimnis der Kreativität offen
zu liegen. Doch der Schein trügt: Anders als Enzensbergers Poesie-Automat wirft Blumenbergs Zettelkasten
keine neuen Texte aus. Er bedarf eines ebenbürtigen
Gesprächspartners – und dieser kann niemand anders
sein als der Autor des Zettelkastens.

POST
Hermann Hesses Postkartei

Rund 35 000 Briefe hat Hermann Hesse (1877 – 1962) in seinem Leben geschrieben – an Freunde und Kollegen, vor allem aber auch an seine vielen Leser. Etwa 5000 Adressen seiner Korrespondenzpartner hat er in zwei Holzkästen gesammelt, die auf seinem Schreibtisch in Montagnola standen. Der eine dunkelbraun gebeizt und mit geschnitzten runenartigen Zeichen verziert, der andere schlicht hellbraun, beide 43 Zentimeter lang, 17 breit und 10,5 hoch. Die Kärtchen dafür hat Hesse vor allem aus Kalenderblättern zurechtgeschnitten, manchmal auch von Hand in die passende Größe gefaltet und gerissen. Er verzeichnet die Adressen und ihre Veränderungen, die realen Zeitpunkte und möglichen Anlässe der Korrespondenz (wie Publikationen oder Geburtstage) sowie manchmal auch die Besonderheit eines Adressaten: »War erst Anti-Hesse, denkt jetzt anders«, »schrieb 61 rührend, liebt

Schiller«, »ganz jung, stand 1 Stunde vor dem Haus, brachte Blumen«. *hg*

PROTHESE
Wilhelm Genazino
Die Prothese des Schreibens

Eines Tages zeigte sich die Schwäche meines Gedächtnisses. Mein Bedürfnis, die Zuckungen des Alltags mit meinem Bewusstsein zu synchronisieren, wollte mir nicht mehr vollständig gelingen. Die Wahrnehmung dessen, was geschieht, hätte ich vielleicht bis ins Alter fortführen können; aber die gleichzeitige Übertragung des Geschehens in die Erinnerungsspur wurde zunehmend mangelhafter. Es blieb mir nichts anderes übrig, als von der Prothese des Schreibens Gebrauch zu machen. Sobald ich einen Ausflug in die Realität hinter mir hatte, eilte ich schnell nach Hause und schrieb (nach Gedächtnislage) auf, was ich für aufbewahrenswert hielt. Natürlich war das eine nur technische Verlagerung des Problems, noch dazu eine sehr mangelhafte. Da fiel mir einer der Zettel in die Hände, die ich mir aus der Jugendzeit aufbewahrt hatte. Es war ein Zettel, den mir meine Mutter als Einkaufshilfe zugesteckt hatte. Meine Mutter hatte auch als ältere Frau noch die Handschrift eines Schulmädchens. Wahrscheinlich war die Kindlichkeit der Schrift der Grund, warum ich einige der Zettel aufbewahrte. Die Schrift machte meine Mutter zu einem Kindheitskompagnon meiner selbst. Bis heute kann ich sehr gut lesen, was auf den Zetteln steht. Vier Eier, 1 Camembert, 1 Schweizer Brot, 125 Gramm Hartwurst, 1 Viertel Butter, 200 Gramm magerer Schinkenspeck, 1 Pfund Zwiebel, fünf Pfund Kartoffeln zum Beispiel.

– – –

Über die Einkaufszettel wollte ich immer schon mal etwas schreiben, aber es ist nie dazu gekommen. Stattdessen ging ich dazu über, mir stets neue, unbeschriebene Zettel in die Brusttasche des Hemdes zu schieben, sobald ich die Wohnung verließ. Es ist eine Freude, sofort, das heißt an Ort und Stelle, auf die Wirklichkeit mit Schreiben zu reagieren. Bald häuften sich die beschriebenen Zettel derart, dass ich ein Codierungssystem erfinden musste, das die Textfülle thematisch ordnete und mit Hilfe eines Verzeichnisses wiederauffindbar macht. Die Zettel-sammlung verwandelte sich in eine Art Materialcontainer, der mir (das war meine Phantasie) in Situationen der Schreibnot stets beistehen würde. Nach einigen Jahren merkte ich, dass nicht die befürchtete Schreibnot der Grund der Zettelsammlung war, sondern eine tiefsitzende Angst, die ich lange nicht auszusprechen wagte: Die Angst, dass mich eines Tages das Schreiben selbst ver-lassen würde. Dann würde ich nur noch zu Hause sitzen, ratlos, berufslos, ohne Geld, bald ohne Wohnung und

bald auch ohne einen einzigen Menschen, der es mit meiner Verlassenheit aufnehmen würde. Denn es war klar, dass ein vom Schreiben verlassener Schriftsteller auch in jeder anderen Hinsicht verlassen war. Es handelt sich um eine archetypische Angst, die dem Subjekt mit Vernichtung droht und deswegen nicht ›behandelbar‹ ist. Die Zettel dagegen flüstern mit Anmut und Zuversicht: Morgen geht es weiter. Nie hätte ich für möglich gehal-ten, dass diese läppischen kleinen Notizen den Kampf gegen solche Riesenängste aufnehmen und ihn dann und wann gewinnen würden.

SCHWÄRME

Ernst Jüngers Satzschwärme

Ernst Jünger (1895 – 1998), der Käfersammler, hat auch
Sätze aller Art eingefangen: Farbbeschreibungen, letzte
Worte, Maximen, erfasst auf Tausenden von Karteikarten.
Jeder Satz ist es wert, als Erinnerung an einen intensiven
Augenblick bewahrt zu werden: »Einmal in Schuls-Tarasp
begegnete mir etwas wie ein Fischzug – Gedanken,
Maximen, Assoziationen zogen in beliebiger Menge vorbei.
Ich notierte fünfhundert, dann ließ mein Vergnügen daran
nach.«²⁵⁹ Wie ein antiker Priester, der aus dem Flug der
Vögel die Zukunft deuten kann, hat Jünger seine Kartei-
karten zu immer wieder anderen Augurien arrangiert.
1958 gab er sie als *Mantrana* heraus, »ein Flächen- und
Raumdomino«

Es wird mit Maximen gespielt. Sie seien ›Steine‹
genannt. [...]. Der Spielleiter konstruiert zunächst ein

Spiel von einigen hundert Steinen. Die Steine werden
gemischt und nacheinander ausgelegt. [...] Die
Steine können angesetzt werden aus jedem System
und von jedem beliebigen Standort aus. [...] Grundsätzlich soll alles ausscheiden, was meßbar ist. Ein
Wort wie Atom kann nur außerhalb der physikali-
schen, Milchstraße außerhalb der astronomischen,
Tabu außerhalb der psychologischen, Zelle außerhalb
der biologischen Bedeutung akzeptiert werden. [...]
Sollte es nicht zur Zusammensetzung kommen, so
bliebe eine Sammlung von Sinnsprüchen über Leben
und Tod.²⁶⁰

1960, zwei Jahre später, hat Jünger die Karteikarten in
Sgraffiti eingebaut: »Eine Alhambra aus Epigrammen:
musivische Arbeit, bei der ein Teilchen die anderen
ergänzt. Wenn sie zerstört werden, nehmen die Steinchen
Juwelencharakter an. Barbaren tragen sie als Talisman.
Splitter aus Heraklit«.²⁶¹
Als Splitter publiziert Jünger auch die letzten Worte (»eine
Sammlung von Irrtümern und ungenauer Überlieferung«,
»zufällig geformten« Steinchen)²⁶² und die Farbadjekive –
in immer wieder neuen Fassungen, angelegt auf steten
Zuwachs, entfaltet aus frühen Funden. »Das Bild des
Krieges war nüchtern, grau und rot seine Farben«,²⁶³
schreibt Jünger 1920 im Vorwort zu *In Stahlgewittern*.
1938 wählt er für die Kapiteltitel der zweiten Fassung von

Das Abenteuerliche Herz immer wieder Farbbezeichnungen: »Die rote Farbe«, »Die blaue Farbe«, »Rot und Grün«, »Blaue Nattern«, »Der Grünspecht«, »Das Rotschwänzchen«, »Der schwarze Ritter«, »Der schwarze Sey«. Im *Lob der Vokale* (1954) entwickelt er eine Ästhetik der Farbtöne: »Der Vokal stellt also den vergänglicheren Stoff des Wortes dar. In ihm ruht die Farbe. Während durch den Konsonanten die Zeichnung gegeben ist.«[264] Als Ganzes bleiben die Jüngerschen Karteikästen in ihrem beachtlichen Umfang jedoch unsystematisiert und unpubliziert, immer nur ein Mosaik des Zufalls.   *hy*

SEELANDSCHAFT

Susanne Fischer / Bernd Rauschenbach
»Wie damit umzugehen ist … wissen Sie ja schon«. Arno Schmidts Zettelkasten zu ›Seelandschaft mit Pocahontas‹

»Eintreffen Sonnabend 12.21 Uhr Krawehl«. Mit diesem Telegramm kündigt ein Mann seinen ersten Besuch bei Arno Schmidt an, der dann 15 Jahre lang sein Verleger und weitere neun Jahre lang sein Lektor sein sollte: Ernst Krawehl, Hauptgesellschafter des Stahlberg Verlags. Zwei Tage, am 20. und 21. August 1955, bespricht er (auf Anregung von Alfred Andersch und Ernst Wilhelm Eschmann) mit Schmidt in dessen damaligem Wohnort

Kastel an der Saar nicht nur die Möglichkeit, den jüngsten Roman *Das steinerne Herz* zu publizieren,[265] sondern Schmidt insgesamt als neuen Autor für seinen Verlag zu gewinnen. Denn Schmidt ist seit seinem Bruch mit dem Rowohlt Verlag im Frühjahr 1954 ohne festen Verleger. Am 21. August 1955 schreibt Alice Schmidt in ihr Tagebuch:

> War gestern abend so: Krawehl sagte: ›In der Pocahontas sind doch aber auch ein paar sehr hübsche Landschaftsschilderungen‹ A. höhnischst (was Kr. noch nicht merkte) ›Ach wirklich, meinen Sie.‹ Krawehl: ›Jawohl, da sind auch einige drin!‹ Und jetzt A: ›Warum habe ich es wohl ›Seelandschaft mit Pocahontas‹ und nicht umgekehrt genannt.‹ Ärgerlichst ›Das ist ein ganz starkes Stück. 2/3 v. Buch sind Landschaftsschilderungen. Wenn ich das Herrn Andersch erzähle – oder vielmehr ich werds ihm lieber nicht erzählen.‹ Ich ›Jetzt haben Sie aber was gesagt, wo er so stolz auf seine Landschaftsschilderungen ist.‹ – Darauf einige Zeit bedrückendes Schweigen und dann anderes Thema. – Ich mußte aber nun den gz. Stg. morgen kochen und habe darauf murmelnd für mich tüchtig geflucht. Wie gerne wäre ich mit drüben gewesen. Verfluchtes Frauenlos! – […] Dann endlich mit der Arbeit fertig und ich konnte mich mit rüber setzen. Schreckliche Hitze! – A. sagt mir er

124

glaube, er hätte ihn wieder versöhnt und beeindruckt durch seine Kenntnisse u. Arbeitsweise.[266]

– – –

Ein Brief Arno Schmidts an Ernst Krawehl vom 7. September 1955 deutet an, welche Arbeitsweise Krawehl beeindruckt haben wird:

Anbei eine Kleinigkeit zur Erinnerung an Ihren Werkstattbesuch in Kastel; Sie hatten damals offensichtlich einigen Spaaß an dem Kuriosum; und ich bin überzeugt, daß es sich bei Ihnen in guten Händen befindet – wie damit umzugehen ist, hinsichtlich Schichtung der Zettelchen etc. wissen Sie ja schon.[267]

Krawehl bedankt sich am 10. September:

Ich war ganz erschüttert, als ich gestern Ihr kleines Päckchen erhielt, das schönste und geistreichste ›Fotoalbum‹, das man sich denken kann. Ich frage mich, ob man so etwas besitzen darf. Ich glaube, hier hört das ›gehören‹ auf. Ich will es an mich nehmen und bei mir verwahren, wie unsere englischen Geschäftsfreunde sagen würden ›in due time‹, für eine schuldige Zeitspanne. Eines Tages wird es in Marbach oder anderwärts seinen Platz finden müssen. – Vorläufig allerdings rücke ich es natürlich nicht heraus, denn erst einmal möchte ich noch viel mehr in Ihre Arbeitsweise eindringen, nicht nur aus intellektueller Neugier sondern vor allem, um das Auge zu schärfen und in die Lage zu kommen, die Elemente dessen, was Sie bieten, nach einem solchen Training schneller, natürlicher, zusammenhängender zu erfassen. Sie haben mir eine sehr große und unerwartete Freude gemacht.[268]

Das Geschenk ist ein von Schmidt selbst gebasteltes, 9 cm hohes, 10,8 cm breites und 9,7 cm tiefes Pappkästchen mit folgender handschriftlicher Widmung innen im Deckel: »Herrn / Ernst Krawehl, / Essen, zur Erinnerung an / seinen Werkstattbesuch / in Kastel. / Arno Schmidt.«

Das Kästchen enthält die 638 Zettel zur *Seelandschaft mit Pocahontas* sowie die zusammengefalteten Manuskripte der von Schmidt »Fotos« genannten Initialtexte der einzelnen Kapitel. Es blieb bis zu Ernst Krawehls Tod im Jahr 1993 in dessen Besitz, danach ging es als Teil seines Nachlasses an das Deutsche Literaturarchiv Marbach.

Zu Beginn der 80er-Jahre hielt Krawehl an mehreren deutschen Universitäten Vorträge über seine Arbeit mit Arno Schmidt, in deren Verlauf er auch die Zettel zur *Seelandschaft* präsentierte; 1985 fertigte er für das Archiv der Arno Schmidt Stiftung Fotokopien sämtlicher Zettel an. Aus seinen Begleitbriefen zu den Fotokopien geht hervor, dass er schon früher versucht hatte, die Zettel in eine am fertigen Text der Erzählung orientierte Reihenfolge zu bringen, da sie ursprünglich nur »nach dem Seitenablauf (im Großen) gebündelt«[269] gewesen seien. D. h., Schmidt hatte wohl die Zettel den einzelnen Kapiteln der Erzählung zugeordnet, innerhalb der Kapitel aber eine willkürliche oder zufällige (und von Ernst Krawehl nicht festgehaltene) Reihenfolge der Zettel überliefert. »Wie damit umzugehen ist, hinsichtlich Schichtung der Zettelchen etc. wissen Sie ja schon«.

– – –

Schmidt hat diesen Umgang mit seinen Zetteln nicht dokumentiert, es gibt keine schriftlichen Äußerungen von ihm, denen wir entnehmen können, wie er mit seinen Zetteln und Zettelkästen gearbeitet hat. Die im Bargfelder Archiv der Arno Schmidt Stiftung erhaltenen Manuskripte, Zettel und Zettelkästen lassen sicher nur dies erkennen: Schmidts Arbeit mit Zetteln hat sich im Laufe der Jahre verändert – wie diese Arbeit konkret aussah, lässt sich aber nur im groben Umriss erschließen. Das früheste erhaltene Zettelmaterial gehört zur Fragment gebliebenen Handschrift von *Mein Onkel Nikolaus* aus dem Herbst 1943: neun Zettel unterschiedlicher Größe und Papierbeschaffenheit mit Notizen zu Personal und Verlauf der Erzählung, mit Einzeleinfällen und Vorformulierungen späterer Textpartikel. Zettel also, wie sie wohl jeder Autor zu Beginn einer Arbeit gelegentlich notiert, und noch weit entfernt von den späteren Zettelkästen. Ähnliches gilt

für die wenigen dem Manuskript der 1946 geschriebenen Erzählung *Leviathan* beigefügten Notizen, die ihres großen Papierformats wegen freilich kaum als ›Zettel‹ im Sinne der späteren Zettelkästen zu bezeichnen wären. Am 29. August 1950 schreibt Alice Schmidt in ihr Tagebuch:

A. ♀♀♀ & beginnt Brands Haide 3. Teil A: ›Das ist geradezu göttlich geworden, diese 1 ½ Seiten haben sich gelohnt.‹ – (Na, ich bin ja gespannt, wenn A, der kritischste gegen sich selbst das sagt! –) A. sehr fett. Ob ich mit tandemiere? Ja, natürlich. U. wieder gehts Richtung Stellichte. A. hat seinen Notizblock gezückt & macht während der Fahrt seine Notizen zum Entsetzen aller uns Begegnenden. Einem Bäuerlein wäre vor Staunen die Mistgabel aus der Hand gefallen. Im schönen Buchenwald wieder abgestiegen. A. auf Straße und zwischen Bäumen notierend promeniert, ich etwas durch Wald gestreift und einige Pilze, vor allem: Pfifferlinge, gefunden.[270]

Wenn dieses Zitat auch nichts über den quantitativen Anteil der Arbeit mit Notizzetteln an der Entstehung von *Brand's Haide* sagt, so lässt sich doch der Beginn einer kontinuierlichen Arbeitsweise mit Zetteln ungefähr für diese Zeit ansetzen, denn im Bargfelder Archiv findet sich eine hölzerne (leere) Zigarrenkiste, in die folgender handschriftlicher Zettel geklebt ist: »Mein allerältestes

Zettelkästchen (~ von 1950); bitte vorsichtig handhaben; es hat brav gedient. Arno Schmidt.«

In Alice Schmidts Tagebuch ist zum ersten Mal von einer intensiven Notizzettel-Verwendung bei den Vorarbeiten für die Erzählung *Schwarze Spiegel* am 23. März 1951 die Rede:

> Nödl ♀♀♀ & ›Mäppchenmacher‹ d.h. also die in bereits 3 Mappen eingeteilten Notizen werden weiterhin unterteilt, so daß jetzt 18 Mäppchen da sind. – A meint, er könnte bereits mit der Niederschrift beginnen.

Notizzettel und »Mäppchen« haben sich nicht erhalten. Auch der Kurzroman *Aus dem Leben eines Fauns* wurde mit Hilfe von Notizen geschrieben; Schmidts »Zelltafel zur Entstehung« im *Faun*-Manuskript hat den Punkt: »Notizensammlung begonnen 1.6.52«; ob die ins Manuskript eingelegten Zettel mit komplett ausformulierten Textabschnitten aus dem Stadium der Vorarbeiten stammen, lässt sich nicht erkennen, wahrscheinlich aber entstanden sie erst als Textergänzungen in einer Überarbeitung nach der ersten Niederschrift. Es ist der älteste anzahlmäßig nennenswerte Zettelbestand zu einem Text Schmidts: die Zettel weisen durchgehend das auch weiter benutzte Format von 7,4 × 5,2 cm auf.

– – – –

Die Zettel zu *Seelandschaft mit Pocahontas* bilden den frühesten komplett erhaltenen Zettelbestand zu einem Schmidt'schen Text.[271] Der hohe Anteil von Zetteln mit fertig ausformulierten und ins Manuskript wörtlich übernommenen Textabschnitten könnte ein Indiz für den Wahrheitsgehalt der Behauptung Arno Schmidts sein, er kenne seine Bücher vor der Niederschrift ja schon, weswegen die Niederschrift eine langweilige Arbeit sei.[272] Zu *Kosmas*, *Das steinerne Herz* und *Tina* haben sich nur die wenigen Zettel erhalten, die Schmidt während den jeweils ersten Niederschriften direkt in den Textverlauf seiner Bleistift-Manuskripte geklebt hat, um die Mühe des Abschreibens zu sparen – naturgemäß also nur die Zettel, die ausformulierte Textteile tragen, die übrigen hat Schmidt weggeworfen. *Goethe und einer seiner Bewunderer* ist der erste erzählerische Text, den Schmidt (wie alle späteren dann auch) ohne Manuskript-Zwischenstufe gleich mit der Schreibmaschine schrieb; auch auf diese Typoskriptseiten hat Schmidt Zettel geklebt, allerdings nicht in den Textverlauf hinein sondern an den Seitenrand, weswegen wie schon beim *Faun* nicht zu entscheiden ist, ob diese Zettel aus einer zweiten Bearbeitungsstufe stammen. – Offenbar erwies sich das Aufkleben von handschriftlichen Textteilen auf typoskribierte Seiten als schlecht praktikabel, denn im Typoskript der ersten Niederschrift der *Gelehrtenrepublik* finden sich nur ganze vier Zettel, auf dem zu *Kaff auch Mare Crisium* fünf, auf denen der *Kühe in Halbtrauer*-Erzählungen keine. Auf dem Typoskript der *Wasserstraße* hat Schmidt handschriftlich vermerkt »450 Zettel !«, wobei das Ausrufezeichen wohl als Hinweis zu verstehen ist, daß ihm die Anzahl (angesichts von 25 DIN-A4-Seiten Reinschrift) hoch erschien. Keiner dieser Zettel hat sich erhalten.

Auch die Zettel zu *Caliban über Setebos* hatte Arno Schmidt in den Papierkorb geworfen; seine Frau jedoch holte sie daraus wieder hervor und hob den gesamten (allerdings von Schmidt zerknüllten) Zettelbestand in einer durchsichtigen, prall gefüllten Plastiktüte auf – seiner Optik wegen wurde diese Archivalie in der Familiensprache der Schmidts später »das Gehirn« genannt.[273] Die Plastiktüte enthielt[274] 1002 Zettel[275] (844 im Format 3,7 × 2,6 und 158 im Format 7,4 × 5,2 cm) sowie 32 zu »Mäppchen« gefaltete (ebenfalls zerknüllte) Packpapierzettel im Format 7,4 × 5,2 cm, auf denen handschriftlich die Szene bzw. die Person genannt ist, auf die sich die von den »Mäppchen« zusammengehaltenen Zettel bezogen. Dieses Material zur im Frühjahr 1963 geschriebenen Erzählung ist somit der erste nach der *Seelandschaft* von 1953 erhaltene Zettelbestand. Beim *Caliban*-Typoskript fand sich außerdem ein durch eine Plastikhülle geschützter Pappstreifen, auf den Schmidt die das Zettelmaterial im Kasten trennenden Ordungskarten geklebt hat; auf deren Reiter sind stichwortartig die auf sie folgenden Szenen getippt.[276] Vermutlich stellen diese Ordnungskarten einen zweiten Arbeitsschritt nach der Zettelsammlung in den »Mäppchen« dar. Den Aufschriften auf den Ordnungskarten ist zu entnehmen, dass Schmidt auch noch in diesem relativ fortgeschrittenen Stadium der Arbeit entscheidende Veränderungen an der Handlung der Erzählung vorgenommen hat: Die Figur des Präservativ-Vertreters fehlt noch auf den Reitern, so daß sich Düsterhenn zum Schluss der Erzählung statt in dessen Auto in den letzten Bus retten soll. – Das auf den *Caliban*-Zetteln festgehaltene Textmaterial unterscheidet sich schon auf den ersten Blick deutlich von dem der *Pocahontas*-Zettel: Es gibt so gut wie keine längeren, ausformulierten Textpassagen, nur knappe Einzelbeobachtungen, Redewendungen, Stichworte, Satzteile, Zitate. Wann genau zwischen 1953 und 1963 der Übergang in der Arbeitsweise von ausführlichen ›Text-Zetteln‹ zu knappen ›Notiz-Zetteln‹ erfolgt ist, lässt sich nicht sagen; die erhaltenen (und publizierten[277]) Zettel zum nie geschriebenen Roman *Lilienthal 1801 oder Die Astronomen* zeigen, dass er wohl fließend gewesen ist, denn in dem von etwa 1955 bis '58 entstandenen Material gibt es beide Arten von Zetteln.

Die nach *Caliban* noch im Bargfelder Archiv erhaltenen, von Schmidt teils aus Holz, teils aus Karton selbst gebastelten Zettelkästen weisen, vorläufigen Stichproben nach zu urteilen, ausschließlich den Typ des knappen ›Notiz-Zettels‹ auf. Es existieren acht Kästen zu *Zettel's Traum*, ein großformatiger zu *Abend mit Goldrand* und ein Kasten mit vier Zetteltrögen zu *Julia, oder die Gemälde*.[278] Den Kasten zur *Schule der Atheisten* will Schmidt »in einem Anfall von Misanthropie«[279] in seinem Garten verbrannt haben.

Nach Schmidts eigenen, wohl sehr hoch gegriffenen Angaben enthalten die Kästen zu *Zettel's Traum* 120 000 Zettel[280], der zu *Abend mit Goldrand* rund 25 000[281], der zur Fragment gebliebenen *Julia* 30 000, von denen Schmidt allerdings nur zwischen 20 000 und 25 000 für die Niederschrift nutzen wollte: Auch bei den vorigen Büchern hätten ein paar Tausend Zettel keine Verwendung gefunden.[282] In der Tat gibt es im achten Kasten von *Zettel's Traum* die Abteilung »unbenutzte Notizen«, deren Zettel knapp die Hälfte des Kastens ausmachen, sowie im Kasten von *Abend mit Goldrand* eine Ordnungskarte mit der Aufschrift »Zurück=Bleibendes«, hinter der allerdings keine Zettel stecken. Sogar im nicht fertig durchgearbeiteten Kasten der *Julia* gibt es die bereits mit Zetteln gefüllte Abteilung »Unbrauchbares, etc.«

Bei *Zettel's Traum* und *Abend mit Goldrand* existieren außerdem Ordnungskarten zu einer ersten Vorordnung des Zettelmaterials. Aus ihnen ist zu schließen, dass Schmidt die Arbeit mit dem Zettelkasten in zumindest zwei Abschnitte unterteilt hat: In der ersten Phase

ordnete Schmidt die Zettel bestimmten Themen zu, in einer zweiten Phase, in der das zu schreibende Buch in Schmidts Vorstellung offenbar genauere Gestalt angenommen hatte, löste er die erste, *themen*orientierte Kartei auf und sortierte die Zettel um in eine *szenen*-orientierte Kartei, in der die Reiter der Ordnungskarten stichwortartig die einzelnen Szenen des späteren Buches angeben, wobei ihre Reihenfolge auch der Reihenfolge im Buch entspricht.[283]

– – –

Neben den großen, einzelnen Büchern zugehörigen Zettelkästen gibt es im Bargfelder Archiv zwei Kisten (eine Zigarrenkiste und eine Holzkiste ähnlichen Formats), die Arno Schmidt als allgemeine Zettelkästen genutzt hat. Darin befinden sich Zettel mit autobiografischen Notizen, eine Abteilung »Gelehrte Einzelheiten«,[284] Notizen zu *Finnegan's Wake*, Stephan Joyce, Karl May und zu Themen, die sich eventuell einmal zu Essays hätten eignen können (»Totenstädte«, »Peniden in der Literatur«, »Dichtende Fürsten«, »MS = Verlust durch Brand«), Nachträge zu diversen (Funk-)Essays sowie zu *Kosmas, Kaff, Kühe in Halbtrauer, Zettel's Traum*[285] und *Die Schule der Atheisten*, die Zettel zu *Lilienthal* (s.o.); außerdem eine Handvoll wenig aussagekräftiger Zettel zu *Birdo's Wald* – einem ungeschriebenen Werk, das schon seit Mitte der 50er-Jahre unter dem Arbeitstitel »Der Stützpunkt« geplant war und um 360 n. Chr. am Hadrianswall spielen sollte.[286]

»Es ist meine Art, viele [...] Zettel zu sammeln – dann sorgfältig genau hintereinander zu passen zu montieren – und dann das Buch zu schreiben«.[287] Ganz so einfach war es wohl nicht.

– – –

Zur Entstehung der Erzählung Seelandschaft mit Pocahontas *aus dem Zettelkasten.* Außer Tagebuchaufzeichnungen von Alice Schmidt und wenigen Briefstellen gibt es kein Material zur Entstehung des Kurzromans *Seelandschaft mit Pocahontas,*[288] der – wie zuvor schon *Die Umsiedler*[289] – in der von Arno Schmidt entwickelten Prosaform »Fotoalbum« konzipiert wurde:

> Das ›Fotoalbum‹ ermöglicht nicht nur die vom Themenkreis geforderte scharfe Einstellung einzelner Bilder, sondern es gibt auch den Prozeß des ›Erinnerns‹ präzise wieder! Man ›erinnere‹ sich eines beliebigen Komplexes, sei es ›Kindheit‹, ›Sommerreise‹: immer erscheinen zunächst zeitrafferisch einzelne, sehr helle, Momentaufnahmen (= Bilder) um die herum sich im weiteren Verlaufe der ›Erinnerung‹ dann ergänzend erläuternde Kleinbruchstücke (= Texte) stellen: eine solche Kette von Bild-Text-Einheiten ist das Endergebnis jedes bewußten Erinnerungsversuches.[290]

Es gliedert sich in achtzehn römisch durchnummerierte Unterkapitel, die jeweils aus einem kürzeren Abschnitt, dem ›Foto‹, und einem längeren ›Text‹ bestehen.

Innerhalb dieser Abschnitte bezeichnen Schrägstriche, die jeweils Themen- oder Szeneriewechsel markieren, eine Struktur kürzester Texteinheiten aus wenigen Sätzen. Die dreitägige Sommerreise an den Dümmer, einen norddeutschen Flachsee, die sich in Arno Schmidts Erzählung niedergeschlagen hat, unternahm er im Juni 1953 mit seiner Frau Alice Schmidt. Sie berichtete in ihrem Tagebuch von Wetter und Wassersport, Landschaft und Leuten – und von der Arbeit ihres Mannes: »Einmal aß ein Kraftfahrer Abendbrot, A. studierte ihn und machte über seine Eßweise ne prächtige Notiz die er mir vorlas.«[291] Die Notiz lautete:

> Er aß Der Fernfahrer: sehr schnell und künstlich, skalpierte Wurstecken mit scheußlich huronischer Technik, schnipste sich auch die bleiche Pellentrophäe vorschriftsmäßig in die Gürtelgegend, der Mund lästerte von Staat und grobem Wetter, immer abwechselnd (Oben drei kalaharische Fussel, gelbe, oranje & Transvaal, auf der linken grünlichen Lederschulter ein Regenlicht, fensterglänzend und traurig)[292]

In der fertigen Erzählung beginnt der Abschnitt XI so:

> Der Fernfahrer aß sehr schnell und künstlich, skalpierte Wurstecken mit scheußlich huronischer Technik, schnipste sich auch die bleiche Pellentrofäe vorschriftsmäßig in Gürtelgegend; der Mund lästerte von

Staat und grobem Wetter: die Katastrofe trat ein,
da hieß der mächtigste König Eisenkauer, nach ihm
regierte sein Dalles, immer abwechselnd (oben 3 kala-
harische Fussel, gelbe, Oranje & Transvaal; auf der
linken grünlichen Schulter ein Regenlicht, fensterglän-
zend und traurig).[293]

Belegt ist also, dass Schmidt schon auf der Reise Beobachtungen in druckfertigen Formulierungen auf Zettel
notierte – die ›Idee‹ zur Erzählung wird jedoch von
Alice Schmidt im Tagebuch erst am 10. Juli 1953 erwähnt,
als man wieder zu Hause war, in Übereinstimmung mit dem
von Schmidt ebenfalls auf den 10. Juli datierten ›Entwurf‹,[294] in dem der Aufbau und eine Kurzcharakterisierung
der Figuren festgehalten wurden. Dort findet sich auch der
Hinweis auf den »Morgentraum 10. Juli 1953«, der den
Anlass zur Erzählung gab. Wieviele der 638 erhaltenen
Zettel des *Seelandschaft*-Zettelkastens bereits vor der
konkreten Idee zur Erzählung verfasst wurden, lässt sich
nicht mehr ermitteln. Die Arbeit an der Stoffsammlung trat
am 15. Juli in ein neues Stadium, als Arno Schmidt laut
dem Tagebuch seiner Frau vierundzwanzig »Mäppchen« für
die Notizzettel anfertigte und damit eine Art Gerüst entworfen hatte.[295] Am 22. Juli fand der Autor laut dem Entwurf den Titel; am 30. Juli notierte Alice Schmidt erstmals
in ihr Tagebuch, dass ihr Mann Teile der Erzählung nieder-
schrieb. Am 18. August war die Erzählung »im 1. Guß fer-

tig« (Tagebuch Alice Schmidt); das erste Typoskript[296]
schloss sich unmittelbar an (18. bis 19. August).

– – –

Dieser Zettelkasten, der älteste (und vermutlich nahezu
vollständig) erhaltene Arno Schmidts, unterscheidet
sich von Notizsammlungen zu seinen späteren Werken.
Die Textbruchstücke, die hier notiert wurden, sind bereits
oft weit ausformulierte Passagen, die genau so oder
mit geringen Änderungen in das Manuskript der Erzählung
übernommen wurden. Auch ist die Zetteldichte, im
Gegensatz zum Beispiel zu *Zettel's Traum*, sehr hoch –
es gibt zu beinahe jeder kleinen Texteinheit zwischen
Schrägstrichen auch eine Zettelnotiz. Auf einzelnen Zetteln finden sich starke Bearbeitungsspuren, die zeigen,
dass der Autor bereits in diesem Stadium nicht nur
wusste, wie die Handlung in seiner Erzählung vorangehen
soll, sondern auch detaillierte Formulierungen anstrebte.
Die so entstandenen Textbruchstücke waren wahrscheinlich nach Kapiteln angeordnet. Erhalten geblieben sind
jedenfalls im Zettelkasten 18 »Mäppchen« (gefalzte Zettel)
zu den 18 Foto-Text-Einheiten. Zu jeder Einheit gibt es
außerdem einen mit »Ordnung« betitelten Zettel, auf dem
die wichtigsten Handlungselemente der Texteinheit notiert
sind. In späteren Zettelkästen strukturieren Ordnungskarten das Zettelmaterial meist nach Szenerie- oder
Handlungswechseln, in den *Zettel's Traum*-Kästen auch
nach Stichworten zum Thema des Figuren-Gesprächs.

Vergleicht man den ersten Abschnitt der Erzählung, der die Bahnfahrt von der Saar bis nach Niedersachsen erzählt, mit den Zetteln, fällt auf, dass die komplexen Erörterungen in dieser Textpassage (über die Bibel und Schmidts Verständnis von »Zeit als Fläche«) bereits im Zettelstadium ausformuliert vorliegen, ebenso wie Beobachtungen der mitreisenden Nonne und des jungen Mädchens. Die ›Bahndetails‹ wurden dagegen nachträglich hinzugeschrieben, so zum Beispiel das »Rattatá Rattatá Rattatá«[297], mit dem der Text eröffnet wird, die Lokomotivgeräusche und die Überlegung: »Lieber schon mit dem Koffer nach vorn gehen!«[298] Das ›Situationskolorit‹ wurde also erst bei der Manuskripterstellung hinzugegeben. Ähnlich im zweiten Textabschnitt, in dem alle eingestreuten Kurzdialoge mit dem Kellner des Wartesaals erst im Manuskript zu finden sind, während die Begegnung zwischen dem Erzähler und seinem Freund Erich schon weitgehend auf den Zetteln erzählt wird.

Auf den Zetteln zu *Seelandschaft mit Pocahontas* gibt es neben den ausformulierten Textpassagen auch knappe Notizen, die in der Niederschrift differenziert wurden, wenn auch seltener als in späteren Zettelkästen. Heißt es auf Zettel 229 noch »Doofer Traum?«,[299] wird das im Text zu »(Dower Traumsalat).«[300] modifiziert: Erst in der späteren Fassung wird klar, dass das Durcheinander der Träume als unangenehm empfunden wird, dieses Gefühl aber, weil in Klammern gesetzt, für den Erzähler eine eher nebensächliche Rolle spielt, was durch die nachlässige Verschreibung noch betont wird. (Details zu den Träumen werden weder auf den Zetteln noch im Erzählungstext geliefert.)

Zettel 295 beginnt mit: »Erich schmeißt ne Flasche ›Schampus‹«.[301] In der Erzählung heißt das dann statt dessen: »Aber jetzt lief Erich zu ganz großer Form auf: die Wirtin kam, der König rief: –«.[302] Der »Schampus« wird, bei Beibehaltung der großmäuligen Attitüde, elegant ausgelassen, denn man erfährt den Tatbestand ja im folgenden ohnehin:

(und Annemie, glänzenden Leckernäschens, sicherte sich gleich den vergoldeten Sektkorken: zum Vorzeigen; später, im Geschäft, konnte er der Handtasche entkommen, vor den neidischen Kolleginnen: so haben wir im Urlaub gelebt!)[303]

Der Übergang von der Notiz zum Erzählungsbruchstück noch innerhalb des Zettelstadiums ist auf Zettel 92 zu beobachten. In der ersten Textschicht heißt es dort: »Enneking (Name in Dümmerlohhausen) Hund: Tell«. Nach der Bearbeitung ist zu lesen: »gegenüber eine Hausinschrift Enneking (Name in Dümmerlohhausen) ein dicker brauner Hund: ›wie heißt er?‹ ›Tell‹«[304] Das ›Memo‹, das nur Informationen umfasst, verwandelt sich durch eine Situierung (gegenüber), Beschreibung

(dick und braun) und einen Frager, das heißt, eine Person, auf die sich die Informationen nun beziehen, zum
Erzählungsbruchstück. Diesen Schritt vollzieht Schmidt in
späteren Texten in der Regel erst beim Abfassen des
Typoskripts.[305]

> ›Kuckama das Gesichtel!‹: ›Herr‹ Manasty, Kiel, hatte
> sich Pickel und Blähungen mit Klosterfrau Aktiv-Puder
> vertrieben, und wir schüttelten feixend die Backen
> über den Trottel.[306]

Die Zeitunganzeige, über die sich Erich und der Erzähler
hier amüsieren, findet sich tatsächlich auch im Zettelkasten. (Von Blähungen ist in ihr allerdings nicht die
Rede, und Schmidt hat sich sicherheitshalber »Namen
leicht ändern!«[307] dazu notiert.) In diesem Zettelkasten
ist sie das einzige »Fundstück«, in späteren werden
manchmal kleine Bilder aus Zeitungen und Zeitschriften
oder Ausrisse aus Antiquariatskatalogen aufbewahrt.

Ein Rätsel freilich birgt der Zettelkasten: Zwei der soge-
nannten ›Fotos‹ hat Arno Schmidt während der Arbeit am
Manu-Typoskript komplett ausgetauscht. Im Zettelkasten
finden sich nur Notizen, die den späteren Fassungen
zuzuordnen sind, zu den beiden verworfenen ›Fotos‹,
die sich kritisch mit dem christlichen Glauben befassen,
hat sich keine einzige Notiz erhalten. Hat der Autor den
Zettelkasten nachträglich gereinigt, vielleicht, ehe er ihn

seinem Lektor schenkte? Dagegen spricht, dass die
handschriftlichen Fassungen dieser Fotos dem Zettelkasten wiederum beilagen. Vielleicht hat er die diesbezüg-
lichen Notizen vorher aussortiert, um sie noch einmal
anderweitig zu verwenden. Eine der verworfenen Textpassagen findet sich schließlich in *Zettel's Traum* wieder.[308]
Arno Schmidts Zettelkästen bleiben, bei allen Änderungen
über die Jahre, vor allem eins: ein Notizsystem von
großer Flexiblität.

Mirjam Wenzel

Am seidenen Zettel. Siegfried Kracauers Arbeiten an ›Jacques Offenbach und das Paris seiner Zeit‹

»Außer dem Glück, das allen zuteil wird, sucht jeder Mensch gemeinhin noch sein besonderes Glück.« So räsoniert Kracauer im Jahr 1931 angesichts der kleinen Läden rund um die Berliner Kaiser Wilhelm Gedächtniskirche, in denen sich nach der Weltwirtschaftskrise über Nacht »kleine Glückspekulanten« eingenistet haben.[309] Anstelle der Waren, die einst zum Kauf lockten, stehen hier nun Automaten, die auf Knopfdruck »wahllos und ohne Ansehen der Person gedruckte Zettelchen« ausspeien und so die Zukunft ihrer Nutzer voraussagen: »Ich gesteh«, so Kracauer, »daß mir die automatisch gegebene Zusicherung, ich werde in Bälde Nachricht von einer großen Erbschaft erhalten, schon eine kleine Erleichterung gebracht hat.«[310] Sein freimütiges Geständnis im Feuilletonartikel *Glück und Schicksal* findet zu einem Zeitpunkt statt, an dem die Zukunftssorgen des *Frankfurter Zeitungs*-Redakteurs vergleichsweise gering ausfallen: Das Buch *Die Angestellten* ist unlängst erschienen, die neue Wohnung in Berlin bezogen, die Einkommenssituation gesichert und die Pressefreiheit noch unangetastet. Auch wenn sich die Zeichen der Zeit, und so deutet Kracauer die Glücksver-

sprechen aus den Automaten, alsbald wenden werden, bleibt ihr Medium doch dasselbe: der Zettel.

– – –

Bereits während seiner Recherchen zur ethnographischen Studie *Die Angestellten: Aus dem neuesten Deutschland* im Mai und Juni 1929 eignet sich Kracauer die Gewohnheit an, seine handschriftlichen Notizen zu Büchern, Gesprächen und Beobachtungen auf hauchdünnen, losen Zetteln niederzuschreiben, die er in Hemd-, Hosen- oder Jackettasche stecken und stets bei sich führen kann. Die offene Struktur der nummerierten Zettel erlaubt es ihm, diese beim Verfassen des Buchs immer wieder neu anzuordnen, mit Anstreichungen und Hinweisen zu versehen und Platz sparend zu archivieren. In den kommenden Jahren baut Kracauer dieses Schreibverfahren noch weiter aus und legt insbesondere während der Arbeit an dem Buch *Jacques Offenbach und das Paris seiner Zeit* in den Jahren 1934 bis 1937 eine umfangreiche »Materialsammlung«[311] mit Exzerpten von Büchern und Zeitschriften aus den Beständen der Pariser *Bibliothèque Nationale* an. Seine handschriftlichen Mitschriften auf hauchdünnen, einzelnen Zetteln stützen sich auf die Lektüre von kleineren Artikeln und Aufsätzen, umfangreichen Überblicksdarstellungen, autobiografischen und politischen Abhandlungen, Libretti, Prosatexten und Gedichten und münden in einer Sammlung, die einer *Bibliotheca Universalis* zum kulturellen Leben in der französischen Hauptstadt zwischen der Julirevolution 1830 und der Premiere von Jacques Offenbachs letzter Oper *Hoffmanns Erzählungen* 1881 gleicht.

Im Folgenden werde ich zunächst die Ordnung dieser Zettelsammlung beschreiben und deren Korrespondenzen mit den enzyklopädischen Tabellen untersuchen, die ebenfalls während der Arbeit an *Jacques Offenbach und das Paris seiner Zeit* entstehen. Anschließend möchte ich mich dem Phänomen zuwenden, dass der Autor Auszüge aus dem Gelesenen wortwörtlich in seine Exzerpte und von dort in das Buch überträgt – ohne im gedruckten Text zu markieren, an welchen Stellen er mit wessen Zunge spricht. Es gilt zu fragen, warum Kracauer die eigenen Vorstudien derart systematisiert und sich an den Wortlaut der historischen Texte heftet, und dieses Schreibverfahren schließlich im Kontext seiner Schriften zu diskutieren.

Kracauers Aufschreibesystem im französischen Exil greift nicht auf die technischen Reproduktionsmöglichkeiten seiner Zeit zurück, sondern knüpft an die tradierte Form des Zettelkastens an, derer sich Bibliothekare, Schriftsteller und Gelehrte Jahrhunderte lang bedienten. Die Empfehlung von Konrad Gessner, dem Verfasser der ersten *Bibliotheca Universalis*, einen gelehrten Zettelkasten anzulegen, mag so durchaus instruktiv für

Kracauer gewesen sein, als er mit der Arbeit an seiner »Gesellschaftsbiographie«[312] des Paris um 1850 begann:

> Entweder sie haben den Stoff erst kürzlich gesammelt, oder sie ordnen einst zusammengetragene, auf nicht festgeklebten Zetteln nach Sachgesichtspunkten geordnete Materialien zu neuerlichem Gebrauch, so daß sie, wenn es nötig sein wird, diese zur Behandlung des jeweiligen Gegenstandes herausnehmen und aus den vielen Zetteln die, welche für das gegenwärtige Thema am besten geeignet scheinen, auswählen können.[313]

Während Kracauer seine Notizen zu den *Angestellten* nur sporadisch sortierte, legt er den etwa 3500 hauchdünnen, »nicht festgeklebte[n] Zettel[n]« in geringfügiger Größe (8,3 cm × 11,9 cm), auf denen er im Laufe seiner monatelangen Studien in der Pariser Bibliothèque Nationale seine Exzerpte zu *Jacques Offenbach und das Paris seiner Zeit* festhält, ein detailliertes Ordnungssystem zugrunde. Er versieht seine Aufzeichnungen nicht nur mit Hervorhebungen im Text und Annotationen, die ihm eine nachträgliche Nutzung nach ›Sachgesichtspunkten‹ im Sinne Gessners ermöglichen, sondern auch mit einem numerischen Code, der in einer weiteren Sammlung von Zetteln derselben Größe verwaltet und in einem Umschlag mit der Aufschrift »Literaturverzeichnis« verwahrt wird.[314] Diese separate Zettelsammlung bildet eine Art Bibliotheks-Zettelkatalog *en miniature*, der bibliografische Angaben zu allen exzerpierten Büchern, Zeitschriften und Aufsätzen sowie gelegentlich auch deren Signatur in der *Bibliothèque Nationale* versammelt und in Form einer umrundeten Ziffer neben jedem Titel auch den Schlüssel zum numerischen Code der losen 3500 Zettel enthält.

– – –

Mit Hilfe des separat verwahrten Zettelkatalogs lässt sich dieser Code wie folgt entziffern:

1. Die umrundete Ziffer am linken oberen Seitenrand der Zettel ist die Chiffre des jeweils exzerpierten Textes. Kracauers Exzerpte beziehen sich auf knapp 170 Bücher, Zeitschriften und Aufsätze – vom sechsten Band der *Biographie universelle des musiciens* von François-Joseph Fétis (2. Aufl., Paris 1864) mit der umrundeten Ziffer 1 bis zur Abhandlung über *Jules Verne* von Marguerite Allotte de la Fuye (Paris 1927) mit der umrundeten Ziffer 169.

2. Die Nummer am rechten oberen Seitenrand stellt die Seitenzahl jedes Zettels zu ein und demselben Titel dar. Texte, die Kracauer besonders intensiv studiert und exzerpiert, weisen dementsprechend viele Zettel mit derselben umrundeten Ziffer und hohen Seitenzahlen auf.

3. Die sporadisch links neben den Notizen niedergeschriebenen Zahlen halten fest, auf welche Seite des exzerpierten Textes sich die Aufzeichnungen beziehen.

– – –

Das Ordnungssystem, das Kracauer seinen Exzerpten zugrunde legt, besteht in erster Linie aus diesem dreifachen Zahlencode, einer Chiffre des exzerpierten Buchs und zwei verschiedenen Seitenzahlketten. Es ermöglicht Kracauer auch noch Jahre später einen systematischen Zugang zu den eigenen Aufzeichnungen aus der Pariser *Bibliothèque Nationale*.

Neben dieser Systematik gliedert er seine Exzerpte auch nach inhaltlichen Gesichtspunkten, indem er sie in thematische Einheiten unterteilt und mit kurzen, grafisch hervorgehobenen Überschriften (wie etwa: Cafés, Straßen, Passagen, Kurtisanen oder Theater) versieht, die er immer wieder verwendet. Bei der Wahl dieser Titel greift er entweder auf den Wortlaut der gelesenen Texte zurück oder Themen auf, die ihn bereits seit Jahren beschäftigen.[315] Dank der mehrfachen Verwendung ein und derselben Überschrift kann Kracauer das Gelesene im Nachhinein nach inhaltlichen Kriterien durchstöbern und einzelne Aufzeichnungen nach Schlagwort-Gruppen sortieren, anhand derer er wesentliche Anhaltspunkte für den Text seines Buchs gewinnt. Sowohl die Auswahl der gelesenen Bücher als auch die Unterstreichungen und nachträglich hinzugefügten Annotationen verdeutlichen, dass er bereits beim Exzerpieren die Idee verfolgt, sich im wesentlichen auf die Jahre 1852 bis 1870, die Zeit des *Second Empire*, zu konzentrieren, die in seinen Augen die nationalsozialistische Diktatur antizipieren. Im Zentrum von *Jacques Offenbach und das Paris seiner Zeit* stehen dementsprechend die unter Kaiser Napoleon III. entstehenden großen »Offenbachiaden«[316] *Orpheus in der Unterwelt, Die schöne Helena, Pariser Leben* und *Die Herzogin von Gerolstein,* die Kracauer als »Phantasmagorien« der damaligen Gesellschaft porträtiert.[317] Die Notizen, Unterstreichungen und Annotationen in den Zetteln konzentrieren sich deshalb auf Figuren und Phänomene, die die »Operettenhaftigkeit«[318] der damaligen Zeit illustrieren: die Parvenüs des Hofes, die Lebemänner, Kokotten, Bohemiens und Flaneure der Boulevards und die *Demi-Monde* der Kurtisanen und Schauspielerinnen.

– – –

Das doppelte Ordnungsverfahren in den Vorarbeiten zu *Jacques Offenbach und das Paris seiner Zeit* eröffnet Kracauer die Möglichkeit, die eigenen Exzerpte im Nachhinein sowohl zu erweitern als auch aus ihrem Zusammenhang zu lösen und umzugruppieren, ohne dabei deren ursprüngliche Reihenfolge zu gefährden. Ganz im Sinne der Empfehlungen Gessners sichert es einen sowohl vielseitigen als auch umfangreichen Zugriff zu den handschriftlichen Aufzeichnungen – ohne deren Nutzungszusammenhang von vornherein festzulegen. Die Tatsache, dass Kracauer bereits zu Beginn seiner Arbeiten an dem *Offenbach*-Buch ein Schreib- und Ordnungsverfahren konzipiert, das von dem Gedanken einer möglichst

effizienten Nutzung getragen wird, ist nicht zuletzt auch auf die Situation zurückzuführen, in welcher sich der Exilant befindet.

Angesicht der finanziellen und existentiellen Sorgen, unter denen die Vorarbeiten an der »Gesellschaftsbiografie« stehen, strebt Kracauer nicht nur danach, ein Buch zu schreiben, das von einem möglichst breiten Leserkreis wahrgenommen wird und ihm dadurch ein gewisses Einkommen beschert. Er versucht auch, die umfangreichen Vorarbeiten zu diesem Buch so zu gestalten, dass er die Aufzeichnungen trotz der zu befürchtenden Notwendigkeit, mehrfach umziehen oder gar noch einmal fliehen zu müssen, bei sich behalten kann. Die geringfügige Größe der losen Zettel ermöglicht es dem Exilanten überdies, seine Exzerpte auch an Orten wie etwa Straßencafés zu nutzen, an denen er nicht besonders viel Platz zum Arbeiten hat. Das Schreib- und Ordnungssystem der Exzerpte ist somit vor allem von der Notwendigkeit geprägt, die eigene Arbeitssituation so flexibel wie möglich zu gestalten. Mit den Zetteln hält nicht nur die Idee einer zukünftigen Nutzung und damit eine konkrete Perspektive Einzug in die trostlose Gegenwart des Pariser Exils, sondern auch der Wunsch, die eigenen Aufzeichnungen bei sich verwahren und möglicherweise auch noch in anderen Zusammenhängen verwenden zu können.

– – –

Darüber hinaus verweist die offene Anlage des numerischen Ordnungssystems auf den Anspruch, den Kracauer
mit seiner »Gesellschaftsbiographie« erhebt. Bereits zu
Beginn seiner Arbeiten, im Dezember 1934 schreibt er an
Julius Meier-Graefe:

> Ich bereite ein Buch über Jacques Offenbach vor.
> Keine Biografie im strengen Sinne, sondern mehr ein
> Gesellschaftsbild großen Stils, das das Second Empire
> und das Jahrzehnt nach [18]70 umfaßt.[319]

Jacques Offenbach und das Paris seiner Zeit soll
ein umfangreiches Kompendium zur Pariser Geschichte
des 19. Jahrhunderts sein. Diesen Anspruch auf ein
»Gesellschaftsbild großen Stils« zeigt auch eine Tabelle
in einem separaten Notizheft, in dem Kracauer jedes
Jahr im Zeitraum zwischen 1820 bis 1890 mit diesen
Kategorien in je einer Spalte beschreibt:

Allgemeine Geschichte
Ereignisse
Parteien (pol. Stimmungen)
Finanzen, Kriege
England
Deutschland
Österreich
Andere Länder
Zeitungen

Philosophie
Literatur
Künste (Musik, Malerei)
Wissenschaften
Erfindungen.[320]

Das »Gesellschaftsbild großen Stils« soll in seinen
wesentlichen historischen, gesellschaftlichen und kulturellen Entwicklungen so systematisch wie in kurzen
Worten möglich sein.
Auch wenn sich Kracauers Notizen weitgehend auf die
ersten Spalten konzentrieren und in den späteren Jahren
etwas weniger umfangreich ausfallen, hält er die Ordnung
der Tabelle – wie auch die Systematik der Exzerpte –
bis zur letzten Seite aufrecht. Seinem systematischen
Entwurf für die Jahre 1820 bis 1890 steht eine weitere
Tabelle zur Seite, die die Werke Offenbachs in folgende
Gattungen gliedert:

Ländliche Operetten (= Einakter)
Bürgerliche und militärische Einakter
Musikalische Bouffonerien
Parodistische Operetten
Die großen Offenbachiaden: I. Antike Parodien,
II. Mittelalterliche Parodien, III. Sittenstücke,
IV. Buffo-Opern, V. Komische Opern
Feerien und Ausstattungsstücke[321]

Die beiden Tabellen unterstreichen nicht nur den enzyklo-pädischen Anspruch, den die *Bibliotheca Universalis* des Zettelkastens erhebt. Sie weisen auch darauf hin, in wel-chem Maße Kracauer der im Schwinden begriffenen Ord-nung des eigenen Lebens im französischen Exil eine Sys-tematik im tagtäglichen Arbeiten entgegenzuhalten sucht.

— — —

Dieser psycho-ökonomische Zusammenhang prägt nicht nur die Entstehung von *Jacques Offenbach und das Paris seiner Zeit*, sondern insbesondere auch die Monate, in denen der Exilant in Marseille auf die Möglichkeit einer Ausreise wartet und die ersten Vorstudien zu einer Kultur-geschichte des Films, den ebenfalls als Tabelle angeleg-ten »Marseiller Entwurf« verfasst. Im Sommer 1940 trifft er hier beinahe täglich auf Walter Benjamin, der, so berichtet Soma Morgenstern Gershom Scholem, Kra-cauers Verhalten als Flucht in die Arbeit zu deuten weiß:

> Auf dem Weg, vor einem Café, saß unser Freund S. Kracauer, eifrig schreibend. ... Ehe wir weitergingen, fragte ich: »Was wird aus uns werden, Krac?« Darauf er, ohne lange nachzudenken, erstaunlich schnell und apodiktisch: »Soma, wir werden uns alle hier umbrin-gen müssen.« Um zu zeigen, daß er noch Wichtigeres zu tun hatte, wandte er sich wieder zu seinen Papie-ren und schrieb schnell weiter. Vor dem Eingang zur Préfecture blieb W.[alter] B.[enjamin] stehn und

sagte: »Was mit uns geschehen wird, ist nicht so leicht vorauszusehen. Aber eins weiß ich sicher: wer sich sicherlich nicht umbringen wird, ist unser Freund Kracauer. Er muß ja noch seine Encyclopaedie des Films zu Ende schreiben.«[322]

Die hauchdünnen kleinen Zettel, die Kracauer stets bei sich führt, beschriftet und ordnet, halten den Schrecken der Gegenwart Aufzeichnungen von Vergangenem entgegen, die zukünftig nutzbar sein sollen. Das Ord-nungssystem der Zettel und Tabellen bildet ein »Gerüst, das nicht nur dem Denken sondern auch dem Leben Halt« bietet.[323] Das Überleben hängt buchstäblich am ›seide-nen‹ Zettel.

— — —

Kracauers obsessives tagtägliches Arbeiten und seine Fixierung auf kleine Zettel und raumgreifende Tabellen wird von einem besonderen Verhältnis der Nähe zu den gelesenen Texten begleitet. Der Autor des *Offenbach*-Buchs fasst seine Lektüren in den Exzerpten nicht etwa in kurzen Stichworten oder Thesen zusammen, sondern schreibt Passagen, die ihm wichtig erscheinen, weithin ab. Anstatt das Gelesene mit einem gewissen Abstand zu beurteilen, übernimmt er Stil und Darstellungsweise in die eigenen Notizen. Vor allem Anekdoten, zeitgenössische Schilderungen und Beobachtungen aus der Welt der Bou-levards, Cafés und Theater, der Bohemiens, Flaneure und Künstler, der Düfte und Moden gehen wortwörtlich in seine Aufzeichnungen ein. Kracauer exzerpiert auffällig viel aus den Gefilden der »Phantasmagorien«, in die sich die Gesellschaft des Second Empire hüllt. Viele Passagen werden – häufig sogar in vollem Umfang – in das Buch übernommen. Alle direkten und indirekten Reden, viele der detaillierten Beschreibungen verschiedener Orte, Abende und Situationen, kurz: die kleinen Szenen und Parerga von *Jacques Offenbach und das Paris seiner Zeit*, sind nicht etwa literarische Imaginationen eines frankophilen Exilanten in Paris, sondern Abschriften eines eifrigen Lesers.

Während Kracauer die Zitate in seinen Exzerpten stets mit Anführungszeichen und Seitenzahlen versieht, fehlen derartige Verweise im gedruckten Text ganz. Obwohl die Dialoge, stehenden Redewendungen, Anekdoten und Episoden zumeist wortwörtlich den Abschriften aus den Exzerpten entsprechen, werden die Zitate im Buch weder markiert noch mit bibliografischen Angaben versehen.[324] Dabei weiß Kracauer sehr wohl, an welcher Stelle seines Manuskripts er mit wessen Zunge spricht: Die mit Tinte hinzugefügten Hinweise, die roten und blauen Buntstift- sowie die Bleistiftanstreichungen am Rande der Notizen verraten, dass er seine Zettel mehrfach durchgeht, systematisch einzelnen Kapiteln seines Buchs zuordnet, ja sogar gelegentlich im Nachhinein mit dem Hinweis versieht, welches Zitat auf welcher Seite des Manuskripts

wiederkehrt. Doch warum verschweigt der Autor, wer seine Ghostwriter sind? Weshalb minimiert er die Hinweise darauf, dass sein Buch in weiten Teilen eine Zitatmontage ist?

– – –

Jacques Offenbach und das Paris seiner Zeit entsteht in demselben Zeitraum an demselben Ort wie Teile von Walter Benjamins unvollendetem *Passagen-Werk* und sein Aufsatz *Das Paris des Second Empire bei Baudelaire*. Kracauers Buch unterhält in Thematik und Konstitution ein gewisses Konkurrenzverhältnis zu jener Sammlung an Zitaten und Textfragmenten, deren Methodik Benjamin explizit als »literarische Montage« reflektiert:

> Ich habe nichts zu sagen, nur zu zeigen. Ich werde nichts Wertvolles entwenden und mir keine geistvollen Formulierungen aneignen. Aber die Lumpen, den Abfall: die will ich nicht inventarisieren, sondern sie auf einzig mögliche Weise zu ihrem Rechte kommen lassen: sie verwenden.[325]

Der Lumpensammler, den Benjamin wenige Jahre zuvor als Metapher für Kracauers Schreibverfahren in den *Angestellten* einführte – Kracauer löse »mit seinem Stock die Redelumpen und Sprachfetzen« auf, »um sie mürrisch und störrisch … in seinen Karren zu werfen«[326] –, findet sich auch in *Jacques Offenbach und das Paris seiner Zeit* wieder.

Kracauer selbst mag bei seinem Verfahren allerdings eher an die Gattung gedacht haben, die von seiner Hauptfigur geprägt wird: die Operette. Im Vorwort wird die »Spottvogelperspektive« zur zentralen Metapher für die »Haltung«[327] des Autors:

> Aus der Spottvogelperspektive der Offenbach-Operette betrachtet verkehrt sich das gewohnte Bild der Welt. Vieles, was unten zu sein scheint, befindet sich oben; vieles, was gemeinhin für groß erachtet wird, entpuppt sich als klein. Es entspräche der Absicht dieses Buchs, wenn sein Geist dem der echten Operette nicht ganz unverwandt wäre.[328]

Die Inversion von groß und klein, oben und unten kennzeichnet sowohl Kracauers wie Offenbachs Blick auf die Pariser Gesellschaft als auch das Verhältnis zwischen den von Kracauer selbst verfassten Textteilen und den verwendeten Zitaten. Was gemeinhin ›unter‹ einer Abhandlung zu liegen und in diese implizit einzufließen scheint, die Lektüre anderer Texte, befindet sich in *Jacques Offenbach und das Paris seiner Zeit* ›oben‹. Die kleine Welt der Zettel konstituiert die Oberfläche des Textgeflechts, ja den Text selbst.

Der ›Geist‹ von Kracauers Buch haust also nicht etwa in der Tiefe oder im Dunklen, sondern an jenem »Ort, den eine Epoche im Geschichtsprozeß einnimmt«: der »Ober-flächenäußerung«.[329] Kacauer verleiht diesem Geist in der Darstellung der Beziehungsgeschichte zwischen dem Operettenkomponisten und der Pariser Gesellschaft des 19. Jahrhunderts eine Gestalt. Sein Buch ist eine Mimikry von Offenbachs Operetten und bringt den Stoff der »Phantasmagorien« des Second Empire – die zeitgenössischen Miniaturen, Kolportagen und Anekdoten – selbst zum Reden. Die dreiteilige Struktur ähnelt der Anlage einer Operette in drei Akten, wobei das Buch die beiden Zusammenbrüche der gesellschaftlichen Ordnung und mithin die Einschnitte in Offenbachs Operettenwelt, die Februarrevolution von 1848 und den Deutsch-Französischen Krieg von 1870/71, als »Zwischenspiel« deklariert und gewissermaßen in die Pause verlegt.[330] Die drei Akte von Kracauers Komposition erzählen im Spiegel des Entstehens und Verklingens der ›Oberflächengattung‹ Operette die Vor-, Haupt- und Nachgeschichte des *Second Empire*. Sie spüren den »Grundgehalt einer Epoche und ihre unbeachteten Regungen«[331] in Arabesken des damaligen Alltags auf und halten diese auf kleinen Zetteln fest. Während Benjamin die Texte, Bilder und Orte, die er zu einer materialen Geschichtsphilosophie des 19. Jahrhunderts zu konstellieren gedenkt, in den Nachlass-Konvoluten als solche ausweist und nebeneinander stellt, scheinen sich die Ränder zwischen den Zitaten, die Namen der Autoren und die Differenzen zwischen Textgattungen in Kracauers Textkomposition aufzulösen. Im Unterschied zu

Benjamin arbeitet Kracauer also an der Ent-differenzierung seines Materials und damit am ›Fluss‹ seines Textes, der eben jenem »Fluß des Lebens« ähnelt, den er später zum Gegenstand des Films erklärt.[332]

– – –

Kracauers Versuch, den Stoff des Alltags zum Sprechen zu bringen, ist dem Film affin. Er bedient sich jenes Mittels, welches das Leitmedium des beginnenden 20. Jahrhunderts kennzeichnet: der Montage. Der von Adorno kritisierte Begriff der »Wirklichkeit«,[333] auf den Kracauer insistiert, spiegelt sich dabei insbesondere in dem quasi dokumentarischen Material der Zettel wider, aus dem das Buch montiert ist. *Jacques Offenbach und das Paris seiner Zeit* kombiniert Großaufnahmen mit Übersichtseinstellungen, hält sich an die stoffliche Textur einzelner Szenen und die Vielfalt der Begebenheiten auf den Pariser Straßen und belebt auf diese Art und Weise die unbelebte Welt der Schrift aus den zitierten Texten. Das Buch rekurriert damit auf ein Verfahren, dass in dem wenig später entstehenden »Marseiller Entwurf« und die *Theory of Film* als typisch filmisch beschrieben wird. Kracauer stellt »das Kleine« des Alltags und das »Detail« der Inszenierung scharf, aber hält auch das »Große« der damaligen gesellschaftlichen Welt fest,[334] die Massen auf den Boulevards, in den Cafés und Theatern fest. Sein Buch reproduziert das »Gewohnte« und »das Flüchtige«[335] und ist dabei – ebenso wie der Film – »vom Wunsch

beseelt, vorübergehendes materielles Leben« einzufangen.[336] Indem Kracauer die montierte Materie nicht beziffert und inventarisiert, sondern ineinander verwebt, und die Einzelaufnahme – das Zitat – dem Prinzip der Sukzession unterordnet, versucht er den »Strom materieller Situationen und Geschehnisse mit allem, was sie an Gefühlen, Werten, Gedanken suggerieren« wiederzugeben,[337] den er wenig später als den eigentlichen Gegenstand des Films definiert.

Angesichts dieser nicht-wissenschaftlichen, sondern genuin filmischen Konstitution von *Jacques Offenbach und das Paris seiner Zeit* liegt eine Umarbeitung zu einem Drehbuch gewissermaßen in der Luft: Kurz nach dem Erscheinen des Buchs verfasst Kracauer denn auch ein gleichnamiges »Motion Picture Treatment«, das als Grundlage einer Verfilmung durch die Metro-Goldwyn-Mayer-Studios dienen soll.[338]

– – –

In *History. The Last Things Before the Last* beschreibt Kracauer folgendes Erkenntnismoment:

> Blitzartig wurden mir die vielen Parallelen klar, die zwischen Geschichte und den photographischen Medien, historischer Realität und Kamera-Realität bestehen [...]. Diese Entdeckung [...] rechtfertigte [...] mir selbst gegenüber und im Nachhinein die Jahre, die ich mit der *Theorie des Films* zugebracht hatte. Dieses

Buch [...]erscheint mir nun [...] als ein weiterer Versuch [...], die Bedeutung von Bereichen herauszu-
schälen, deren Anspruch, um ihretwillen anerkannt zu
werden, noch nicht Genüge geschah. Ich sage »ein
weiterer Versuch«, weil ich genau das mein Leben
lang versucht habe – in den *Angestellten,* vielleicht in
Ginster und bestimmt in *Offenbach.*[339]

Die blitzartige Einsicht, die Kracauers letztes Buch
eröffnet, legt nahe, die Sammlung an etwa 3500 Zetteln,
die *Jacques Offenbach und das Paris seiner Zeit*
zugrunde liegt, sowohl mit der Kamera-Realität zu vergleichen, deren Bedeutung der Autor in seiner *Theory of
Film* beschreibt, als auch als Zeugnis der prononcierten
Entwicklung eines Schreibverfahrens zu verstehen,
das er in seinen späteren Schriften weiter ausbaut. Die
Zettelsammlung und die Zitatmontagen des *Offenbach-*
Buchs knüpfen nicht nur an die Vorgehensweise an,
die Kracauer in der Arbeit an den *Angestellten* ent-
wickelte, sondern antizipieren auch das umfangreiche
Aufschreibesystem seiner beiden letzten großen Bücher.
Seine monografische Darstellung ist ebenso eine
filmische Geschichte wie ein historischer Roman.
Der »Bereich der geschichtlichen Wirklichkeit«, den die
Darstellungsformen erschließen, gleicht in geschichtsphi-
losophischer Hinsicht jenem »Vorraum« vor den letzten
Dingen,[340] der von der Stofflichkeit des Daseins und der

Textur der Dinge geprägt wird. Das Bild, das Kracauer
von diesem »Vorraum« entwirft, ist »teils geformt, teils
amorph«.[341] Es zeugt von dem Wunsch, »die vergänglichen
Phänomene der äußeren Welt [...] der Vergessenheit zu
entreißen«,[342] und Zukunft zu begründen. Dieses Glücks-
versprechen dieser Zukunft haftet bis heute an Kracauers
›seidenen‹ Zetteln.

Norbert Miller
Sesam öffnet sich. Eduard Berends doppelter Zettelkasten

»J'ai bien peur, que notre petit globe terraquée ne soit les
petites maisons de l'univers.« (Voltaire, *Memnon ou la
sagesse humaine*). – Jean Paul kommentierte das Motto
zu seinem ersten Buch, der anonym erschienenen Sammlung *Grönländische Prozesse oder satirische Skizzen*
(Leipzig 1782), im Antwortbrief auf die ratlose Frage seines älteren Freundes und Gönners Erhard Friedrich Vogel
in Rehau, was denn das Voltaire-Zitat mit Titel und Buch
zu tun habe: »Das Motto bezieht sich weniger auf meine
Satiren als auf meine Denkungsart; auch nam ich es
mer wegen seiner Schönheit als seiner Angemessenheit.«
Eduard Berend (1883 – 1973) machte in der ersten
Anmerkung zum ersten Band der von ihm für die Berliner

Akademie der Wissenschaften herausgegebenen, histo-risch-kritischen Ausgabe von Jean Pauls *Sämtlichen Werken* (1928) auf den ungewöhnlichen Wortgebrauch ›terraquée‹ (aus Erde und Wasser zusammengesetzt) und die irritierende weibliche Form in der Vorlage aufmerk-sam.[343] Und der Jean Paul-Leser begreift durch das Bild des zusammengekneteten Erdballs plötzlich, wie der wortakrobatische Mechanismus dem jungen Autor das Denken und die Welt aufschließt. »Ich fürchte wohl, dass unser kleiner, aus Erde und Wasser bestehender Globus das Narrenhaus des Weltalls sei.«

Bereits 1922, als der philologisch glänzend ausgebildete und im Metier erfahrene Gelehrte den ersten Band der Briefe Jean Pauls vorlegte, hatte er sich zu dieser Stelle Notizen gemacht, auf die er jetzt zurückgreifen konnte. Berends Verfahren, Stichpunkte im Text, Querverweise, Quellenfunde usw. sorgfältig, doch ohne Pedanterie, zu notieren und alles Vorgefundene und Erschlossene in einem einheitlich behandelten Repertorium zusammen-zufassen, stand zwangsläufig von Anfang an in Relation zu Jean Paul Friedrich Richters besessener, alle Einheit sprengender Sammlung seiner Exzerpte und Exzerpt-Bücher, die er hin und wieder, vergeblich oder nur für ihn einsichtig, durch Register praktikabel zu machen ver-suchte. In den langen Jahren konzentrierter Arbeit an der kritischen Erschließung von Jean Pauls Gesamtwerk (erschienen dann von 1927 bis 1964, unter Einschluss des

Nachlasses), für die der Literaturwissenschaftler Berend seine Universitätslaufbahn preiszugeben bereit war, musste der täglich ins Ungemessene wachsende Vorrat an Kenntnissen und Erkenntnissen den Jean Paul-Herausgeber selbst in ein zweites Ich des Exzerpte sam-melnden Dichters verwandeln. Sein eigener Zettelkasten wuchs sich zu einem philologisch geordneten Pendant zu Jean Pauls Notizzettel-Labyrinth aus. 16 Bände hatte der Herausgeber bis 1938 vorgelegt, aus den zu Lebzeiten erschienenen Werken und aus dem Nachlass, die weitaus meisten von ihm allein bearbeitet. Die zuge-hörigen Apparatbände waren bis in die Nähe der Druck-fertigkeit vorbereitet. Nur bis zum neunten Band (1933) durfte sein Name auf dem Titelblatt stehen. Danach hatte er sich unter die Schikanen des Dritten Reichs zu beugen und unter wachsenden Demütigungen sein tägliches Pensum anonym zu erledigen, bis er im November 1938 ins Konzentrationslager Oranienburg-Sachsenhausen verschleppt wurde. Vorübergehend wieder auf freien Fuß gesetzt, entging er dem Schlimmsten, als es Schwei-zer Freunden gelang, ihm eine befristete Aufenthalts-erlaubnis im Nachbarland zu erwirken. Und einem Wunder gleicht es, dass Berend noch am 21. Dezember 1939 – nach Ausbruch des Kriegs! – mit seinen Aufzeichnungen, Sammlungen und seiner Bibliothek Berlin verlassen konnte; denn das ermöglichte ihm, auch in der Ärmlichkeit seiner neuen Verhältnisse und vor einem Zeithintergrund, der keine Zukunft offen zu lassen schien, geduldig an seinem Lebenswerk weiterzuarbeiten. Als 16 Jahre später, im Frühjahr 1956, Bernhard Zeller und Wilhelm Hoffmann nach Genf fuhren und den Vereinsamten einluden, an das Marbacher Literaturarchiv zu kommen und dort das Jean-Paul-Archiv aufzubauen und zu leiten, stand weiterhin der ›Zettelkasten‹ im Zentrum, das verlässliche Papier gewordene Gedächtnis: ein sorgsam und weit ausgreifend kombiniertes Personen- und Ortsregister, wichtiger noch: das Sach- und Wortverzeichnis zu Jean Pauls Werken und Schriften, dazu Mappen über Mappen mit geretteten Abschriften aus dem Nachlass, mit Aufsätzen und Zeitungsausschnitten.

Eduard Berend hatte sein Arbeitszimmer im Dachgeschoss des Schiller-Nationalmuseums, gleich neben dem des Direktors Bernhard Zeller. Die Fensterseite war abgeschrägt, die Balken lasteten ein wenig drohend auf dem sonst behaglichen Raum, über dessen freie Wandseiten sich Berends gerettete Bibliothek ausbreitete. Über die gut 2000 Bände dieser Bibliothek verfügte er, nie sich irrend, mit der gleichen Selbstverständlichkeit wie über die in seinen Stichwort-Alphabeten verwahrten Informationen und Einsichten. Als ich ihn Anfang 1959 zum ersten Mal besuchen durfte – ich hatte ihm auf seinen Wunsch die erste Fassung meiner Kommentare zur *Unsichtbaren Loge* und zum *Hesperus* zugeschickt und wartete so unruhig wie der Student Anselmus aus dem *Goldenen Topf* auf sein strenges Urteil –, öffnete mir der alte Herr die Tür zu seiner Welt, über die er wie der Archivarius Lindhorst oder der geheimnisvolle Prosper Alpanus als ein ins Bürgerliche verkleideter Magier herrschte. Wie bei so manchen späteren Aufenthalten bewunderte ich die Präzision, Strenge aber auch Güte seines Urteils, die selbstverständliche Hilfsbereitschaft, mit der er dem Ratsuchenden entgegen kam, vor allem aber seine Findigkeit, auch entlegenste Zitate und Anspielungen in kürzester Frist aufzuspüren. Dazu bewegte er sich in ruhiger Leichtigkeit und wie selbstverständlich zwischen den Zetteleinträgen seiner Register und den für ihn wichtigen Quellenzeugnissen, die er früh in *Jean Pauls Persönlichkeit in Berichten der Zeitgenossen* (zuerst 1913 erschienen, dann als Ergänzungsband zur Gesamtausgabe 1956 in Berlin) und in seiner *Jean-Paul-Biographie* (1925, ergänzt von Johannes Krogoll, Stuttgart 1963) zusammengetragen hatte. Außerdem konnte er jederzeit Inhalt und Wortlaut der von ihm gesammelten Erzählwerke des europäischen 18. Jahrhunderts, teils im Original, teils in den zeitgenössischen Übersetzungen, zu seinen Recherchen heranziehen, die er auch neben seinem staunenden Besucher unaufgeregt, aber zielstrebig fortsetzte. Seine Bibliothek war gewissermaßen der größere Zettelkasten, der Makrokosmos zu jenem Mikrokosmos des Registerschranks. Beides brauchte er, um bei der seit 1948 im Auftrag der Berliner Akademie der Wissenschaften

wieder übernommenen Hauptherausgeberschaft für
Jean Pauls Werk seinen schwierigen Kurs durch das Sar-
gossameer von Jean Paul Friedrich Richters Phantasie
steuern zu können.

Vergeblich blieb, nachdem Eduard Berend kurz vor
Erreichen seines 90. Lebensjahres plötzlich verstorben
war, das inständige Bemühen, mit dem ›Zettelkasten‹
auch die Handbibliothek zu retten, sie in ihrem Bestand
und ihrer Anordnung *in situ* zu belassen; denn die plausi-
ble Versicherung der Direktion, keines von Berends
Büchern gehe ja verloren, jedes sei mühelos und jederzeit
aus dem allgemeinen Bestand beschaffbar, trug und
trägt wohl den Bedürfnissen einer sich seither mächtig
ausdehnenden Institution Rechnung, vielleicht auch
den modernen Grundsätzen eines Literaturarchivs, aber
sicher nicht dem Geist Eduard Berends. Seine Aura ist
aus dem von ihm hinterlassenen Jean Paul-Archiv gewi-
chen. Zu ihr gehörte der in ausgewählten Büchern und
Textsammlungen immer präsente Zusammenhang der
deutschen mit der europäischen Kultur und Philosophie
des Aufklärungs-Zeitalters. Wie schön, dass jetzt der
Zettelkasten für die Dauer einer Ausstellung, der alten
Ordnungen verlustig, dafür aber im weitesten Orbit der
Moderne zu uns zurückgekehrt ist!

SYNAPSE

Martin Warnke
Vor der Synapse

1. Wenige Wochen vor seinem Tode habe ich Reinhart
Koselleck in Bielefeld besucht, weil er mir seine Bildersammlung und seine Bibliothek zeigen wollte. Den Zetteln
in seinen Schubkästen waren zahllose, oft wie beiläufig
aufgenommene Fotos vor allem von Krieger- und Reiter-
denkmalen aufgeklebt. Nach einigem Stöbern in den Kästen fiel mir auf, dass die Fotokarten nicht oder nur knapp
beschriftet waren. Auf meine Frage, wie man die Objekte
der Aufnahmen identifizieren könne, sagte Koselleck:
»Wenn sie gar nicht beschriftet sind, bedarf es einiger
Nachforschungen, wenn ich sie beschriftet habe, wird
man das nicht lesen können.«
Diese Auskunft bezeichnet eine Problemzone in der Bio-
grafie eines jeden privaten Zettelkastens.
Der Zettelkasten stellt den persönlichen Einstieg in die
wissenschaftliche Arbeit, eine Art Initiation dar. In meinem
Fall hat mein Vater in meinem fünften Semester mir zu
Weihnachten den Viererblock eines Zettelkastens auf den
Gabentisch gestellt. Er war das Urbild eines Zettelkas-
tens: Leichtes, hellbraun getöntes Holz, ein quadratisches
Gehäuse mit vier Schubladen; die blechernen Griffe,
deren Auswölbungen die Finger bequem aufnahmen,
machten die Nutzung verlockend. Mit der Zeit sammelten

sich die Zettel unter ständig erweiterten Stichworten. Ich glaube, dass es zunächst nicht um ein Material mit Verwertungszielen, etwa für eine Dissertation, sondern um eine Art Gedächtnisspeicher ging, der einen porösen Bildungshorizont verdichten sollte. Von dem, was darin noch jetzt eingelagert ist, ging vielleicht nur ein Zehntel je in einen wissenschaftlichen Arbeitszusammenhang ein. Es war ein geschlossenes, ganz persönlich angelegtes, zufälliges Konglomerat, das stark an politischen Begriffen orientiert war, das aber für einen Außenstehenden inhaltlich und formal unzugänglich war.

– – –

2. Mein Vorgänger in Hamburg, der Kunsthistoriker Wolfgang Schöne, hatte sich in seinem langen Berufsleben angewöhnt, von jedem der von ihm in Vorlesungen und Übungen benötigten Diapositive einen Abzug machen zu lassen, damit er die Diathek zuhause als Fotosammlung nochmals zur Verfügung habe. Es war eine arbeitsökonomische Maßnahme, die in einem Kunsthistorikerberuf in mehrfacher Hinsicht Sinn macht. Ich hielt die Gewohnheit bei, begann jedoch die Bildabzüge nach einem eigenen Interesse zu ordnen, nämlich nach Themen aus der politischen Ikonographie, die meinem alten Zettelkasten entsprachen, die ihn aber auch erweiterten. Die Sammlung war zu einem für den akademischen Alltag brauchbaren Instrument gediehen, als ich am Kulturwissenschaftlichen Institut in Essen die Gelegenheit hatte, die Sammlung,

auch dank personeller Hilfen, auszubauen. Der Leibnizpreis von 1990 ermöglichte dann eine längere Phase der Erweiterung des Materials auf bis zu 450 000 Bildern, die in sechs Blöcken zu jeweils 30 Schubladen eingegeben sind. Sie wurden in Hamburg im Warburghaus um eine Bibliothek ergänzt, welche die Bücher in der gleichen Folge der Stichworte aus der Bildabteilung bereitstellte. Der private Zettelkasten war zu einer Institution geworden.

– – –

3. Während dieser Umrüstung suchten mich zwei Mitarbeiterinnen auf und teilten mir mit, die Nomenklatur unserer Bildersammlung zur Politischen Ikonographie müsse gründlich revidiert werden. Als ein drastisches Beispiel führten sie das Stichwort NEGER an; der Begriff sei eine rassistische Prägung und sollte durch die Bezeichnung FARBIGE ersetzt und unter das Stichwort »Nationen« gerückt werden. Die Umbenennung könne mit einer generellen Revision der Nomenklatur, mit einer Numerierung der Stichworte, und ihrer systematischen Über- und Unterordnung verbunden werden. Für fremde Nutzer würde man ein Register drucken lassen können. Ich finde zwar noch manche Spuren aus der Ursprungssituation der Sammlung vor, aber die Verwandlung zu einem normalisierten Apparat machte den Ur-Zettelkasten schon vom Erscheinungsbild her überflüssig. Ich habe ihn wieder zuhause und speise ihn mit Notizen zu meinen Einfällen.

Hans Ulrich Gumbrecht
File Cards, klobig wie Termitenhügel

Geld gebe ich eigentlich ganz gerne aus (solange ich welches habe), und auch mit meiner Zeit gehe ich weniger vorsichtig um, als es für die langfristigen Arbeitspläne gut ist. Sparsam, »geizig« sogar, sagt man in der Familie mit Ironie und einigem Erstaunen, wäre ich allein, was die Gegenstände angeht, die ich zum Schreiben brauche – und ich denke nicht an Computer und Laptop, die ich als längst unvermeidlich gewordene Instrumente, aber ohne Enthusiasmus akzeptiere, sondern an meine schwarzen oder roten Tintenroller der Marke »Papermate Flair« (zum Preis von nicht mehr als einem Dollar) und weiße, unlinierte Karteikarten (*file cards*) in der Größe einer halben Schreibmaschinenseite, die kalifornische Geschäfte zu hundert Stück in Zellophan verpackt anbieten (das genaue Format in Inches könnte ich nur angeben, wenn es auf

meinen Lieblings-Packungen erwähnt wäre). Im schwer beschreibbaren Idealfall, der sich eher selten ergibt, glaube ich beim Schreiben einen weichen Widerstand der Karten zu spüren, während die Tinte so leicht in meine wenig deutlichen Buchstaben fließt, dass das Wort »Tintenroller« eine konkrete Bedeutung gewinnt. Ich merke es immer (und weiß doch gar nicht, wie), wenn jemand zuhause nur eine oder zwei Karten von dem Stoß auf dem Schreibtisch wegnimmt, ohne mich zu fragen; und lange bevor die Vorräte wirklich auf das Ende zugehen, werde ich nervös angesichts der drohenden Vorstellung, mit einem anderen Schreibwerkzeug auf eine andere Unterlage schreiben zu müssen. Woher kommt die Panik? Sie ist jedenfalls so intensiv, dass ich noch nie gewagt habe, mir genau diese Frage zu stellen, bevor sie jetzt aus Marbach kam.

– – –

Um einen ehrgeizig-systematischen ›Zettelkasten‹ geht es sicher nicht, denn ich schaue mir die vollgeschriebenen Karten kaum je wieder an, wenn sie erst einmal vollgeschrieben und als Gedankenstütze für ein Seminar oder eine Publikation verwendet worden sind (mehrere schwere Holzkästen mit alphabetisch geordneten Karten habe ich vor vielen Jahren ohne Bedauern der Müllabfuhr überlassen). Aber seit ich mir darüber halb narzisstische Gedanken mache, weiß ich, dass Gedanken sich kaum einstellen, wenn ich nicht gleich eine leere Karteikarte mit den Wörtern fülle, die sie objektivieren. Anders gesagt: Ich kann ohne meine Karteikarten nicht denken – und frage mich, ob dies ein Grund zur Sorge ist. Was immer mir in den Sinn kommt, droht verloren zu gehen, falls es sich nicht gleich notieren lässt. Die *file cards* öffnen einen begrenzten Raum, den ich (vorbewusst) nutze, um mit ersten Assoziationen und Verbindungen zu experimentieren. Ohne sie werden fließende Intuitionen nie zu elementaren Gedanken-Formen, die ich dann – natürlich wieder auf Karteikarten – benutze, um auf Beschreibungen oder Argumente zu kommen. Wichtig ist anscheinend, dass ihre Materialität den Raum des Denkens einerseits begrenzt und andererseits in diesem Rahmen zur Herausforderung für Variationen wird.

– – –

Nur, warum hebe ich die allermeisten Karteikarten auf, obwohl sie mir selbst schnell unleserlich werden, sobald ich die Fragen und Wissensbereiche hinter mir lasse, von denen sie Spuren bewahren? Als ich vorgestern beim Spaziergang zum ersten Mal in meinem schon ziemlich langen Leben Termitenhügel sah (zufällig tippe ich diese eigenartig komplizierten Selbstbeobachtungen – mit dem Blick auf die übliche Karteikarte – während eines Aufenthalts in Brasilien), als ich zum ersten Mal hellbraune (bewohnte) und tintenschwarze (verlassene) Termitenhügel in Mannshöhe dem Weg entlang sah, war plötzlich ganz klar, wie gerne ich die Vorstellung habe, dass meine

unmaßgeblichen Gedanken – über die kurze Zeit ihrer Lebendigkeit, aber auch über meinen Tod hinaus – eine tintenschwarze materielle Präsenz auf weißem Grund hinterlassen. Die Stöße und Bündel meiner (in Kalifornien schnell staubig werdenden) Karteikarten sind klobig wie Termitenhügel, und wenn Termitenhügel hart wie Steine aussehen, an denen man sich den Kopf einschlagen könnte, dann verschließen sich diese unleserlich-unsystematischen Notizen jeder Art des intellektuellen Nachvollziehens. Nicht, dass ich etwas dagegen hätte, wenn jemand sie zu entziffern versuchte, aber wichtig ist eigentlich nur, dass sie da sind und da bleiben, wohin ich sie jetzt einmal im Jahr schicke (eben nach Marbach), und dass sie noch da sind und da bleiben, wenn mein Gehirn bald nicht mehr da ist – vorausgesetzt niemand beschließt, auch meine *file cards* der späteren Jahre der Müllabfuhr zu übergeben. *File cards* sind so etwas wie Grabgegenstände mit fast unendlich langsamer Verfallenszeit und ohne die hochkulturelle Technik von Mumien.

– – –

Ob ich mich nicht doch besser entschlösse, die Exkretionen meines Denkens der neuen Ontologie der Elektronik zu überlassen, in der angeblich nichts definitiv gelöscht werden kann, muss ich mich noch fragen. Ob das nicht eleganter, nachhaltiger und umweltfreundlicher wäre? Aber ob ich der Nachwelt meiner Enkel solche Spuren des Hier-Seins zumuten darf? Aber darum geht es ja gerade.

Wenn die Momente meiner Gedanken, in klobige *file cards* transsubstantiiert, etwas Raum an der Peripherie von Stuttgart einnehmen, dann kann ich mir die Phantasie von Einäscherung und dem Verstreuen unserer Asche in den Pazifik erlauben – ohne die kindisch schwere Befürchtung, ganz zu verschwinden von der Oberfläche des Planeten.

ÜBERBELICHTET

Alissa Walser
Überbelichtet – Unterbelichtet

Dass ich für den Moment keine Zeit habe, das geht nun
schon ziemlich lange so. Zu oft habe ich etwas grell Vor-
handenes zu erledigen, etwas mit Deadline auf der Stirn.
Dagegen ist der Moment reines, formloses Plasma im
Pool der Möglichkeiten. Das Jetzt ist voller Angebote,
und auf jeden Fall überwältigend.

– – –

Auch aus dieser Perspektive könnte man sagen: das
Jetzt, das gibt es doch gar nicht.
Oder auch: Der Moment ist da, und ich bin woanders.
Auf einem anderen Trip. Einem Anderen (Jetzt) auf
der Spur.
Vorübergehend sehe ich das Jetztige verfliegen. Wie
Sternschnuppen im vorbeirauschenden August.
Nicht, dass mir das keine Sehnsucht machte.

Ich lebe in der fürchterlichen und tragischen Gewissheit,
dass ich zu langsam bin für das Jetzt. Ausgeliefert
seiner andauernden Flüchtigkeit, greife ich nach allem
Begrifflichen.

– – –

Die Existenz des Zettelkastens ist dieser Mischung aus
Erfahrung und Begrifflichkeit geschuldet, dass das Jetzt
sich (re)konstruieren lasse. Mit Hilfe kleiner Papierfetzen
zum Beispiel. Mit allem Möglichen: von Füßen Getretenem
– weggeworfen, verloren, aufgehoben. Muscheln. Resten
von Pflanzen und Tieren. Bildern, Postkarten, Zeitungs-
ausschnipseleien. Kleinen Zeichnungen. Notiertem,
Transponiertem.
Kleine und größere Blitze. Überbelichtetes und Unterbelichtetes. Wörter, Sätze, Bilder, flüchtig notiert, irgendwo
herausgerissen, sich allen möglichen Ordnungsmustern
widersetzend. Eine Arche der Überraschungen.

– – –

Die Geschichte, zum Beispiel, wie ich den Kasten 1986,
als in New York die Magnolien blühten, auf dem Flohmarkt
an der Canal Street, nach einem Streit mit meinem Liebs-
ten über den Sinn gemeinsamer Zeit, erstanden habe.
Den Zerfall hat er nicht aufhalten können. Aber er hat mir
das Gefühl gegeben, reich zu sein. Reich an dem,
was sich verliert (aus den Augen, nicht aus dem Sinn):
Das was war, das Jetzt, in dem Moment, da es sich als
nichts anderes begreifen lässt.

So kleben immer zwei Momente an den Dingen,
die ich sammle. Jener, da ich sie aufsammelte und der,
da sie mich ihrer Vielzahl einverleiben.
Nein, am Ende sammle ich wahrscheinlich gar keine
Dinge, sondern Zeiten, die zu einem gemeinsamen
Moment verschmelzen. Zu einem räumlichen Palindrom.
So wie die Gedächtniskünstler, die das zu Merkende nur
über räumliche Fixpunkte sammeln können, mache ich mir
das Jetzt, das es, wie gesagt, nicht gibt, über das, was
mich gewohnheitsmäßig umgibt, zugänglich. Wenn das
keine Transzendenz ist!

Gottseidank weiß mein Zettelkasten nichts von Ordnungsprinzipien und Selbstverlorenheiten. Ihn zu durchstreifen
ist jedesmal wie ein Spaziergang durch den undurchforsteten Dschungel. Was sich beim Durchstreifen anzettelt, ist Kondensation des Glücks, ist Wolkenbildung
und Erinnerungsregen. Und es bewahrt mich vor dem,
woran ich schwer trage: der Leere, von der ich weiß,
dass es sie nicht mehr geben wird.

152

Z

ZETTELKASTEN NR. 2

Benjamin Steiner
**Aby Warburgs Zettelkasten Nr. 2:
»Geschichtsauffassung«**

Aby Warburg (1866–1929) war ein Mann, der das
Gehäuse seiner Gelehrsamkeit durchaus geschmackvoll
einzurichten verstand.[344] Der aus einer Hamburger
Bankiersfamilie stammende Privatgelehrte baute sich eine
tempelartige Bibliothek im Stadtteil Harvestehude mit
einem ovalförmigen Lesesaal, als Anspielung auf die
Kepler'sche Entdeckung der elliptischen Marsumlaufbahn,
die für Warburg eine symbolische Form der Neuzeit dar-
stellte.[345] Die Kulturwissenschaftliche Bibliothek Warburg
(K.B.W.) in Hamburg, fortbestehend im Warburg Institute
(WI) in London, war und ist eine der wichtigsten kunst-
und kulturhistorischen Forschungseinrichtungen weltweit
und zieht bis heute Gelehrte aus zahlreichen Disziplinen
an. Von Ernst Cassirer ist überliefert, dass er nach sei-

nem ersten Besuch der Bibliothek Warburg bemerkte,
er werde nie wiederkommen, da er sonst ganz sicherlich
in diesem Labyrinth verloren gehen würde.
Der Besitzer legte daher neben den berühmten Tafeln des
Mnemosyne-Atlasses für sich selbst schon früh ein
weiteres, ständig wachsendes Arbeitsinstrument seiner
gelehrten Werkstatt an: eine Reihe von schießlich über
hundert mit buntem Japanpapier überzogene Zettelkästen.
Der äußere Anblick der Sammlung vermittelt somit nicht
den amtlichen Eindruck eines behördlichen Registers,
sondern offenbart dem Betrachter auf den ersten Blick,
dass es hier um eine ästhetisch inspirierte, wenngleich
ernsthafte wissenschaftliche Tätigkeit geht. Bibliothek,
Bildtafeln und Kästen bildeten das Ensemble an Stützen,
auf denen die geistige Arbeit und das intellektuelle
Schaffen Aby Warburgs gründen.[346]

– – –

Die Zettelkästen, die mit Tausenden von eigens für diesen
Zweck vorgefertigten und zum größten Teil von Warburgs
Hand beschriebenen Karteikarten gefüllt sind, stehen
heute noch in einem wuchtigen Schrank im Londoner Institut, allerdings nicht mehr im Kontext der Bibliothek,
sondern zusammen mit den Papieren, Aufzeichnungen
und Manuskripten des Warburg'schen Nachlasses in dem
zum Haus gehörigen Warburg Institute Archive (WIA). Zu
Aby Warburgs Lebzeiten befanden sich die Kästen nicht
nur an einem Ort. Für seine Arbeit wichtige Zettelsamm-

lungen begleiteten den Gelehrten, wie es über seine
Reise nach Rom 1929 überliefert ist, in dafür vorgesehe-
nen Reisekästen auf seine Forschungsaufenthalte und
Vortragsreisen durch Europa. In seinem Privathaus in der
Hamburger Heilwigstraße 114, direkt neben der 1926
eröffneten K.B.W. standen die Zettelkästen auch immer
dort, wo Warburg sie gerade brauchte. Eine Fotografie
seines Schreibtisches zeigt einige der Kästen auf dem
drehbaren Büchergestell, wo sie rechter Hand griffbereit
zur Verfügung standen; eine andere Aufnahme zeigt
einige Kästen aufgereiht auf einer Fensterbank linker
Hand vom Schreibtisch.

Warburg arbeitete anscheinend ständig mit diesen Kästen, und er stand oft, wie sein erster Biograf Carl Georg
Heise überliefert, mit angestrengtem Gesichtsausdruck
über die Zettelmassen gebeugt und arrangierte und ver-
schob die einzelnen Karten in einer lang andauernden und
nie beendeten Ordnungsarbeit.[347] Weitere konkrete Einblicke in den Arbeitsalltag in Hinsicht auf Warburgs Umgang
mit seinen Zettelkästen als diese wenigen Schlaglichter
gibt es nicht. Auch die »Intellektuelle Biographie« von
Ernst Gombrich schenkt solchen Ordnungsaspekten kaum
Aufmerksamkeit. Die Funktion des Zettelkastens in der
Praxis ist daher bislang, abgesehen von einem der drei
erhaltenen Kästen der einst umfangreichen »Kriegskartothek« (Kasten Nr. 117), unerforscht und trotz der Aufmerk-

samkeit, die Ordnungssystemen zur Zeit von Seiten der
Wissenschaft zugewendet wird, immer noch unter-
schätzt.[348] Deshalb sei im Folgenden ein Kasten aus
dem Schrank herausgenommen und einer genaueren
Betrachtung unterzogen: Kasten Nr. 2 mit dem Etikett
»Geschichtsauffassung«.

Wie der Titel jedes einzelnen der Zettelkästen – deren
Folge allein für sich schon eine Orientierung durch die
Denkwelt Warburgs geben könnte (»Ausdruckskunde«,
»Historische Synthese«, »Renaissance«, »Festwesen
Ritterlich« oder »Reformation«) – deutet auch dieser auf
einen allgemeinen Problemkomplex. Was ist jedoch
der Inhalt dieser Themenkästen und was steht auf den
jeweiligen Zetteln? Auf den ersten flüchtigen Blick scheint
sich darin ein ausführliches bibliografisches Ordnungssystem zu befinden. Das wäre insofern sinnvoll, als Warburgs
Bibliothek ebenso einer seiner eigenen Arbeit nahen
Stellordnung zu gehorchen scheint. Die Bücher waren und
sind noch heute zum Teil nach seinem Prinzip der »guten
Nachbarschaft« geordnet und folgten ausdrücklich seinen
subjektiven Forschungsinteressen. Insofern bildet sich
manche Ordnung der Bibliothek in der Beschriftung
der Kästen wie der Reiterkarten ab, die in den einzelnen
Kästen die Zettel in Abteilungen trennen. Doch handelt
es sich bei dem Zettelkastensystem keineswegs nur um
einen Zettelkatalog, wie man ihn bis zur Ankunft der
Online Public Access Catalogues (OPAC) in fast jeder Bib-

liothek der Welt fand. Warburgs Zettel verzeichnen mehr als nur bibliografische Informationen. Auf manchen Zetteln hat er einzelne Gedanken festgehalten oder Stichwörter, Exzerpte aus Büchern und kurze kritische Bemerkungen gesammelt, ebenso diagrammatische Schemata gezeichnet, die ihm zur Übersicht eines kategorialen oder begrifflichen Zusammenhangs dienten. Wichtiger jedoch ist die Ordnung, in der die Zettel innerhalb des Kastens zueinander stehen. Man kann davon ausgehen, dass diese nie unverändert blieb, sondern dass Warburg diese Ordnung ständiger Revision und Veränderung unterzog.[349] Die Registerkarten verliehen so der flüssigen Beweglichkeit des Sammelsuriums einen gewissen Halt.

– – –

Der Kasten »Geschichtsauffassung« beginnt mit den Registerkartentiteln »Kunstwissenschaft Biographie Allgemein«, »Werwolf«, »Gesetz in der Geschichte« und »Geschichtsauffassung biographisch«. Die Reihe ist merkwürdig, der Reiter »Werwolf« passt auf den ersten Blick nicht dazu. Was hat die sagenhafte Vorstellung von einem Mann, der sich in einen Wolf verwandeln kann, mit dem Thema Geschichtsauffassung zu tun? Das Phänomen des Werwolfs hat Warburg immer wieder interessiert und fasziniert, nicht nur zwischen 1921 und 1924 während seiner psychiatrischen Behandlung bei Ludwig Binswanger in Kreuzlingen, sondern auch im Zusammenhang mit seinen Studien zu Luther und der Reformation.[350] So glaubte er

sich selbst, wie er auf eine Karte des Zettelkasten Nr. 5 zur »Historischen Synthese« und »Reformation« notierte, zum »Club der Werwölfe« gehörig, wobei ihn besonders auch die in solchen *Monstra* zum Ausdruck kommende Langlebigkeit volkstümlichen Aberglaubens interessierte.[351] Deshalb untersuchte er neben Werwolfsdarstellungen auf Holzschnitten von Lucas Cranach auch solche einer missgeborenen Sau bei Albrecht Dürer und der »Wundersau von Landser« bei Sebastian Brant, die er als das Nachleben der römisch-antiken Wahrsagekunst und der babylonischen Weissagungstechnik zu deuten glauben konnte. In seiner Studie zur *Heidnisch-antike Weissagung in Wort und Bild zu Luthers Zeiten* (1920) stellt er solche Beispiele in den Mittelpunkt, um durch eine sogenannte »positive Untersuchung« zur Verbesserung der »kulturwissenschaftlichen Methode« beizutragen und die »polare Funktion des einfühlenden Bildgedächtnisses« bei der »Wiederbelebung der dämonischen Antike« aufzuzeigen.[352]

– – –

Diese sehr dicht verfasste Studie – eine der wenigen, die Warburg tatsächlich zur Veröffentlichung brachte –, verweist gleich auf mehrere Themenfelder, die im Luther-Aufsatz selbst unerklärt bleiben und fast obskur erscheinen. Erst der Zettelkasten Nr. 2, der wie der Kasten Nr. 5 eine Werwolf-Sektion enthält, gibt über diese Verweise Aufklärung. Den Aspekten der »positiven Untersuchungen« geht Warburg dort ausführlich nach. Den »Positivis-mus« sortiert er hinter der Registerkarte »Geschichts-auffassung biografisch« ein. Hier findet sich ein ›Falter‹ (eine papierene Unterabteilung innerhalb der Kategorie des Reiterregisters) mit der Aufschrift »Comte«. Darin ent-halten sind nicht nur bibliografische Verweise auf Auguste Comte, den französischen Begründer des organisierten Positivismus, sondern auch auf Wilhelm Windelband, John Stuart Mill, Hippolyte Taine und Rudolf Eucken. Die Auseinandersetzung mit dieser sehr einflussreichen Methode war untypisch für einen kulturhistorisch arbeiten-den Geisteswissenschaftler, zeichnete Warburg aber als den besonderen Gelehrtentypus aus, der genaue Detailstudien mit weit umfassenden Großthesen zu verei-nen wusste.[353] Doch was verrät der Kasten noch? Die Erklärung zur »polaren Funktion« taucht erst weit entfernt von der Werwolfskarte, aber immer noch unter »Geschichtsauffassung« in der Sektion »Naturwissen-schaft« auf: Mit »Polarität« ist in diesem Zusammenhang tatsächlich der physikalische Magnetismus gemeint, den Warburg in einer Auseinandersetzung mit der Geschichte der Wissenschaften in Deutschland stellt.[354] An dieser Stelle hatte Warburg sich Henri Poincarés *Les sciences et les humanités* (Paris 1911) inklusive Preis notiert – ein Hinweis, dass er das Buch für seine Bibliothek anzuschaf-fen gedachte. Noch heute befindet es sich in der Biblio-thek des WI als Offprint in der Nachbarschaft von weite-

ren Werken zum Humanismus und anderen praktischen Disziplinen, wie z. B. der Biologie.[355] Auch Ernst Mach und seine Werke über die *Analyse der Empfindungen und das Verhältnis des Physischen zum Psychischen*[356] und die *Entwicklung der Mechanik* sind auf einem der Zettel dieses Registers vermerkt.[357] Machs Werk stellte für War-burg eine Brücke zur naturwissenschaftlichen Methode dar, die er für die Kulturwissenschaft nutzbar machen wollte. Der österreichische Physiker stand dem Leipziger Monistenbund um den Chemiker und Nobelpreisträger Wilhelm Ostwald nahe und verfasste für den ersten Band von dessen *Annalen der Naturphilosophie* einen Leit-artikel über Ähnlichkeit und Analogie in der Forschung.[358] Die Fragen des Mach'schen Wissenschaftspositivismus interessierten Warburg. Das zeigt sich bei weiterer Durch-sicht des Zettelkastens Nr. 2, im Zusammenhang mit dem dritten Motiv, das aus dem Luther-Aufsatz weiter oben zitiert wurde: der »kulturwissenschaftlichen Methode«. Auf den Reiter »Geschichtsauffassung biografisch« folgen im Kasten mehrere Sektionen unter dem Titel »Kulturge-schichte«. Unter »Kulturgeschichte Einzelne S[chriften] neuere« taucht erneut ein Werk von Mach auf, *Kultur und Mechanik* (Stuttgart 1915), das nun aber neben Arbeiten von Otto Hintze, Emil Menke-Glückert, Georg von Below, Benedetto Croce, Ernst Bernheim, Leopold von Ranke und schließlich auch Karl Lamprecht steht. Lamprecht kommt gar eine eigene Sektion zu, was die Bedeutung unterstreicht, die der Leipziger Kulturhistoriker für Warburg hatte. Lamprecht war nicht nur einer seiner ersten Lehrer, bei dem er in Bonn Vorlesungen zur Kulturgeschichte hörte. Das Programm einer positivistischen Kulturgeschichtsschreibung, wie es Lamprecht in Ostwalds *Annalen* über historische und psychologische Gesetze entfaltete, ist ein wichtiger Ausgangspunkt für Warburgs eigene Geschichtsauffassung.[359]

Die Zettel dieser Sektionen zur Kulturgeschichte behandeln eine wissenschaftliche Kontroverse, die von Lamprecht in den 1890er-Jahren durch die Veröffentlichung seiner monumentalen *Deutschen Geschichte* (12 Bde., 2 unvollend. Bde., Berlin 1891 – 1909) ausgelöst wurde. Dabei ging es um die Frage nach »Gesetzen in der Geschichte«, wie der auf die »Werwolf«-Sektion folgende Reiter im Kasten beschriftet ist. In den so genannten Lamprecht- bzw. Methodenstreit mischten sich zahlreiche namhafte Historiker und andere Geisteswissenschaftler ein. Warburg leistete keinen direkten publizistischen Beitrag, nahm jedoch, wie der Zettelkasten belegt, als passiver Beobachter intensiv an der Debatte teil.[360] Hinter der Registerkarte »Gesetz der Geschichte« steckt ein ›Falter‹ mit der Aufschrift »Kunstwiss. Biogr. Allgem.« Darin befindet sich ein Zettel, der überschrieben ist mit »Auswicklung«, was Warburg jedoch wieder durchstrich und durch das Verb »auswickeln« ersetzte. Das Zitat aus Immanuel Kants *Idee zu einer allgemeinen*

Geschichte in weltbürgerlicher Absicht, das so überschrieben ist, hat er Menke-Glückerts *Goethe als Geschichtsphilosoph* (1907) entnommen:[361] »Alle Naturanlagen eines Geschöpfes sind bestimmt, sich einmal vollständig und zweckmäßig auszuwickeln« (ed. Hartenstein IV, 143)[362]

Diesen organizistischen Überlegungen über das geschichtliche Werden, das einem »verborgenen Plan« (Menke-Glückert) folgt, ordnete Warburg einen weiteren Zettel zu, auf dem er sich eine Stelle aus Ernst Bernheims *Lehrbuch der Historischen Methode* notiert, in der auf Wilhelm Wundt verwiesen wird, der darlegt, so exzerpiort Warburg, »daß historische Allgemeinvorgänge Anwendungen allgemeiner psychologischer Prinzipien sind, wie z. B. die Reaktion eine Anwendung des Princips der Kontrastverstärkung« ist.[363]

– – –

Kontraste bzw. Gegensätze interessierten Warburg im Zusammenhang seiner Beschäftigung mit den Übergängen von Mittelalter und Renaissance in der Malerei, v.a. im Florenz des Lorenzo il Magnifico. »Kontrastverstärkungen« waren so Teil einer Technik, der sich Künstler wie Ghirlandajo bedienten, wenn sie einen physiognomischen Ausdruck intensiver zeichneten als das bislang üblich war. Dieser Gedanke der verzerrenden und übertriebenen Kontraste, die die klassischen Formen der antiken Überlieferung zum Superlativ und Pathos des ›Neuen‹

überhöhten, führte Warburg später dann zu seinen berühmt gewordenen »Pathosformeln«.[364]

– – –

Die Assoziationskette des Zettelkastens hat in die Zusammenhänge eines psychologischen Geschichtsverständnisses geführt, das immer noch eng an die Leipziger Positivistenkreise angebunden ist: Wundt, Lamprecht und Ostwald debattierten seinerzeit mit Kollegen über Fragen der Verbindung von Völkerpsychologie und Kulturgeschichte mit naturwissenschaftlichen Methoden.[365] Letztlich spiegelt sich genau dieses Beziehungsgeflecht des gelehrten Zentrums mit seinen geistigen Ähnlichkeiten und wissenschaftstheoretischen Analogien als Ordnungsabbild im Arrangement des Kastens.

– – –

Das »Princip der Kontrastverstärkung« ist nach Wundt ein

wichtiges psychologisches Entwicklungsprincip, das sich weiter über den Umkreis des individuellen Bewusstseins, das sein nächster Ursprungsort ist, in den Entwicklungen des geschichtlichen und socialen Lebens wiederfindet.[366]

Dieses Entwicklungsmodell kann nicht nur der Geschichtsdarstellung zugrunde gelegt werden, ihm ist auch das Arrangement des Warburg'schen Zettelkastens unterworfen.[367] Warburg reflektierte die These der psychohistorischen Kontrastverstärkung gleichsam unmittelbar in seiner bibliografischen und forschenden Tätigkeit. Er entdeckte Verbindungen, die über die Positionen, die Historiker im Methodenstreit eingenommen hatten, hinaus reichten. Damit stellte er Personen und Thesen so nebeneinander, dass offensichtliche Unterschiede verstärkt und verborgene Gemeinsamkeiten offen zu Tage treten. So folgt auf den Zettel »Wundt« eine Reihe von Einträgen mit Verweisen auf einen Aufsatz Theodor Lindners über *Reaktion und Kontrast in der Geschichte*.[368] Auf Georg von Belows Überlegungen zur »biologischen Erklärung der Entwicklung der Staaten und Völker« folgen Richard von Mayers *Ueber die Möglichkeit historischer Gesetze* und Eduard Meyers *Zur Theorie und Methodik der Geschichte*.[369] Der Althistoriker Meyer lehnte, wie überhaupt die meisten akademischen Historiker der Kaiserzeit, allen voran der größte Lamprecht-Gegner, der Mediävist Georg von Below, die Möglichkeit der Existenz historischer Gesetze rigoros ab.[370] Auch der Kulturhistoriker Walter Goetz gehörte zu Lamprechts Kritikern, den Warburg gleichwohl auch verzeichnete und der, ähnlich wie Warburg an anderer Stelle selbst, von der Notwendigkeit der Professionalisierung und Methodologisierung der Kulturgeschichte sprach. Biologische Gesetzmäßigkeiten, Kulturzeitalter zu postulieren, wie das Lamprecht tat, lehnte Goetz jedoch entschieden ab und reihte sich in die konservative Gruppe um von Below ein.[371]

– – –

Warburg entschied sich im Zettelkasten weder für noch gegen die Möglichkeit historischer Gesetzmäßigkeiten. Dadurch vermied er es, in einer Historikerkontroverse Stellung zu beziehen, aus der sein Lehrer Lamprecht schließlich als tragischer Verlierer hervorgegangen war. Allerdings zeigen sich im Kasten Nr. 2 durchaus Spuren, die von einem bei Warburg so schwer festmachbaren Interesse für diskursive Formationen innerhalb des Geschichtsverlaufs zeugen. Über die Geschichtsauffassung Machiavellis, über die Göttinger Schule, Iselin, Vico, Herder und Darwin streift Warburg durch die Historiographiegeschichte – auf der Suche nach einem Muster geschichtlicher Regelmäßigkeiten, die er selbst in seinen wichtigsten Studien zur Renaissance in Italien und Reformation in Deutschland auszumachen versuchte.

Im Register »Geschichte der Geistesrichtung« finden sich zwei ›Falter‹, die mit »Tröltsch« und »Max Weber (Prot. Ethik u. Geist d. Kapitalismus)« betitelt sind. Beide haben die Kulturgeschichte Lamprecht'scher Prägung auf wirkungsvolle Weise fortgeführt.[372] Warburg zeigte reges Interesse an den Arbeiten der beiden Heidelberger Hausgenossen in der Ziegelhauser Landstraße. Der ›Falter‹ »Tröltsch« schließt einen weiteren ›Falter‹ ein: »Tröltsch, Prot. Christentum und Kirche in der Neuzeit«. Darin liegt ein Stichwortzettel: »katholische kirchliche Ethik | moderne humanistische Ethik | Kräfte aus übernatürlicher Gnadenwirkung | Ideen aus göttlicher Gesetzesoffenbarung.«[373]

Einmal mehr ein Beispiel der intellektuellen Kontrastverstärkung, denn die der Reihe zugrunde liegende Frage ist diejenige nach der Opposition von humanistischer Erneuerung in der Renaissance und kirchlich-geistlicher Erneuerung in der Reformation; beide beanspruchten jeweils für sich das Primat bei der Entstehung der Moderne. Die Debatte über dieses Primat gehörte, wie der Methodenstreit, zu den wichtigen Kontroversen der späten Kaiserzeit, die sich bis in die Weimarer Republik fortsetzte.

Der Theologe und Kulturprotestant Ernst Troeltsch äußerte sich darüber in sehr elaborierten Abhandlungen, von denen Warburg gleichwohl nur zwei notierte. Da war zunächst die Schrift *Protestantisches Christentum und Kirche in der Neuzeit*, aus der Warburg ein langes Exzerpt anfertigte.[374] Sein Exemplar des Buches im WI (BCF 5) zeigt so auch nur an der exzerpierten Stelle Benutzungsspuren. Mit zwei Tintenstrichen markierte er kurz nach einer Textstelle, die er auf Zettel übertragen hatte, folgende Passage:

> Ganz zweifellos aber ist es bei dem *Protestantismus*, daß er in erster Linie unter diesem Gesichtspunkte [der Renaissance, B.S.] zu betrachten ist. Er ist zunächst in seinen wesentlichen Grundzügen und Ausprägungen eine Umformung der mittelalterlichen Idee, und das Unmittelalterliche, Moderne, das in

ihm unleugbar enthalten ist, kommt als Modernes erst in Betracht, nachdem diese erste und klassische Form des Protestantismus zerbrochen oder zerfallen war.[375]

Auch in Warburgs Œuvre ist der so genannte Übergang vom Mittelalter zur Neuzeit eines der zentralen Themen. Die Frage, wie neue und alte Formen des Denkens über die Zeitenschwelle vergingen, andauerten, entstanden oder wiedererstanden, prägt etwa seine Vorträge über *Dürer und die italienische Antike* und über *Die römische Antike in der Werkstatt Ghirlandaios*, sowie seine Aufsätze über die antikisierende Kosmologie im Palazzo Schifanoia und das Testament Francesco Sassettis.[376] Im Zusammenhang mit dem Florentiner Bankier Sassetti verweist der Zettelkasten von Troeltsch' Auseinandersetzung mit dem Protestantismus – Warburg notiert zu dessen Aufsatz *Die Bedeutung des Protestantismus für die Entstehung der modernen Welt*: »immoralische Askese« – auf Max Webers Abhandlung über *Die protestantische Ethik und der Geist des Kapitalismus*.[377] Warburg hat sich intensiv mit Weber und dessen Überlegungen zum religiösen Ursprung des kapitalistischen Geistes der endlosen Kapitalakkumulation auseinandergesetzt. Über Sassetti kam es sogar zu einem kurzen Briefwechsel zwischen den beiden Gelehrten.[378]

— — —

Wer Warburgs Zettelkasten folgt, folgt ihm bei seinen Gedankengängen; vom Bankenwesen in Florenz, der mittelalterlichen Handelsgesellschaft, dem Herausbilden von Individualität, der rastlosen Berufsarbeit der Calvinisten und der reformierten Form der Askese bis zu Warburgs eigener Herkunft aus alter jüdischer Bankiersfamilie.[379] Der Zettelkasten ist Warburgs Ariadnefaden durch seine labyrinthische Bibliothek wie sein labyrinthisches Denken: vom Werwolf zur Geschichtsauffassung. Ein Gedanke, eine Idee oder ein neuer Begriff entstehen nicht in einer geradlinigen Progression, sondern in einem Prozess des Hin- und Herbewegens von Idee-Einheiten und Querverweisen, der so lange andauert, bis sich neue Schnittstellen und Knotenpunkte gebildet haben.

ZYKEL

Jean Paul auf Karteikarten lesen. Der 103. Zykel aus dem Roman ›Titan‹

Jean Paul gilt als der schwierigste Klassiker der deutschen Literatur. Seine Bücher sind dick, die Handlung wird überwuchert von skurrilen Einfällen und wilden Bildern. »Statt Gedanken gibt er uns eigentlich sein Denken selbst, wir sehen die materielle Tätigkeit seines Gehirns«, hat Heinrich Heine über Jean Paul geschrieben.[380]

Die Art und Weise, wie Jean Paul selbst seine Texte zusammmengesetzt hat [→ Geist, → Sesam], provoziert seit jeher eine korrespondierende Lektüre: die Auflösung in ›schöne Stellen‹. Als »Begeisterungs-Stellen« beschreibt Jean Paul diese selbst: Der Schriftsteller will »singen; nicht reden. In der Kälte hustet der Stil sehr und knarrt.«[381] Auf eine lichte Blütenlese von 97 Seiten stutzen so Stefan George und Karl Wolskehl Jean Paul in ihrem *Stundenbuch für seine Verehrer* (1900) zurück, befreit von allem »unduchdringlichen gestrüpp«.[382] Das Verzetteln ist eine Methode des Lesens wie des Schreibens und immer wieder Jean Pauls Thema. Sei es, dass er das *Leben des Quintus Fixlein* »aus funfzehn Zettelkästen« zieht oder von einer Art »geistigen Würfel« träumt, in dem die Karten immer wieder neu gemischt werden können,[383] oder mit den unterschiedlichen Kompositionselementen aus dem Reich der Kombinatorik spielt:

> Zyklus, m., lat. cyclus aus gr. κύκλος; ›kreis, kreislauf‹; etwa seit dem 18. jh. im deutschen; plural die zyklen. zunächst eine periodische folge innerhalb der zeit, eine bestimmte reihe von jahren [...], dann überhaupt eine folge, reihe, gruppe, zumal im bereiche der literatur und kunst, wo sich einzeldarstellungen zu einem ganzen zusammenschlieszen [...], vereinzelt in der verdeutschten form zykel, [...] als kapitelbezeichnung durchgehend im *Titan* bei Jean Paul.

So definiert der Band 32 des Grimm'schen *Wörterbuchs* auf Spalte 1453 eine Bezeichnung, die Jean Pauls Roman *Titan* in 146 Einzelstücke gliedert, zusammengebunden zu 35 ›Jobelperioden‹, die dann auf vier Bände aufgeteilt sind, die über vier Jahre hinweg von 1800 bis 1803 einzeln erschienen sind. Ein herausragendes Kennzeichen der Jean Paul'schen Gliederungselemente ist ihre Unberechenbarkeit – sie können unmöglich glatt aufgehen: Die ›Zykel‹ passen im rechnerischen Schnitt jeweils 4,17142857 Mal in eine ›Jobelperiode‹ und 36,5 Mal in einen ›Band‹, in dem wiederum durchschnittlich 8,75 ›Jobelperioden‹ stecken. In der Regel verbindet Jean Paul zwei, manchmal aber eben auch drei, vier, sechs oder neun ›Zykeln‹ zu einer ›Periode‹. Beide Begriffe stammen aus der Mathematik, wo sie zur Kombinatorik und Permutation gehören. In jeder Periode durchlaufen die Elemente eine Reihe der Umordnung, bevor sie dann in der nächsten aufs Neue und in neuer Kombination wiederkehren. In der Tat schreibt Jean Paul an den Beginn seiner Perioden jeweils einen Verlauf in Stichworten, der sich dann in der nächsten verschoben und übersetzt wiederfindet. Das sieht zum Beispiel im *Titan* zwischen der 24. und 30. ›Jobelperiode‹ so aus:

> Das Fieber – die Kur
>
> Der Traum – die Reise
>
> Die Reise – die Quelle – Rom – das Forum

Peterskirche – Rotinda – Coliseo – Brief an
Schoppe – der Krieg – Gaspard – der Korse –
Verwicklung mit der Fürstin – die Krankheit –
Gaspars Bruder – Peterskuppel und Abschied

Brief aus Pesitz – Mola – die Himmelfahrt eines
Mönchs – Neapel – Ischia – die neue Göttergabe

Julienne – die Insel – Sonnenuntergang – Neapel –
Vesuv – Lindas Brief – Streit – Abreise

Die Schlagworte sind nicht symmetrisch – Wort für Wort –
aufeinander zu beziehen, sondern in ihrer zeitlichen
Ausdehnung analog: Zykel für Zykel. Im 9. Zykel des *Titan*
erklärt Jean Paul selbst sein Verfahren:

Die siebentausendvierhundertundachtundvierzig
tropischen Mondsonnenjahre, die eine Frankesche
[der evangelische Theologe Johann Georg Franckce,
1705 – 1784] Jobelperiode enthält, sind auch in
meiner vorhanden, aber nur dramatisch, weil ich dem
Leser in jedem Kapitel immer so viel Ideen – und
diese sind ja das Längen- und Kubikmaß der Zeit –
vortreiben werde, bis ihm die kurze Zeit so lang
geworden, als das Kapitel verlangte.
Ein *Zykel* – welches der Gegenstand meiner zweiten
Namenerklärung ist – braucht nun gar keine.[384]

Jeder Zykel wäre dann das Zeitmaß einer Ideenfolge,
die man noch auf einen Blick überschauen kann – wie den

Text auf einer Karteikarte. Um die logische Konsequenz
des Vergleichs zu verstehen, welcher der Kombination von
Elementen aus unterschiedlichen Bereichen zugrunde
liegt, muss man sich die Zeit nehmen, sich diese Elemente
als Bild deutlich zu machen und Jean Pauls Text gleichsam in einen Zettelkasten rückzuübersetzen. Satz für
Satz, Absatz für Absatz und Zykel für Zykel:

Eine halbe Stunde nach dem Erdstoße wickelte sich
der Himmel in Meere ein und warf sie stück- und
stromweise herunter. Die nackte Campagna und
Heide verdeckte der Regenmantel – Gaspard war
still – der Himmel schwarz – der große Gedanke
stand einsam in Albano, daß er dem Blut- und Thron-
gerüst der Menschheit, dem Herzen einer erkalteten
Helden-Welt, der ewigen Roma zueile; und als er auf
dem Ponte molle hörte, daß er jetzt über die Tiber
gehe: so war ihm, als sei die Vergangenheit von den
Toten auferstanden und er schiffe im zurücklaufen-
den Strome der Zeit; unter den Strömen des Himmels
hört' er die alten sieben Bergströme rauschen, die
einst von Roms Hügeln kamen und mit sieben Armen
die Welt aus dem Boden aufhoben.
Endlich rückte das breitstehende Sternbild der Berg-
stadt Gottes in Nächte auseinander, Städte mit
sparsamen Lichtern lagen hinauf und hinab, und die
Glocken (für ihn Sturmglocken) schlugen vier Uhr

[Fußnote von Jean Paul: »Zehn Uhr.«], als der Wagen durch das Triumphtor der Stadt, die Porta del Popolo, rollte: so riß der Mond seinen schwarzen Himmel auf und goß aus der Wolken-Kluft den Glanz eines ganzen Himmels hernieder; da stand der ägyptische Obeliskus des Tors wolkenhoch in der Nacht, und drei Straßen liefen glänzend auseinander. So bist du (sagte sich Albano, als sie im langen Corso nach der zehnten Region fuhren) wirklich im Lager des Kriegs-gottes; hier, wo er das Heft des ungeheuern Kriegs-schwertes faßte und mit der Spitze die drei Wunden in drei Weltteile machte. – Guß und Glanz durchflogen die weiten, breiten Straßen – zuweilen kam er plötzlich vor Gärten vorbei und in breite Stadtwüsten und Marktplätze der Vergangenheit. – Das Rollen der Wagen unter dem Rauschen des Regens glich dem Donner, dessen Tage dieser Heldenstadt sonst heilig waren, gleichsam der donnernde Himmel der don-nernden Erde – eingemummte Gestalten mit kleinen Lichtern schlichen durch die finstern Straßen – oft stand ein langer Palast mit Säulen-Reihen im Feuer des Mondes, oft eine graue einsame Säule, oft eine einzelne hohe Fichte, oder eine Statue hinter Zypressen. Einmal, da weder Regen noch Mondlicht war, ging der Wagen um die Ecke eines großen Hau-ses, auf dessen Dache eine blühende lange Jungfrau, mit einem aufblickenden Kinde an der Hand, eine

kleine Handleuchte bald gegen eine weiße Statue, bald gegen das Kind selber richtete und so wechselnd die ganze Gruppe beleuchtete. Mitten in das erho-bene Gemüt drang die freundliche Gesellschaft und brachte ihm manche Erinnerungen mit; besonders war ihm ein römisches Kind eine ganz neue und mächtige Idee.

Sie stiegen endlich aus bei dem Fürsten di Lauria, Gaspards Schwiegervater und altem Freund. Nah' an seinem Palast lag der Campo vaccino (das alte Forum), und auf die breiten Treppen und die drei Wunder-Gebäude des Kapitols schien der helle Mond; in der Ferne stand das Coliseo. [...] Albano bewahrte, mit allen unzufrieden, seine Begeisterung, den unter-irdischen Göttern der Vergangenheit um ihn her nach alter Sitte opfernd, nämlich mit Schweigen. Wohl hätt' er reden wollen und können, aber anders, in Oden, mit dem ganzen Menschen, mit Strömen, die aufwärts stiegen und wüchsen. Immer sehnsüchtiger sah er an die Fenster nach dem Mond im reinen Regenblau und nach einzelnen Säulen des Forums; draußen glänzte ihm die größte Welt. – Endlich stand er zür-nend und schmachtend auf und schlich hinunter in die dämmernde Herrlichkeit und trat vor das Forum; aber die Mondnacht, die Dekorationsmalerin, die mit unförmlichen Strichen arbeitet, macht' ihm fast die Bühne unkenntlich.

Welch' eine öde, weite Ebene, hoch von Ruinen, Gärten, Tempeln umgeben, mit gestürzten Säulen-Häuptern und mit aufrechten einsamen Säulen und mit Bäumen und einer stummen Wüste bedeckt! Der aufgewühlte Schutt aus dem ausgegossenen Aschenkrug der Zeit – und die Scherben einer großen Welt umhergeworfen! Er ging vor drei Tempel-Säulen [Fußnote J.P.: des Jupiters tonans.], die die Erde bis an die Brust hinuntergezogen hatte, vorbei und durch den broiten Triumph-Bogen des Septimius Severus hindurch; rechts standen verbundne Säulen ohne ihren Tempel, links an einer Christen-Kirche die tief in den Bodensatz der Zeit getauchte Säulenreihe eines alten Heidentempels, am Ende der Siegesbogen des Titus und vor ihm in der öden waldigen Mitte ein Springwasser, in ein Granitbecken sich gießend. Er ging dieser Quelle zu, um die Ebene zu über-schauen, aus welcher sonst die Donnermonate der Erde aufzogen; aber wie über eine ausgebrannte Sonne ging er darüber, welche finstere tote Erden umhängen. O der Mensch, der Mensch-Traum! riefs unaufhörlich um ihn. Er stand an der Granit-schale, gegen das Coliseo gekehrt, dessen Gebürgs-rücken hoch in Mondlicht stand, mit den tiefen Klüften, die ihm die Sense der Zeit eingehauen – scharf standen die zerrissenen Bogen von Neros goldnem Hause wie mörderische Hauer darneben. –

Der palatinische Berg grünte voll Gärten, und auf zerbrochnen Tempel-Dächern nagte der blühende Totenkranz aus Efeu, und noch glühten lebendige Ranunkeln um eingesenkte Kapitäler. – Die Quelle murmelte geschwätzig und ewig, und die Sterne schaueten fest herunter mit unvergänglichen Strahlen auf die stille Walstatt, worüber der Winter der Zeit gegangen, ohne einen Frühling nachzuführen – die feurige Weltseele war aufgeflogen, und der kalte zerstückte Riese lag umher, auseinandergerisson waren die Riesen-Speichen des Schwungrads, das einmal der Strom der Zeiten selber trieb. – Und noch dazu goß der Mond sein Licht wie ätzendes Silber-wasser auf die nackten Säulen und wollte das Coliseo und die Tempel und alles auflösen in ihre eignen Schatten![385] *hg*

Friedrich Christian Delius (geb. 1943)

Apple Macintosh Baujahr 1984 – Steve Jobs'
»bicycle for your mind« – und Zettelkasten mit
Vorarbeiten zu *Unsere Siemens-Welt* (1972),
eine aus 125 Jahren Konzerngeschichte
arrangierte satirische »Festschrift«.

Danach: Zwei der über 1000 Ausschnitte
aus der *Frankfurter Allgemeinen Zeitung*,
die Delius für *Konservativ in 30 Tagen* (1988)
in seinem Apple erfasste und verwaltete.
Daneben Karteikarten aus den Vorarbeiten
zu *Unsere Siemens-Welt*: Wühlen durch
»fremde, häßliche, spröde, unbiegsame
Wörter«, die so lange zerschnitten und neu
kombiniert wurden, »bis einige Funken
und etwas Witz aus ihnen« schlugen.

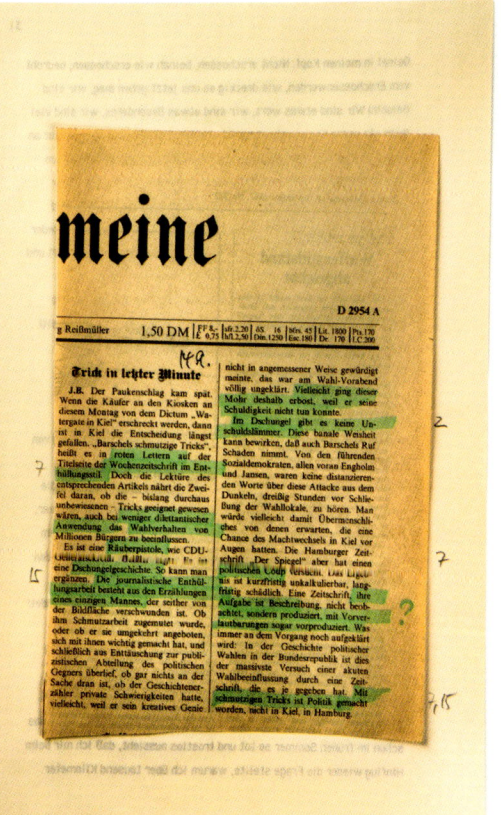

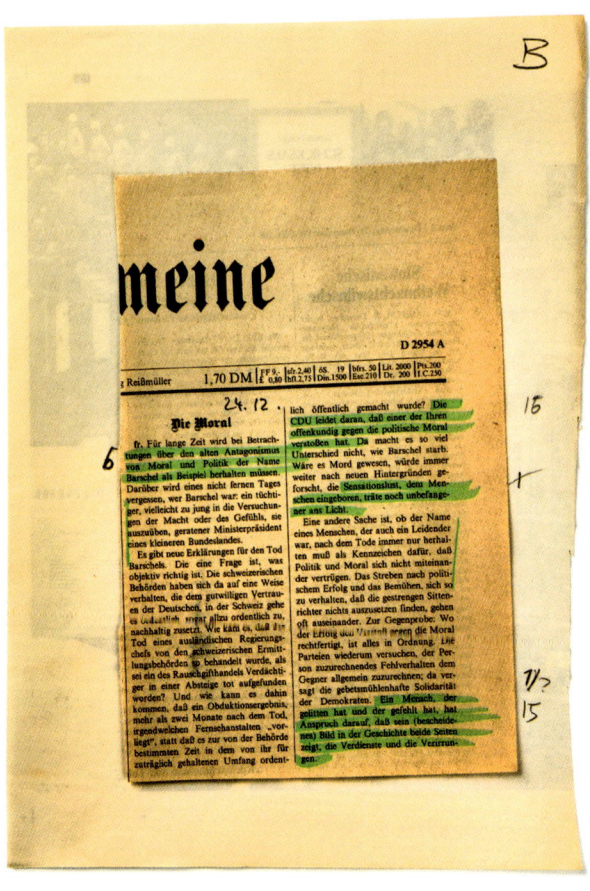

Erfolg, Arbeit

"Der Mensch steht in keinesfalls im Mittelpunkt
des Betriebes. Dort steht etwas ganz anderes.
Dort steht der wirtschaftliche Erfolg.Denn um
seinetwillen ist der Betrieb da."
Hans Albrecht Bischoff, Direktor der BASF, Mitglied des Sozialbeirats der Bundesregierung
Spiegel 5/71

Moral

gegen Auseinandersetzung.
"Moral", so sagt der Sprecher von vor-
hin; "können wir uns nur in unserer
Freizeit leisten. Als Hobby. / - Ich frage
eine Reihe von Kursteilnehmern, wie
... dann fertigwerden mit diesem Gra-

außer amtlich
Unbek. dt. Manager] Absolvent der
IMEDE
konkret 17.12.70

Unternehmerrisiko

"Es gibt bekannte Unternehmer in Deutschland, von
denen man weiß, daß sie keinen Beschluß fassen, ohne
nicht regelmäßig vorher die Sterne gefragt zu haben."
FAZ-Zitat, Cap 1/70
Astrologe Hans Genuit aus Kassel hat als prominentes-
ten Kunden den Verleger Axel Springer. Er hat sich
unter anderm ein Gutachten machen lassen, ehe er
seine die Bild-Zeitung starete - mehr ist von Genuit
nicht zu erfahren, denn "Herr Springer spricht nicht
gern darüber."
Cap 1/7o

Manager

"Wir werden auch - so unfreundlich das klingt -
in Zukunft auf Personen weniger Rücksicht nehmen
müssen als auf die harten Gegebenheiten des
Geschäfts."
H.Ulrich, Dt. Bank-Bos
"Wir brauchen keine 'besseren' Manager, sondern
die Manager müssen jetzt andere Fähigkeiten entwickeln und Methoden anwenden. Entweder sie könner
das oder sie können das nicht. Wenn nicht,sollte
man schneller als bisher daraus die Konsequenzen
ziehen."
Spiegel 47/71

Verbrecher

"Ich glaube, daß die Leute mit den weißen Kragen
die größten Verbrecher sind."
Fritz-Aurel Goergen
Spiegel 7/71

Bergab
"Heute gibt den Unternehmern niemand mehr das
Gefühl, mit Anstand Millionär zu sein. Von Presse
und Fernsehen fühlen sie sich gejagt. Statt - wie
einst zur Adenauer-Zeit - auf hohem Podest verehrt
zu werden, fühlen sie sich in Deutschlands Abfall-
eimer verbannt. Zur Enttäuschung über Zeitung und
Fernsehen kommt das Befremden über die Unfähigkeit
ihrer Propaganda-Zentralen, ein unternehmerfreund-
liches Licht über die neudeutsche Landschaft zu
breiten. Denn weder BDI noch BDA will es gelingen,
das häßliche Bild vom deutschen Unternehmer zu retu-
schieren. Und je mehr der alte Glanz abfällt, desto
stärker wird das Gefühl : Von nun an geht's bergab."
Rolf Düser, Cap 2/71

Hans Robert Jauß (1921–1997)

Verschiedene Zettelkästen, u.a. zu *Untersuchungen zur mittelalterlichen Tierdichtung* (1959), *Studien zum Epochenwandel der ästhetischen Moderne* (1990) und *Ästhetische Erfahrung und literarische Hermeneutik* (1991), mit beispielhaft aufgeblätterten Registern zu zwei für das Denken von Jauß zenralen Lemmata: ›bizarre‹ und ›Imagination‹.

Danach: Zettel, den Jauß in *Ästhetische Erfahrung und literarische Hermeneutik* verwendete: »Das genießende ästhetische Verhalten sei, so heißt es in [Paul Valérys] *Discours sur l'esthétique* von 1937, ›das Modell jener Verwechslung oder wechselseitigen Abhängigkeit von Beobachter und beobachtetem Objekt, an der die theoretische Physik zu verzweifeln droht.‹«

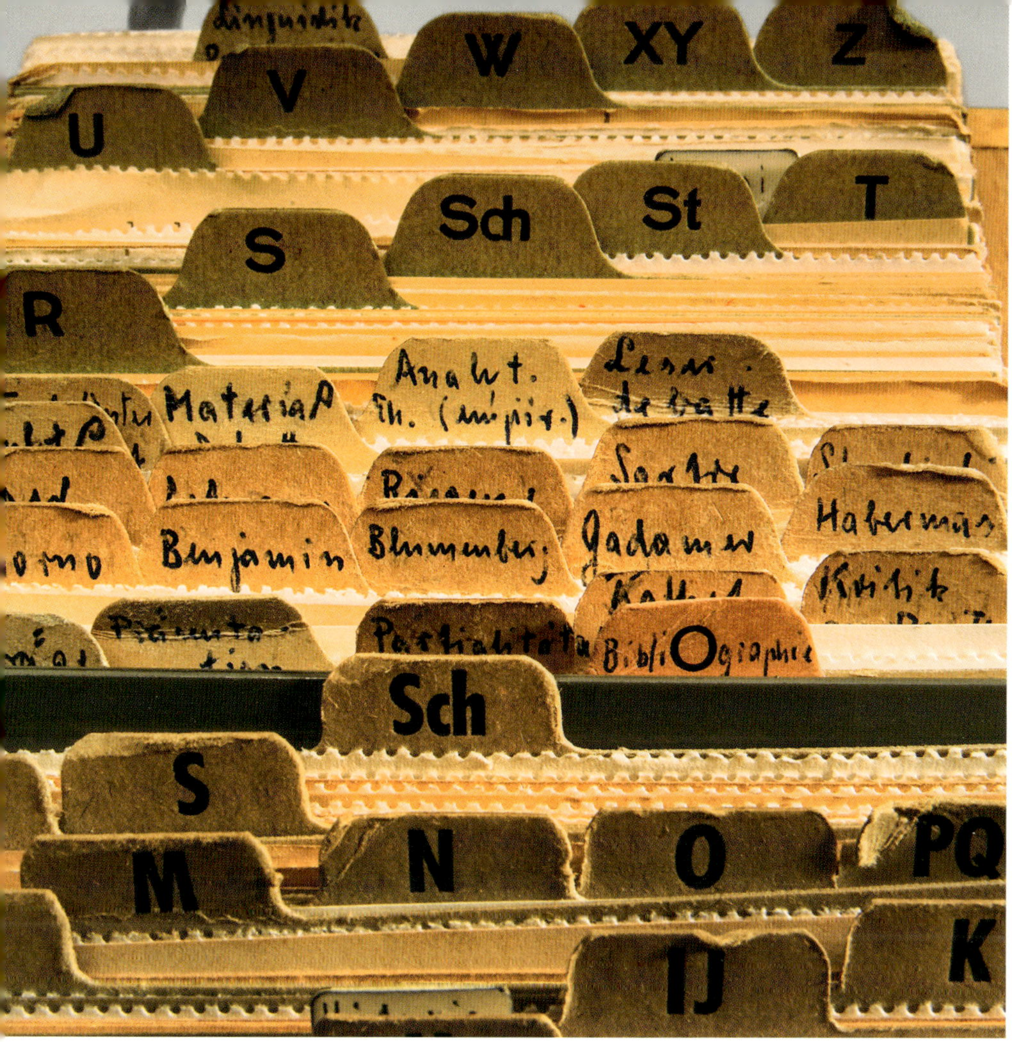

bizarre

bizarre

---

bizarre 1688

... je ne puis m'empêcher de rire de
la bizarrerie des hommes. Préjugé po
préjugé, il seroit plus raisonnable
d'en prendre à l'avantage des moderne
, qu'à l'avantage des anciens. Les
modernes naturellement ont dû enchér
sur les anciens: cette prévention
favorable pour eux auroit un fondemer

Fontenelle, Digression ...
 Oeuvres, ed. 1715, V 294

---

bizarre   Boîleau   1694

Réfl. critiques ...
 ed. 1821 t. III

227 (St.-Amants Detailgebrauch)
237

244
258

---

bizarre   (var 171

Fontenelle, Réfl. sur la Poétique
(Oeuvres, ed. 1715, III 172)
p.164:

(Absicht s'r Refl =) faire remonter
jusqu'aux premières idées du beau,
quelques gens qui aiment le raisonn
ment, et qui se plaisent à réduire
sous l'empire de la philosophie les
choses qui en paroissent le plus
indépendantes, et que l'on croit
communément abandonnées à la bizarr
rie des goûts

---

bizarres   P : P

I 158

... il n'y a point de proportions si
bizarres, qu'on n'en trouve des
exemples dans d'excellens auteurs

---

bizarre

Raphael ... se garde bien de faire
des figures bizarres, à moins qu'il
ne travaille dans le grotesque

Fénelon, Lettre à l'Acad. p.57

---

bizarre

La nature féconde en bizarres portrait
Dans chaque âme est marquée à de dif-
          férents traits
Boileau, Art poét. III 359 sq., wo
auf den Komödiendichter bezogen.

Nach Luschka Anm.117 werde dies von
Dubos (Réflexions critiques sur la
Poésie et sur la peinture, 1719)
verallgemeinert - in den zitierten
Stellen fehlt aber bizarre. Dafür der
Sache nach steht dort schon die
Individualität, b. w.

---

bizarre   LYCEE

II 6o1: ()Hamilton in seinen CONTE
im Stil der MILLE ET UNE NUITS()

Il affecta d'enchérir sur la biza
rie des fictions, et de la pousse
jusqu'à la folie; mais cette foli
est si gaie ... que l'on y recaon
à tout moment un homme très-super
aux bagatelles dont il s'amuse.

bizarre   1816
Déjà venait de paraître, sous les
auspices d'un cardinal, ce livre
ingénieux et bizarre où le curé
Rabelais, qui avait bien étudié
son siècle, se fit pardonner la
raison par la bouffonnerie, et la
liberté par la licence

M.-J, Chénier: Tableau hist. ...191

---

bizarre

W. Scott, Sur W. Scott ...

245) quelque chose de bizarre et de
     merveilleux dans le talent de
     cet homme

!!249) Et la vie n'est-elle pas un
     drame bizarre où se mêlent le
     bon et le mauvais, le beau et
     le laid, le haut et le bas, loi
     dont le pouvoir n expire que
     hors de la création?

---

bizarre
On dirait que par une étrange bizarrerie du coeur, la femme aimée
communique plus de charme qu'elle
n'en a elle-même
Stendhal: De l'Amour   p.5o

---

bizarre

B. Constant : Adolphe

8
12
20
30
44 telle est la bizarrerie de notre coeur
53
60
65
67)
83
94

---

bizarre   COUSIN PONS
le fait le plus extraordinaire et le
plus bizarre 55

IMAGI-
NAIRE

---

imagination / phantasia

als zwei der fünf inneren Sinne
nach der Psychologie des MA
(dort Phantasie die höhere --
Romantik kehrt dann das Verhältnis um)

cf. CSLewis '64, 162

Imagination

J Starobinski '61

rêverie als definierter Modus der ~

cf 108 / 176
103 (wo noch nachzutragen zwspl.)

131/2 der homme de la nature
bedarf keiner

132 mit prévoyance und réflexion

ästh. erf.

noch auszuwerten:
CSLewis '64, chapt. viii, bes. 200/06
(Imagination, weder umformend noch ent-
deckend)
ferner '66: De audiendis poetis
u. ibd. : Imagination and Thought
in the MA

Freud: Phantasietätigkeit

In der Phantasietätigkeit geniesst
der Mensch die Freiheit vom äusseren
Zwang weiter, auf die er in Wirklichkeit längst verzichtet hat.

... Eine solche dem Realitätsprinzip
entzogene Schonung (Naturschutzpark)
ist auch das seelische Reich der
Phantasie.

SA I 362-63.

---

imagination

Montaigne: De la force de l'...

Abteilungen : ...

Besteung

a) ...
b) ...
c) ...
d) ...
e) ...
f) ...

Fiktion / Wirklichkeit
Stellen aus F. Vexler

XIV 427   les peintres idéales ne peuvent
jamais devenir chimériques
XIX 242
XI 401
III 486
V 276 f.
V 217, 218 (Eloge de Richardson)
VII 363
VIII 389
XI 425 (prime de la vie!)
                                    b.w.

---

fantasia

Temptabo etiam de hoc dicere. Quas
fantasias Graeci vocant, nos sane
visiones appellamus, per quas imag-
ines rerum absentium ita repraes-
sentatur animo, ut eas cernere
oculis ac praesentes habere
videamur (Quintilian, I. O. 6, 2, 29

cf. Dockhorn '66, 177

---

imagination

C'est en les éclairant sur la valeur
réelle des objets, que je mettrai un
frein à leur imagination. Si je réus-
sis à dissiper les prestiges de cette
magicienne qui embellit la laideur,
qui enlaidit la beauté, qui pare le
mensonge, qui obscurcit la vérité et
qui nous joue par des spectres qui
changent à chaque instant de formes

Diderot, xxxxxxxxXXX Corr. ed. G. Roth
II 52. (bei Schalk, Prestige, 300).

Stendhal S'd'E   1821/3o
∨ imagination (Kritik an)
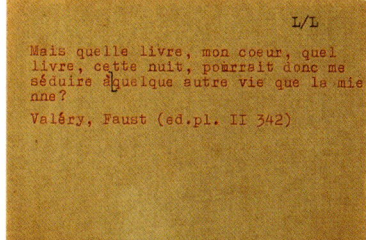

---

das Imaginäre
RF 66, 257: bei Proust
A bgrund zw' dem Wirklichen und dem
Imaginären (prästabilierte Inkongruenz, 262) Exempel 264
- 265) perfection imparfaite des
Wirklichen, .. absolue des
Imaginären
- 267) non posse non imaginare
- 268) + 269: Erinnerung kann ...
... vereinen

         L/L

Mais quelle livre, mon coeur, quel
livre, cette nuit, pourrait donc me
séduire à quelque autre vie que la mie
nne?

Valéry, Faust (ed.pl. II 342)

Simon Lesser: Fiction and the
Unconscious

---

das Imaginäre
MGeiger, 655: dass der Phantasiegenuss
ebenso gross sein kann wie der Genuss
in der Wahrnehmung

bezieht sich auf Kant (dass die Existenz des genossenen Gegenstandes
für den Genuss vollkommen gleichgültig
sei)

-- darin dürfte dann die befreiende
Leistung des Imaginären liegen!

U. (?) Bundy (Bundey): The
Theory of the Imagination.
U. of Illinois Studies in Lit.
(ca. 1938).

W. Magaß: Zur Semiotik der signifikan-
tén Orte in den Gleichnissen Jesu
in: LingBibl. April 1972

Gleichnisse Jesu als Muster sozialen
Handelns (symbolische Partizipation)

2o/21: In einer Welt von Druck und
Lehre und Schrecken befreit die Fik-
tionalität von der Last der Ent-
scheidungen: Spiel und Paradox und
Ironie als Befreiung und Aufschub

(unter Bezugnahme auf Allen Tate:
The Man of Letters in the Modern World

Butor,M.
Les œuvres d'art imaginaires
chez Proust

dans: Essais sur les Modernes
pp. 129-197

Paris 196o (Gallimard)

       frz 959-b 987 t 6o

aisthesis / Genuss

Le plaisir ... le type même de cette confusion ou de cette dépendance réciproque de l'observateur et de la chose observée

... cet ordre de faits dans lequel il trouvait le sentir, le saisir, le vouloir et le faire, liés d'une liaison essentielle

PValéry I 1298/99

Walter Benjamin (1892–1940)

Karteikasten mit der Bibliografie zu Georg
Christoph Lichtenberg.

Beispiele für das Farbordnungssystem:
rosa = Literatur zu Leben und Werk,
orange = Editionen von Briefen und Tage-
buchsplittern, hellgrau = (meist neuere)
Lichtenberg-Ausgaben und Editionen aus
Lichtenbergs Nachlass. Außerdem eine
Karteikarte mit Titeln durchzusehender
Literatur vom Januar 1933.

Danach: Karteikarte mit den ersten acht
von 46 »Maximen für die Aufnahme der
Bücher über Lichtenberg«. Leihgabe und
Fotos: Universitätsbibliothek Gießen,
Sammlung Walter Benjamin im Nachlass
Martin Domke.

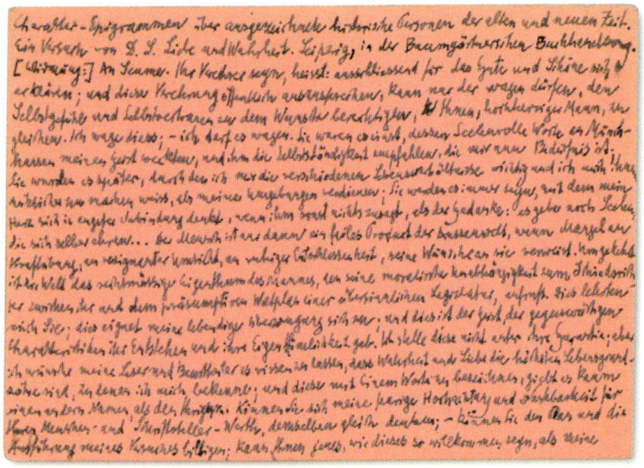

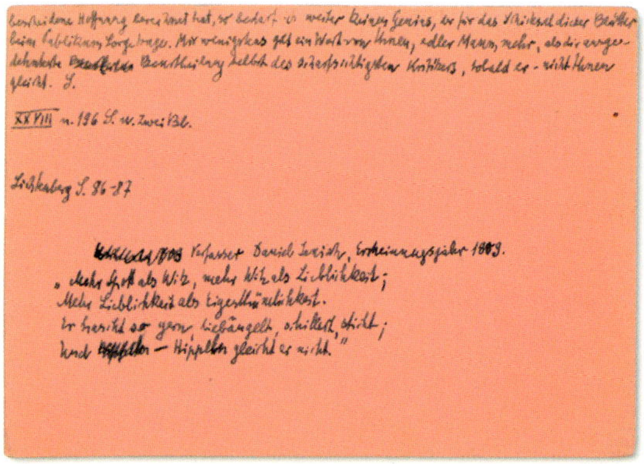

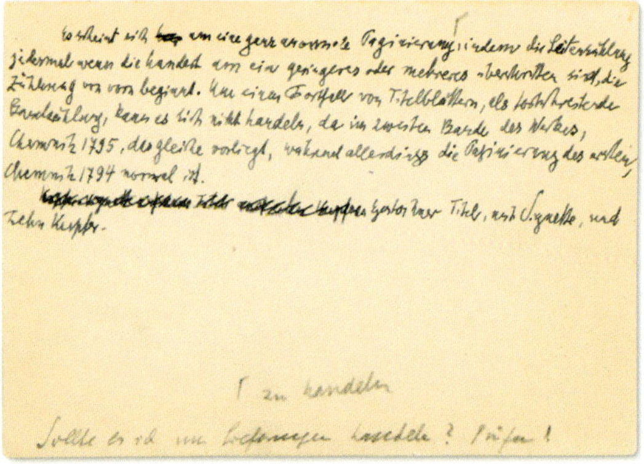

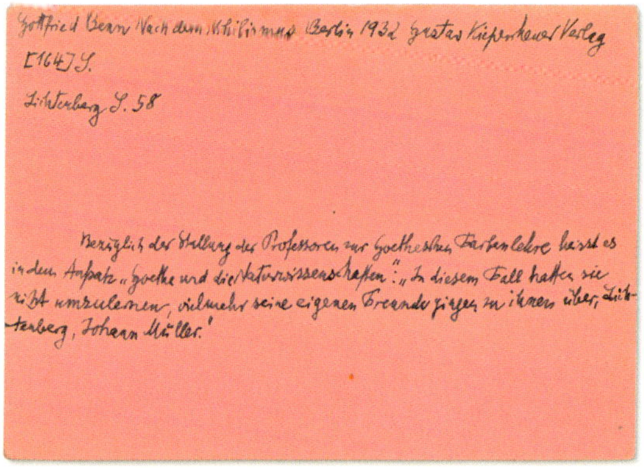

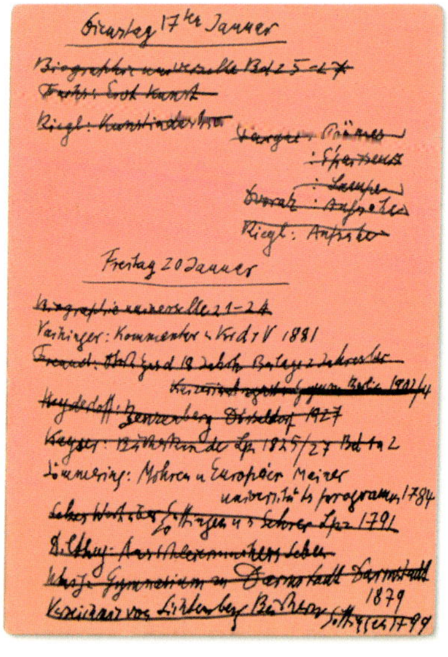

Prinzipien für die Erfassung der Bücher über Lichtenberg

1) Wo der Umschlag zur Befestigung bestimmt ist, ohne hochgradige Abweichungen, einfach mehr enthält als der Titel, wird jener angenommen. Der Titel bleibt dann unberücksichtigt.

2) Die Lichtenberg-Aufführungen in denen, entweder die nicht ganz von L. handeln, sondern in denen er nur vorkommt, werden unvereint: "über Lichtenberg J."

3) Die Titelaufnahme der Zeitschriften selbst, in denen Arbeiten "über L. vorkommen, ist nicht unter allen Umständen vollständig. So wird z. L. des Inhaltsverzeichnis einzelner Hefte, das betreffen auf der Zeitschriften-titel vorkommen, nicht mit aufgenommen.

4) Angaben auf der Titeln der Bücher über L. werden nicht aufgezählt.

5) Unbedruckte Einzelseiten, sofern sie in den Büchern selber nicht mitgezählt sind, bibliographisch nicht aufgeführt; wohl dage-gen ganze Blätter.

6) Die Bemerkung [Widmung:] erscheint nur, wenn die Widmung sich nicht auf dem Titel befindet. Desgleichen gilt von der Bemerkung [Motto:]

7) Der Inhalt der eingeheizten Blätter ist im allgemeiner anzugeben, wenn sich auf ihnen Wichtfakdruckbürgen oder Klein-druckannotaten, nicht dagegen wenn sie z. L. Verlagsbanzeigen enthalten, oder Inhaltsangaben.

8) Zwischentitel werden nur aufgeführt, wenn sie den Titel unmittelbar, bezw. vor dem Motto- oder Widmungsblatt gedruckt, folgen und sich auf das ganze Buch beziehen.

Friedrich Kittler (1943–2011)

Drei von 16 Karteikästen
und zwei von Kittlers
ausrangierten ›Big Towers‹.

cf. Edda (Gylfi) 8:
37 Mensch: Lehm - Fleisch
Tau - Schweiss
Stein - Knochen
Wurzel - Adern
Gras - Haare

William S. Heckscher (1904–1999)

Das Arbeitszimmer in Princeton.
Foto: Warburg-Haus Hamburg.

Danach: Mappe zu »Gesten:
›Porta amoris‹«: der Fingerkreis
als ›Liebespforte‹ und Auszug aus
dem chronologischen Zettelkasten, hier 1650–74, und Box
zu »Pathosformeln«. Leihgaben:
Warburg-Haus Hamburg.

f

The family and the gang are sometimes one.

gang follower in her own day, who says she has given up trying to discipline the girl because "she gets all paranoid and starts cussing."

Shorty's aunt has one teardrop tattooed by her eye, signifying one year in jail; her uncle has two.

A Depressing Future

"These youngsters are looking at a future that is pretty depressing," Ms.

Continued on Page A18, Column 4

There's not that much drugs, said Tiny. "When we kick back, it's mostly smoking, drinking, some weed, maybe some coke."

The first stop tonight was Mousey's house. A carload of girls gathered around the mirror in her tiny bedroom, where religious drawings share wall space with gang logos and where piles of stuffed animals, like their owner, are festooned with scarves and ribbons in Grape Street purple.

High Fashion, Gang-Style

Fashion was high tonight: baggy boys' trousers sagging over corduroy bedroom slippers, boys' black polo shirts, large hoops in ears and bunches of keys and trinkets hanging from waists.

Continued on Page B4, Colum...

Gamma Liaison/Deborah Copaken for The New York Times

Members of the Tiny Diablas, a girls' gang in Los Angeles. Some girls showed off the gang's hand-sign.

THE NEW YORK TIMES

TUESDAY, FEBRUARY 13, 1990

Copyright © 1990 The New York Times

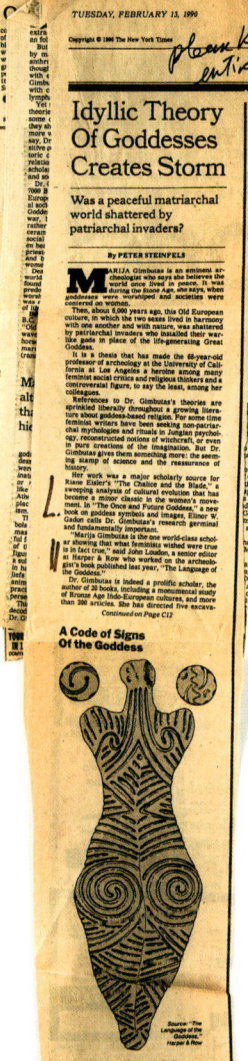

please keep entire

Idyllic Theory Of Goddesses Creates Storm

Was a peaceful matriarchal world shattered by patriarchal invaders?

By PETER STEINFELS

MARIJA Gimbutas is an eminent archeologist who says she believes the world once lived in peace. It was during the Stone Age, she says, when goddesses were worshiped and societies were centered on women.

Then, about 6,000 years ago, this Old European culture, in which the two sexes lived in harmony with one another and with nature, was shattered by patriarchal invaders who installed their warlike gods in place of the life-generating Great Goddess.

It is a thesis that has made the 68-year-old professor of archeology at the University of California at Los Angeles a heroine among many feminist social critics and religious thinkers and a controversial figure, to say the least, among her colleagues.

References to Dr. Gimbutas's theories are sprinkled liberally throughout a growing literature about goddess-based religion. For some time feminist writers have been seeking non-patriarchal mythologies and rituals in Jungian psychology, reconstructed notions of witchcraft, or even in pure creations of the imagination. But Dr. Gimbutas gives them something more: the seeming stamp of science and the reassurance of history.

Her work was a major scholarly source for Riane Eisler's "The Chalice and the Blade," a sweeping analysis of cultural evolution that has become a minor classic in the women's movement. In "The Once and Future Goddess," a new book on goddess symbols and images, Elinor W. Gadon calls Dr. Gimbutas's research germinal and fundamentally important.

"Marija Gimbutas is the one world-class scholar showing that what feminists wished were true is in fact true," said John Loudon, a senior editor at Harper & Row who worked on the archeologist's book published last year, "The Language of the Goddess."

Dr. Gimbutas is indeed a prolific scholar, the author of 20 books, including a monumental study of Bronze Age Indo-European cultures, and more than 200 articles. She has directed five excava-

Continued on Page C17

A Code of Signs Of the Goddess

Dr. Marija Gimbutas interprets recurring symbols as references to a goddess worshiped in Neolithic Europe. She says opposed whorls, in Romanian vase designs above (44th to 35th centuries B.C.) and on female figurine (43d to 42d centuries B.C.), signify her role in the cycle of life and time.

Source: "The Language of the Goddess," Harper & Row

Nobody's Victim

NOTES OF A HANGING JUDGE

Essays and Reviews, 1979-1989
By Stanley Crouch.
272 pp. New York:
Oxford University Press. $22.95.

March 11, 1990

By Deirdre English

IN this collection of essays Stanley Crouch conveys the overwhelming feeling of a man battling with criticizing and spirited opponents: mostly other African-American intellectuals and spokesmen whom he derides for moral cowardice and critical bankruptcy in the face of fashion, ideology and selfish opportunism.

His targets are specific and sometimes surprising, ranging from Malcolm X ("chief black heckler of the Civil Rights Movement"), Stokely Carmichael ("the ghost of Pan-African nationalism past") and Louis Farrakhan ("consistently incoherent") to James Baldwin ("cold out to rage, despair, self-righteousness, and a will to scandalize"), Toni Morrison ("a literary conjure woman") and Spike Lee (one of a group of "middle-class would-be street Negroes"). Strong, and bitter stuff.

As the title of this volume, "Notes of a Hanging Judge," makes clear, Mr. Crouch sets himself apart from and above the tides of current opinion, sternly harranguing a gavel of righteousness — or sometimes only righteous indignation. In the introduction, Mr. Crouch gives us the personal background that accounts for this seemingly lonely chosen stance (for his is the fervor of the unconverted). In the late 1960's and 70's in Los Angeles, Mr. Crouch found himself swept up in the black nationalist movement, "retreating from the complexities which universal humanism that underlay the Civil Rights Movement." Around 1979 he re-emerged as "a traitor" to ethnic nationalism and has "since become ever more hostile to its ideas, which helped send me only black America but this entire nation itself into an intellectual tailspin." Only then did he become a hanging judge, much like the battlesome Henry Morgan, "who sent many of his former pirate buddies to the gallows, certain that they deserved what they got."

If this were all there were to Stanley Crouch, he might well be dismissed as a finger-pointer who has merely drifted his aim from the powers that be to his former colleagues, rather like former white radicals who became born-again Tories for Ronald Reagan. But Mr. Crouch's polemics have two served him, and on, better than that. Freedom from preconceived ideas opened up the world for fresh and honest reconsideration; the essays that result defy neat characterization.

Deirdre English was formerly the editor of Mother Jones magazine.

Louis Farrakhan speaking at Madison Square Garden. The most unlikely piece, after you think you've gotten into the swing of Mr. Crouch's anti-pop culture semantics (he writes of the "demonic vulgarity" of Prince, "whose tunes are the opposite of ungrieved souls"), is "Man in the Mirror," a spirited refutation of those who equate Michael Jackson's cosmetic surgery with racial self-hatred.

The most offensive essay has to be his invective against the movie "Do the Right Thing," it which he seems so threatened by a "reemergence of black power thinking" that he resorts to putting down the director Spike Lee on the basis of his height, calling him a "miniaturist in more than one" and a "maggy-headed Napoleon." At such moments Mr. Crouch's cool courage is replaced by a hot anger that seems to burrie his words past their destination and to some unintended and inappropriate place.

The same kind of trouble arises when he takes up African-American women writers such as Michele Wallace, Toni Morrison, Alice Walker and Ntozake Shange, declaring that whites (implicitly white women) within the media are "conspiring" to publish these black female writers who pay lip service to the women's movement while repeating on with new stereotypes of black men and women." Here he overlooks the fact that African-American feminists have a history of agitation, completely independent of the white women's movement, that goes back to the days of the abolitionist movement. For a critic who has pinned down others for lack of familiarity with their own racial history, this is quite a lapse. And anyway, could African-American women be so easily manipulated into writing and reading books against their own interests?

FOR all his lonely disgruntlement, Mr. Crouch succeeds in sharing much of the richness and complexity of the life of a contemporary black intellectual, free from what Beryl Markham called "the cultural battledress of a mortar-board intelligence." One moment he's drawing blood at the tavern of truth and progress, the next moment he's listening to Muddy Waters or Clifton Chenier and taking the music as seriously as the work of any writer or politician. All this comes together nicely in a section on the Rev. Jesse Jackson that demonstrates a jazz critic's appreciation of Mr. Jackson's voice as an instrument.

And times may be changing to Mr. Crouch's favor (except on the women question). The release of Nelson Mandela, more than an act of delayed justice, unleashes an optimism more round the world of a mature and unifying leader. Mr. Mandela's stature is great enough to make him an international symbol, a vision that has been missing since the assassination of Martin Luther King Jr. Mr. Crouch, like a lonely runner in the night, has been carrying the torch for such a wise leader; he may be amazed to discover how many others here and around the globe are ready to share the burden of that flame.

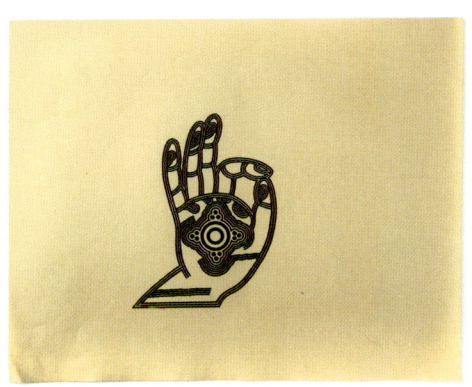

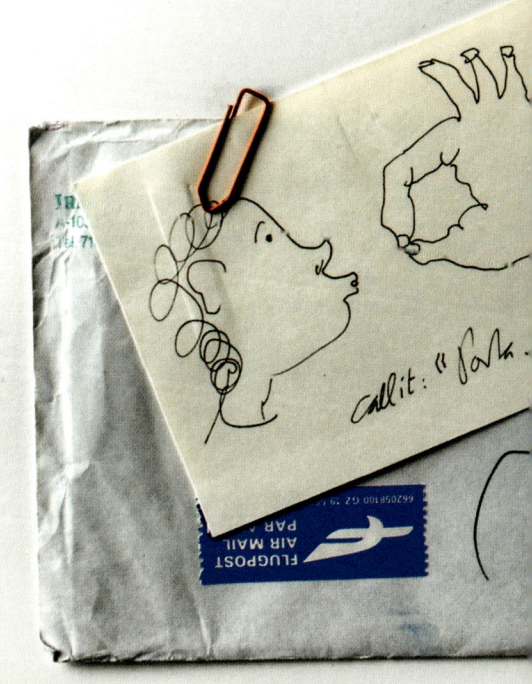

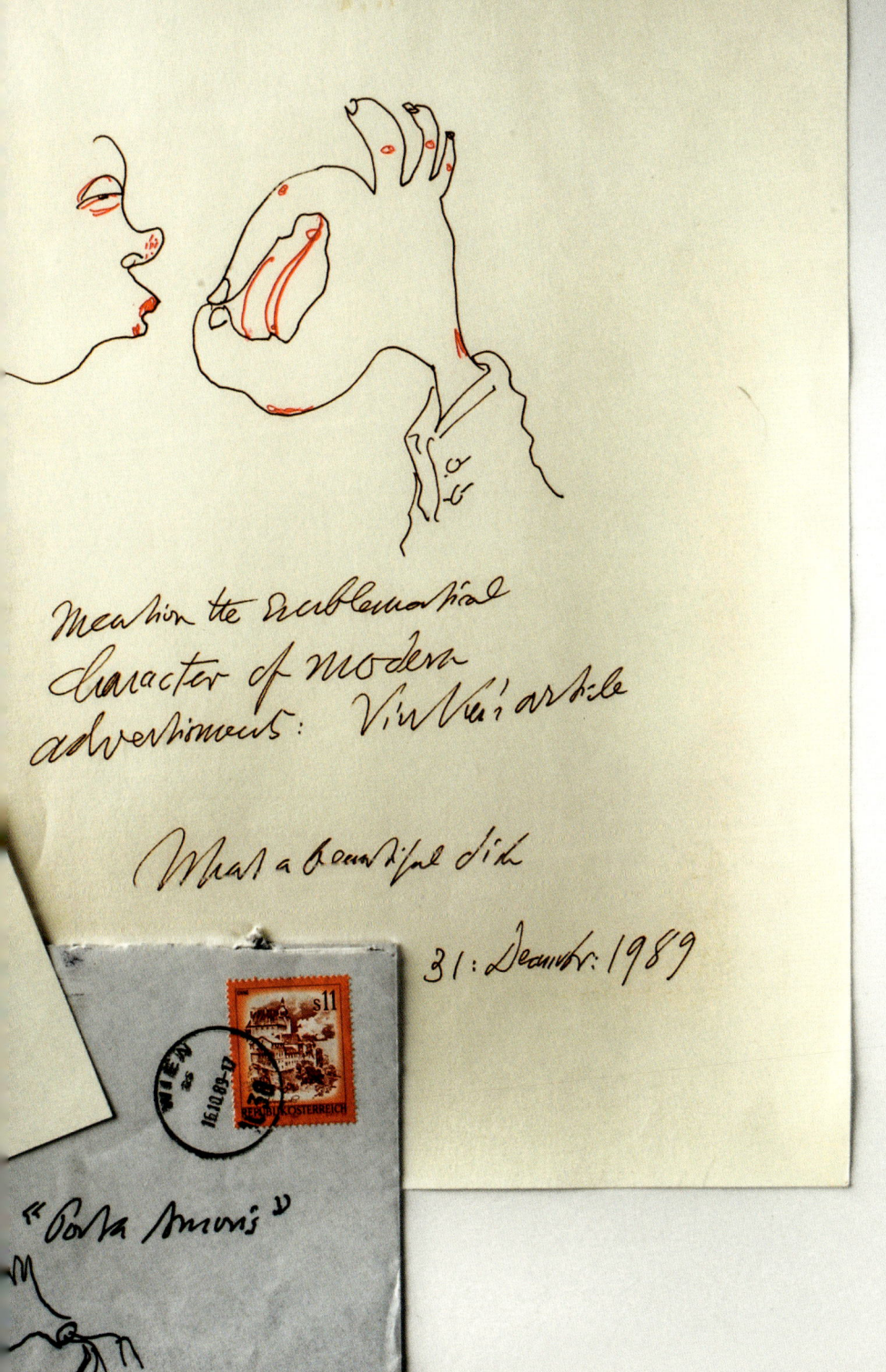

Mention the emblematical
character of modern
advertisements: Viu Vui article

What a beautiful idea

31: December 1989

"Porta Amoris"

g

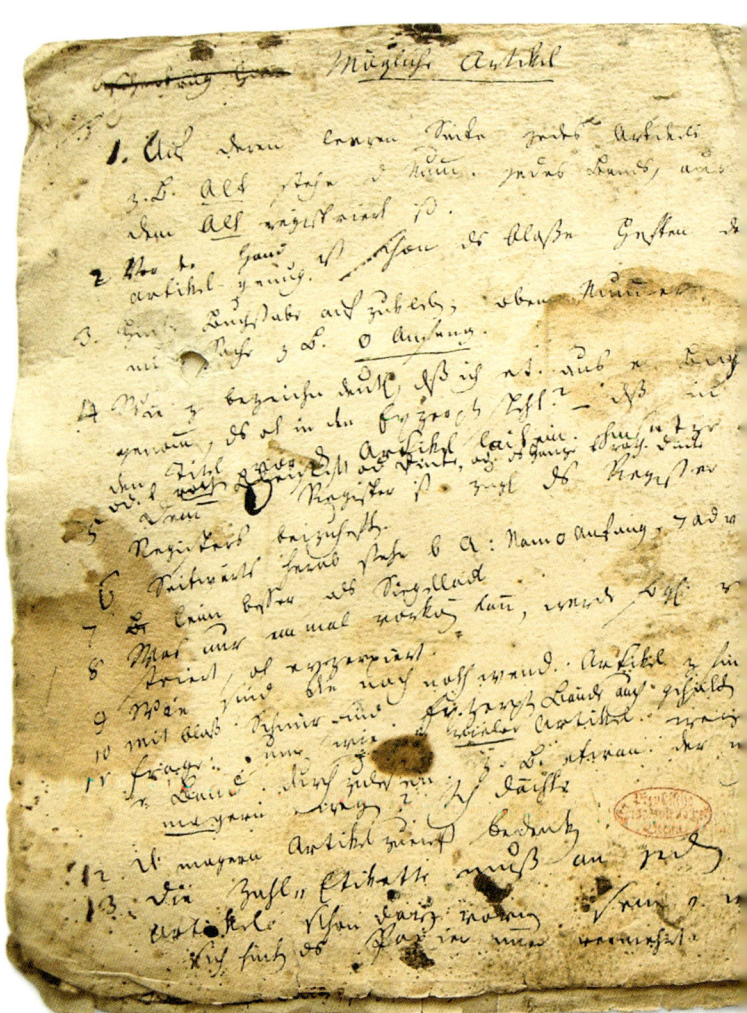

Jean Paul (1763–1825)

Eine von 1.244 Registerseiten mit
Schlagwörtern und möglichen Artikeln.
Leihgabe und Foto: Staatsbibliothek
zu Berlin – Preußischer Kulturbesitz.

Oswald Egger (geb. 1963)

»Gläserner Zettelkasten«,
17 × 17 × 17 Zentimeter groß,
für *Euer Lenz* (2013) als Modell zum
Erzeugen von Konfigurationsgedich-
ten genutzt. Leihgabe: Stiftung Insel
Hombroich. Foto: Markus Karstieß.

Danach: Aus einem Märklin-Baukasten gebastelter Textrahmen für die
Absatzzeichen in dem Gedichtband
Nihilum album (2007), die 3.650
Vierzeiler, für jeden Tag des Jahres
zehn, voneinander trennen: Die vier
beweglichen Gelenke – Gegenstück
zu den vier Verszeilen – bilden
Figuren, die wie die Vierzeiler selbst
»alle gleichmöglich und alle die
ganze Zeit zugleich möglich« sind.
Leihgabe und Fotos: Oswald Egger.

9

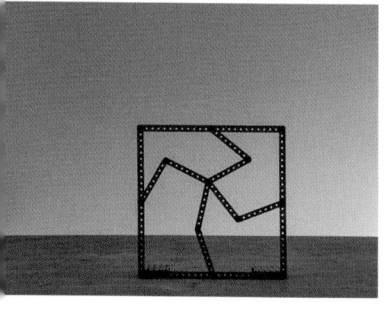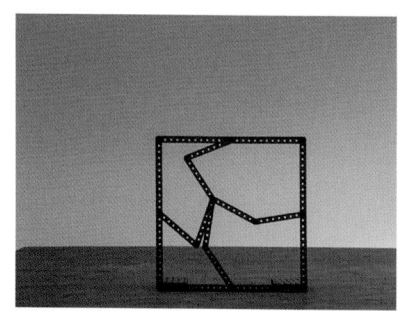

Oskar Pastior (1927–2006)

Umfunktionierte Pralinenschachtel mit
auf die Buchstaben eines Registers
reduzierten Kärtchen zum Anagram-
mieren (von griech. ›anagraphein‹,
›umschreiben‹: ein Wort aus einem
anderen durch Umstellung der einzelnen Buchstaben oder Silben bilden:
Zettel – Letzte – Zeltet, Zettelkasten
– Stanzte Ekelt – Kanzelte Test –
Stelzte Kante – Tanzes Klette – Takt
Lese Netz).

W.G. Sebald (1944–2001)

Nach einem werkspezifischen »Index«
sortierte Fotos aus einer Fächermappe:
»A. Ausgewanderte. Austerlitz – B.
Bereyter – C. Castle. Casement – D.«

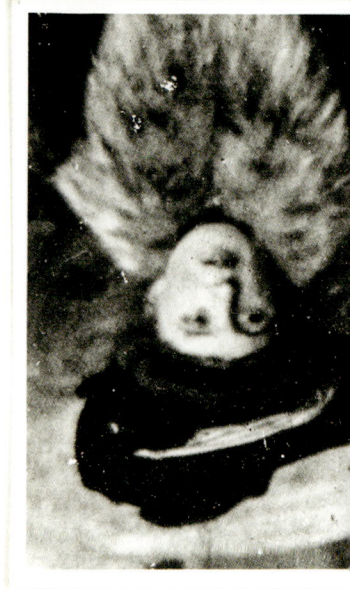

9

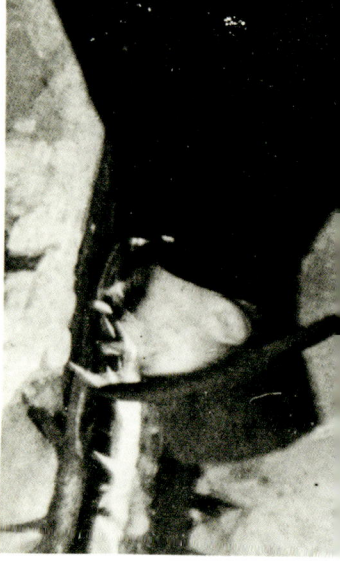

Reservisten
der fl. Komp. K. B. VI.-Regiment „Kaiser Wilhelm, König v. Preussen"
Amberg 1906-1908.

9

g

h

h

Reinhart Koselleck (1923–2006)

Teil von Kosellecks Bildarchiv im Keller seines Hauses in Bielefeld.

Danach: Dunkelgrüne Fotobox »1976–92« und erster Filmstreifen daraus, u. a. mit Aufnahmen der Kölner Hohenzollernbrücke und der dortigen Reiterstandbilder. Leihgabe und Fotos: Deutsches Dokumentationszentrum für Kunstgeschichte – Bildarchiv Foto Marburg.

Zwei Bildkästen, der eine zu deutschen, der andere zu italienischen Reiterdenkmälern, die zusammen knapp 2.000 Aufnahmen verzetteln, und Fotomappen daraus. Leihgabe: Deutsches Dokumentationszentrum für Kunstgeschichte – Bildarchiv Foto Marburg.

Fotografische Zufälle aus Köln und Athen. Fotos: Deutsches Dokumentationszentrum für Kunstgeschichte – Bildarchiv Foto Marburg.

Geschichte auf einen Blick – Kosellecks frühe Ablagekästen für Notizen und Ausschnitte.

Zettelkasten zu »Zeit«.

MINOX G.m.b.H., GIESSEN Made in Germany

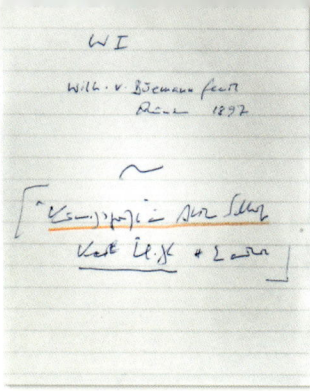

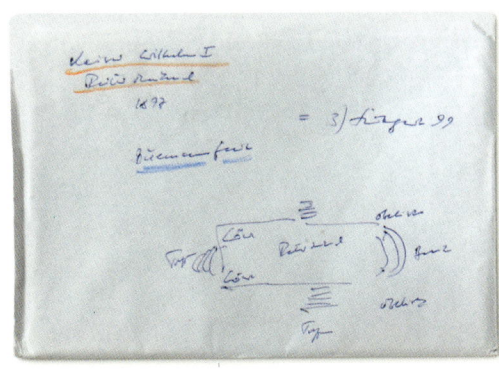

h

Moderne   REITER

PISTOIA N 01

Marini Rosa

Scarrico 1958/9 Li.Isto

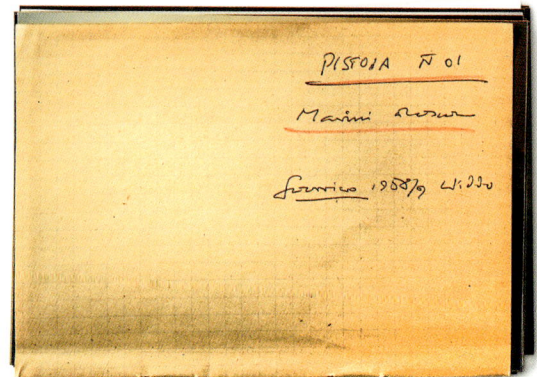 

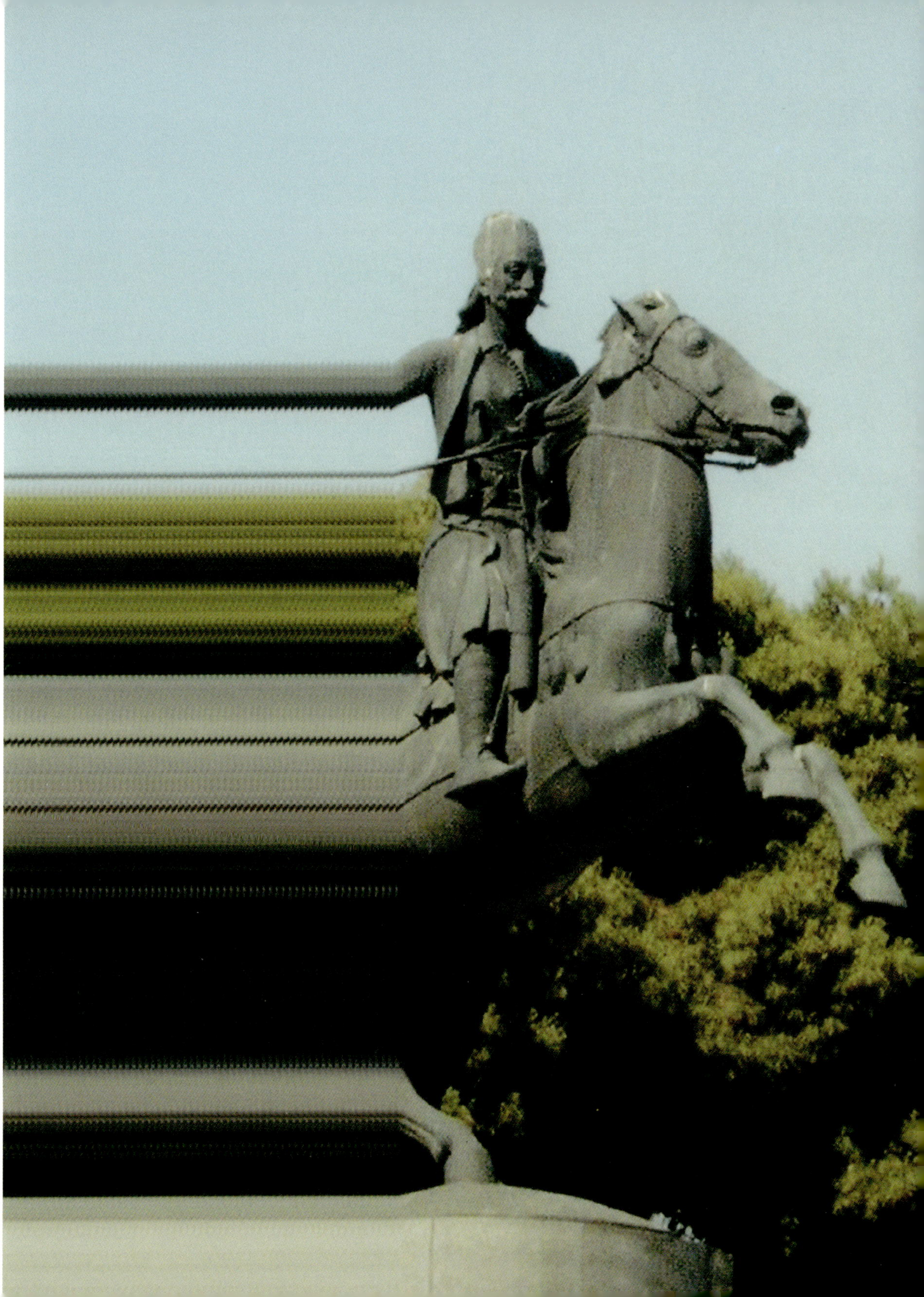

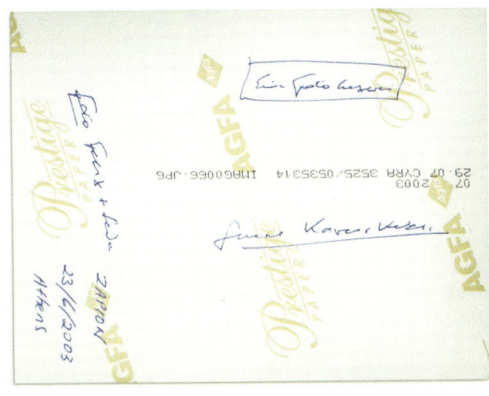

h

Jochen Missfeldt (geb. 1941)

Zettelkästen zu den Romanen *Solsbüll*
(1989), *Gespiegelter Himmel* (2001)
und *Steilküste* (2005).

i

i

Roll
Redensart Wörter
Steiger Johann
Nazi
Musik
Namen
Literatur
Markt
Eckstein
Brase (H. Sellert)
Flieder Holunder
Fünfziger Jahre

Walter Kempowski (1929–2007)

Fotozettelkasten »Weltkrieg II« mit Beispielen.

Danach: vier Zettel mit Notizen zu *Tadellöser & Wolff* (vor 1971), Blatt aus der Zettelfassung zu *Der Neuling*, später u. d. T. *Herzlich willkommen* (vor 1984), und Blatt aus der sechs Ringordner füllenden Zettelfassung zu *Im Block. Ein Haftbericht* (1956–69). Leihgaben und Fotos: Akademie der Künste, Berlin, Walter-Kempowski-Archiv (Objektfotos: AdK/Roman März).

Polen

"Porträt"
Flakhelfer
1944

Weltkrieg II
Feldküche

SA

Frankr.   1940

1934

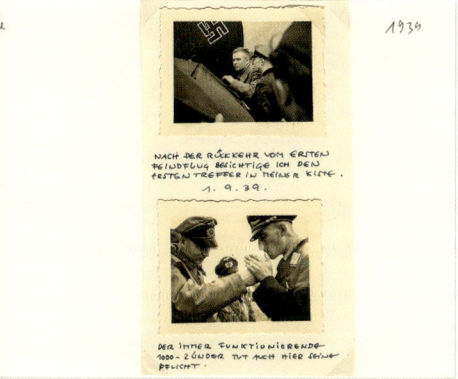

NACH DER RÜCKKEHR VOM ERSTEN
FEINDFLUG BESICHTIGE ICH DEN
ERSTEN TREFFER IN MEINER KISTE.
1. 9. 39.

DER IMMER FUNKTIONIERENDE
1000-ZÜNDER TUT AUCH HIER SEINE
PFLICHT.

BDM

Sonneberger Kinder schmücken Christbaum bei Goebbels

Dünkirchen

BDM

1936   1936

Neue Fußbodenung,
alte Wohnung, neue H...
Gut, dass man von der
Gasometer weggezogen
war

Und Zentralheizung.
Den Ofen habe sie töpf... bei...
müssen erzählen meine Mutter
jedem, obwohl das für mich
... dem weiß ... hatte
sie eh Wochen gehabt, ...

Die Türen nicht weiß lackiert,
sondern geheizt, mit gefalteten glas-
scheiben , bis auf den
Fußboden.

Morgens hatten wir noch in der
alten Wohnung auf Kohl gesessen
+ Kaffee getrunken, es waren
graue Kisten, mit Vorhänge-
schlossen,

Hbg.

Schiebermütze

Klappbrote mit Blutwurst

Entlassungsschein mit Foto!

Sensation.

Hbg

Wie Feier, danach alles aus,

nichts wird, jeder hat sein

eigenen Gedanken.

Hbg

Sylvester, aus Fenster raus,

Passant sehr einsichtig.

Hbg

Tagebücher! Wie gut, daß

ist verständlich

Die Mutter: Anfang März war Walter zu Besuch aus dem Westen.
Ich hatte für ihn allerhand zu waschen und zu stopfen.

Die Mutter: Am Sonntag abend spielte Walter noch ein Abendlied.
Das war das letzte, was er auf unserm schönen Flügel spielte.

Die Mutter: Am nächsten Morgen um halb 5 wurde heftig ge-
klopft. Vier Männer standen vor der Tür und wollten unsere
Ausweise sehen. Mir war das nicht weiter verdächtig, von
nächtlichen Ausweiskontrollen hatte ich schon öfter gehört.
Im Grünen Weg war bei derselben Gelegeheit ein Mann am Herz-
schlag gestorben.

Mu.

Die Mutter:

Dann standen sie auf dem Vorplatz. "Wo ist ihr Sohn?" fragte
der eine, (der mich dann später auch vernahm) "Der ist hinten,
im Bett, der schläft," antwortete ich.   Darauf gingen wir
alle nach hinten. Ich ging voran und sagte zu Walter:
"Mein Junge, du mußt mal eben deinen Ausweis zeigen..."

Niklas Luhmann (1927–1998)

Blick in den Zettelkasten der zweiten Zettelsammlung (etwa 1963–96) mit insgesamt 21 Auszügen und rund 66.000 Zetteln. Luhmann hat in der für ihn typischen Sparsamkeit bereits benutzte DIN-A4-Blätter (Rechnungen, Matrizen usw.) eigenhändig in DIN-A6-Blätter zerschnitten und für seine Notizzettel benutzt. Leihgabe: Universität Bielefeld.

Danach: Beispiele für die Numerierung und Verlinkung der Zettel: »Jede Notiz ist nur ein Element, das seine Qualität erst aus dem Netz der Verweisungen und Rückverweisungen im System erhält.« Leihgabe und Fotos: Universität Bielefeld.

k

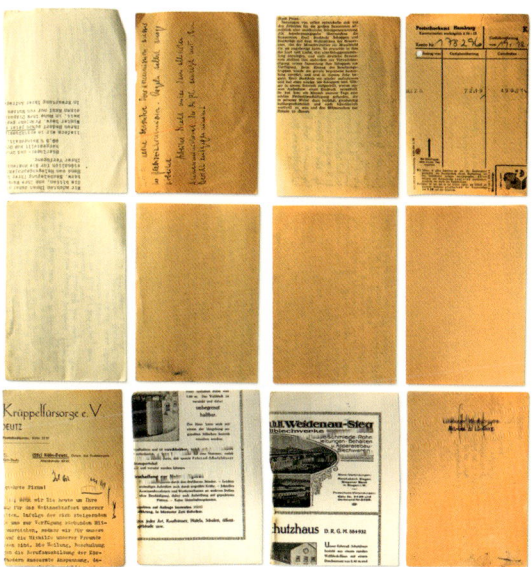

17,1b9,2 2 So auch Landgrebe in Symph-losophen S. 278
Situation ist "zu begreifen als der Horizont menschlichen
Handelns"
ähnl VI 305 „Mensch sein heißt immer In-einer-Situation-sein,
sich Vorstellen in seiner Lage. Ein solches gehört unkennbar zum
Menschen als einem nach Zielvorstellungen handelnden Wesen.
Situation ist also nicht ein Inbegriff objektiv feststellbarer
Gegebenheiten, sondern immer Situation-für-.... bezeichnet
die Art und Weise, wie d. Gegebenheiten vorhanden sind.
Das Sichverhalten grenzt sich nicht nur den Horizont des
Vorstellens ab, sondern auch den Horizont der für das Handeln
maßgebenden Wertungen und Normen" - ohne daß diese
leitenden Normen jeweils ausdrücklich bewusst werden
müssen.
Diese einfache Gleichsetzung von Situation und pragmatischem
Horizont stößt jedoch auf beträchtliche Schwierigkeiten. ...

17,1b9 Der Situationsbegriff läßt sich am besten
vom Horizont-Begriff her entwickeln 1 Situation ist
der auf mögliches Handeln hin entworfene Horizont 2
Das bedingt freilich eine Erweiterung des Husserlschen
Horizont-Begriffs, da Husserl will vom allgemeinen
in der Welt sein ausging sondern alles Welt verhalten
in den besonderen .... Akten der
αἴσθησις begründet sah; weshalb ihn die von
ihnen beschriebenen Horizonten in formal der schemende
ergibt dem praktischen Verhalten kontinuierlich ausstreckt.
Von ... zu korrigieren. - Vgl. auch Landgrebe S. 106
Cop. u. Knit. S. 66f. [Vgl. 7,7ea]

17 Ideologie
Verwirkungen: 7, insb 7,9b; 7,7g7; 7,7gbd
13,50; 83,2c5f
60,4218
Ideologie und Legitimität 54,2
Ideologie/Arbeitsteilung 44,1b 44,5(e)
formale/informale Ideologie 70,6
Ideologie/Verantwortung 71,2g
Systematische Auswirkung 28,10l5a (Rationalität der Org)
Ideologie/Hierarchie 45,20
Ideologie/Autorität 45,1b7
Ideologie/Ehre 45,8c4

1.11c Es ist zu unterscheiden a

1.1 Das Verhältnis der descriptiven ~~Organisa~~ Ideologielehre
zu Organisationswissenschaft D

2.1 Das Verhältnis der wissenschaftliche Organisationspraxis
(scientific management) zu den Anforderungen, die die
Ideologie der Organisation stellt B Dies Verhältnis selbst
ist ein Problem der Organisationslehre und zugleich
Gegenstand ideologischer Doktrinen A

3.1 Das Verhältnis der ideologisch ausgelegten Welt zur wissenschaftlich ausgelegten Welt C

4.1 Das Verhältnis der Ideologie zum organisatorischen Durchsetzungs-
apparat (davon 2.1 Teilfragen) E

5.1 Ideologisch Organisationen i.e.S. F

9/8,3 Geist im Kasten?
jrsdane kommen. Sie bekommen alles zu
sehen, und will es das — wie beim
Pornofilm. Und entsprechend ist die
Enttäuschung

Kurt Pinthus (1886–1975)

Karteikarten zu einem Vortrag, den
der aus dem amerikanischen Exil nach
Deutschland zurückgekehrte und seit
1967 in Marbach am Neckar wohnende
Pinthus 1964 bei Wendelin Niedlich
(›Stuttgarts berühmtestem Buchhändler‹) mit allerlei Zugeständnissen an
den *spiritus loci* gehalten hat.

Danach: Einige von Pinthus' anderen
Kästen.

k

Plaudereien im Grunde nichts anderes sind
als wissenschaftliche oder historische Erlebnisse und Ergebnisse, biswei-
len schiere Literaturgeschichte und
Kunstwissenschaft, ja Philologie..

---

enorm belesen und Kulturgeschichtlich
versiert in allen Epochen, Essay über
Aretino; übersetzt dessen"Geburt Christi".
Aber wenn er etwas nicht weiss,
denkt er sich etwas aus (Mombert)
nur Parodie,
aber weil er abseits'lebt

---

zunächst gestehen, dass das Wort
"Kuriositätenkabinett'
nicht von mir stammt, sondern von
Ernst Szittya
Bücher verschollen
fand sie, nebst Dutzenden, von seriösen
Artikeln in Marbach.

† starb in alligen
Nebst Deckerzug

Er scheint prinzipiell niemals Korrektur zu lesen, ich kenne keinen Autor,
dessen Bücher so von Druckfehlern wim-
meln, ---
vor allem sind die Namen verdruckt, auch
die bekanntesten, sodass man manchmel
denkt, er lässt die Fehlleistungen abe
sichtlich stehen, um den Betreffeffen-
den zu veralbern

Emil Szittya geb. 1886 in Budapest
in keinem einzigen Nachschlagebuch, weder
Kürschner noch Kosch
wiewohl an die 30 Bücher veröffentlicht,
noch dazu in 2 Sprachen, vieles in fran-
zösisch war stets auf Wanderschaft, *vagant*
schliesslich dauernd in Paris

Wenn ein Essay in einem anderen Buch
wiedergedruckt wird, sind nicht nur
die alten Druckfehler darin, sondern n
neue hinzugekommen

Unzähliges geschrieben 5o Jahre lang an
/ Essays, Kritiken, Biographien über Maler,
Dichter, Kulturgeschichtliches
Glänzende Formulierungen und Analysen,
Geistesblitze.
wechseln ab mit wüstem Klatsch und
unzähligen Beschimpfungen, ja Verleum-
dungen

Das Poträt von Lotreamon (Lautréamont)
Chagal, Wilna Chagax (schon falsch, *alle*
weil geprochen in Witbsk)
geboren nicht in Wilna, sondern
Sonswoher

ein Kinderbuch zu schreiben.
Niemand aber glaubte, was doch Tatsache
war, dass das Kind wirklich die kleine
Kritik geschrieben hatte

(Der Hund auf den Schienen)

Die unglaublichste Geschichte meines
langen Lebens hat mich mein ganzes
Leben lang verfolgt, jetzt genau 45
Jahre lang, seit Frühjahr 1919, --- -
und hat mich auch hier in Stuttgart
wieder erreicht.
Diese Geschichte hat mir jahrelang niemand geglaubt,   bis sie schwarz auf
weiss erweisbar   war.

Zurück zu Stuttgart und Marbach
    Klatsch - Anekdoten gugwittert
Rowohlt - Anekdoten, über jeden die
            Anekdoten, die er verdient, -
Glassfressen auch wenn sie nicht
            wahr sind.

Kokoschka und die Puppe .
kurzer Bericht - erzählen, wie es wirklich war.
beginnend: Nov. Kriegeschluss 1918
    in Berlin Hotel Koschel, Sachsenhof.

--- *Leben und Puppe in* *Feldenburg.* *Brach* *Frau Deckert,* *schenkt mit Herrn Moses in Fotos* *ins Wien.* *Baker*

Der jüngste Tag   Erlebnis mit Raabe

    Mythologisieren   Goethe, Schiller,
                            Nietzsche
wie er wirklich war   schon Express.,
                            ich selbst

---

dann Briefe aus Westheim
dann aus Spur im Treibsand
Wiedersehen in Hamburg, fragte nach Frau
in Blau, verschollen dann Stuttgart er-
fuhr, dass Bild hier, unfertiges Museum
"Das Bild haben wir".
Telefongespräch mit Museum *ziehter Meyer*
Wiederbesichtigung

Einstein
1) cit: Nachwort zu Ausgabe
Studentin, 10 000 Baltt,
        1. Frau Schäfer
        2. Frau in Persien
        3. Braque
        4. Malraux
        5. die Perserin

2. Gotteslästerungsprozess! Zitat aus
        Artikel (Desch "Tageb

Vergleich mit über hundert Skizzen
(Wingler) meine eigene, überall Ganz-
figur mit Beinen - Auf Anfrage antwortet seine Frau, er könne sich nicht
besinnen.

Schluss

Und nun sehen Sie sich bitte im Landesmuseum das Bild "Frau in Blau "an. Das Bild gemalt nach einer Puppe, das da herrenlos hängt nach so viel Abenteuern.
Würden Sie vermuten, dass seit 45 Jahren so viel Merkwürdiges dahinter steckt. So viel Schicksal nicht nur

nicht zu Ende schreiben konnte, wiewohl ich doch alle Einzelheiten seiner Geschichte kannte. Aber kannte ich sie wirklich? Steckt nicht hinter der Wirklichkeit all der anderen Geschichten die ich heute erzählte, noch etwas Anderes?

des Bildes, sondern auch einiger Menschen. Dass da so viel Rätselhaftes in diesem Bild ist, das der Maler selbst nicht lösen kann
Ist es das Bild, wie O.K. es 1919 gemalt hat? Hat er es, nach der Verstümmelung, selbst so übermalt, wie es da hängt?

Was hat es mit der Wirklichkeit auf sich, noch dazu mit der erzählten Wirklichkeit?
Vielleicht ist die Wirklichkeit das Unheimlichste, was es gibt.
Vielleicht gibt es gar keine Wirklichkeit, sondern nur die
Magie der Wirklichkeit.

Warum will er von dem Bild nichts mehr wissen? Strahlt es noch Unheimliches aus?
Ich habe vor ein paar Jahren versucht, die Geschichte dieses Bildes zu schreiben. Der Titel war
Magie der Wirklichkeit.
Es ist mein einziger Essay, den ich nicht zu Ende ge- schrieben habe,

I

Alfred Andersch (1914–1980)

Materialien zum Roman *Efraim*
(1967): Register- und Karteikarten
mit Figuren- und Ortsnamen sowie
Stichworten zu den Motiven und
zwei Baupläne.

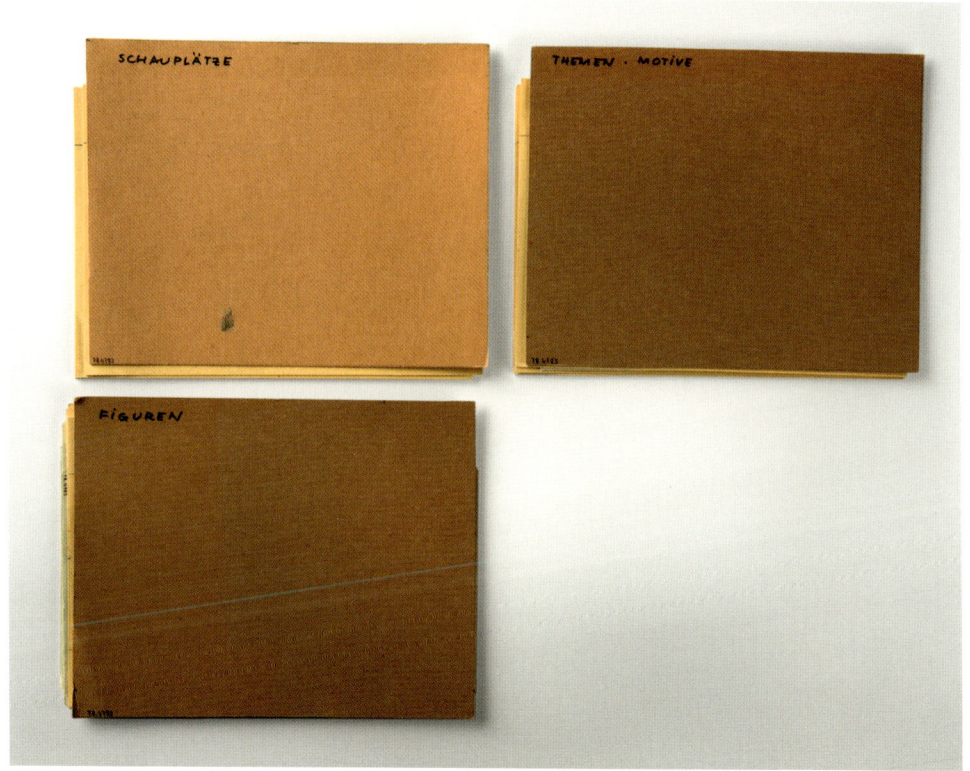

SCHAUPLÄTZE

ISRAEL

NOTTING HILL GATE · KENSINGTON

NEUKÖLLN · BÖHM. GOTTESACKER

CHICHESTER RENTS

WANNSEE

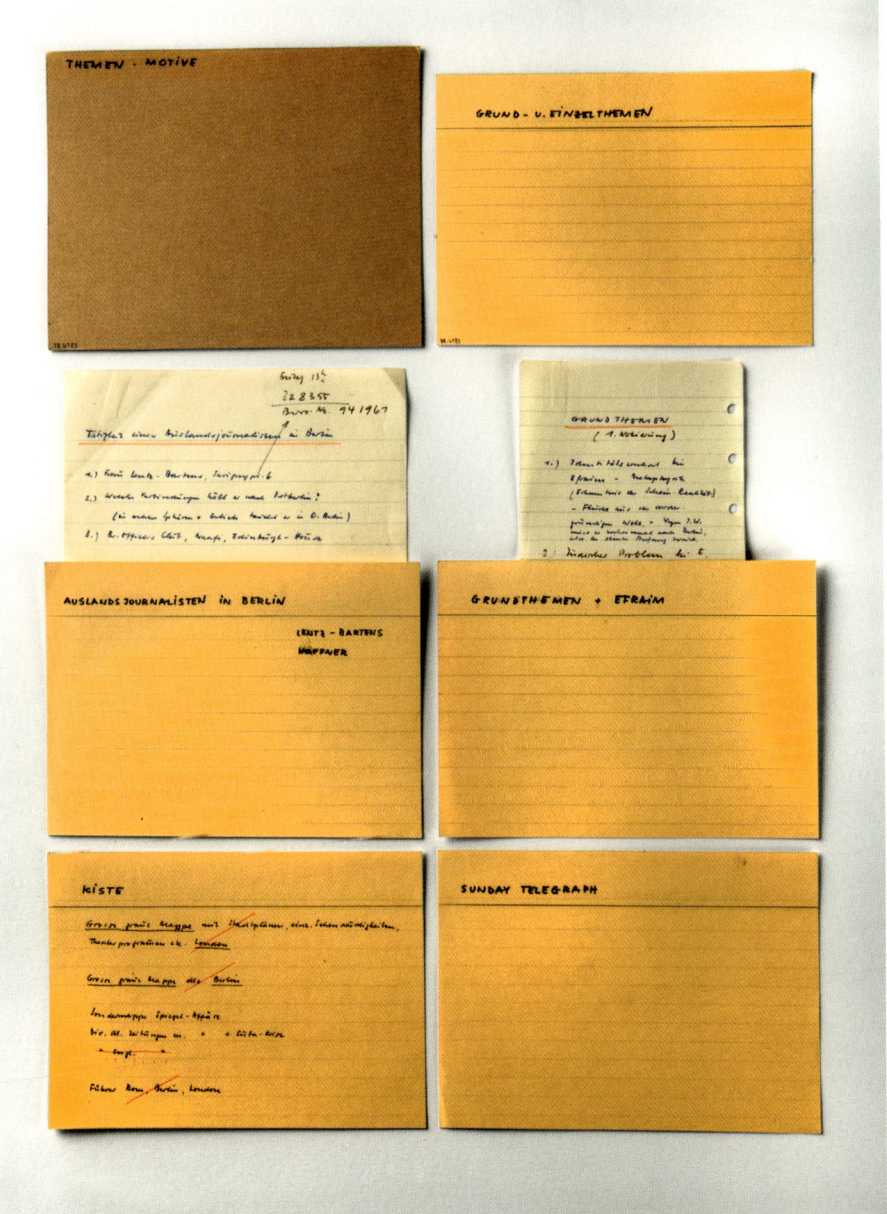

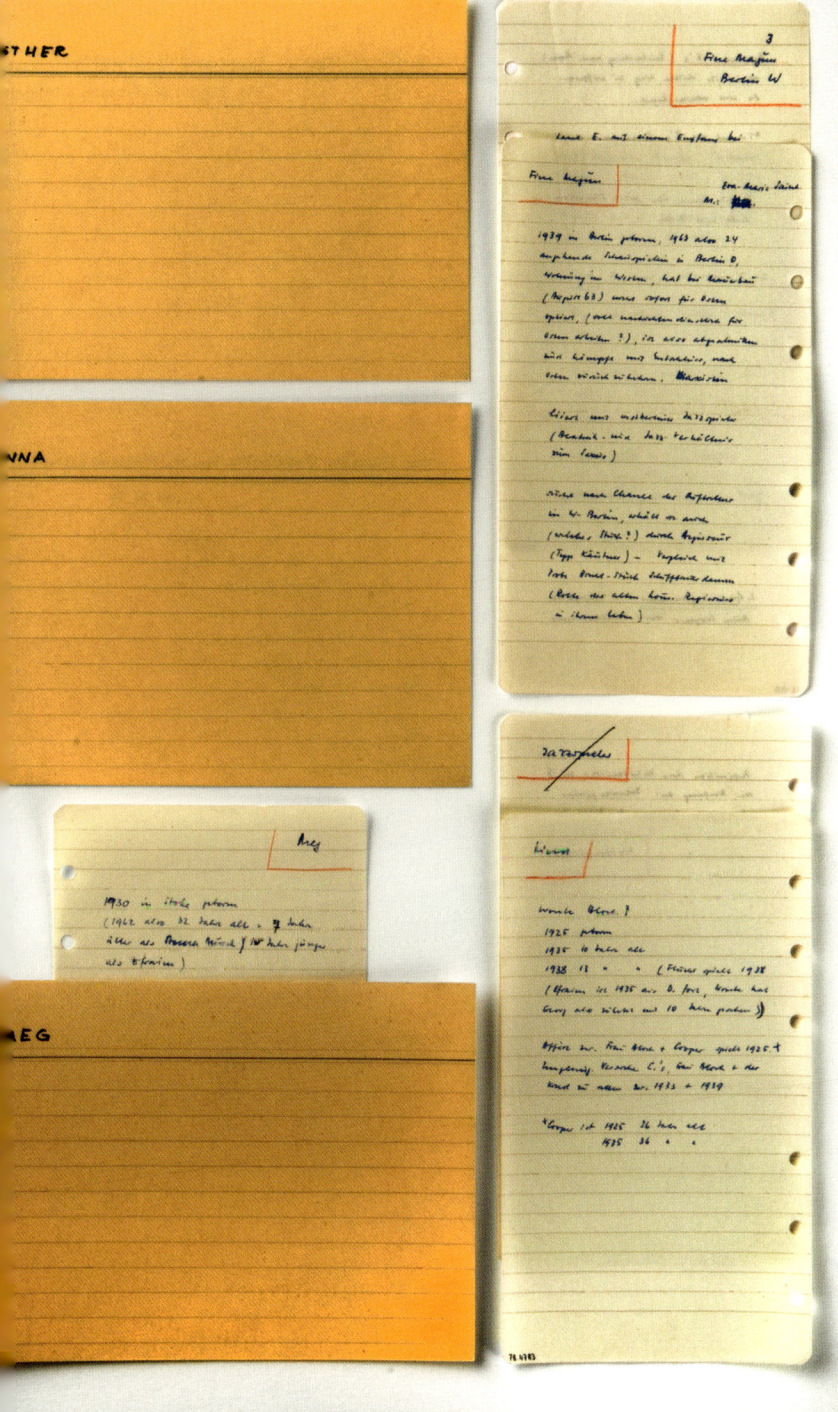

I

Box 1 — BERLIN W

Box 2 — LONDON

Box 5 — LONDON RB

Box 6 — LONDON RB

Box 9 — BERLIN

Box 10 — LONDON

Box 13 — BERLIN

Box 14 — LONDON

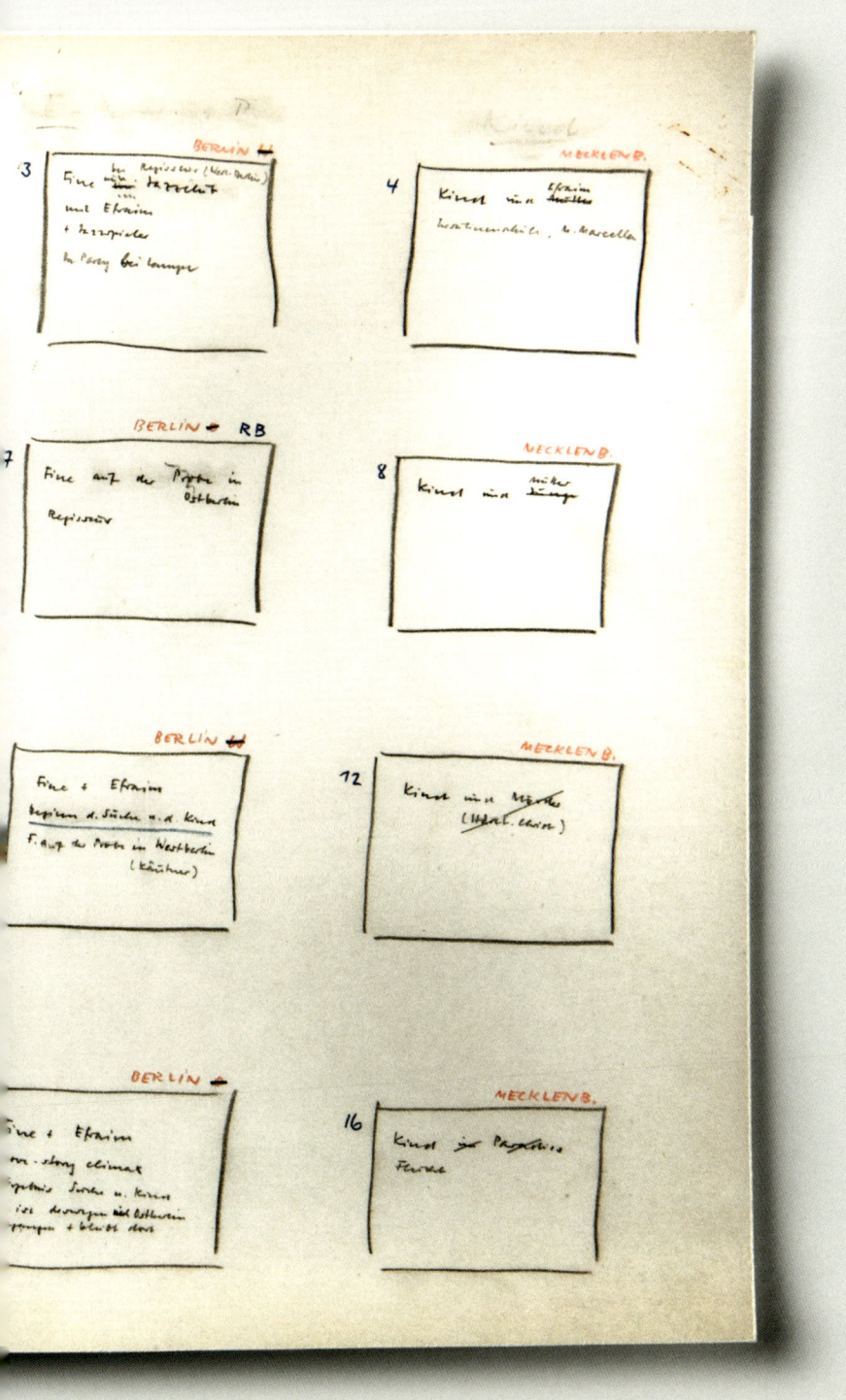

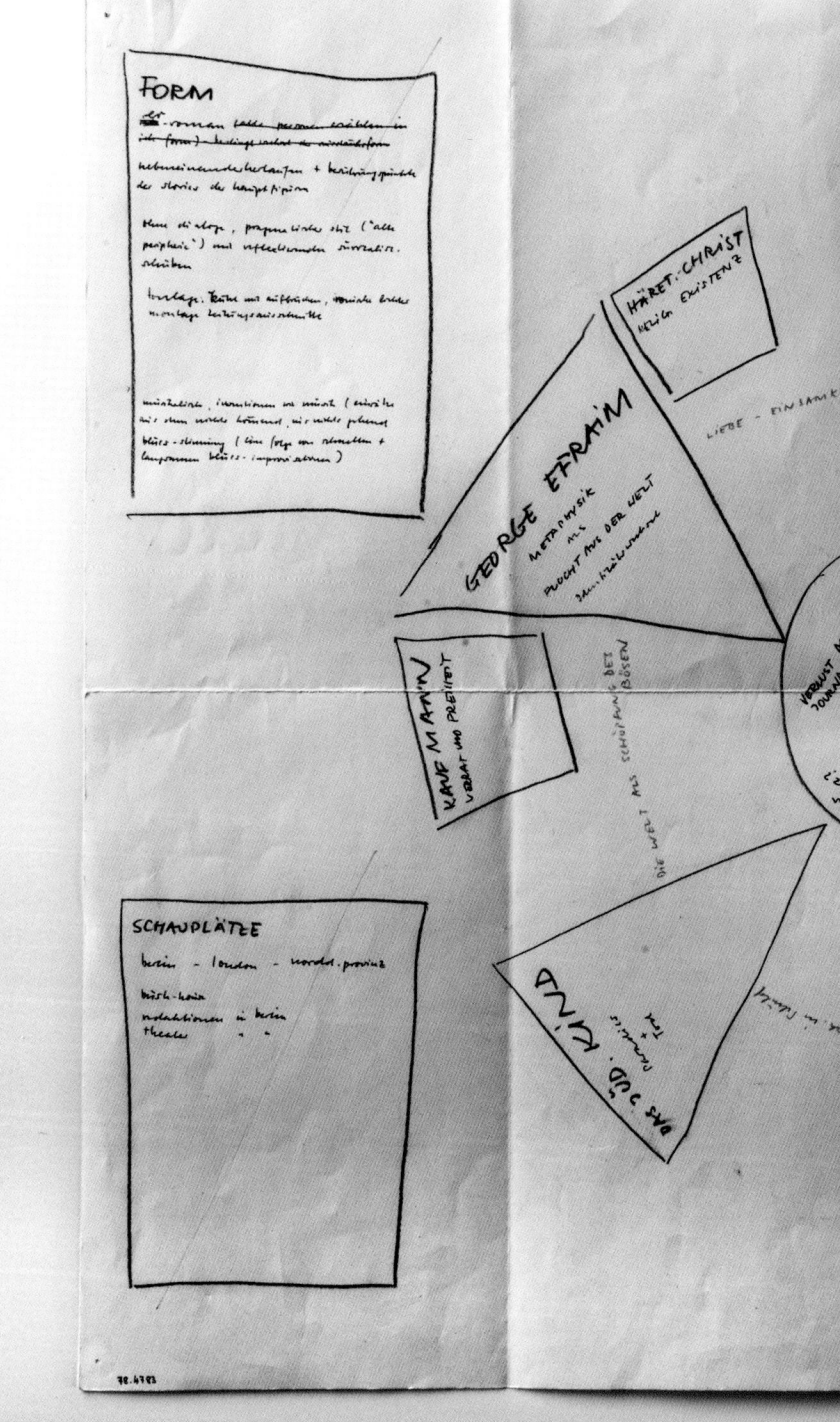

FORM

SCHAUPLÄTZE

GEORGE EFRAIM

HÄRET·CHRIST

KAUFMANN

DAS TÖD·KIND

78.6783

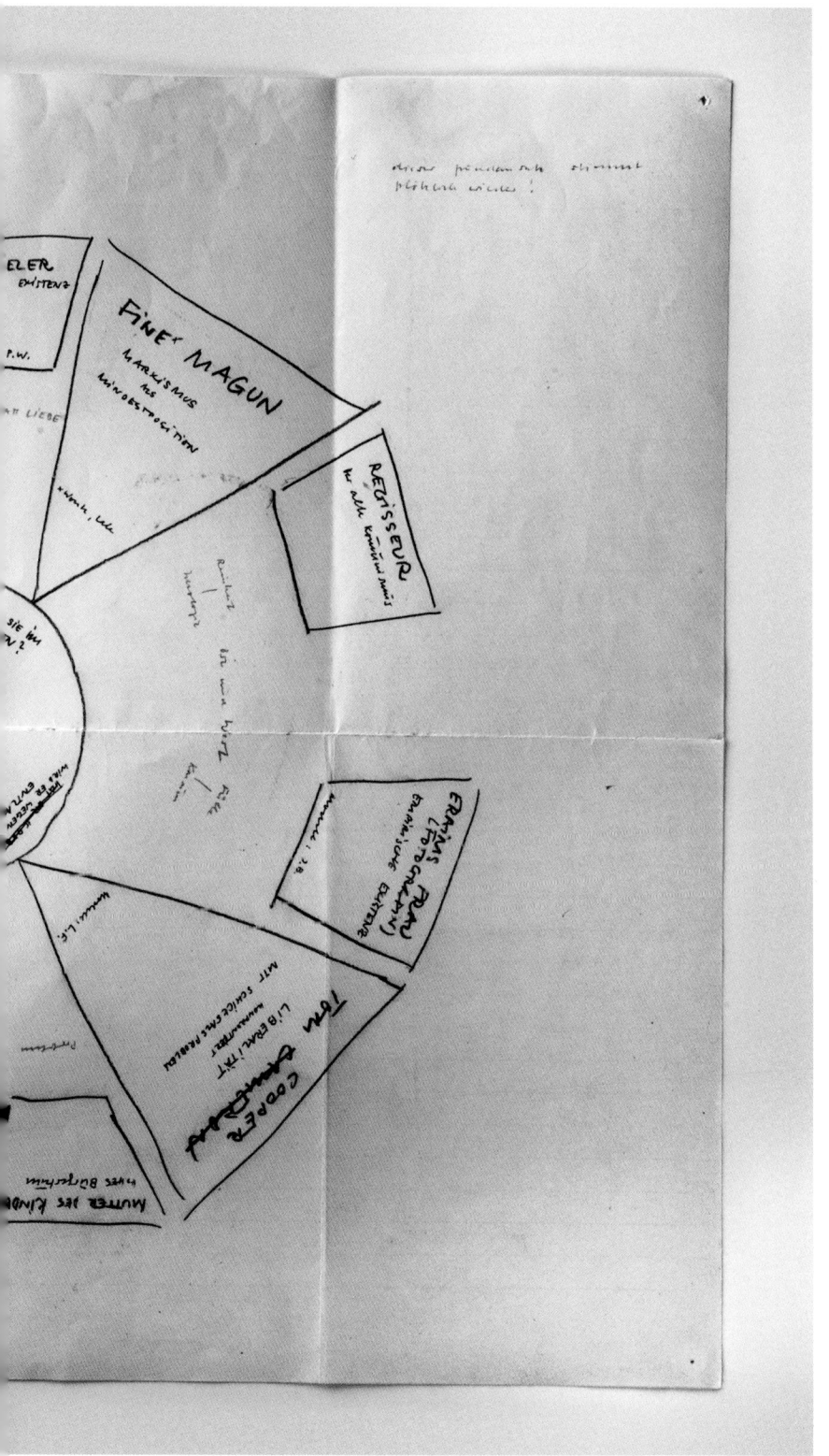

Theodor Fontane (1819–1898)

Umschläge und Blätter aus der
Materialsammlung zum Roman-Projekt
Allerlei Glück (1877/79).

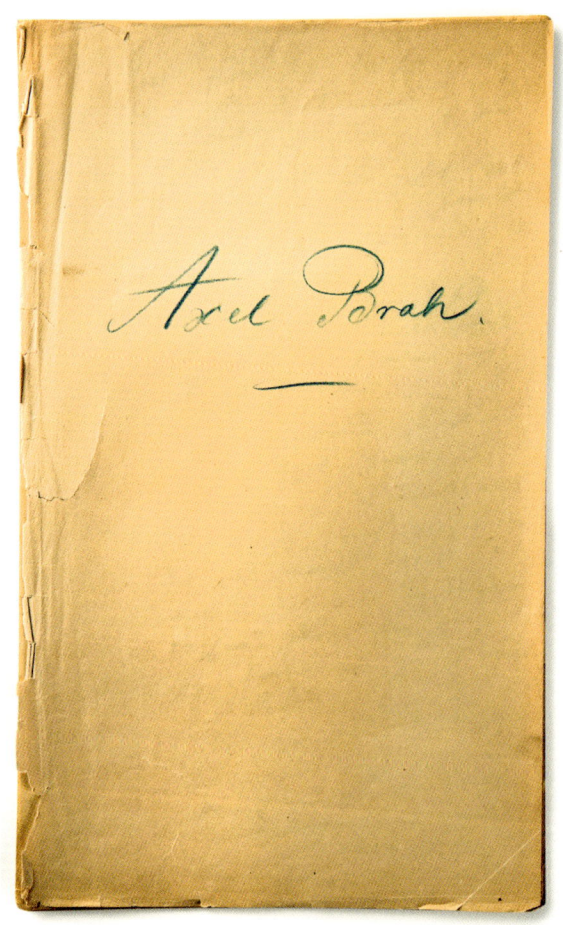

I

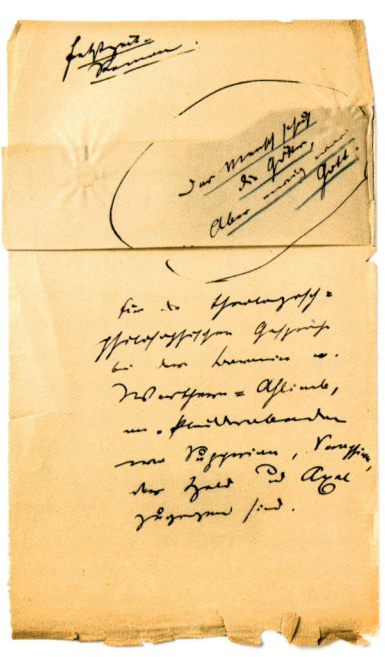

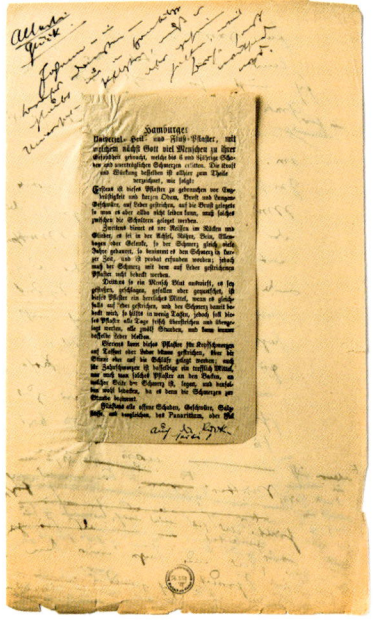

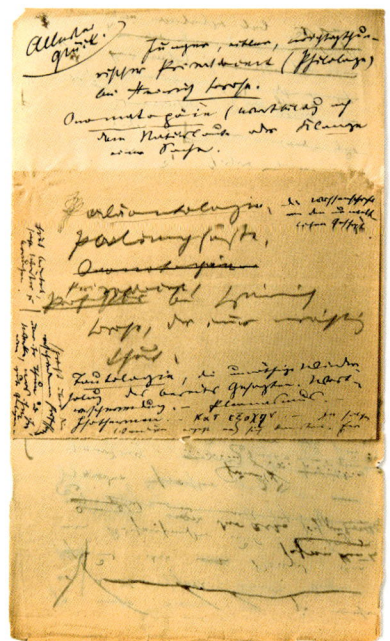

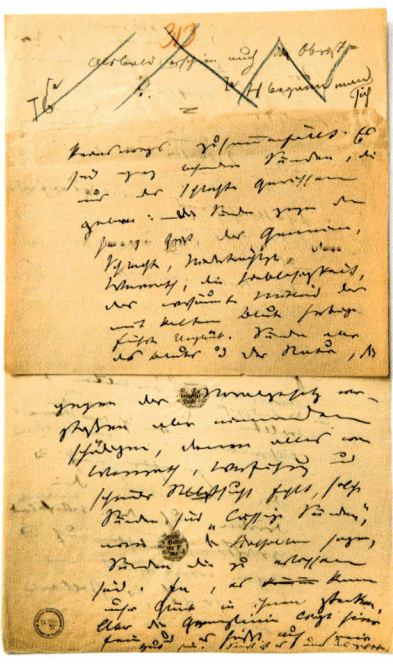

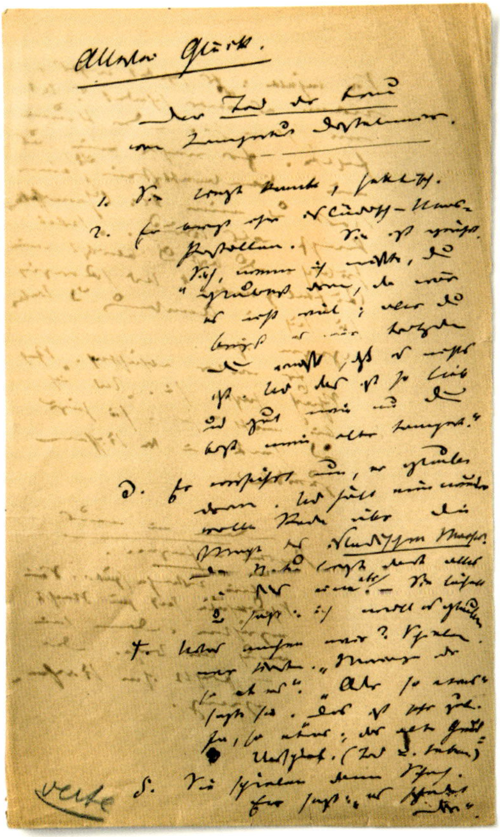

Allerlei Glück.

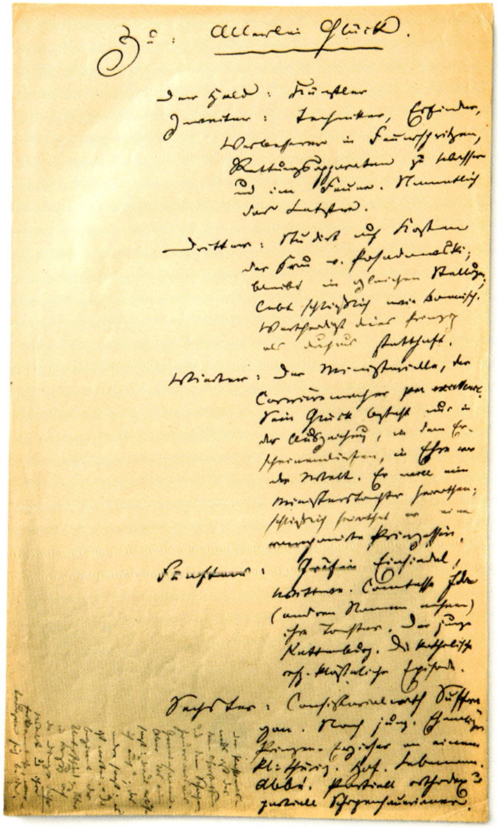

Zu: Allerlei Glück.

Peter Rühmkorf (1929–2008)

Zettelkasten mit »Lyriden«, 50er-Jahre.

Himmel : Licht

Dieser Tag, der das blaue Maul
nicht mehr zukriegt.

Der Himmel, der sich über L
beugt.

Himmel wie ne Käseglocke.

PAA, die dich sicher durch die
wahnsinnige Bläue schleust.

Ins Spektrum geflegelt, ge

Der Himmel streckte alle Viere
von sich.

Ganz in Weite gelöst.

tunkt er die Hethiternase
in den ewigen Äther ein.

Ein zweideutiger Himmel: halb
halb blau.

Im Westen war der Himmel überge-
laufen.

Der Himmel kriegte den Mund
wieder zu.

galtt ist der Himmel und wie
tet.(Frischgebügelt)

Wenn das Licht geliert.

Türkischrot der Himmel.

crarot gegurgelt.

Abendrot wie Quittengelee.

Dann begann der Lichtpegel wieder zu
steigen.

Himmel: ärmlich aber sauber.

Der Himmel, der noch am (im)
Anfang war...

Wenn der Abend seinen Rosensaft
durch die Gardine spült.

stoffsteppe.

Rosengelee

Ein milder Abend aus Altrosa.
Einige impressionistische Striche
über den Horizont geschmiert.

end der Himmel über mir baumelte
d der Himmel sich streckte und

Wenn der fantastische Himmel etwas Nüchterner wird.

Moregnrot, mit fanatischen Farben
hingepinselt.Aufbruchsfarbe?

Eine verrostete Bonne.
Sonne , gelb wie Chromoxyd.
Mennigfarbene Sonne hinter dem Staub
schleier. (Lös)
Die Sonne van Goghs drehte sich in
der Luft.
Himmel wie durchwachsener Speck:
Über Schleswig Holstein.Dänemark.

Wolken

Ordneten sich die Wolken zu einem
herrlichen Augenblick.

dekorativer Augenblick.

einige ungekämmte Wolken.

Sehnige Zitruswolken wollten
zerfasern.

Der Himmel wie gehämmert.Wie eine
getriebene Schale.Zarte Kumuli mit
lücken aus Bleu.

Der Himmel: wolkengestriemt.

Wolkenweiber im unkultivierten
Himmel.

Meine Augen harken am Himmelsrand.
im luftigen Acker. In der Urluft.
Im Uräther. Urwolken.

Wolken: gekalkte Lämmer.

Düsenjäger stachen in Turnersche
Wolken.

Aber die Wolke, grohoß,,,

der ungefilter Ursprung: W
Wind, Heide etc

Menschen,allgemein

;orawolken.

ken , Kleinchinchillas.Blaue
ner.

Menschen und Mücken.Gedanken und
Giraffen.

Der tollste Gedanke: daß der
Mensch immer der gleiche bleibt,und
wenn er sich auf Mond oder Mars schießt

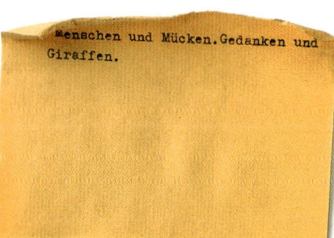

Menschen: gestern noch Foeten.
Halblebendiges.Eine Made Mensch.
Konserviert in der Bauchkapsel.
Empfindlich, sehr empfindlich.
(Stadien: Kiemen etc)
-kurze Zeit später: affektiert,
mit einem Mund, geschminkt à la
Desiree-Reklame, mit einem Geruch,
der Intellektualisten verrückt
macht.(Ich kannte sie schon, als
Sie nur als dicker Bauch Ihrer
Mutter in Erscheinung traten)

Die Vision einer rhythmisch
sprechenden Menschheit.

Menschenmacheé

Landschaft,Kaff

Ein völlig verschimmeltes und
zugewachsenes Dorf.

Dorf: Da steht noch das Armeirren
mahl.
Irgend-son Kaff.Da kannste heute
ruhig noch mit Heil Hitler grüßen
das fällt da gernicht auf. Hat doc
h keiner gemerkt, daß inzwischen
der Krieg aus ist.

Am Bahnschalter : an die Glasschei
ibe geklebt: Spare bei der Post-
sparkasse: noch das alte Naziplak
at mit dem Soldaten und dem Arbei
ter, mit Hakenkreuz und Eichenlau
b.

Eine unmenschliche geruchlose Gegend.

pastose Landschaft.

Werfen Sie doch Ihre Verfeinerun-
gen über Bord,lesen Sie in der Niederelb
bezeitung von Pferdeleistungsschauen
in Bülkau,vom Tode der Emma von Thadde
und er Sophie Möller und von zwei trag
enden Sauen (das Leben geht weiter)
die Wilhelm Pape in Moorausmoor
verkauft.Vom Schützenfest in Neuhaus
und vom Preisskat in Noerdleda.

Haus im Wein. Weinfell.Weinpelz.
Der Wind griff ihm ins laubige Fell.
Fellbesatz: gerötet, Rauch- und rost-
farben. Ockergepunktet.

Ich fuhr mit dem Fahrrad nachhause.
Über den aromatischen Asphalt.
Durch Täler, in denen noch die Wärme
des abgelaufenen Tages lagerte,über Er-
hebungen um die schon die kühle Nacht
waberte.

m

Eckhard Henscheid (geb. 1941)

Zettelmanuskripte zu *Die Zwicks.
Fronvögte, Zwingherrn und Vasallen*
(1995, zusammen mit Regina
Henscheid), *10:9 für Stroh –
Drei Erzählungen* (1998) und *Das
große Anekdotenbuch* (1983).

m

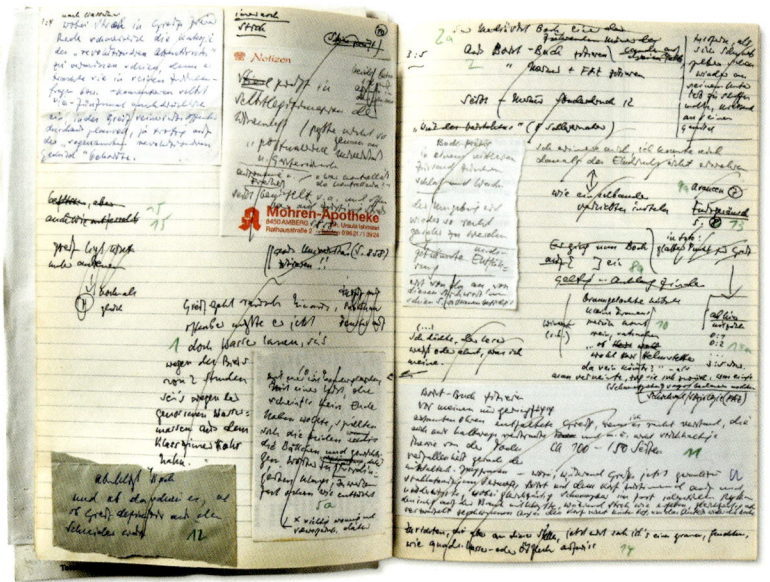

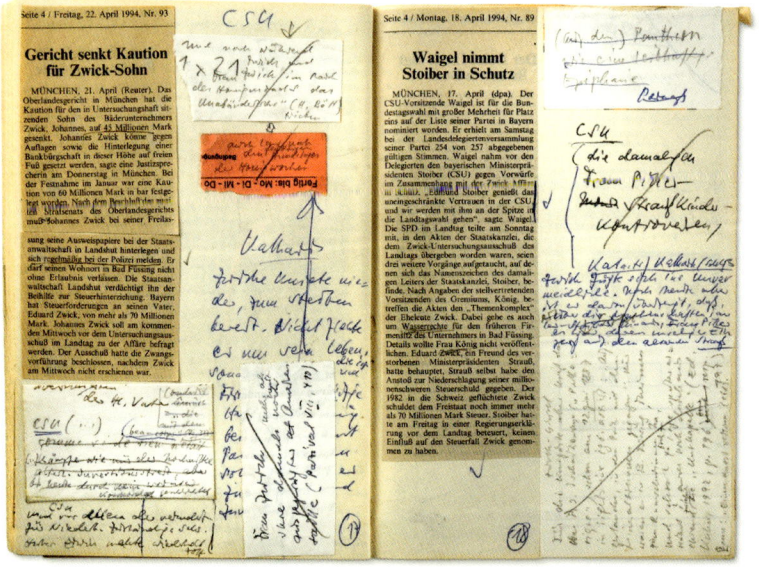

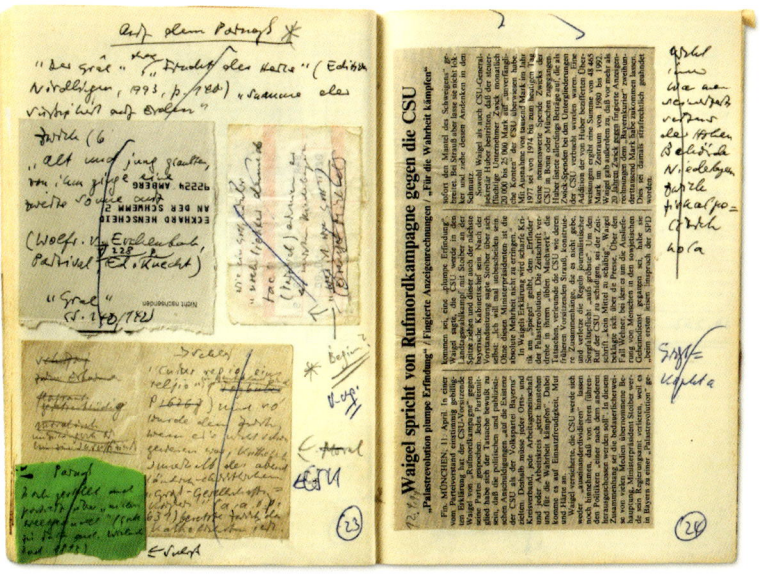

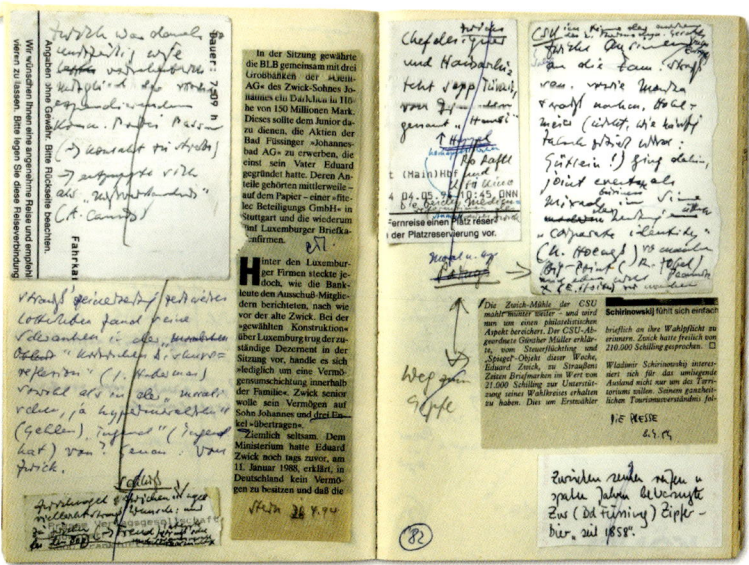

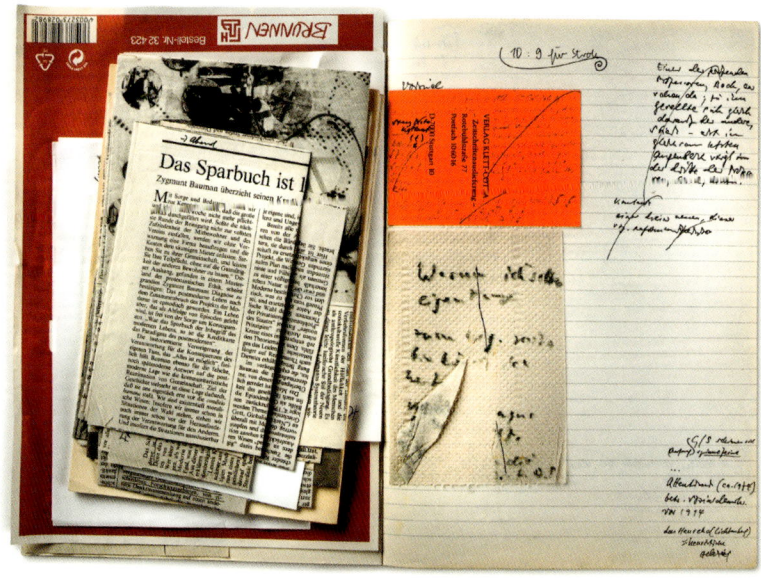

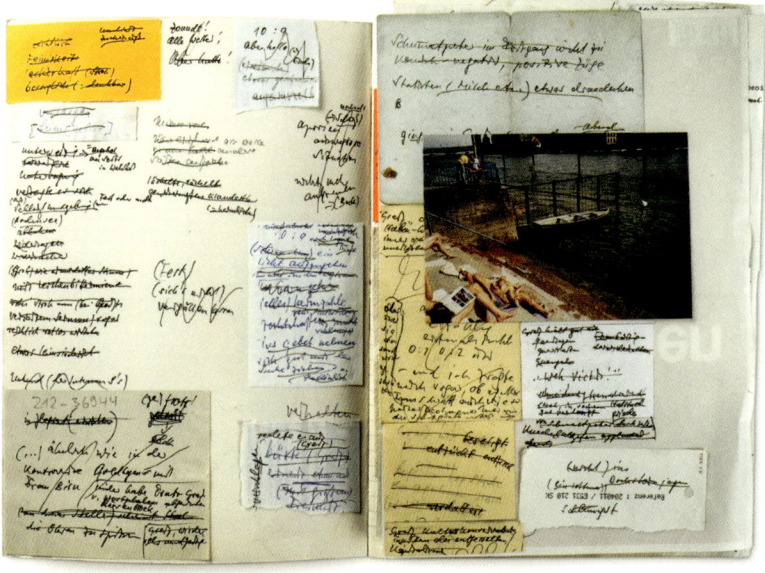

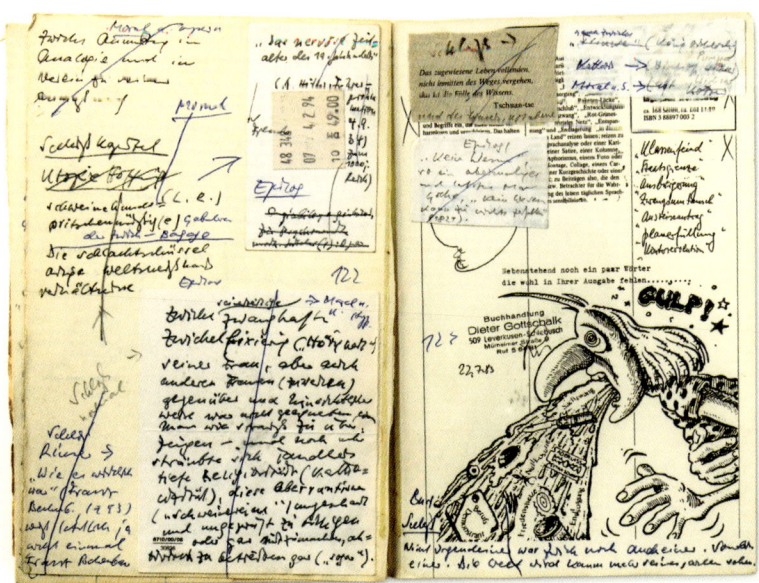

~~Schach-Echo~~

In der 5. Deutschen Fernschachmeisterschaft spielten zwei Schachfreunde gegeneinander, die den Namen der Figurenfarb⁶ trugen. Damit es keine Verwechslung gab, spielte Herr Schwarz mit Weiß und Herr Weiß mit Schwarz. Da beide friedliche Menschen sind, einigten sich der weiße Herr Schwarz und der schwarze Herr Weiß bald auf Remis.

*

(aus: Schach-Echo) Ugr

~~Deutsche Schachzeitung, Jul. 1974, S. 234 f.~~
~~Aus J. Estrins Notizbuch~~

Wahre Begebenheiten

In Leningrad lebt ein recht bekannter Schriftsteller namens Ssemjon Botwinnik, der dem Schachgroßmeister Viktor Kortschnoj sehr ähnlich sieht. Eines Tages wurde er auf der Straße von einem Unbekannten mit „Kortschnoj" angesprochen.

„Ich bin Botwinnik", lautete die Antwort des Schriftstellers.

*

Großmeister Kotov fuhr in seinem Wagen mit Dr. Euwe durch die Straßen von Moskau und überschritt dabei die zulässige Geschwindigkeit. Ein Verkehrspolizist stoppte das Fahrzeug an einer Kreuzung.

„Ihren Führerschein, bitte! Ach so, Sie sind Kotov? Na, dann gut, fahren Sie weiter!"

„Sie kennen mich also?" stieß Großmeister Kotov mit merklichem Stolz hervor.

„Nein".

„Warum lassen Sie mich dann laufen?"
„Ich heiße auch Kotov!"

(aus: J. Estrins Notizbuch) Ugr

*

~~der Lege- und Meltechnik.~~ Großmeister Hort dichtete lauthals mit tschechischem Akzent; ~~Heute gibt es Ostereier/auch für Dr.~~ Ostermeyer.

~~Wer das für einen mageren Witz hält, möge die Turnierbedingungen bedenken, unter denen er losgelassen wurde.~~ Hort (Weiß) saß Ostermeyer (Schwarz) gegenüber. Nur noch wenige Augenblicke waren es bis zum Beginn der Partie, die Schwarz nach 1.d4 Sf6 2.Sc3 d5 3.Lg5 Sbd7 4.Sf3 h6 5.Lh4 c5 6.dc5 Da5 7.Lf6: Sf6: 8.e4 e6 9.Lb5+ Ld7 10.Ld7:+ Sd7: 11.ed5 Lc5: 12.de6 fe6 13.0–0 0–0–0 14.De2 aufgab. Niemand verstand das recht. War der Witz schuld daran? Oder der arme Bauer auf e6?

(aus: FAZ-Magazin, 1982) Ugr

Friedrich Kittler (1943–2011)

Holzkarteikasten mit Karteikarten zu Farb- und
Himmelserscheinungen.

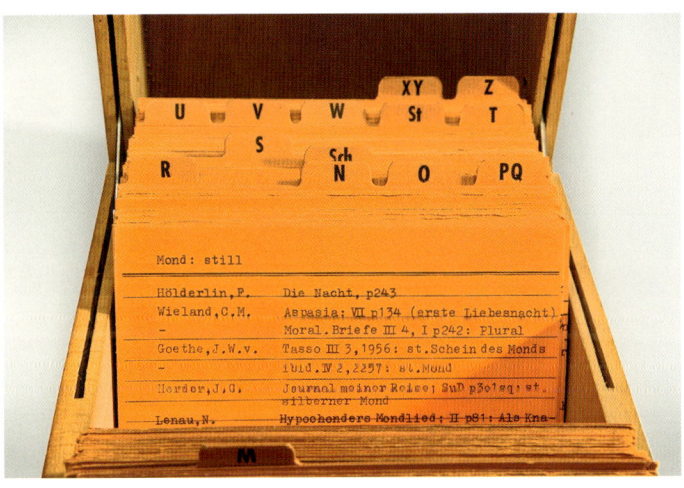

Mondfarbe: grauweiss

Jacobsen Lyhne p170:Der M war klarer geworden,an viel.
          vorsichtiges,ges Licht über die stillen Fahr[...]
          Hafen,über den Wirrwarr von Dachvierecken u [...]
          dunkeläugigen Giebeln des Orts.

Stolzenberg Notizkarte Din A 6 hfr. 190   Max Sutte[...]

Mondfarbe: grün

Stadler,E.   Freundinnen; II p223: Und da die Nach[...]
              goldnen Wolken sank'/und grün der Mon[...]
              hob von dunklen Bäumen
      -       ibid.p226: aus Nacht u Duft schält [...]
              tend sich ein Leib -/ein weisses nack[...]
              dervolles Weib -/grün liegt das Mond[...]
              auf den straffen Zügen...
Baudelaire,Ch.Spleen de Paris XXXVII p289sq: Puis ell[...]
              s'étendit sur toi avec la tendresse s[...]
              d'une mère,et elle déposa ses couleur[...]
              face.Tes prunelles en sont restées ve[...]
              et tes joues extraordinairement pâle[...]
Nietzsche   Z IV:Das Lied der Schwermut;p333:Bei a[...]
              ter Luft,/Wenn schon des Monds Sichel,[...]
              zwischen Purpurröten/Uneidisch hinsw[...]
              cht:/-dem Tage feind/
Kafka   8.Oktavheft;Hochzeitsvorbereitunge[...]
              Öde Felder,öde Fläche,hinter Nebeln [...]

Stolzenberg Notizkarte Din A 6 hfr. 190

Mondfarbe: karmesinrot

Gide,A.   El Hadj; p350:Quand la nuit revint,je m[...]
          chai de nouveau de la tente et quand au-[...]
          du désert surgit la lune cramoisie:/O n[...]
          grande nuit!...m'écriai-je;
Poe,E.A. Silence;p112:And,all at once,the moon a[...]
          rough the thin ghastly mist,and was crims[...]
          colour.And mine eyes fell upon a huge gre[...]
          which stood by the shore of the river,and[...]
          ghted by the light of the moon.And the mo[...]
          grey,and ghastly,and tall,-and the rock[...]
          ey.Upon its front were characters engrav[...]
          e stone;and I walked through the morass o[...]
          lilies,until I came close unto the shore[...]
          might read the characters upon the stone.[...]
          could not decipher them.And I was going ba[...]
          the morass,when the moon shone with a fu[...]
          ,and I turned and looked again upon the [...]
          upon the characters;-and the character[...]
          DESOLATION.

Stolzenberg Notizkarte Din A 6 hfr. 190

...rbe: kupfern

    Effi Briest 6;p71:Effi...richtete sich jetzt auf
    u sah nach rechts hinüber,wo der M,unter weißem,
    aber rasch hinschwindendem Gewölk,eben aufgegan-
    gen war.Kupferfarben stand die große Scheibe hin-
    ter dem Erlengehölz u warf ihr Licht auf die brei-
    te Wasserfläche,die die Kessine hier bildete...
    Effi war wie benommen..."aber was es war(in Itali-
    en)n so gespenstig.Woran liegt es nur?Ist es doch
    das Nördliche?"

Notizkarte Din A 6 hfr. 190

Mondfarbe: orange   cf.Mond: Orange

Proust,M.   SeG II;II p964:Je ne pus retenir un cri d'admira-
                tion en voyant la lune suspendue comme un lam-
                pion orangé à la voûte de chênes qui partait
                du château.

Stolzenberg Notizkarte Din A 6 hfr. 190

...ondfarbe: leichenfarben

...eorge,S.   Jahr der Seele 118

Notizkarte Din A 6 hfr. 190

Mondfarbe: perlengrau

Chateaubriand Atala;p36:La lune brillait au milieu d'un a-
               zur sans tache,et sa lumière gris de perle des-
               cendait sur la cime indéterminée des forêts.

Stolzenberg Notizkarte Din A 6 hfr. 190

...Farbe: milchig

...er,E.   Freundinnen;II p222:Vom Park her flutet
          ununterbrochen ein breiter milchweisser
          Strahl glitzernden Mondlichts ins Gemach.

Notizkarte Din A 6 hfr. 190

Mondfarbe: purpurn

Trakl,G.   Verwandlung des Bösen;I p129:Ein Toter besucht
             dich.Aus dem Herzen rinnt das selbstvergossene
             Blut u in schwarzer Braue nistet unsäglicher Au-
             genblick;dunkle Begegnung.Du - ein pupurner M,
             da jener im grünen Schatten des Ölbaums erscheint.
             Dem folgt unvergängliche Nacht.

Heym,G.   Mond:Den blutrot dort der Horizont gebiert,/Der
             aus der Hölle großen Schlünden steigt,/Sein Pur-
             purhaupt mit Wolken schwarz verziert,/Wie um
             der Götter Stirn Akanthus schweigt,//

Flaubert,G. Bovary II 12;I p506:La lune,toute ronde et cou-
             leur de pourpre,se levait à ras de terre,au fond
             de la prairie.Elle montait vite entre les bran-
             ches des peupliers,qui la cachaient de place en
             place,comme un rideau noir,troué.Puis elle par-
             ut,élégante de blancheur,dans le ciel vide qu'
             elle éclairait;et alors,se ralentissant,elle
             laissa tomber sur la rivière une grande tache,

Stolzenberg Notizkarte Din A 6 hfr. 190

Mondfarbe: blutrot

Heym,G.	Mond 1,1
Borges,J.L.	La Luna: la luna sangriente de Quevedo; Borges und ich, p68
~~Apokalypsis~~	~~6,12: Und der Mond ward wie Blut~~
~~Quevedo,F.de~~	~~Memoria immortal de don Pedro Girón, duque de Osuna, muerto en la prisón.~~
Brentano,C.	Fanferlieschen; III p983
Dürrenmatt,F.	Es steht geschrieben; K II p111:Blutige Nacht!B.M.!Du schreckliche Fackel des Sieges! (über die Wiedertäufer)
Gide,A.	El Hadj; p35o:Oh!si le vent m'emportait sur ses ailes,à l'autre bord de cette mer embrasée./Oh!que ce soit où la saignante lune,berger du ciel,avant de pâtre va se laver.

Stolzenberg Notizkarte Din A 6 hfr. 190

Mondfarbe: gelb

Krolow,K.	Fische;Gesammelte Gedichte p28
Heym,G.	Spitzköpfig kommt er:Und schle seine gelben Haare nach (der
~~Trakl,G.~~	~~Helian II p86: vergilbte Monde~~
~~Dürrenmatt,F.~~	~~Es steht geschrieben; K II 1o7:D gelber Honigkuchen vom Himmel~~
–	ibid.p11o: du Mond,mit dem gel Bart unter dem Kinn
Hofmannsthal,H.v.	~~Tod des Tizian; I p62:Und alle F~~ schweren Blutes,schwollen/Im ge Mond und seinem Glanz,dem volle ~~alle Brunnen glänzten seinem Zi~~
–	Leben; I p12: gelber warmer Mor
Proust,M.	La Prisonnière;III p4o7:Je lui(A ne)récitaitdes vers ou des phras prose sur le clair de lune,lui mo comment d'argenté qu'il était aut

Stolzenberg Notizkarte Din A 6 hfr. 190

Mondfarbe: bronzen

Frisch,M.	Stiller 6; p238(New York abends):U weit draussen,im Osten,steigt der bronzene M empor,eine ~~gehämmerte Scheibe,ein Gong,der schweigt...~~

Stolzenberg Notizkarte Din A 6 hfr. 190

Mondfarbe: gelb 2

Hölderlin	Griechenland III,V.32sqq:Denn lange schon ~~offen/Wie Blätter,zu lernen,o Linien u Wir~~ Die Natur/U gelber die Sonnen u Monde/
Stifter	Brigitta I;II p198sq:Ich blickte hin(Galg standen zwei Säulen,u darauf war ein Querb So ragte es in das ge Mlicht empor.

Stolzenberg Notizkarte Din A 6 hfr. 190

Mondfarbe: golden

Proust,M.	Swann I; I p146: lune d'or
Borges,J.L.	La Luna: una hoz que era de oro; p7O
Proust,M.	Guermantes I;I p177: comme si nous approchons notre regard de la lune et qu' elle cesse de nous paraître de rose et d'or,sur ce visage (Rachel)tout à l'heu re je ne distinguais plus que de protubérances,des taches,des fondrières.
–	SuG II;II p633:La lune était maintenant dans le ciel comme un quartier d'orange pelé délicatement quoique un peu entamé.Mais elle devait quelques heures plus tard être faite de l'or le plus résistant.Blottie toute seule derrière elle,une pauvre petite étoile allait servir d'unique compagne à la lune soli taire,tandis que celle-ci,tout en protégant son amie,mais plus hardie et al lant de l'avant,brandirait comme une

Stolzenberg Notizkarte Din A 6 hfr. 190

Mondfarbe: grau

Trakl,G.	Im Winter; I p.38
–	Romanze zur Nacht; I p.31 (?)
Verlaine,P.	Mandoline(Fêtes galantes p4o) (Tircis,Aminte,Clitandre,Dam tes vestes de soie,/Leurs long bes à queues,/Leur élégance,le Et leurs molles ombres bleues/ billonent dans l'extase/D'une rose et grise,/Et la mandoline Parmi les frissons de la bris

Stolzenberg Notizkarte Din A 6 hfr. 190

Mondfarbe: rosenfarben

oust,M.   Guermantes I;II p154: Legrandin:"Pendant que
             vous irez à quelque five o'clock, votre vieil
             ami sera plus heureux que vous,car seul dans
             un faubourg,il regardera monter dans le ciel
             violet la lune rose."

             ibid.II p177: Comme si nous approchons notre
             regard de la lune et qu'elle cesse de nous pa-
             raître de rose et d'or,sur ce visage si uni (de
             Rachel)tout à l'heure je ne distinguais plus
             que de protubérances,des taches,des fondri-
             ères.

             Swann II;I p236:Parfois,en voyant,de sa victo
             ria,dans ces belles nuits froides,la lune
             brillante qui répandait sa clarté entre ses
             yeux et les rues désertes,il pensait à cette
             autre figure claire et légèrement rosée comme
             celle de la lune...(Odette)

rg Notizkarte Din A 6 hfr. 190

Mondfarbe: rot

Büchner,G.   Woyzeck, p172sq: wie ein blutig Eisen
Goethe,J.W.v. Faust II 2, 7918: Ins Dunkle rötet sich
               sein Feuer
Proust,M.   JF II; I p8o4: soleil rouge et rond
               comme la lune (abends)
oratius   Serm.I 8,35: videres/ Lunamque ruben-
               tem /ne foret his testis, post magna
               latere sepulcra. (Geisterbeschwörung)
ürrenmatt,F.   Es steht geschrieben K II p66: Ihr si-
               ten Länder unterm roten Mond!(Bockelson
adler,E.   Das Mädchen spricht; II p212: als die
               Sommernacht wie Gold/zwischen den Zwei-
               gen hing und alle Blumen/wie Flammen in
               den roten Vollmond glühten (Liebe)
               Schloss im Herbst: II p2o7: Durch düstre
               Turmkronen...läuft der Sturm in Näch-
               ten/wenn der r.Vollmond/funkend zwi-

rg Notizkarte Din A 6 hfr. 190

Mond: scharlachfarben

Borges,J.L.   A un viejo poeta; Borges u.ich, p78

g Notizkarte Din A 6 hfr. 190

Mondfarbe:schneeweiss

Ovidius   Met.XIV 366sq:Circe:ignotosque deos ignoto
             carmine adorat,/quo solet et niveae vultum
             confundere Lunae /et patrio capiti bibulas(feu
             chte)subtexere nubes./

Stolzenberg Notizkarte Din A 6 hfr. 190

Mondfarbe: silberblau

Schiller,F.v.   Bild zu Sais; 1 p2o9

Stolzenberg Notizkarte Din A 6 hfr. 190

Mondfarbe: silbern

Klopstock,F.G. Petrarca und Laura 2
Hölty,L.H.Ch. Die Mainacht 1,1
Rühmkorf,P.   Variation auf Klopstock "Dem Erlö-
               ser"; Kunststücke p.83
Shakespeare,W. Love's Labour's Lost IV 3; p.11o: sil-
               vermoon
Wieland,C.M.   Musarion III; XII p47: Silberschimmer
Proust,M.   Swann I; I p146: Silbersichel
Lenau,N.   Die Waldkapelle; I p2o5
Büchner,G.   Die Nacht; p427: sanftes Silberlicht
Borges,J.L.   La Luna: lunas de plata; BuI p68
Wieland,C.M.   Idris u.Zenide V 8o: zärtlicher ver-
               führerischer Schein d.Silbermondes
Novalis   Ofterdingen I 9;I p298:Er saß auf sei-
               nem Silberthron/Allein mit seinem Harm

Stolzenberg Notizkarte Din A 6 hfr. 190

Augenfarbe: grün

Aurevilly Diaboliques:Le Bonheur dans le Crime

Colette Ces Plaisirs,p1o6sq:Ich kannte sie(die Cavaliè-
re),sie war in glasklare Pupillen verliebt@doch
als ich ihr sagte,sie teile mit Jean Lorrain die Ver
narrtheit in ge o blaue An,da meinte sie verärgert:
"O,das ist aber durchaus n dasselbe!Jean Lorrain
findet an gn An Gefallen,um sich - wir wissen wohin
- zu begeben...Er ist ein M,dem der Abgrund niemals
genügt hat..."

Hans Blumenberg (1920–1996)

Karteikästen in Marbach vor der Erschließung.

Danach: Blumenbergs Stenorette, mit dem Lineal unterstrichenes Exemplar von Ludwig Wittgensteins *Das blaue Buch. Eine philosophische Betrachtung. Zettel* (Frankfurt am Main 1970), Beispiele für Karteikarten und Verzeichnis der Karteikarten.

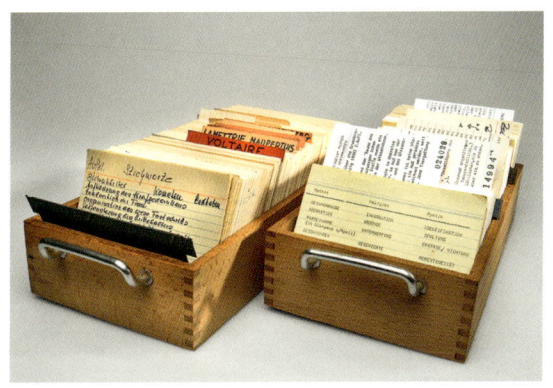

Freud, Wiener Protokolle I

Was es an F. anbetrete: XXXI, 28f., 42f, 58, 70, 118, 166
Über F. Werke: 7, 48, 81, 169f., 166f, 227, 234, 241f., 263, 298, 331, 353
Brus[?]ommer: 13, 165, 236f.
Alfred Adler: 17, 36f., 57, 134f., 184'+197, 220/2'-237, 299, 322'; 346, 372, 376, 384.
Komik des Theaters: 21, 22, 26, 34, 63f, 70, 117, 142, 155, 159, 185f, 226, 231, 236, 243
Negation: 35, 134 (unsichtbar.'), 143 (genitale Freuden'g)   261
Med. Quelle 35 Minnalvorrerken: 93 Umog: 225'/ Rückseite 259 Unmenn: 285
                                                                                                                         261
Moses: 41, [266]   Napoleon: 278   346
                                                                                                                         347
Frühforme[?] des Psa: 49, 213 (u. devor.), 236, 351, 379   374
Entartete Psychologie: 51, 68, 94, 134f, 155, 242, 276, 374
Misogynie: 53, 55, 82, 102f., 156, 183f'; 198, 218, 255, 265, 286, 289, 328, 331
                                                                                                                         344

Term. Meisterwerke der Definition VIII.

57.

Entscheidung im Wiener Schnitzel-Streit

WIEN, 18. August (UPI) Die Frage „Was ist ein Wiener Schnitzel?" hat jetzt das österreichische Innenministerium eindeutig beantwortet: „Ein gebackenes Stück Kalbfleisch." Anlaß für diesen amtlichen Eingriff in gastronomische Belange war eine in der sommerlichen Reisezeit aufblühende Unsitte, die unkundigen Touristen ein paniertes Schweineschnitzel vorzusetzen, das bekanntlich wesentlich billiger ist. Deshalb heißt es in einem am Dienstag veröffentlichten Schreiben an alle Ämter der Landesregierungen und an die Wirtschaftspolizei: „Das klassische Wiener Schnitzel darf nach den herkömmlichen Kochbüchern und nach den Üblichen Verbrauchererwartungen nur noch aus Kalbfleisch zubereitet werden." Wer in Zukunft ein gebackenes Schweineschnitzel als Wiener Schnitzel auf die Speisekarte und den Tisch setzt, macht sich einer „irreführenden Speisedeklaration" schuldig, wie es im Amtsdeutsch heißt.

FAZ 19.8.70

Logo etwas 102, bezieht auf dem Standard der Erwartung.

12565-

Was ist Rhetorik? Am ehesten lässt sie sich durch das definieren, was geschieht, wenn sie ausfällt oder verhindert wird. Was an einem neunten Thermidor, dem 27.Juli 1794, einem Schwellenpunkt der Französischen Revolution geschah, ist einfach dadurch bestimmbar, dass Robespierre und Saint Just einfach dadurch gestürzt wurden, dass man ihnen im Konvent den Zutritt zur Rednertribüne physisch versperrte. Damit waren sie erledigt, aber man konnte ihnen diesen Zutritt nur versperren, weil sie zuvor schon an Macht verloren hatten, sich diesen Zutritt gegebenenfalls zu erzwingen. Was damals der Zugang zur Tribüne, ist heute der zum Mikrophon, weil auf der Gegseite ebenfalls akustische Verstärkermittel zur Störung eingesetzt werden können.

022596

ANTHR FREUD: DIE WAHRHEIT AUF DEM GRUNDE DER KULTUR IST SO DASS SIE ALS "SCHICKSALSFLUCH" BEZEICHNET WERDEN MUSS

C.G. Jung, Erinnerungen.Träume.Gedanken, ed.A.Jaffé, Zürich 1962, 154:

... Vor allem schien mir Freuds Einstellung zum Geist in hohem Maße fragwürdig. Wo immer bei einem Menschen oder in einem Kunstwerk der Ausdruck einer Geistigkeit zutage trat, verdächtigte er sie und ließ "verdrängte Sexualität" durchblicken. Was sich nicht unmittelbar als Sexualität deuten ließ, bezeichnete er als "Psychosexualität". Ich wandte ein, daß seine Hypothese, logisch zu Ende gedacht, zu einem vernichtenden Urteil über die Kultur führe. Kultur erschiene als bloße Farce, als morbides Ergebnis verdrängter Sexualität. "Ja", bestätigte er, "so ist es. Das ist ein Schicksalsfluch, gegen den wir machtlos sind."

In Freuds Sexualismus steckt das Unterbau-Oberbau-Schema als generelle Form des Verdachts, die reellen Sachverhalte des Menschen seien f

16642-

12/15 DRM III

ihn selbst so schwer erträglich,daß er sie immer schon in verkleidete & vorgeschobene Formen verpuppt habe – sein Glück aber darin läge,sie sich endlich in ihrer nackten Realität einzugestehen & sich nichts mehr vorzumachen. Gerade das aber wird im Grunde durch die Prämisse ausgeschlossen: die Realität macht nicht glücklich,was allerdings die revolutionäre Wendung zuläßt,dann müsse die Realität so gemacht werden,daß sie glücklich macht.

DAS JEWEILS UMGREIFENDE

1880	Pessimismus (Frz Akad kanon.) (1752 Optimismus)
1900	Die Weltanschauung (1878)
1910	Das Leben
1920	Das Erlebnis – das Urerlebnis
1930	Das Sein
1940	Die Volksgemeinschaft
1950	Existenz
1955	Geschichtlichkeit
1960	Die Kunst
1965	Die Gesellschaft
1970	Die Lebensqualität
1975	Die Praxis

...ueller Jägerkulturen Begriffsbildg, Theorie I.

Jagdkultur und Begriffsbildung
Meine im Manuskript ANT dargestellte Theorie, Begriffsbildung sei an die Kultur des Nomadentums gebunden, weil diese an häufigsten Handlungen des Wiedererkennens einschließt, ist deshalb falsch, weil die nomadische Kultur bereits auf Viehzucht und Annäherung an Haustierwirtschaft beruht.
Die Begriffsbildung muß aber vor allem den Komplex der Erwartungen spezifisch erschließen. Das ist bereits in den Jägerkulturen der Altsteinzeit der Fall. Dazu gehören drei elementare Leistungen, die ohne Begriffsbildung undenkbar wären: 1. die Vereinigung mehrerer Individuen auf ein gemeinsames Jagd- oder Beutetier; 2. die Zurüstung von Jagdgeräten und vor allem von Fallen auf die besonderen Eigenschaften der bevorzugten Jagdtiere in deren Abwesenheit; 3. der Vergleich zufälliger Jagdbeuten untereinander, um den Zufall des Jagderfolgs auszugleichen

018597

588-

H/43

60/70 ANT IV

Siglen I.

- TW : ...
- MMW : ...
- Mx : ...
- M : ...
- ER : ...
- LW : ...
- LT : ...
- KS : Kosmos & Systeme
- KR : ...
- NV : ...
- XG : ...
- CV : ...
- mem. :

Siglen III.

- SVM III : ...
- WLV : ...
- AMY : ...
- EC : ...
- THU : ... (SS 75)
- THL : ... (WS 74/75)
- ESC : ... (SS 76)
- ASP : ...
- HSG : ...
- SRX : ...
- RMT : ...
- NTH : ...
- HB : ...

Siglen II.

- AB : ... (XIV ...)
- PSPL : ...
- ZWB : ...
- FGR : ...
- GEN : ...
- NTH : ...
- BNT : ...
- PTN : ...
- SRI : ...
- ANW II : ...
- SG : ...
- KHT : ... (PHYII)
- SIM : ...

Kartei: Bestand

1.8.45	280		1.1.58	4305 (+363)	5000 —
1.1.46	371 (+91)		1.1.59	4842 (+537)	
1.1.47	1104 (+733)		1.1.60	5358 (+516)	6000 —
1.1.48	1692 (+588)		1.1.61	6012 (+654)	26.12.60
1.1.49	2182 (+490)		1.1.62	6592 (+580)	7000 —
1.1.50	2422 (+240)		1.1.63	7314 (+722)	8000 —
1.1.51	2673 (+251)		1.1.64	8359 (+1045)	9000 —
1.1.52	2799 (+126)		1.1.65	9169 (+810)	
1.1.53	2875 (+76)		1.1.66	9914 (+745)	10000 —
1.1.54	3009 (+134)		1.1.67	10335 (+421)	11000 —
1.1.55	3165 (+156)		1.1.68	11183 (+848)	
1.1.56	3509 (+344)		1.1.69	11919 (+736)	12000 —
1.1.57	3842 (+333)		1.1.70	12682 (+763)	13000 —

Siglen I.

- KN : ...
- OS : ...
- HD : ...
- HW : ...
- PHR : ...
- WW : ...
- VN : ...
- SAM : ...
- WR : ...
- HX : ...
- CC : ...
- LN : ...
- VAL : ...

- LWT : Die Leobachten des Heel2
- DNW : Die nackte Wahrheit
- TRR : Terra incognita
- MDW : Die Macht des Wahrheit

Siglen II.

- RD : ...
- FD : ...
- FH : ...
- VST : ...
- MV : PH IV
- ZW : ...
- NPL : ...
- MSC : ...
- SB : ... (No. AB)
- LAM : ...
- GRW : ...
- VR : ...
- DRA : ...

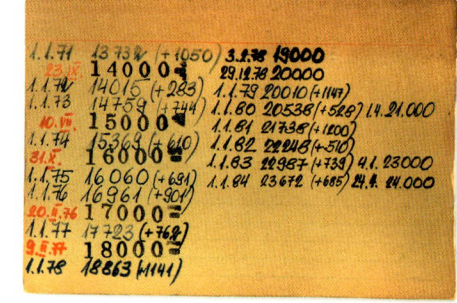

1.1.71	13732 (+1050)	3.2.78	19000		
	14000	29.12.78	20000		
1.1.72	14015 (+283)	1.1.79	20010 (+1147)		
1.1.73	14759 (+744)	1.1.80	20538 (+528)	14.21.000	
	15000	1.1.81	21738 (+1200)		
1.1.74	15368 (+609)	1.1.82	22248 (+510)		
		1.1.83	22987 (+739)	41.23000	
1.1.75	16060 (+691)	1.1.84	23672 (+685)	24.4. 24.000	
1.1.76	16961 (+901)				
	17000				
1.1.77	17723 (+762)				
	18000				
1.1.78	18863 (+1141)				

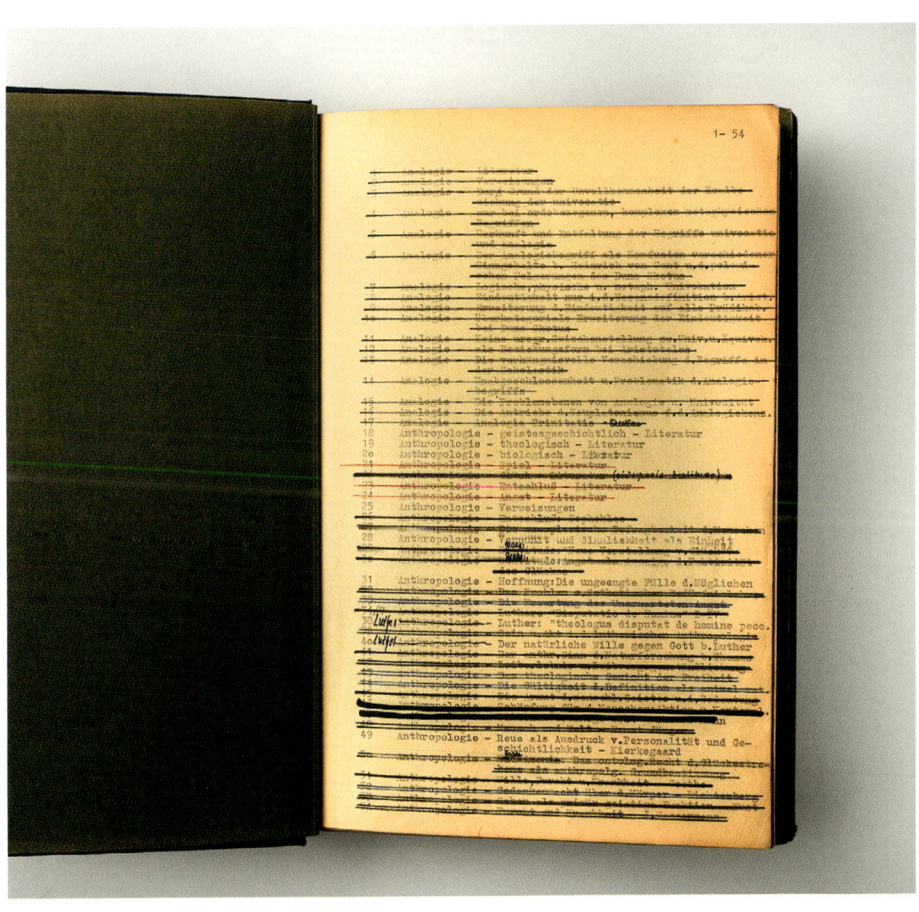

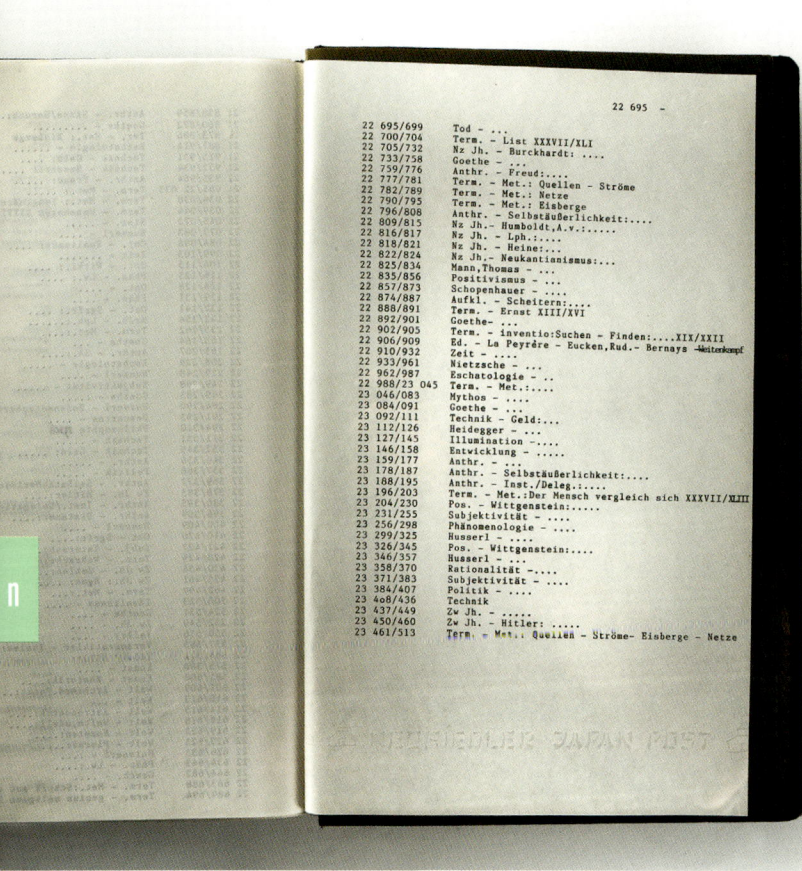

p

Hermann Hesse (1877–1962)

Hermann Hesse 1952 an seinem
Schreibtisch, neben ihm einer seiner
Adresskarteikästen. Foto: Martin
Hesse.

Danach: Verschiedene Kärtchen aus
der Adresskartei. Leihgabe und
Foto: Schweizerische Nationalbibliothek (NB), Schweizerisches Literaturarchiv SLA, Bern.

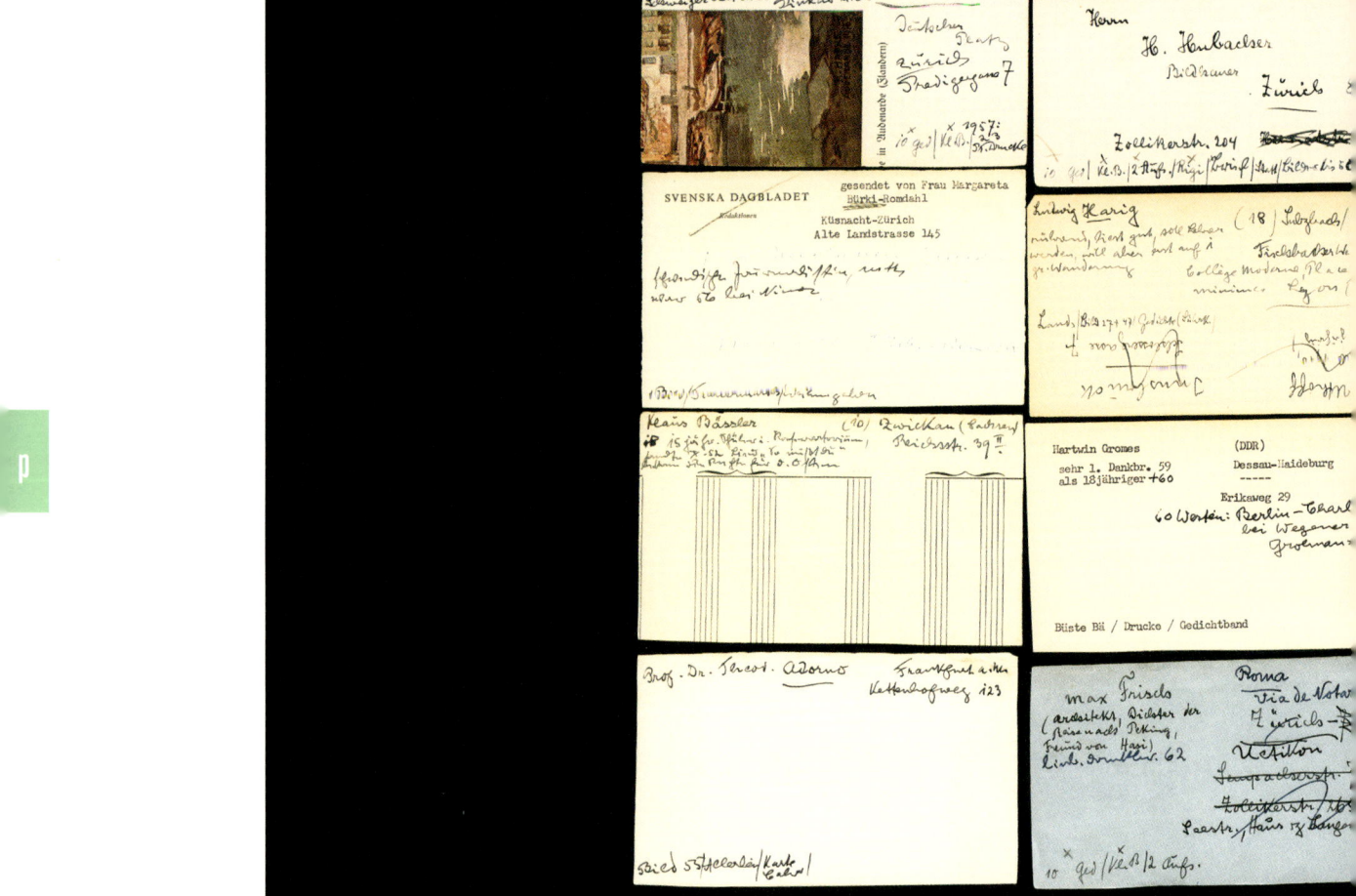

...er Schenker   Solothurn
     Florastr. 21
...Br. 60 als
...r. Gedicht,bekam andres.
...erst Anti-Hesse,denkt jetzt
...rs "Bruch mit d. Tradition
...Unsinn".

...ste B. etc /

Rosenkranz Moses
    ohne Namensnennung adressieren an:
   Dnei Dolly Schleyer
    Rayonul N.Balcescu
    Str. Antim 42 A
    Bucuresti (Rep.Pop. Rom.)

...rauermarsch etc 57

...de Palm   Frankfurt — Süd
     Gemündenerstr. 32
    Madrid 14
    Ruiz de Alarcon
    27 (7^{tg})
    Heidelberg
    Hainsbachweg 8

...Dr. Hans Mayer   Leipzig C 1
    Tschaikowski Str. 23
     (23)

Kühlmeyer-Pöppelmann (29) Hildesheim
    Mühlengraben 19

...K. Kratochwil   Palomar
    Alas Argentinas 26 i
    (Buenos Aires)
    arg

Dr.
Siegfried Unseld   (14a) Tübingen
    jetzt bei Suhrkamp
    Telefon 55 28 67
    Ulm u. D.
    Goethestr. 31
    Frankfurt a.M.
    Klettenbergstr. 35

Friedr. Torberg   150 West 55 th Street
    New York 19. N.Y.

Peter Suhrkamp Verlag
    Berlin
    Berlin-Schöneberg
    Saitzelle 7

Dr. Albert Schweitzer   Lamberene
      (Afrique Equatoriale
       Francaise)

    ist Goethepreis träger,gratulierte
    mir dazu 1947

    K. Betr.

Prof. Dr. W. Müsclag   Cave!
    untere Bühlen
     Basel
    Passwangstr. 29

Siegfried Schober   München — Obermenzing
    16jährig rühr. Brief   Menzingerstr. 85 / 1
    in Versen ,sehr naiv,   oder 25?
    hat Dlbl. d. Weltlit. Entdeckt

    3 Drucke / Bild 56

Werner Weber   Feuilleton der
    N. Zürcher Ztg.

Martha Schmelzer   Heidelberg
    war Okt. 50 hier,ganz   Gartenstr. 2
    jung,stand 1 Stunde lang vor   München
    dem Haus,brachte Blumen,eifrige   Baaderstr. 28
    Leserin,bes. Steppenwolf

    Büste Bü und Bild 27 , Drucke

Pedicure

E.WÜTHRICH-CORTI
LUGANO

VIA NASSA 27   TEL· 21 107

Wilhelm Genazino (geb. 1943)

»Papiercomputer«: Ordner- und
Verzeichnissystem so wie Beispiele
für die zum Teil aus Zetteln zusammen-
geklebten, Textbausteine versam-
melnden Werktagebücher, die damit
verwaltet werden.

p

N 32 (17.4.88)

a)

Walser/Habermas:

Gefühle werden - wie unveröffentlichte Sprache - in die Gesellschaft hineingetragen, aber deren Träger wollen sie zugleich für sich reservieren. Walser schreibt: "Niemand
hat das Recht..." Unterstellt er: daß alle davon ausgehen,
sie hätten das Recht? ~~Oder~~ Und schränkt der Walser-Satz
das Denken der anderen ein, indem er die Privat-, das heißt
die Gefühlsregel Robert Walsers ausspricht? Wir können vielleicht sagen: Gefühle sind Privat-~~regeln~~ Zwänge, die nicht wissen,
wie sie öffentlich werden sollen. Die auch die Öffentlichkeit fürchten, weil sie nur von dieser Öffentlichkeit erneute Verletzungen fürchten müssen.
Name für Gefühle: Privatregeln (?)

b) V.

Der Zettel des ~~Künstlers~~ Obers:
(Siehe: N 2 - 28 d + N 2 - 9c)

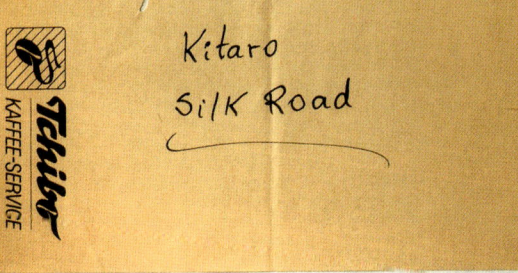

c)

Der Irak gibt erstmals zu, daß er im Krieg gegen Iran Giftgas einsetzt. Er verbindet das Geständnis mit der Ankündigung
daß er auf das Giftgas verzichten werde, wenn auch Iran auf
den Einsatz von Giftgas verzichte und sich an das Internationale Verbot von Giftgas halte. Die Geschichte zeigt die Über-
flüssigkeit von Verboten. Sie existieren, aber sie gelten nicht,
solange die Verbote nicht gebraucht werden. Erst wenn sie gebraucht werden, kommen sie in Geltung.

- 2 -

h)
Gliederung:
SEHEN
SCHREIBEN
DENKEN
SEHEN, SCHREIBEN, DENKEN

i)
Schreiben ist Trennungsarbeit. Daher Notizen in der Öffentlichkeit. Es ist eine Dauerverabschiedung.

j)
Die ~~öffentliche~~ Faszination geht weg von der fertigen
Literatur und wendet sich dem Schreiben zu. Wie lange schon?
Das Rätsel liegt nicht im Buch (das ist langweilig), sondern
in der Unerklärlichkeit des Drangs, eines hervorbringen zu
wollen

k)

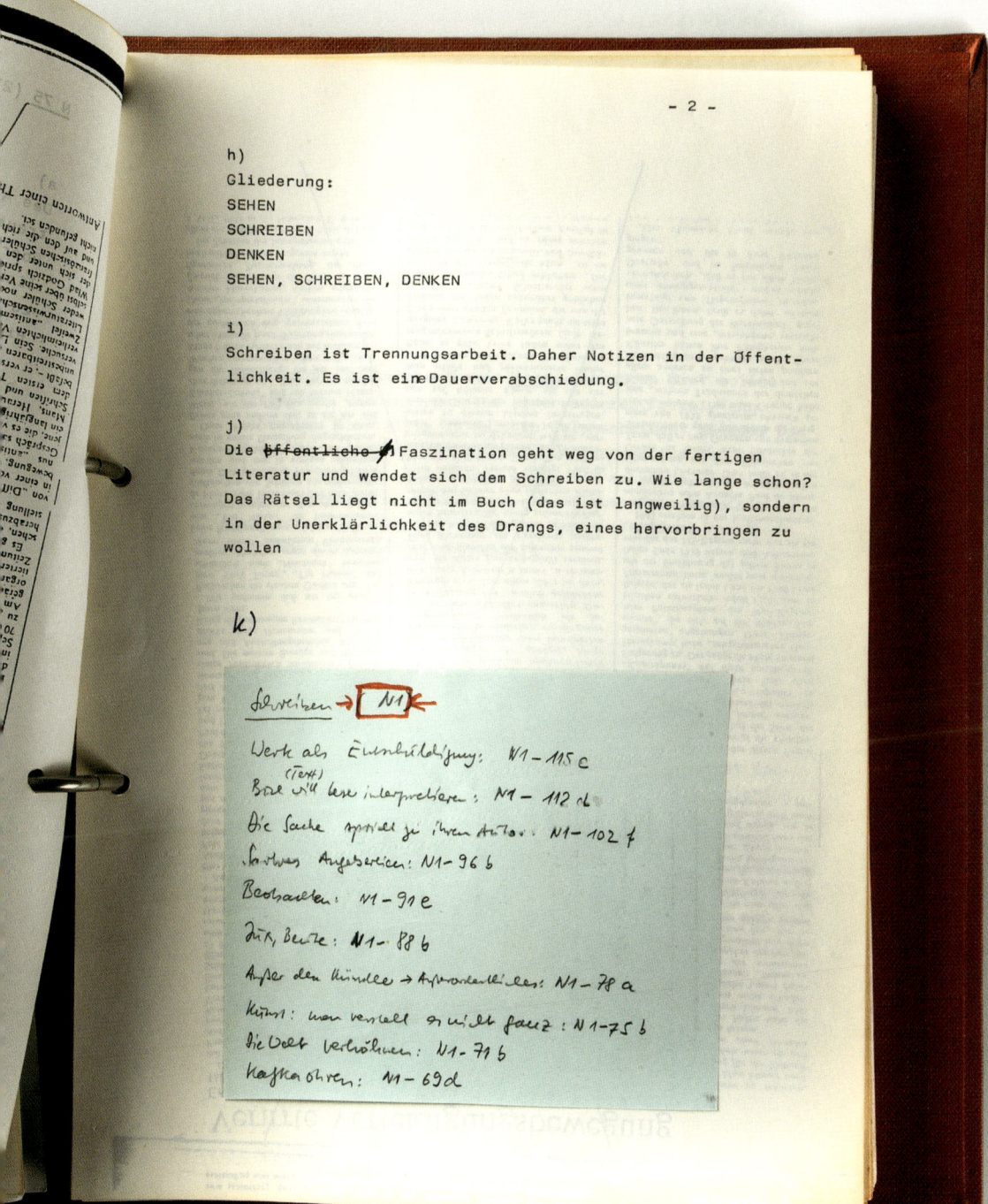

Doppelleben/Dünkel

A 2 / 1 - 100 / 101 - 150 (komplett)

● A 2 - 1 c   Arbeiten macht häßlich

    - 1 d   Geliebte macht die Toilettentür nicht zu

    - 1 e   Wenn etwas nicht gelingt, genügt es, daß man
                 in ein anderes Zimmer geht

    - 2 a   Er war in einer anderen Stadt verheiratet, fuhr
                 immer hin und her

    - 2 b   Party. Brennende Pfeife im Mantel

    - 2 c   Party. Gerede über Augenfarben, die schwächer
                 werden im Alter

    - 3 c   Erinnerung an Walter Stein

    - 4 a   Ich wollte keine Pläne machen

●   - 5 a   Sekretärin war ein bißchen einfältig, genau
                 wie ich

●   5 b   Ihre Einfalt entsprang ihrer Jugend

       5 e   Schluß. Ich wußte nichts, ich hatte bisher
                 nur geredet

       5 f   Indem ich sie immer wieder anblickte, bildete
                 sich ein Plan heraus

       6 a   Ich entdeckte das Thema (F.)

       6 c   Ich war neugierig auf alles, was morgen und
                 übermorgen geschah

       6 d   Künstler, die auf eine Erweckung warteten

       6 e   Kino: Das Schweigen. Ingeborg Bergholz: EP 9-47h

       6 f   Es machte mir Vergnügen, sie aus ihrer vollko-
                 mmenen Zurückgezogenheit herauszuholen

       8 a   Kreiswehrersatzamt schickt Vorladung

       8 b   Ich erkannte, eine Frau möchte mit mir eine
                 Ausnahme machen

●   9 c   Ein Plakat (in einem Schaufenster) stürzte
                 herunter

     10 a   Er erwartet Achtung von den Leuten, deren Leben
                 er verachtet

     10 b   Brief an Böll (+ d)

     12 c   Schreiben über Einweihungen, Schulfeiern etc.

     13 a   Zum zweiten Mal fremdelte ich bei der Liebe

     13 b   Ich wurde zum Bildungsamateur

     13 e   Chef. Brille und Strickweste

●   14 b   Cafe beschreiben. Unzufrieden. Schön, aber
                 nicht wahr...(siehe: N 10 -118 e)

TAGTRAUM-NOTIZEN (Nie! Nie! Nie!)

S

Ernst Jünger (1895–1998)

Verschiedene Zettelkästen und Kartei-karten, seit den 50er-Jahren angelegt, u.a. zu einer Fortsetzung von *Der Arbeiter* und Sammlungen mit letzten Worten, Farbadjektiven und Maximen.

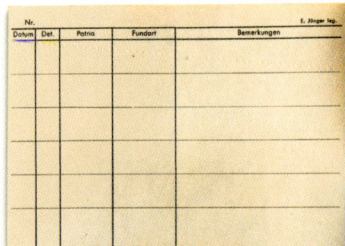

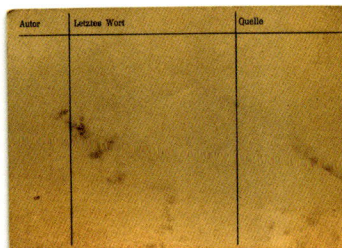

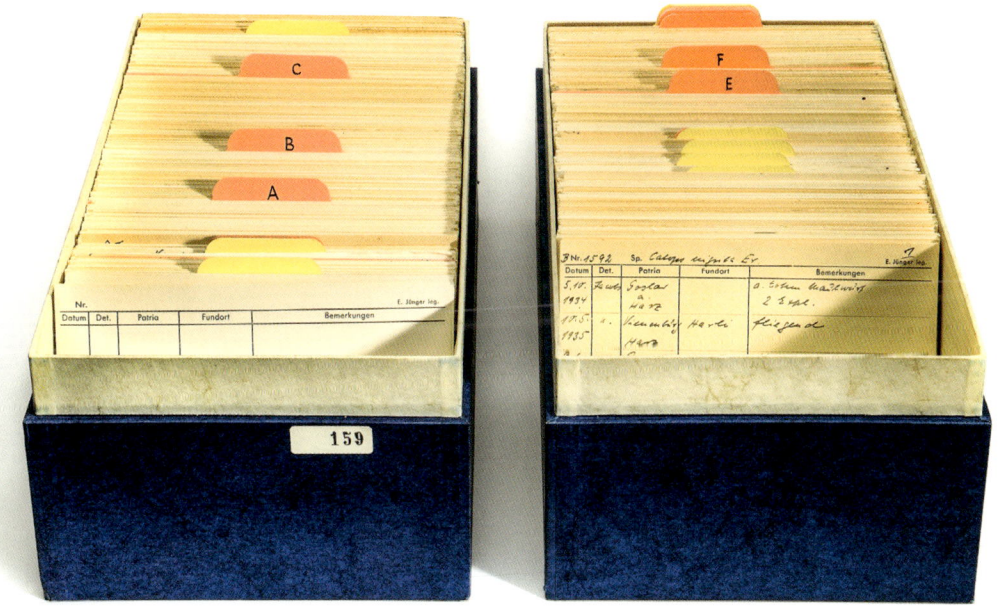

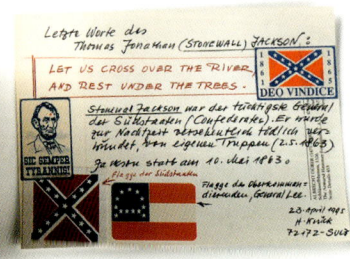

Letzte Worte"

L. W.

Letzte Worte des
Thomas Jonathan (STONEWALL) JACKSON:

LET US CROSS OVER THE RIVER
AND REST UNDER THE TREES.

Stonewal Jackson war der tüchtigste General
der Südstaaten (Confederate). Er wurde
zur Nachtzeit versehentlich tödlich ver=
wundet, von eigenen Truppen (25.4763)
Je reden statt am 10. Mai 1863.

Flagge der Südstaaten=
divisionen, General Lee.

23. April 1985
H. Kotik
72+72=SULT

Euler, Leonhard (1707-1783), schweizer. Mathematiker

Gest. am 18.9.1783 in St. Petersburg.

Euler entwarf die Berechnung der Umlaufbahn des
kurz zuvor von Herschel entdeckten Uranus. Danach
spielte er mit seinem Enkel und trank Tee. Dabei
traf ihn der Schlag: die Pfeife entfiel ihm, und mit
den Worten "Ich sterbe" "hörte Euler auf zu leben
und zu rechnen."

Quelle:
Eric T.Bell: Die großen Mathematiker. (Düsseldorf-
    Wien 1967), S. 158

"Papa Geis", beliebter Volkssänger im Wirtshaus
    "Oberpollinger" in München (um 1890)

Er starb an einem Faschingsdienstag. Sein kleiner
Enkel kam zum Krankenbett und sagte, der Karnevals=
zug käme. Darauf flüsterte der Sterbende: "Pepperl,
die kommen auch noch dran..."

Quelle:
Michael Dirrigl: Residenz der Musen. München, Magnet
    für Musiker, Dichter und Denker (München 1968),
    S. 149

Meysenbug, Malvida Freiin von (1816-1903), Schrift=
stellerin, Freundin Nietzsches, Garibaldis usw.

Gest. am 26.4.1903 in Rom.

Sie sagte in der letzten Krankheit immer wieder:
"Geist, Amore und Pace." Das letzte Wort am Vorabend
ihres Todes war:"Amore!"

Quelle:
Malvida v. Meysenbug: Memoiren einer Idealistin. Volks=
    ausgabe (Berlin und Leipzig bei Schuster & Loeffler)

Storm, Theodor (1817-1888), Dichter

Gest. am 4.7.1888 in Hademarschen (Holst.)

Seine letzten Worte sind an seine Ehefrau gerichtet:
"Mein' süße Frau, Gedanken, Gedanken, Gedanken!"
Später noch einmal "Morphium" und dann kein Wort.

Quelle:
Hartmut Vincon: Theodor Storm (Hamburg: rororo 1972),
    S. 155

Andreas-Salomé, Lou (1861-1937), Schriftstellerin,
    Freundin Nietzsches und Rilkes

Gest. 5.2.1937 in Göttingen.
Als es zu Ende ging, murmelte sie wie zu sich selbst
sprechend: "Wenn ich meine Gedanken ziehen lasse,
finde ich keinen Menschen. Das Beste ist doch der
Tod."

Quelle:
H.F. Peters: Lou. Das Leben der Lou Andreas-Salomé.
    (München 1964), S. 299

Jürgens, Curt, Film- und Bühnenschauspieler

Geb. am 13.12.1915 in München.
Gest. am 18.6.1982 in Wien.

Er starb an Herzversagen im Krankenhaus. Am Tag
vor seinem Tode scherzte er noch. Seine letzten
Worte waren nachts um 22 Uhr (an seine Ehefrau
gerichtet): "Öh, jetzt ist die Flasche umgefallen.
Ich trink nur noch aus leeren Gläsern." Um 1 Uhr
nachts starb er.

S

Autor	Letztes Wort	Quelle

Allgemein :

       Letzte Worte. Beschäftigung mit ihnen hat den Reiz, daß man durch die gesamte Geschichte hindurchgehen kann, wie durch eine der Adern, in denen das Geflecht verschmilzt. Ebenso schmilzt der Unterschied der Positionen ein, Bauer und König werden gleich.

       Hiezu das schöne Wort von Léon Bloy, daß im Tode die Geschichte in die Substanz einschneidet.

Autor	Letztes Wort	Quelle

Allgemein :

       Beim Tode auch die Verwirrung, die mit jeder Seinsberührung verbunden ist.

Autor	Letztes Wort	Quelle

Allgemein :

       Letztes Wort oft Abschiedswort. (s.z.B. Käthe Kollwitz.) Das zeigt den Abfahrts-Charakter - die große Fahrt hat noch nicht begonnen. Demgegenüber stehen jene Worte, die bereits der Vorschau oder selbst dem ersten Schimmer eines neuen Gestandes gewidmet sind.

Frankenfeld, Peter (1913 1979), Conférencier und Showmaster

gest. am 4.1.1979.

Er starb nach schwerer Krankheit und wußte, wie es um ihn stand. "Es wird nichts mehr" , sagte er. Die letzten Worte, die seine Frau und sein Sohn von ihm hörten, waren: "Ich habe keine Angst."

Quelle:

Mitteilung des Sohnes in einem Interview in: "Das Jahr danach" (in "Frau im Spiegel" [Zeitschrift]

Leibniz, Gottfried Wilhelm Freiherr von (1646 - 1716), Philosoph, Mathematiker, Universalgelehrter

gest. am 14.11.1716 in Hannover

Als es zu Ende ging fing sein Amanuensis Johann Hermann Vogler an zu beten. Leibniz schlug "groß" die Augen auf und sah ihn schweigend an. Auf die Frage Voglers "kennen mich Eure Gnaden nicht mehr?" schlug Leibniz wieder die Augen groß auf und antwortete: "Ich kenne dich noch ganz wohl." Darauf forderte er ein Nachtgeschirr und starb kurz darauf.

Lenau, Nikolaus (1802 -1850), eigentl. Niembsch Edler von Strehlenau, Dichter

Gest. am 22.8.1850 in Oberdöbling bei Wien.

Seine letzten deutlich vernehmbaren Worte waren: Der arme Niembsch ist sehr unglücklich."

Quelle:

H. Löbner: Lenaus Leben und Werke (in: Lenaus Sämtliche Werke in zwei Bänden, Berlin - Leipzig 1908, S. XXV)

Franz Joseph I (1830 - 1916), Kaiser von
Österreich, König von Ungarn

gest. am 21.11.1916

Seine letzten Worte: zum Kammerdiener, der ihn
fragte, ob er gut liege, sagte er: "Ja, es ist
gut." Dann verlöschte er wie eine Kerze.

Quelle:
Franz Herre: Kaiser Franz Joseph von Österreich
    (Köln 1978), S. 467

Valentin, Karl (1882 - 1948), Münchener Volksko=
miker

gest. am 9.2.1948 in München

Seine letzten Worte: "Ich wußte nicht, daß
Sterben so schön ist."

Quelle:
Persönliche Mitteilung seiner Tochter in einem
Interview in der Fernsehsendung "Sterne, die
vorüberzogen – Karl Valentin" am 26.10.1977 im
1. Programm des Deutschen Fernsehens

Modersohn-Becker, Paula (1876 -1907), Malerin

Sie gebar am 2. November 1907 ein Mädchen. Am
20. November, als sie zum ersten Mal aufstehen durfte
starb sie.
"Wie schade" waren ihre letzten Worte.

Quelle:
Waldemar Augustiny: Paula Modersohn-Becker
    (Gütersloh 1960), S. 40

Obentraut, Hans Michael Elias (1574 - 1625),
    Reitergeneral, bekannt unter dem Namen "der
    deutsche Michel"

gefallen am 25. Oktober /4. November in der
Schlacht bei Seelze
Schwerverwundet in eine Kutsche getragen sagte
er zu Tilly, der heranritt, um dem sterbenden
Gegner seine Achtung zu bezeugen: "In solchen
Gärten pflückt man solche Rosen."

Quelle:
J.E. Heß in : Allgemeine Deutsche Biographie,
    Bd. 24 (Leipzig 1887), S. 85f

S

schwarz/weiss

"Man kann den Engel nicht schwarz, den Teufel nicht
weiss machen, aber man kann beide anstreichen."

Hebbel.

W

---

rot

"Im Russischen bezeichnet dasselbe Wort rot und
schön. Uebrigens fliegt mir, wenn ich an etwas Schönes
denke, zugleich immer die rote Farbe durch den Kopf."

Hebbel: Tagebücher

W

Allgemein   Farben

Eine wolkige Verteilung und Durchsichtigkeit,
etwa bei blühenden Bäumen oder eben sich begrünen-
den Sträuchern, so jetzt im April bei den Hängewei-
den, bezeichnet man im Schwäbischen als " B l u s t "

---

gelb

"So scheint auch das Gelbe wesentlicher den Blättern
anzugehören als der blaue Anteil: denn dieser ver-
schwindet im Herbste, und das Gelbe des Blattes
scheint in eine braune Farbe übergegangen."

Goethe: Farbenlehre

W

---

gelb

"Diesen erwärmenden Effekt kann man am lebhaftesten
bemerken, wenn man durch ein gelbes Glas, besonders
in grauen Wintertagen, eine Landschaft ansieht. Das
Auge wird erfreut, das Herz ausgedehnt, das Gemüt
erheitert, eine unmittelbare Wärme scheint uns anzu-
wehen."

Goethe: Farbenlehre

W

---

gelb

"Gelb wird im Bilde oft als Licht ausgespielt, nicht
als Farbe. Es fängt erst an, als Farbe zu wirken,
wenn es einen Schein ins Orange hat."

Carry van Biema: Farben und Formen als lebendige
Kräfte.
1930 Jena

W

---

gelb

"Mischt man Glänzendes mit Rot und Weiss, so entsteht Gelb; das Verhältnis der einzelnen Farben-
bestandteile in dieser Mischung anzugeben, hat, auch
wenn man es wüsste, keinen Sinn, denn niemand wird
imstande sein, die Notwendigkeit oder auch nur die
Wahrscheinlichkeit hiervon anzugeben."

Platon: Timaios.

W

---

gelb

"Wenn man zwei Kreise macht von gleicher Grösse und
einen mit Gelb füllt und den andern mit Blau, so merkt
man schon bei kurzer Konzentrierung auf diese Kreise,
dass das Gelb eine Bewegung aus dem Zentrum bekommt
und sich beinahe sichtbar dem Menschen nähert. Das
Blau aber eine konzentrische Bewegung entwickelt (wie
eine Schnecke, die sich in ihr Häuschen verkriecht)
und vom Menschen sich entfernt. Vom ersten Kreis wird
das Auge gestochen, während es in den zweiten versinkt."

W. Kandinsky: Ueber das Geistige in der Kunst.
1912 München

W

gelb

"Für das Gelb eignen sich im Bilde spitze, lebhafte ud
bewegte Formen, das Dreieck und die Diagonalbewegung."

Carry van Biema: Farben und Formen als lebendige
Kräfte.
1930 Jena

W

gelb

"Gelb ist die Sonnenfarbe, sie gehört Apollo zu... Gelb
ist die Farbe des Glaubens. Petrus erscheint in einem
goldgelben Gewand. Unter den weltlichen Tugenden bedeutet Gelb: Grossherzigkeit, Erleuchtung und Weisheit.
Unter den Lastern stellt es Egoismus und Hoffart dar,
und ein blasses Gelb zeigt Verrat und Enttäuschung an."

Phaldor: La Clé d'Or du Songe.

W

gelb

"Es gibt nicht nur eine "blaue Ferne", es gibt auch
eine gelbe Ferne. Wir sehen Schneeberge und Wolken
zart gelblich bis rötlichgelb oft in prachtvoller
Abstufung umso stärker abgetönt, je ferner sie
liegen."

Albert Heim: Luft-Farben.
1912 Zürich
S.36.

W

gelb

"Die Hellgelb entsprechenden Formen sind klein, sehr
schmal, scharf, spitz, in diesen Formen wirkt es
blendend, energisch, schnell, zischend."

Ernst?
August Aeppli: Der Traum und seine Deutung.
1943 Erlenbach-Zürich

W

gelb

"Im Alter vergilbt alles, das Pergament und das Elfen-
bein; einst weissgetünchte Häuser gleichen nun den
runzlig gewordenen Gesichtern der Greise. Was wird
nicht alles im Alter gelb? Die menschliche Haut, die
Knochen, das alte Holz, das weisse Papier und selbst
die grünen Blätter des Sommers. Es ist merkwürdig,
wie in der Natur schliesslich die gelbe Farbe über
alle anderen triumphiert..."

? Walter Koch: Psychologische Farbenlehre.
1931 Halle a.S.
S.102.

WW

gelb

"Das Gelb ist wie das Rot eine Farbe, die in der
organischen Natur die Reife kennzeichnet."

Arbeitsgemeinschaft der Vier (Grünberg, Isenberg,
Heinemann, Sternberg): Der Weg zur Farbe.
1927 Hamburg

W

Bruchstellen sind Fundstellen. *Sgraffiti?*

143

Leibniz': Die Monaden haben keine Fenster." Das läßt sich auch von einem Hause sagen, das gläserne Wände hat.

167

Auch die Ilias wird einmal dem Feuer zum Raub fallen. Das sollte jeder bedenken, der ein Buch zu schreiben beginnt.

83

Wenn Heraklit die eigene Art des Menschen Dämon nannte, so meinte er damit sein Überzeitliches.

158

Die wahre Umwertung der Werte findet erst *im* den feurigen Ofen statt.

---

ausgeschieden   5.   *Mantrana 25*

Leben und Tod, Licht und Schatten, Glück und Unglück sind einmal Worte der Umgangssprache; sie können aber auch als Hieroglyphen, als Siegel vor verschlossenen Türen verwandt werden. Dort wird Leben durch Tod, Licht durch Schatten, Glück durch Unglück erhöht.

Wenn wir Leben, Licht , Glück sagen, meinen wir ihren Abdruck im Sichtbaren, in der gegensätzlichen Welt. Hieroglyphisch klingt das unsichtbare Siegel an.

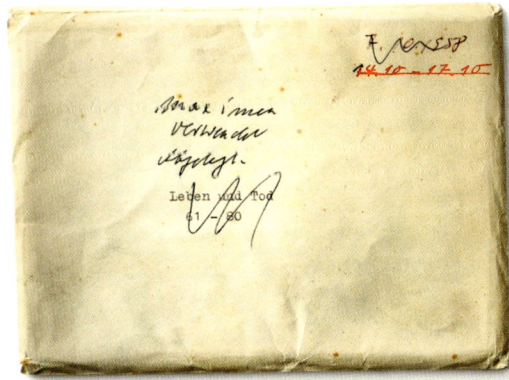

S

Arno Schmidt (1914–1979)

Zettelkasten zu *Seelandschaft mit Pocahontas* (1955) mit 18 durch-nummerierten Unterkapiteln, die jeweils aus einem kürzeren Abschnitt, dem ›Foto‹, und einem längeren ›Text‹ bestehen.

S

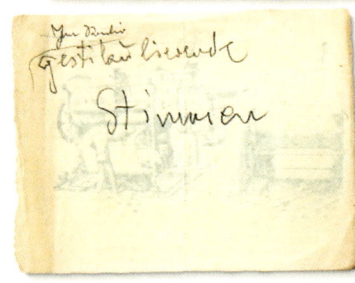

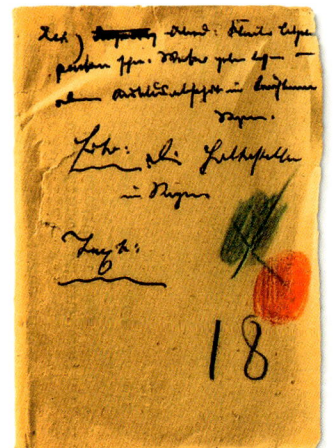

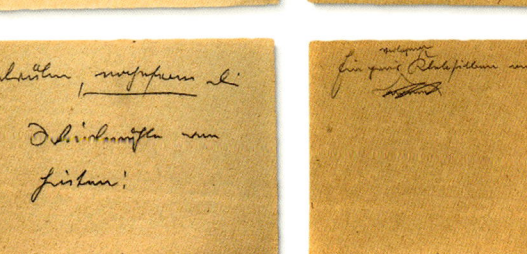

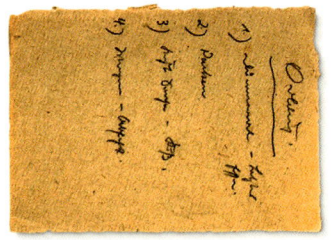

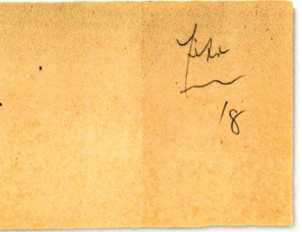

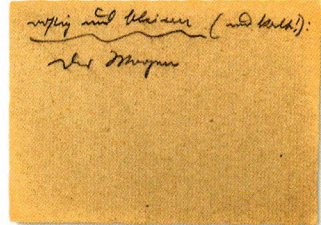

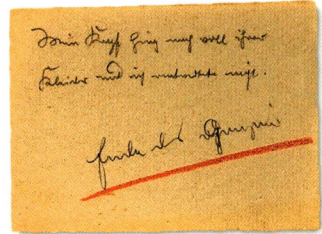

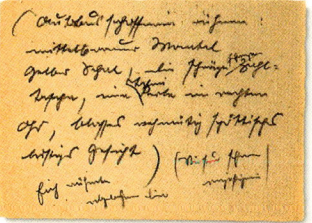

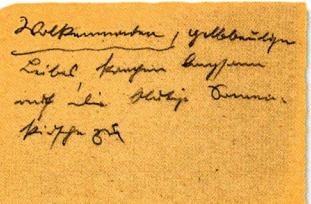

S

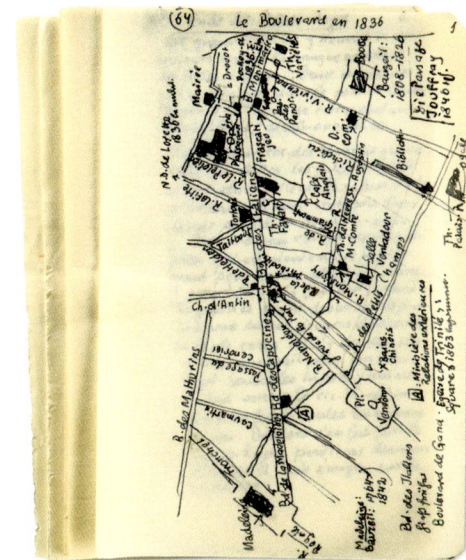

Siegfried Kracauer (1889–1966)

Zettel und tabellarische Aufzeichnungen zu *Jacques Offenbach und das Paris seiner Zeit* (1937).

Danach: Karteikarten und Zettelkästen zur *Theorie des Films* (1960).

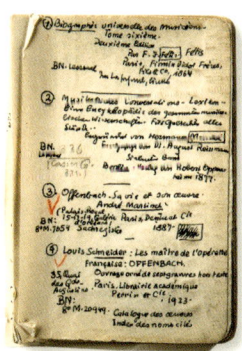 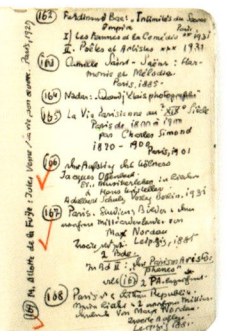

S

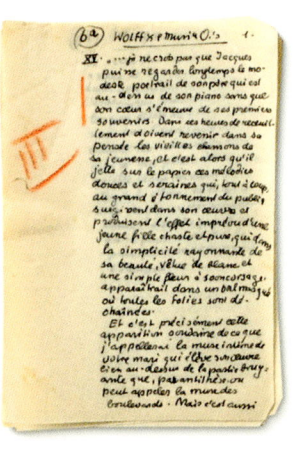
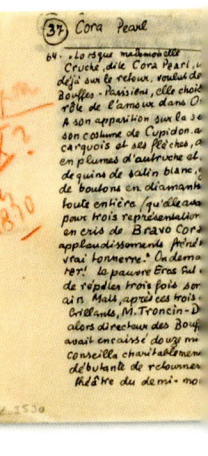
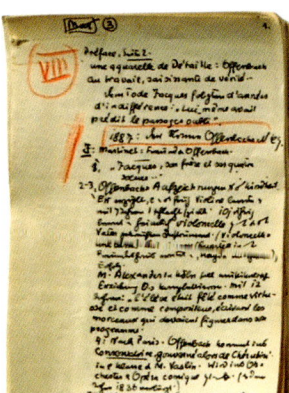
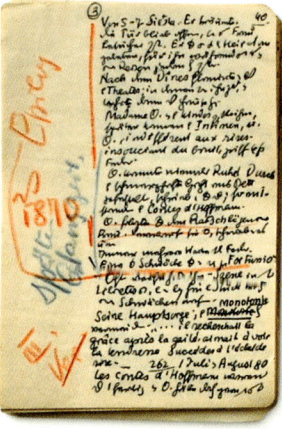
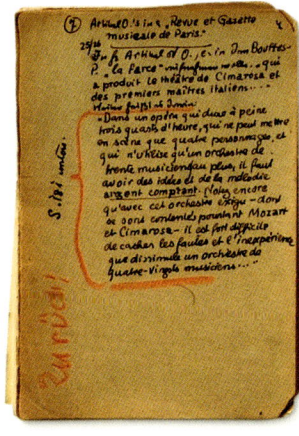
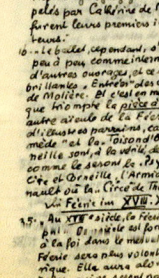

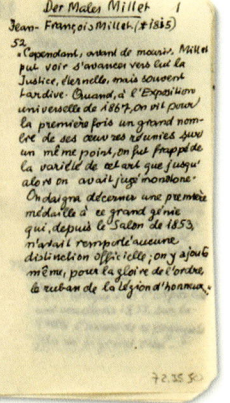

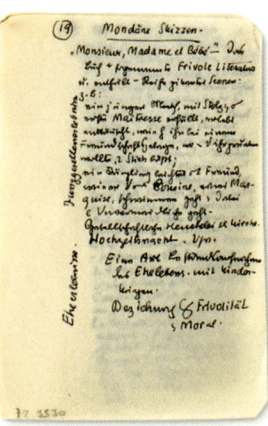

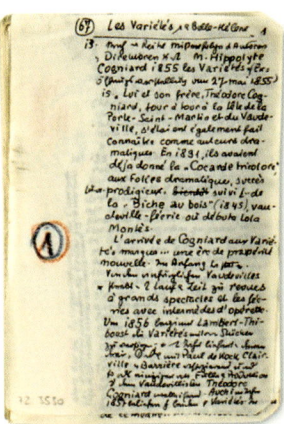

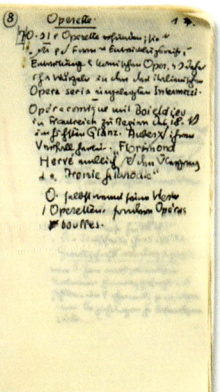

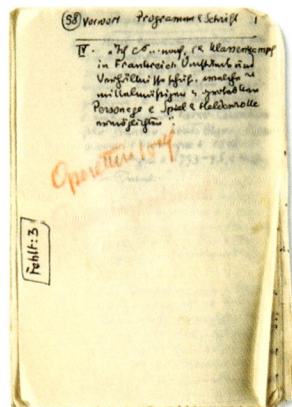

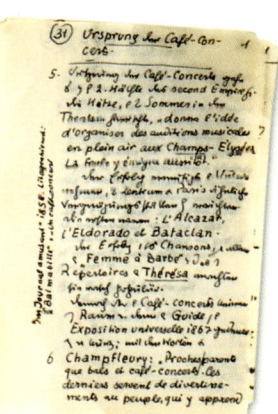

S

Top page

Philos.	Literatur	Künste	Wissensch.	Erfindungen	Andere Länder
	n 1830: Die Romantiker. *Vom Vorläufer*: Chateaubriand (1768–1848) *Mme de Staël (1766–1817)* Von 1820–30: 4 Phasen	Anfang d. 19. Jh. b. rev. *Maler fr.* u. *Klassizisten (Madeleine, Louis XVI.)* Bourse u. *Napoleon. 1804 Napoleons Canova: la Toga*	Geschichte: 1. Augustin Thierry (1795–1856) 2. Michelet (1798–1874) »Hist. de la rev.« u. Histoire de France (1833–67)	Isolation »Leuchtthürmen« (Fresnel 49) Elektrische Telegraphie 1833 (Gauss, Ampère, Arago ...) 1839	England: Dickens 1812–70 Thackeray 1811–63 Macaulay 1800 Deutschland: Uhland 1787–1862 Heine 1799–1856
	1) Lamartine (1790–1869): 1820 »Méditations« ... Histoire des Girondins ... provisorische Regierung 1848	Romantische Künstler ... Maler: ... Wagelsche Schule	Anf. des 19. Jh. Gf. ...	Von Faraday (1774–1864) Vt Dynamos.	
	2) Victor Hugo (1802–85) ... »Préface« (22) ... Cromwell (1827) ... Orientales (1828) Notre Dame de Paris (31) 1831–43 Les Burgraves l. Epopes 1843 ... Châtiments (53), Contemplations 1856, La Légende des Siècles (59)	1) Gérard (1770–1837) 2) Gros (1771–1835)	Anvergleichung in Spanien ... Professor, Vom Exil ...	Photographie: Niepce 1826 Daguerre ... Methode 1839	
	3) Alfred de Vigny (1797–1863) ... Poèmes antiques et modernes 1826 ... »Cinq mars« ... Chatterton 1835 ... Poèmes nouveaux	Ungarn (1791–1867): Apotheose ... Schüler von Delacroix ... Romantische Schule: 1) Géricault (1791–1824) Massacres de Chio (1824) 2) Delacroix (1798–1863) Dante et Virgile ... Ecole de paysagistes (école de 1830): Corot (1796–1875) Diaz (1807–75) Rousseau (1812–67)	Areye (1786–1853) Arago (1786–1853) Gay-Lussac (1778–1850) Niepce (1765–1833) Daguerre (1787–1851) Photographie Naturwissensch.: Lamarck (1744–1829) Geoffroy St-Hilaire (1772–1844) Cuvier (1769–1832) alle drei Professoren am Museum		
	4) Alfred de Musset (1810–57) ... Contes et Proverbes 5) Zur romantischen Schule ... a) Sainte-Beuve (1804–69) b) Auguste Barbier (1805–82) c) Théophile Gautier (1811–72) ... Emaux et Camées (1852)	Bildhauer: ... David (1788–1856) Realismus u. 1830 im klassischen Musik: 2) ... Boieldieu (1763–1834) Hérold (1791–1833) Auber (1782–1871) Halévy (1799–1862) Berlioz (1803–69) Félicien David (1810–76) Meyerbeer (1791–1864) Cherubini (1791			
	Balzac (1799–1850) ... clercs de notaire ... imprimeur, Fondateur ... 1829 »Comédie hum.« George Sand (1804–76) »Indiana« (1831) ... »Consuelo« et la Tour de France (1840) Später Bauernromane.	Chopin (1809–49)			

Bottom page

... Einen Duett ... Tochter ... Elcazar-Arie ... Haléyga: Jüdin ... Bouffonerie venetianisches Bandwerk mit Tschinghala- Refrain- Sextuolen 7 Viertelnoten	... in 2 Croquefer ... mit O'schen Geschick ... Balladesche Stimmung ... a cappellamässiger Sextakkord ... »Croquefer« in ho r. quadrupelig. Juriditeit ... Tras ile u »Homüg gefällt« e O's meisterhafte ... im Opernmelodiem inspiriert zur Quodlibet Fleuri-de-Soufle Ramaze ... Als Jean Rivaz ... Chor »Tu l'as dit« u. Huguenots ... »J'ai Gradenante »... Robert« 1836 Ritter inhumiert Donizettis Favorit ... Une danse une autre peine ... Schlemihls	... Symphonie de l'Avenir ... des Fiancés ... Tyrolienne ... Symphonie de l'Avenir + nämliches Orchesterholz mit ... zwitschern Klänken Sekunden ... Zwei Vorträge begrüßend »Zukunftsprogrammatischen Sinn Themen- Donnerij Klange ... de l'Avenir« - banales Schnadergraben ... Kritik Menschen: ... Wagner: (O. i. 2 Lustspiel »Kapitulation« ... ein Individuum »Mickle« aus ... Vergleich Wagner 40:
69. La Romance de la Rose ... Marthe ... Letzte Rose ... Parodistische Operetten nr. 2 4. 30. ... Orphée ... 55. Batacian ... bizarren Marsch ... Theaterszene: ... Barbier ... Text 1) teils ... Variationen der italienischen Opernensembles. ...	... grands dieux! quel sens-je! ... Kanon ... vierstimmigen Kanons ... Tonmalerische Drastik ... Quintett ...	... Choufleury restera ... parodistischer Binalier / M... berühmte Ital. Sänger ... Seine Tochter ... Verdobene Babylis ... Terzett ... Rubini ... Choufleury ... Tamburini ... Léone ... Rossini ... Opernszene in Kleinkippen ... Scribe ... Hervés ... Chofleury ... Ernst ... Blamage Jeust, à Choufleury ... freien Kaden ... dramatischen Ensembles der Oper ... Rezitativ Choufleurys ... Aubery ... Wagnerei parodi ...
57. Croquefer ou le dernier des Paladins ... Anachronismen ... »Ballade Croquefers« ... mit 20 Takten ...	60. Le Musicien de l'Avenir ... Komische Szene ... von 10. Juni 1860 ... Revue. Le Carneval des Revues: Wagner-Parodie.	61. M. Choufleury restera ...

Literatur	Künste (Musik, Malerei...)	Wissenschaften	Erfindungen	Andere Länder	Jahr

Benjamin 2   Proust and photography   10
1939
82 der Phantasie. *7*
83 In dem Zusammenhange,da Proust die Duerftigkeit und den
Mangel an Tiefe in den Bildern beanstandet,die ihm die mémoire volontaire von Venedig vorlegt,schreibt er,beim blos-
sen Wort ' Venedig' sei ihm dieser Bilderschatz ebenso ab-
geschmackt wie eine Ausstellung von Photographien vorge-
kommen. Wenn man das Unterscheidende an den Bildern,die xx
aus der mémoire involontaire auftauchen,darin sieht,dass
sie eine Aura haben,so hat die Photographie an dem Phaeno-
men eines ' Verfalls der Aura ' entscheidend teil."

Freund *I 4)*   Art paralleling photography   *72.3557* *4 not used* *5*
1936   Monnier and Flaubert
104 " Déjà,en 1835, Henry Monnier x s'essayait,dans les
Scènes populaires,à la description d'une exactitude en
quelque sort photographique et sténographique de la vie
bourgeoise,et,fait caractéristique,elles ne connurent la
célébrité que vers 1850. .... A la même époque,dans Madame
Bovary, qui déclencha un scandale social,Flaubert ,avec
une franchise impitoyable,étalait l'existence menteuse
que menait la petite bourgeoisie provinciale."
                   1850

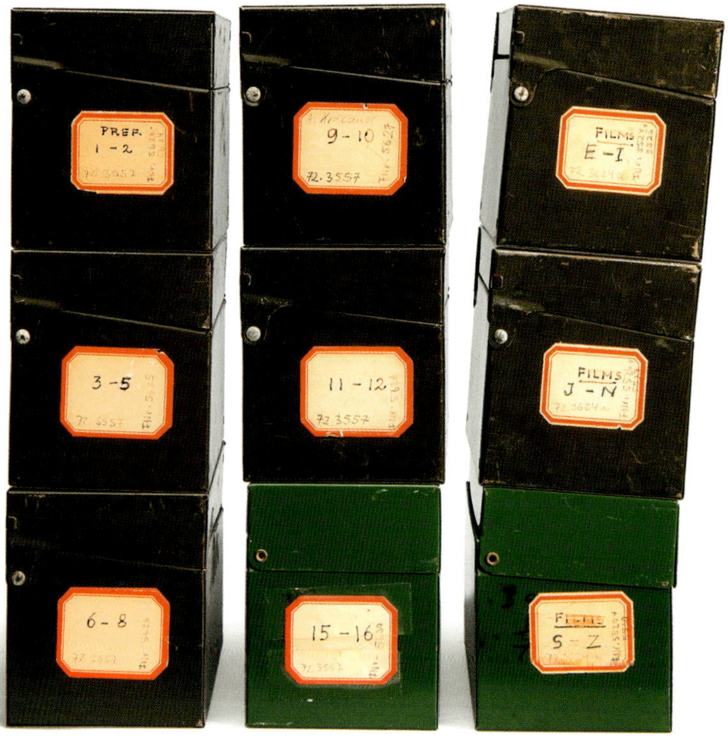
PREF.
1 - 2
9 - 10
72.3557
FILMS
E - I
3 - 5
11 - 12
72.3557
FILMS
J - N
6 - 8
15 - 16
S - Z

Eduard Berend (1883–1973)

Fünf von insgesamt 36 Zettelkästen
aus dem Jean-Paul-Archiv und Beispiele, hier aus dem Glossar zu Jean
Pauls Wortbildungen mit »zurück«.

Dazu Foto, das Eduard Berend
in seinem Büro im Dachstock des
Schiller-Nationalmuseums zeigt.
Im Regal vor ihm die Erstausgaben-
sammlung von Jean Pauls Texten.

S

Zurückläufe f.

III 118 11. 348 27. IV 213 4. 280 10. 327 31.
XV 90 27.
Br. II 33 1. 187 23. 314 28. III 32 20. 335 8. 361 34.
VI 135 27. 204 3.
Zurückreise Br. II 345 7.
Zurückziehn Br. II 380 27.
2.

Zurückreich

Br. VI 165 2. VII 276 22. 319 16. II 345 7.
Rückreise Br. VI 175 10.

Zurückpflücken

Br. VIII 74 35.

Zurückklaben

Br. VI 301 8.

Zurückschonung

Br. III 42 23.

Zurücksendung

Br. VII 311 26.

Zurückkennen

Br. VIII 225 4.

Zurückwissen
Br. V 32 3.

Zurückschein

XVII 234 12.

Zurückschonen

IV 463 2.

Zurückordnung

Br. VI 311 33.

Zurückschlag

XIV 125 2.

Zurückschageln

Br. III 33 7.

S

Martin Warnke (geb. 1937)

Ur-Zettelkasten.
Leihgabe: Martin Warnke.

t

t

Hans Ulrich Gumbrecht (geb. 1948)

File card aus den Materialien zu
*1926. Ein Jahr am Rand der Zei*t
(2003).

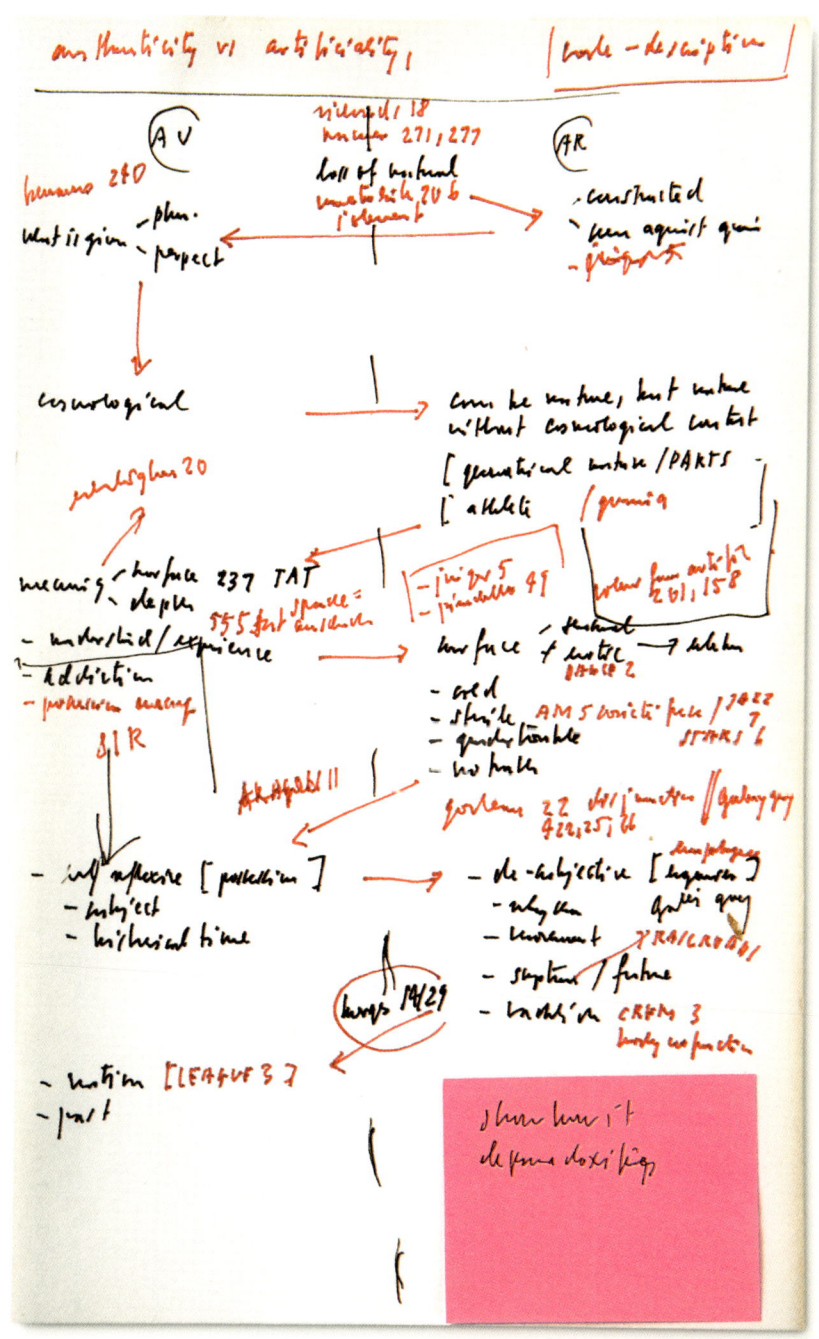

u

Alissa Walser (geb. 1961)

Sammelkasten für Einfälle und Fundstücke.
Foto: Alissa Walser

u

Z

Aby Warburg (1866–1929)

Zettelkasten Nr. 2 mit Beispielzetteln.
Leihgabe und Fotos: The Warburg
Institute, University of London.

Danach: Warburgs Zettelkästen in
seinem Hamburger Privathaus und im
Londoner Archiv. Fotos: The Warburg
Institute, University of London.

Z

Water II, 20 Reformierten
nach d. Calvinischen (Basler, Christien Diza,
Arry) restlose Durchs arbeit des herren-
ragundste Mittel um die Salbschani Shris
v. Gnadenstandes zu erlangen

ggl. Schwaden bürger ed. guder Stanfurt
1855, Verzeichnende darstellung des lutherischen
u. reformierten Lehrbegriffs
Lehklani, gesgeben f. Holzmann

Heilighait meathodische Verwandlung des
ganzen Menschen durch Gottes Gnade
f. 36. d. bewährungsgedanken
; reformierte form d. Askesen

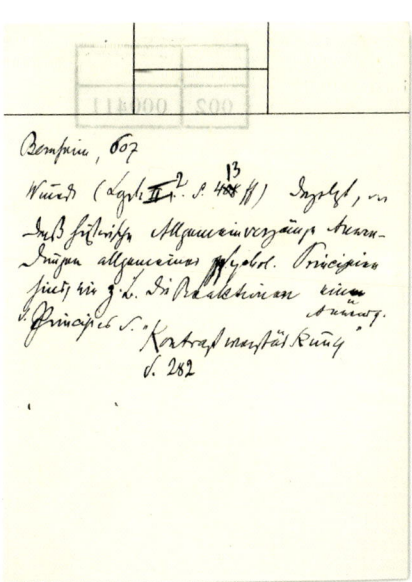

Anmerkungen

1   Über den zweiten Traditionsstrang des Zettelkastens, die religiöse Nutzung als ›promise box‹, als Lottokugel der Losungen, ist bislang kaum geschrieben worden. Shirley Brückner hat 2011 Beispiele für dieses Losverfahren in einer Ausstellung vorgestellt (vgl. Stefan Laube, »Lotterie, bei der man nur gewinnen kann. Pietistische Frömmigkeit aus dem Zettelkasten: Die Marienbibliothek präsentiert heilige Spiele«, *Frankfurter Allgemeine Zeitung*, 27. 7. 2011).

2   Niklas Luhmann, »Kommunikation mit Zettelkästen. Ein Erfahrungsbericht«, in: André Kieserling (Hrsg.), *Universität als Milieu*, Bielefeld 1993, S. 53 – 61, hier S. 57.

3   Durs Grünbein, *Dream Index / Aus der Traum (Kartei)*, mit einer Einf. von Michael Eskin, Ostfildern 2012 (Serie zur Documenta 13 »100 Tage – 100 Gedanken«).

4   »Will Self's rules for writers«, *The Guardian*, 22. 2. 2010. Eine 360-Grad-Aufnahme mit 71 Fotos hat Will Self auf seine Homepage gestellt, Stichwort »Appearances«: http://www.will-self.com/writing-room/index.php (2. 1. 2013).

5   Ludwig Wittgenstein, *Zettel*, hrsg. von G. E. Anscombe und Georg Henrik von Wright, Berkley 1967.

6   Marcus Krajewski hat diese historischen Übersetzungsprozesse nicht nur als erster dargestellt (*Zettelwirtschaft. Die Geburt der Kartei aus dem Geiste der Bibliothek*, Berlin 2002, in der Übersetzung: *Paper Machines. About Cards & Catalogs. 1548 - 1929*, Cambridge [Mass.] 2011), sondern auch selbst wieder für die Programmierung seines digitalen Zettelkastens genutzt: http://www.verzetteln.de/synapsen (2. 1. 2013).

7   Jack M. Bickham, *Short Story. Die amerikanische Kunst, Geschichten zu erzählen*, Frankfurt a. M. 2002, S. 14.

8   Schlicht »Für die Stimme«, *Dlja golosa*, heißt ein berühmtes Buch, das El Lissitzky 1923 für 13 Gedichte von Wladimir Majakovski gestaltet hat: Das in eine Griffleiste übersetzte Lexikon- und Zettelkastenmotiv der Registerkärtchen soll die Gedichte für den mündlichen Vortrag erschließen, sie leichter auffindbar machen und den Leser herausfordern, den eigenen Körper einzusetzen und performativ zu lesen.

9   So Lothar Müller über Jean Paul (*Weiße Magie. Die Epoche des Papiers*, München 2011, S. 179 f.)

10   Spyros Papapetros, »›ohne Füße und Hände‹ Historiographische Bemerkungen über die unorganische Bewegung der Schlangen von Philo von Byblos bis Aby Warburg«, in: Cora Bender / Thomas Hensel / Erhard Schüttpelz (Hrsg.), *Schlangenritual. Der Transfer der Wissensformen vom Tsu'ti'kive der Hopi bis zu Aby Warburgs Kreuzlinger Vortrag*, Berlin 2007, S. 217 – 266, hier S. 217 f.

11   Die Kästen des Platon-Archivs (heute in der Universiät Tübingen untergebracht) waren im September 2010 in Marbach für einen Tag ausgestellt: http://www.dla-marbach.de/dla/museum/wechselausstellungen/fluxus/fluxus_archiv/index.html (2. 1. 2013).

12   Jean Paul, *Sämtliche Werke*, 10 Bde. in 2 Abteilungen, hrsg. von Norbert Miller, München 1959 – 63 und 1974 – 78/15, Abt. 1, Bd. 1, S. 480. Im Folgenden mit Angabe von Abteilung, Band- und Seitenzahl zitiert als Jean Paul, *Werke*. – Vgl. auch Anette Horn, *Die Poetik des »Zettelkastens«. Assoziationspsycholoie und die Ästhetik eines phantastischen Realismus*, in: *Acta Germanica. German Studies in Africa* 28 (2000), S. 75 – 86.

13   Jean Paul, *Leben des Quintus Fixlein, aus fünfzehn Zettelkästen gezogen; nebst einem Mußteil und einigen Jus de tablette*, in: Jean Paul, *Werke* (Anm. 12), Abt. 1, Bd. 4, S. 195.

14   Jean Paul, *Werke* (Anm. 12), Abt. 2, Bd. 2, S. 475 f.

15   Auf diese Weise hat Markus Krajewski Vladimir Nabokovs vorgeblich aus 80 Karteikarten entstandenes Gedicht in *Pale Fire* inklusive Kommentar arrangiert: »Ver(b)rannt im Fahlen Feuer. Ein Karteikartenkommentar«, in: *Kunstforum International. Themenheft »Der gerissene Faden. Nichtlineare Techniken in der Kunst«*, Bd. 155 (Juni/Juli 2001), S. 288 – 292, hier S. 292.

16   Zit. nach Peter van Huisstede, »Der Mnemosyne-Atlas. Ein Laboratorium der Bildgeschichte«, in: Aby Warburg, *Ekstatische Nymphe … trauernder Flußgott. Portrait eines Gelehrten*, hrsg. von Robert Galitz und Brita Reimers, Hamburg 1995, S. 130 – 171.

17   Claus Pias, *Ordnen, was nicht zu sehen ist* (www.uni-due.de/~bj0063/texte/suchbilder.pdf, S. 5, 2. 1. 2013).

18   Vgl. Helmut Zedelmaier, *Bibliotheca universalis und Bibliotheca selecta. Das Problem der Ordnung des gelehrten Wissens in der frühen Neuzeit*, Köln u.a. 1992, S.114.

19   Vgl. *Harald Szeemanns Wunderkammer. Die Faszination der Archive*, DU 795 (2009), S. 48 – 65, hier S. 56.

20   Vgl. *Mark Lombardi*, mit einer Einf. von Carolyn Christov-Bakargiev, Ostfildern 2012, S.7 (Serie zur Documenta 13 »100 Notizen – 100 Gedanken«, s. Anm. 3).

21   So hat der Rowohlt Verlag von Nabokovs unvollendetem, aus 138 Karteikarten postum ediertem Roman *Das Modell für Laura*, Reinbek bei Hamburg, 2009, eine Sonderedition im Schuber angefertigt, der die Karteikarten als Faksimiles enthält (»für 50 Euro Einsatz darf dann jeder spielfreudige Leser eigenhändig neu mischen, nach Gusto anordnen und seinen eigenen Nabokov-Roman zusammenstellen«).

22   1893 erzählt der 65-Jährige in einem Interview: »J'ai jusqu'à maintenant amassé plusieurs milliers de notes sur tous les sujets, et aujourd'hui, j'ai chez moi au moins vingt mille notes qui pourraient servir dans mon travail et qui n'ont pas encore été utilisées.« Zit. nach Jean-Paul Dekiss, *Jules Verne. Le rêve du progrès*, Paris 1991, S. 146.

23 Christina Weiss, »›Ich will semantische Wolken erzeugen‹. Der Dichter Oswald Egger bekommt morgen den Oskar Pastior Preis. Ein Gespräch über die Ösen der Sprache«, in: *Die Welt*, 27. 5. 2010.

24 Hans Robert Jauß, *Zeit und Erinnerung in Marcel Prousts ›À la recherche du temps perdu‹*, Frankfurt a. M. 1986, S. 356.

25 Ebd., S. 359.

26 Hans Robert Jauß, *Ästhetische Erfahrung und literarische Hermeneutik*, Frankfurt a. M. 1991, S. 124.

27 »Curriculum vitae Dr. Walter Benjamin«, in: Walter Benjamin, *Gesammelte Schriften* [= GS], hrsg. von Rolf Tiedemann und Hermann Schweppenhäuser, 7 Bde., Frankfurt a. M. 1972 – 89, Bd. 6, S. 227.

28 Domke an Deneke, 29.12.1930. – Der Briefwechsel zwischen Martin Domke und Otto Deneke befindet sich im Besitz von Ulrich Joost, Rohrbach.

29 Walter Benjamin, *Gesammelte Briefe* [= GB], hrsg. von Christoph Gödde und Henri Lonitz, 6 Bde., Frankfurt a. M. 1995 – 2000, Bd. 4, S. 55.

30 Friedrich Lauchert, *G. Chr. Lichtenberg's schriftstellerische Thätigkeit in chronologischer Übersicht dargestellt. Mit Nachträgen zu Lichtenberg's »Vermischten Schriften« und textkritischen Berichtigungen*, Göttingen 1893.

31 Rudolf Jung, *Lichtenberg-Bibliographie*, Heidelberg 1972.

32 Zu »*Die Sprachphilosophie der deutschen Romantik von Eva Fiesel*«, in: Walter Benjamin, *Werke und Nachlaß. Kritische Gesamtausgabe* [= WuN], Frankfurt a. M. 2008 ff., Bd. 13.1, S. 103 – 105, hier S. 105.

33 GS 6,443 (Anm. 27).

34 GS 2,1004 (Anm. 27). In der ersten veröffentlichten Fassung dieses Essays, die am 17. September 1926 unter der Überschrift *Der Meister des ›Schatzkästleins‹. Zum 100. Todestag von Johann Peter Hebel* in der *Thüringer Allgemeinen Zeitung* erschienen ist, und auch in den vier anderen erhaltenen Fassungen fehlt diese Passage. Vgl. zum Folgenden auch Erdmut Wizisla, »Zu Johann Peter Hebel«, in: *Benjamin-Handbuch*, hrsg. von Burkhardt Lindner, Stuttgart/Weimar 2006, S. 493 – 501.

35 Georg Christoph's Lichtenberg Vermischte Schriften, neue vermehrte, von dessen Söhnen veranstaltete Original-Ausgabe, Göttingen 1844 – 53 (14 Bde.), hier Bd. 1, S. 34.

36 Dazu Ulrich Joost, »›erbitte‹ oder ›verbitte‹? Ein editorisches Problem und seine Weiterungen«, in: *Photorin. Mitteilungen der Lichtenberg-Gesellschaft* 2 (1980), S. 29 – 35.

37 WuN 10, S. 15 (Anm 32).

38 GB, Bd. 4, S. 85 (Anm. 29).

39 WuN Bd. 8, S. 30 (Anm. 32).

40 Der Vf. dankt Andrea Albrecht, Heike Gfrereis und Thomas Schmidt für kritische Durchsicht und ebensolche Anmerkungen.

41 Beide Zitate nach Ernst Doblhofer, *Die Entzifferung alter Schriften und Sprachen*, Leipzig 2000, S. 175 f.

42 Vgl. Aleida Assmann, *Erinnerungsräume. Formen und Wandlungen des kulturellen Gedächtnisses*, 5. Aufl., München 2010, S. 114

43 Francesco Petrarca, *De remediis utriusque fortunae* (1366):/ *Das Glücksbuch*, Augsburg: Heinrich Steiner 1539, hier zit. nach Michael Giesecke, *Der Buchdruck in der frühen Neuzeit*, Frankfurt a. M. 1991, S. 172.

44 Helmut Zedelmaier, »Buch und Wissen in der Frühen Neuzeit«, in: Ursula Rautenberg (Hrsg.), *Buchwissenschaft in Deutschland. Ein Handbuch*, Bd. 1: *Theorie und Forschung*, Berlin / New York 2010, S. 503 – 533, hier S. 523.

45 Zit. nach Sabine Vogel, »Büchervielfalt: Kompendien in der Lyoner Buchproduktion des 16. Jahrhunderts«, in: Frank Büttner [u. a.] (Hrsg.), *Sammeln, Ordnen, Veranschaulichen. Zur Wissenskompilatorik in der Frühen Neuzeit*, Münster 2003, S. 205 – 219, hier S. 205.

46 Zit. nach Helmut Zedelmaier, »Buch, Exzerpt, Zettelschrank, Zettelkasten«, in: Hedwig Pompe / Leander Scholz (Hrsg.): *Archivprozesse. Die Kommunikation der Aufbewahrung*, Köln 2002, S. 38 – 53, hier S. 45.

47 Ebd., S. 38.

48 Karl Kraus, »Tagebuch«, in: *Die Fackel*, Nr. 279 – 80, 13. 5. 1909, S. 7

49 Markus Krajewski, »Der Famulant. Gelahrte Kästen 1548 • 2006«, in: Torsten Meyer [u. a.] (Hrsg.): *Wissensformation und digitale Infrastruktur / Knowledge Formation and Digital Infrastructure*, Münster 2007, S. 48 – 61, hier S. 52.

50 Walter Benjamin, *Einbahnstraße*, in: ders., *Gesammelte Schriften*, Bd. 4, Frankfurt a. M., S. 98 – 140, hier S. 103.

51 Zedelmaier (Anm. 46), S. 40.

52 Johann Jacob Moser, *Vortheile vor Canzleyverwandte und Gelehrte in Absicht auf Akten-Verzeichnisse, Auszüge und Register, desgleichen auf Sammlungen zu künfftigen Schrifften und würckliche Ausarbeitung derer Schrifften*, Tübingen 1773, S. 42 f.; zit. n. Krajewski (Anm. 6), S. 70.

53 Vgl. Ellen Strittmatter, »Mit Lichtputze und Schere in Papier geritzt«, in: Heike Gfrereis (Hrsg.): *Kassiber. Verbotenes Schreiben*, Marbach a. N. 2012, S. 228 f.

54 Jean Paul, *Werke* (Anm. 12), Abt. 1, Bd. 4, S. 19 und S. 83.

55 Michael Will, »Jean Pauls Exzerpthefte elektronisch« (http://computerphilologie.uni-muenchen.de/jg02/will.html (2.1.2013).

56 Friedrich Schlegel, *Kritische Ausgabe*, Bd.2, hrsg. von Ernst Behler, München 1967, S.329.

57 Georg Wilhelm Friedrich Hegel, *Werke. Auf der Grundlage der Werke von 1832–1845*, hrsg. von Eva Moldenhauer und Karl Markus Michel, Frankfurt a.M. 1986, S.382.

58 Jean Paul, »Ausschweife für künftige Fortsetzungen von vier Werken. Vorerinnerung für die Morgenblattleser«, in: Jean Paul, *Werke* (Anm.12), Abt.2, Bd.3, S.1067.

59 Zit. nach Krajewski (Anm.6), S52.

60 Vgl. zum Komplex der Wiener Hofbibliothek den Ausstellungskatalog: Hans Petschar [u.a.] (Hrsg.), *Der Zettelkatalog. Ein historisches System geistiger Ordnung*, Wien / New York 1999.

61 Krajewski (Anm.6), S.108.

62 Friedrich Kuntze, *Die Technik der geistigen Arbeit*, 2. Aufl., Heidelberg 1922, S.83.

63 Ebda., S.VII.

64 Walter Porstmann, *Karteikunde. Das Handbuch der Karteitechnik*. 4., neu bearb. Aufl. [¹1928], Berlin 1950, S.265.

65 Ebda., S.219.

66 Ré Soupault, »Über das traumhafte Schreiben und das Schicksal eines Manuskripts«, in: André Breton / Phillippe Soupault, *Les Champs Magnetiques / Die Magnetischen Felder*, dt. von Ré Soupault, Heidelberg 1990, S.177–191, hier S.180; zit. nach Hektor Haarkötter, *Nicht-endende Enden. Dimensionen eines literarischen Phänomens: Erzähltheorie, Hermeneutik, Medientheorie*, Würzburg 2007, S.317.

67 Thomas Wirtz, »Paddeln mit Arno«, in: *Frankfurter Allgemeine Zeitung*, 27.5.2000.

68 Sabine Oelze, »Das Verschwinden des Zettelkastens« (2007, http://www.dw.de/das-verschwinden-des-zettelkastens/a-2678211-1, 2.1.2013).

69 Peter Gendolla / Jörgen Schäfer, »Zettelkastens Traum. Wissensprozesse in der Netzwerkgesellschaft – Eine Einführung«, in: Dies. (Hrsg.), *Wissensprozesse in der Netzwerkgesellschaft*, Bielefeld 2005, S.7–30, hier S.7.

70 http://www.arno-schmidt-stiftung.de/Zettel.html (2.1.2013).

71 Luhmann (Anm.2).

72 Ebd., S.58.

73 Ebd., S.54.

74 Vgl. hierzu Jens Soentgen, *Selbstdenken! 20 Praktiken der Philosophie*, Weinheim/Basel 2007, S.117; von Soentgen stammt auch die Idee der Systematisierung der Zettelkästen in ihren Algorithmen.

75 Ann Landi, »Where the Art Happens. Museums are finding ingenious ways to connect visitors with the artist's interior world«, in: ARTnews Juni 2010, http://www.artnews.com/2010/06/01/where-the-art-happens/ (2.1.2013).

76 Norbert Wiener, *GOD & GOLEM, Inc. A Comment on Certain Point Where Cybernetics Impinges on Religion*, Cambridge (Mass.) 1964, S.36; zit. nach Lars Bang Larsen (2012): »Erkki Kurenniemi – Deepsick Euphoria«, in: Documenta und Museum Fridericianum Veranstaltungs-GmbH (Hrsg.), *Das Buch der Bücher*, Katalog 1/3, Ostfildern 2012, S.105–109, hier S.106 (hieraus auch die folgenden Zitate).

77 Vgl. Elizabeth Sears, »The Life and Work of William S. Heckscher. Some Petites Perceptions«, in: *Zeitschrift für Kunstgeschichte* 53 (1990), S.107–133.

78 Charlotte Schoell-Glass / Elizabeth Sears, *Verzetteln als Methode. Der humanistische Ikonologe William S. Heckscher*, Berlin 2008.

79 Nachlass HA/WA: William S. Heckscher an Dieter Wuttke, 17.5.1990.

80 Vgl. Hazel K. Bell, »William S. Heckscher« (Orbituary), in: *The Indexer* 22 (2000), H.1, S.40f.

81 Schoell-Glass/Sears (Anm.78), S.101.

82 Nachlass HA/WA: 5: Biographisches V: biographische Schriften, Conversations with William S. Heckscher, Elizabeth Sears, 2.5.1987, S.11.

83 Anna C. Esmeijer / William S. Heckscher, »The Index of Christian Art«, in: *The Indexer* 3 (1963), S.97–119, hier S.97.

84 Vgl. Juliusz A. Chrościcki, »In Memoriam Jan Białostocki (1921–1988)«, in: *Artibus et Historiae* 10 (1989), H.20, S.9–14.

85 Nachlass HA/WA: Editorial Committee an William S. Heckscher, 11.2.1989.

86 Nachlass HA/WA: 136: Varia: Ikonographie, einzelne Themen 1.

87 Michael Norman, »Hot Inc. Arsenio Hall Is Setting Fire To Late Night«, in: *New York Times Magazine*, 1.10.1989, Section 6.

88 Deirdre English, »Nobody's Victim«, in: *New York Times*, 11.3.1990.

89 Nachlass HA/WA: William S. Heckscher an Seth Mydans, 29.1.1990.

90 William S. Heckscher an Deborah Copaken, 29.1.1990.

91 Nachlass HA/WA: Varia: Ikonographie, einzelne Themen 3.

92 Pierre J. Vinken, »The Modern Advertisement as an Emblem«, in: *Gazette* 5 (1959), S.234–243.

93 Peter M. Daly, »Modern Advertising and Renaissance Emblem. Modes of Verbal and Visual Persuasion«, in: Karl Josef Höltgen [u.a.] (Hrsg.), *Word and Visual Imagination*, Erlangen 1988, S.349–371.

94 Vgl. Friedrich A. Kittler, *Der Traum und die Rede. Eine Analyse der Kommunikationssituation Conrad Ferdinand Meyers*, Bern/München 1977.

95 Vgl. Friedrich A. Kittler (Hrsg.), *Austreibung des Geistes aus den Geisteswissenschaften. Programme des Poststrukturalismus*, Paderborn [u.a.] 1980.

96 Kittler orientiert sich hier methodisch am Begriff des ›Archivs‹ von Michel Foucault, der betont, dass es »uns nicht möglich« ist, »unser eigenes Archiv zu beschreiben, da wir innerhalb seiner Regeln sprechen, da es dem, was wir sagen können – und sich selbst als Gegenstand unseres Diskurses – seine Erscheinungsweisen, seine Existenz- und Koexistenzformen, seine System der Anhäufung, der Historizität und des Verschwindens gibt« (Michel Foucault, *Archäologie des Wissens* [1969], aus dem Frz. übers. von Ulrich Köppen, Frankfurt a.M. 1981, S.189).

97 Friedrich Kittler, *Die Nacht der Substanz*, Vortrag im Kunstmuseum Bern gehalten am 30. April 1989; die Druckfassung des Vortrags enthält in der publizierten Fassung eine Bibliografie zum eigenen Werk, die zu diesem Zeitpunkt vier Bücher, sechs (mit)herausgegebene Sammelbände und knapp 60, sich zum Teil noch im Druck befindliche Aufsätze umfasst.

98 Vgl. ebd., S. 36–38 (»Anmerkungen«).

99 Die Bibliografie, die Friedrich Kittler nach seinem Tod am 18. Oktober 2011, also gut 22 Jahre nach seinem Berner Vortrag, hinterlassen hat, umfasst allein 21 Bücher (inklusive der – von den deutschen Ausgaben unabhängigen – Übersetzungen von Sammelbänden ins Norwegische und Französische), 19 (Mit-)Herausgeberschaften, über 170 Artikel, von den zahlreichen Miszellen, Zeitungsartikeln, Interviews und Übersetzungen ganz zu schweigen.

100 Friedrich Kittler, »Vergessen«, in: Ulrich Nassen (Hrsg.), *Texthermeneutik. Aktualität, Geschichte, Kritik*, Paderborn [u.a.] 1979, S. 195–221, hier S. 198.

101 Friedrich Kittler, *Die Nacht der Substanz* (Anm. 97), S.14.

102 Ebd., S.15.

103 Hier können nur erste und vorläufige Hinweise auf diese Ablösung gegeben werden, da sowohl die Zettelkästen Friedrich Kittlers wie seine Festplatten noch weitgehend ihrer archivalischen und insbesondere editorischen Erschließung harren. Zahlreiche Fragen, die sich dabei für Zettelkästen im Allgemeinen stellen, sind dabei noch ungeklärt; vgl. dazu die aufschlussreichen Artikel von Jürgen Kaube, »Zettels Nachlass«, in: *Frankfurter Allgemeine Zeitung*, 3.12.2007, und ders., »Wie ediert man ein Denkmöbel? Die Universität Bielefeld hat den Nachlass Niklas Luhmanns erworben und bereitet seinen Zettelkasten auf«, in: *Frankfurter Allgemeine Zeitung*, 2.2.2011.

104 »Wir haben nur uns selber, um daraus zu schöpfen‹. Wenn es in Deutschland noch Genies gibt, dann gehört Friedrich Kittler zu ihnen. Der Medienhistoriker weiß ebensoviel über Drogen wie über Waffen, er kennt den Krieg so gut wie die Liebe. Und seine Doktoranden fliegen im Eurofighter nach Afghanistan« (Werkstattgespräch von Andreas Rosenfelder mit Friedrich Kittler, in: *WELT am Sonntag*, 30.1.2011).

105 Vgl. dazu insbesondere Krajewski (Anm. 6), Berlin 2002.

106 Luhmann (Anm. 2), S. 53.

107 Kittler, *Der Traum und die Rede* (Anm. 94), hier S. 26: »Frey: CFM, 27«, also: Adolf Frey, *Conrad Ferdinand Meyer. Sein Leben und seine Werke*, Stuttgart/Berlin, 3. Aufl. 1919, S. 27.

108 Alessandro Barberi, »›Weil das Sein eine Geschichte hat‹, Interview mit Friedrich Kittler«, in: *Österreiche Zeitschrift für Geschichtswissenschaften* 11 (2000), H. 4, S. 109–123, hier S. 111 f.

109 *Jean Pauls Sämtliche Werke. Historisch-kritische Ausgabe*, hrsg. von Eduard Berend [u.a.], Weimar 1927 ff. (Abt. I–II) bzw. Berlin 1956 ff. (Abt. III) und Berlin 2003 ff. (Abt. IV), Abt. IV, Bd. 7, Brief Nr. 158, S. 266,16–17. Im Folgenden mit Angabe von Abteilung, Band- und Seitenzahl zitiert als SW.

110 SW I/8 (Anm. 109), S. 92, 28–33.

111 Staatsbibliothek zu Berlin – Preußischer Kulturbesitz, Nachl. Jean Paul, Fasz. V, Bd. 1, S.18 (künftig nur noch mit Faszikel- und Band bzw. Mappen- oder Heftnummer).

112 Wilhelm Heinse, *Ardinghello und die glückseeligen Inseln*, hrsg. von Max L. Baeumer, Stuttgart 1975, S. 163.

113 Wilhelm Heinse, *Die Aufzeichnungen. Frankfurter Nachlass*, hrsg. von Markus Bernauer [u.a.], Bd. 1, München 2003, S. 1079 (N23, 30r).

114 Vgl. z.B. Johann Jacob Volkmann, *Historisch-kritische Nachrichten von Italien*, Bd. 2, Leipzig ²1777, S. 590.

115 Vgl. die beiden Bände des Nachlassverzeichnisses: Ralf Goebel, *Der handschriftliche Nachlaß Jean Pauls und die Jean-Paul-Bestände der Staatsbibliothek zu Berlin Preußischer Kulturbesitz*, Tl. 1: *Faszikel I bis XV*, Wiesbaden 2001, und Tl. 2: *Faszikel XVI bis XXVI*, hrsg. von Markus Bernauer, bearb. von Lothar Busch, Ralf Goebel, Michael Rölcke und Angela Steinsiek, Wiesbaden 2011.

116 Der Text dieser mehr als 100 Exzerptbände ist inzwischen nahezu vollständig transkribiert und ist als Meilenstein der Jean-Paul-Forschung, herausgegeben von Michael Will, Sabine Straub und Monika Vince, als digitale Edition im Jean-Paul-Portal der Universität Würzburg zugänglich: http://www.jp-exzerpte.uni-wuerzburg.de (2.1.2013).

117 Vgl. die genauen bibliographischen Nachweise von Götz Müller, *Jean Pauls Exzerpte*, Würzburg 1988, S.14–111.

118 Fasz. Ia/1 (Anm. 111), S. 223.

119 Fasz. I a/6 (Anm. 111), vgl. Goebel (Anm. 115), S. 5. Müller (Anm. 116), S. 34, hatte dieses Register fälschlich dem Ende des zweiten Bandes aus Fasz. I a zugeordnet.

120 »Die römische Zahl bedeutet den Band, und die deutsche die Seite«, vermerkt Jean Paul auf der ersten Seite erläuternd.

121 Vgl. Michael Will, »Jean Pauls (Un-)Ordnung der Dinge«, in: *Jahrbuch der Jean-Paul-Gesellschaft* 41 (2006), S. 71–95, hier S. 85.

122 Die entsprechenden Exzerpte: »›Die Gewitter sind wenigstens 200 Ruthen lang, gemeiniglich noch länger, und haben unten eine mehrentheils gerade und ebene Fläche, und sind an den Seiten gewölbt‹ Pag. 12.« und »›Ein Gewitter ist dahero nichts anders als ein grosses elektrisirtes Gewölke.‹ Pag. 22.« (Fasz. I a/1, Anm. 111, S. 206 und 207) entstammen Philipp Peter Guden, *Von der Sicherheit wider die Donner-Stahlen*, Göttingen/Gotha 1774; vgl. Müller, *Jean Pauls Exzerpte* (Anm. 117), S. 23. Im »Register der in diesem ersten Bande enthaltnen Sachen« vermerkt Jean Paul als Exzerpt des Exzerptes »131) Von der Höhe der Wolken. 206.« und »135) Was ein Gewitter ist 207.«

123 Entsprechend der vielfältiger werdenden Lektüre nimmt auch die Zahl der Stichworte zu, unter G beispielsweise: Gattung – Gedanken – Gedichte – Gedult – Gefül – Geheimnisse – Gehirn – Geist, heiliger – Geister – Genie – Genugtuung – Genus – Geschichte – Geschmak – Geschöpfe – Gesez – Gewonheit – Glaube – Glaubensleren – Glükseligkeit – Gnadenwirkungen – Got. Besonders zahlreich hier die Einträge unter »Gedichte«.

124 SW III/1 (Anm. 109), Brief Nr. 87, S. 138, 26.

125 Vgl. beispielsweise Helmut Pfotenhauer, »Jean Pauls literarische Biologie. Zur Verschriftlichung von Zeugung und Tod (mit besonderer Berücksichtigung des *Siebenkäs*)«, in: *Prägnanter Moment. Festschrift für Hans-Jürgen Schings*, hrsg. von Peter-André Alt, Würzburg 2002, S. 461–478; Christian Helmreich, »Du discours érudit à l'écriture romanesque. Recherches sur les cahiers d'extraits de Jean Paul«, in: *Lire, copier, écrire. Les bibliothèques manuscrites et leurs usages au XVIIIe siècle*, hrsg. von Élisabeth Décultot, Paris 2003, S. 179–197; Sabine Straub / Monika Vince, »Wetterleuchtende Demant- und Zaubergrube. Zur Produktivität des Todes in Jean Pauls Exzerpten und literarischen Schriften«, in: *Jahrbuch der Jean-Paul-Gesellschaft* 39 (2004), S. 27–58; Angela Steinsiek, »Jean Pauls Exzerptbibliotheken in seinem handschriftlichen Nachlass«, in: *Wissensräume. Bibliotheken in der Literatur*, hrsg. von Mirko Gemmel und Margret Vogt, Berlin 2013.

126 SW III/6 (Anm. 109), Brief Nr. 646, S. 267, 11–12.

127 Vgl. Will (Anm. 121), S. 81.

128 Fasz. X/19 und 17, gedruckt SW II/6,1 (Anm. 111), S. 551–574.

129 SW II/6,1 (Anm. 111), S. 551 f. (Fasz. X/19, S. 1). Aus diesen Listen wurde zuerst in *Wahrheit aus Jean Paul's Leben. Fünftes Heftlein*, Breslau 1830, S. 291 f. zitiert. Vgl. auch Andreas B. Kilcher, *Mathesis und poiesis. Die Enzyklopädik der Literatur 1600 bis 2000*, München 2003, S. 380–399.

130 Heute im Nachlass als Fasz. VI. Die Bände haben einen Umfang von rund 180–220 Seiten, das Heft umfasst 96 Seiten.

131 Die vollständigen Schlagwörter können Goebels Nachlassverzeichnis (Anm. 115) zu den Fasz. III a und III b entnommen werden; exemplarische Registerartikel wurden von Götz Müller (Anm. 117) veröffentlicht.

132 Will (Anm. 121), S. 74 f.

133 Fasz. III a/1 (Anm. 111), Bl. 4v. Die Abkürzungen sind kursiv ergänzt. Für Unterstützung bei der Transkription des schwer lesbaren Blattes danken wir Florian Bambeck und Christian Müller-Clausnitzer von der Jean-Paul-Arbeitsstelle in Würzburg.

134 SW I/8 (Anm. 109), S. 412, 11–21.

135 Fasz. III a/8 (Anm. 111), Bl. 52v.

136 Fasz. II a/5 (Bd. 6) (Anm. 111), S. 13; in der Zählung des Jean Paul-Portals (Anm. 116) Nr. 171. Jean Pauls Notat steht im Kontext mehrerer Exzerpte aus Voltaires *Essay sur l'histoire générale et sur les mœurs et l'esprit des nations depuis Charlemagne jusqu'à nos jours* (1756, ab 1769 nur noch als *Essai sur les mœurs* ...)

137 SW I/8 (Anm. 109), S. 423, 5–6.

138 Fasz. III a/6 (Anm. 111), Bl. 28v.

139 Fasz. II a/4 (Bd. 4) (Anm. 111), S. 33; in der Zählung des Jean Paul-Portals (Anm. 116) Nr. 648.

140 *Herrn von Büffons Naturgeschichte der Vögel* [...], aus dem Frz. [...] durch Bernhard Christian Otto, Bd. 7, Berlin 1781, S. 316 ff., hier S. 319.

141 »Ja, die Augen«, so Sebald, »sind der empfindlichste Teil eines Menschen oder eines Tiers. Ich habe schreckliche Angst vor jeder Art von Chirurgie. Ich darf gar nicht daran denken, daß ich mich am Star operieren lassen müßte. Dieses Gefühl der Blendung, die Furcht, nicht mehr sehen zu können, hängt wahrscheinlich auch mit Kastrationsangst zusammen. Es gibt eine sehr schöne Geschichte von E. T. A. Hoffmann, *Der Sandmann*, in der Kindern erzählt wird, daß, wenn sie nicht einschlafen wollen, der Sandmann kommt, ihnen die Augen wegnimmt und in einen großen Sack steckt, um sie der Eule im Mond zu verfüttern. Das sind Alpträume, von denen viele Kinder geplagt werden. Vgl. »Echos aus der Vergangenheit. Gespräch mit Piet de Moor« (1992), in: W.G. Sebald, ›*Auf ungeheuer dünnem Eis‹. Gespräche 1971 bis 2001*, hrsg. von Torsten Hoffmann, Frankfurt a.M., S. 73 f.

142 Ebd., S. 74.

143 Dieses ›Herzstück‹ von Reinhart Kosellecks Bildnachlass befindet sich im Deutschen Dokumentationszentrum für Kunstgeschichte – Bildarchiv Foto Marburg.

144 Lutz Wendler, »Lars Gustafssons steile Identifikation. Ein Gespräch mit dem Dichter und Philosophen, der vier Monate in Hamburg zu Gast ist«, in: *Die Welt*, 9. 10. 1997. Eine Kopie des Artikels wurde von Koselleck in der Mappe »Warburg« abgelegt und ist im Nachlass enthalten. Die zitierte Stelle ist von Koselleck markiert.

145 Hubert E. Heckmann, *MINOX. Variationen in 8 × 11*, Hückelhoven 1992, S. 17.

146 Karl-Wilhelm Lange an Reinhart Koselleck, 7.5.2001 (Deutsches Dokumentationszentrum für Kunstgeschichte – Bildarchiv Foto Marburg).

147 Heckmann (Anm. 145), S. 7.

148 Martin Meyer, »Geschichte als Idee und Wirklichkeit. Zum Tod des großen Historikers Reinhart Koselleck«, in: *Neue Zürcher Zeitung*, 6. 2. 2006.

149 Heckmann (Anm. 145), S. 149.

150 Vgl. Jörg Probst, »Ikonologie und Prognose. Unschärfe in der Bildsammlung Reinhart Kosellecks«, in: Hubert Locher / Adriana Markantonatos, *Reinhart Koselleck und die politische Ikonologie*, erscheint 2013.

151 Vgl. den Abschnitt ›Fortschritt‹ in den *Geschichtlichen Grundbegriffen. Historisches Lexikon zur politisch-sozialen Sprache*, Bd. 2, E–G, hrsg. von Otto Brunner, Werner Conze und Reinhart Koselleck, Stuttgart 1975, S. 351–423; Reinhart Koselleck, »Gibt es eine Beschleunigung der Geschichte« (1976), in: ders., *Zeitschichten. Studien zur Historik*, Frankfurt a. M. 2003, S. 150–176; ders., »Zeitverkürzung und Beschleunigung. Eine Studie zur Säkularisation« (1985), in: ebd., S. 177–202.

152 Vgl. Reinhart Koselleck an Klaus Rosen, 11. August 2003 (Deutsches Dokumentationszentrum für Kunstgeschichte – Bildarchiv Foto Marburg).

153 Koselleck (Anm. 151), S. 150.

154 Vgl. Adriana Markantonatos, »Er-fahrungen. Eine Sichtung von Reinhart Kosellecks Bildsammlung aus kulturwissenschaftlicher Perspektive«, in: Locher/Markantonatos (Anm. 150).

155 Reinhart Koselleck, »Politische Sinnlichkeit und mancherlei Künste«, in: *Politische Inszenierung im 20. Jahrhundert. Zur Sinnlichkeit der Macht*, hrsg. von Sabine Arnold, Christian Fuhrmeister und Dietmar Schiller, Wien 1998, S. 25–34, hier S. 26.

156 Reinhart Koselleck an Ulrich Bischoff, 22.1.1980 (Deutsches Dokumentationszentrum für Kunstgeschichte – Bildarchiv Foto Marburg).

157 Krajewski (Anm. 6), S. 7.

158 Vgl. Wolfgang Schäffner / Sigrid Weigel / Thomas Macho, »Das Detail, das Teil, das Kleine. Zur Geschichte und Theorie eines kleinen Wissens«, in: dies., *»Der liebe Gott steckt im Detail«. Mikrostrukturen des Wissens*, München 2003, S. 7–17.

159 Josef Adolf Schmoll gen. Eisenwerth an Reinhart Koselleck, 24. 3. 2004 (Deutsches Dokumentationszentrum für Kunstgeschichte – Bildarchiv Foto Marburg).

160 Eine methodische Maxime Kosellecks, die er im Rahmen all seiner Projekte immer wieder offiziell und inoffiziell betont hat.

161 Vgl. Schäffner / Weigel / Macho (Anm. 158), S. 10.

162 Vgl. auch Frank Becker, »Mit dem Fahrstuhl in die Sattelzeit. Koselleck und Wehler in Bielefeld«, in: *Was war Bielefeld. Eine ideengeschichtliche Nachfrage*, hrsg. von Sonja Asal und Stephan Schlak, Göttingen 2009, S. 89–110, hier S. 98.

163 Vgl. Michael Jeismann, »Wer bleibt, der schreibt. Reinhart Koselleck, das Überleben und die Ethik des Historikers«, in: *Zeitschrift für Ideengeschichte* (2009), H. 4, S. 69–80, hier S. 77.

164 Reinhart Koselleck an Oliver Janz, 10. 1. 2003 (Deutsches Dokumentationszentrum für Kunstgeschichte – Bildarchiv Foto Marburg). Koselleck spielt hier auf das Projekt »Politischer Totenkult« an, das er Mitte der 70er-Jahre begonnen und durch verschiedentliche Einflüsse in reduzierter Form erst Mitte der 90er-Jahre hat abschließen können: Ein, wie er immer wieder betont, fast unendlich langer Zeitraum, in den in etwa auch die Reihe der MINOX-Bilder fällt.

165 Marianne Pieper an Reinhart Koselleck, 5.5.1998 (Deutsches Dokumentationszentrum für Kunstgeschichte – Bildarchiv Foto Marburg).

166 Vgl. Maren Horn, Einleitungstext zum Kapitel »Archiv der unpublizierten Autobiographien und Alltagsfotografien« in der Ausstellung ›Kempowskis Lebensläufe‹, Akademie der Künste, Berlin, 20.5.–15.7.2007.

167 Vgl. Dirk Hempel, *Walter Kempowski. Eine bürgerliche Biographie*, München 2004, S. 38.

168 Walter Kempowski, *Wenn das man gut geht! Aufzeichnungen 1956–1970*, ausgew. und hrsg. von Dirk Hempel, München 2012, S. 164.

169 Ebd., S. 148.

170 Ebd., S. 188, S. 269.

171 Ebd., S. 222.

172 Ebd., S. 204.

173 Ebd., S. 255.

174 Entwurf »Margot«, 7.1.1962, Walter-Kempowski-Archiv (WKA) 500/14.

175 Walter Kempowski, *Im Block. Ein Haftbericht*, Reinbek 1969.

176 Walter Kempowski, *Tadellöser & Wolff. Ein bürgerlicher Roman*, München 1971.

177 Walter Kempowski war 1948 von einem sowjetischen Militärtribunal wegen Spionage zu 25 Jahren Arbeitslager verurteilt worden und verbrachte, wie sein Bruder Robert, acht Jahre Haft im Zuchthaus Bautzen. Seine Mutter Margarethe war bis 1954 inhaftiert.

178 WKA, Sign. 971, S. 1048.

179 Walter Kempowski, *Ein Kapitel für sich*, München 1975.

180 Walter Kempowski, *Haben Sie Hitler gesehen? Deutsche Antworten*, München 1973.

181 Kempowski (Anm. 168), S. 193.

182 Walter Kempowski, *Das Echolot. Ein kollektives Tagebuch Januar und Februar 1943*, 4 Bde., München 1993. Weitere Bände 1999, 2002, 2005.

183 Siegfried Lenz, *Über Phantasie. Gespräche mit Heinrich Böll, Günter Grass, Walter Kempowski und Pavel Kohout*, hrsg. von Alfred Mensak, München 1986, S. 118.

184 Kempowski (Anm. 168), S. 430.

185 Der Nachlass von Carl Einstein liegt ebenfalls im Archiv der Akademie der Künste, Berlin.

186 Walter Kempowski, »Wie Tadellöser & Wolff entstand. Notizen zu einem Vortrag« (1971), WKA 311/7/17.

187 Im multiperspektivisch erzählten Roman *Ein Kapitel für sich*, in dem Kempowski den Bautzen-Stoff 1975 neu verarbeitete, nahm er diese Form nochmals auf und erweiterte sie um Stimmen ehemaliger Mithäftlinge.

188 Akademie der Künste, Berlin, vorläufiges Findhilfsmittel zum WKA.

189 WKA 235.

190 Vgl. die wiederkehrenden Erwähnungen dieses Städtenamens im *Block* und deren Rolle für den jugendlichen Protagonisten, der sich verzweifelt gegen den Verlust seiner durch bürgerlich-humanistische Bildung geprägten Weltsicht zur Wehr setzt.

191 *Güldnes Schatz-Kästlein der Kinder Gottes, deren Schatz im Himmel ist: Bestehend in auserlesenen Sprüchen der h[eiligen] Schrift samt beygefügten Versen*, hrsg. von Karl Heinrich von Bogatzky, Königsberg [1726], WKA 839, im Besitz von Karl-Friedrich Kempowski.

192 Kempowski (Anm. 168), S. 432.

193 Kempowski (Anm. 183), S. 120.

194 Vgl. Anm. 167.

195 Vgl. Anm. 183.

196 Niklas Luhmann, »Biographie, Attitüden, Zettelkästen«, in: ders., *Archimedes und wir. Interviews*, hrsg. von Dirk Baecker und Georg Stanitzek, Berlin 1987, S. 125–155.

197 Die Universität Bielefeld hat 2011 mit Unterstützung der Krupp-Stiftung und des Stifterverbandes den wissenschaftlichen Nachlass Niklas Luhmanns erworben. Der Zettelkasten als dessen Kernstück soll in den nächsten Jahren wissenschaftlich erschlossen und der Allgemeinheit als Digitalisat im Internet zugänglich gemacht werden.

198 Luhmann (Anm. 196), S. 150.

199 Niklas Luhmann, »Kommunikation mit Zettelkästen. Ein Erfahrungsbericht«, in: Horst Baier / Hans Mathias Kepplinger / Kurt Reumann (Hrsg.), *Öffentliche Meinung und sozialer Wandel*, Opladen 1981, S. 222–228, hier S. 225.

200 Ebd., S. 222f.

201 Luhmann (Anm. 196), S. 144.

202 Luhmann (Anm. 199), S. 225.

203 Ebd., S. 224.

204 Ebd., S. 143.

205 Ebd., S. 225.

206 *8-Uhr-Abendblatt* (Berlin), Jg. 77, Nr. 23, 28. 1. 1924.

207 Alfred Andersch, *Gesammelte Werke* [= GW], Bd. 10, hrsg. von Dieter Lamping, Zürich 2004, S. 425.

208 Alfred Andersch, »Einige Zeichnungen. Graphische Thesen am Beispiel der Malerin Gisela Andersch« (1977), in: GW 10 (Anm. 207), S. 334.

209 Der Verlag fasst diesen Plot in der Ankündigung so zusammen: »In Anderschs drittem, 1967 erschienenen Roman schickt Chefredakteur Keir Horne seinen Korrespondenten, den deutsch-jüdischen Emigranten George Efraim, nach Berlin mit dem offiziellen Auftrag, über die Kuba-Krise zu berichten, und der privaten Bitte, nach seiner Tochter Esther Bloch zu forschen, die 1938 verschwunden ist. Efraims Reise wird zur Reise in die eigene Vergangenheit, seine Reportage über die politische Krise zum persönlichen Erfahrungsbericht über eine Identitätskrise.« http://www.diogenes. ch/leser/katalog/a-z/e/9783257236033/buch (2.1.2013).

210 Bilder dieser Art hat auch Gisela Andersch gezeichnet und gemalt, zum Teil auch für die Buchumschläge zu den Büchern ihres Mannes. Vgl. *Sansibar ist überall. Alfred Andersch*, hrsg. von Annette Korolnik-Andersch und Marcel Korolnik, München 2008. Selbst ein Kinderbild der Tochter Annette zeigt dieselbe Struktur (S. 200, vgl. hier auch den Kommentar von Nikola Herweg zu den *Efraim*-Materialien, S. 150–159).

211 GW 2 (Anm. 207), S. 11 und 384.

212 Für die freundliche Hilfe bei der Recherche in Fontanes Entwürfen danke ich Gudrun Bernhardt vom Deutschen Literaturarchiv Marbach. Der andere erhaltene Materialteil liegt im Theodor-Fontane-Archiv Potsdam. Die Entwürfe sind erstmals wiedergegeben in Julius Petersen, »Fontanes erster Berliner Gesellschaftsroman«, in: *Sitzungsberichte der Preußischen Akademie der Wissenschaften. Philosophisch-Historische Klasse*, Berlin 1929, S. 480–562.

213 Ebd., S. 482. Petersens Studie ist eine wertvolle Quelle, da er über Fontanes Sohn Friedrich direkten Zugang zu Notizen aus dem Kontext von *Allerlei Glück* hatte, die seit 1945 als verschollen gelten. Der folgende Beitrag stützt sich vielfach auf Petersens Beschreibungen des Entwurfsmaterials.

214 Brief an Wilhelm Hertz, 9. 5. 1878, in: *Dichter über ihre Dichtungen* 12: *Theodor Fontane*, hrsg. von Richard Brinkmann in Zs.-Arb. mit Waltraud Wiethölter, Bd. 2, München 1973, S. 211.

215 An Gustav Karpeles, in: *Dichter über ihre Dichtungen* 12: *Theodor Fontane* (Anm. 214), 2, S. 514.

216 Ausführlich dazu: Petra Spies, *Original Compiler. Notation as Textual Practice in Theodor Fontane*, [Diss. Princeton University], Princeton 2012. Buchausgabe in Vorb. Grundlegend zu Fontanes Arbeitsweise (mit Blick auf seine Entwicklung als Erzähler) siehe Gabriele Radecke, *Vom Schreiben zum Erzählen. Eine textgenetische Studie zu Theodor Fontanes ›L'Adultera‹*, Würzburg 2002.

217 Die Entstehungsgeschichte ist in Petersens Studie rekonstruiert. Zur Interpretation der Entwürfe siehe Renate Böschenstein, *Verborgene Facetten. Studien zu Fontane*, Würzburg 2006, S. 497–507, sowie Walter Müller-Seidel, »Allerlei Glück«. Über einen Schlüsselbegriff im Romanwerk Theodor Fontanes«, in: *Zeitwende* 48 (1977), S. 1–17.

218 Brief vom 15.5.1878 in: Theodor Fontane, *Briefe an Mathilde von Rohr*, hrsg. von Kurt Schreinert, Berlin 1970, S. 184.

219 Auch Bettina Plett zitiert in ihrem Beitrag zu Fontanes Entwürfen diese Stelle, bringt sie aber nicht mit Beweglichkeit in Zusammenhang. Siehe Plett, »Fragmente und Entwürfe«, in: *Fontane-Handbuch*, hrsg. von Christian Grawe und Helmuth Nürnberger, Stuttgart 2000, S. 693–705.

220 Fontanes Notizbücher sind im Besitz der Staatsbibliothek zu Berlin – Preußischer Kulturbesitz (Handschriftenabteilung, Nachlass Theodor Fontane, Signaturen A 1–21; B 1–15; C 1–14; D 1–11; E 1–6). Einführend zu Fontanes Notizbüchern siehe Gabriele Radecke, »Theodor Fontanes Notizbücher. Überlegungen zu einer notwendigen Edition«, in: *Gottfried Keller und Theodor Fontane. Vom Realismus zur Moderne*, hrsg. von Ursula Amrein und Regina Dieterle, Berlin 2008, S. 211–233.

221 Eines der besten Beispiele für Listen, die zur Recherche-Planung eingesetzt werden, findet sich in Notizbuch A11, Bl. 54 r–55 r.

222 Sabine Mainberger, *Die Kunst des Aufzählens. Elemente zu einer Poetik des Enumerativen*, Berlin 2003, S. 7–8.

223 Angaben nach Petersens Beschreibung der Entwürfe (Anm. 213), S. 481 und 487.

224 Plett (Anm. 219), S. 694.

225 Zum Verhältnis von Überfülle und Zugänglichkeit siehe Nikolaus Wegmanns Problemaufriss in *Bücherlabyrinthe. Suchen und Finden im alexandrinischen Zeitalter*, Köln 2000, S. 1–8.

226 Mainberger (Anm. 222), S. 30.

227 Robert E. Belknap, *The List. The Uses and Pleasures of Cataloguing*, New Haven, S. xii.

228 Petersen berichtet über die Umschläge, die zu *Allerlei Glück* nicht erhalten sind (Anm. 213, S. 480–482).

229 Mainberger (Anm. 222), S. 12.

230 Dietrich Diederichsen, »Liste und Intensität«, in: *Abfälle. Stoff- und Materialpräsentation in der deutschen Pop-Literatur der 60er Jahre*, hrsg. von Dirck Linck und Gert Mattenklott, Hannover 2006, S. 107–123, hier 118.

231 Brief vom 27.6.1879, in: Emilie und Theodor Fontane, *Die Zuneigung ist etwas Rätselvolles. Der Ehebriefwechsel 1873–1898*, hrsg. von Gotthard Erler in Zs.-Arb. mit Therese Erler, Berlin 1998, S. 185.

232 Brief vom 3.6.1879, in: *Dichter über ihre Dichtungen* 12: *Theodor Fontane* (Anm. 214), Bd. 2, S. 515.

233 Petersen (Anm. 213), S. 517–519.

234 Angaben nach ebd., S. 482.

235 Julius Petersen, »Fontanes Altersroman«, in: *Euphorion* 29 (1928), S. 1–74, hier 51.

236 Petersen (Anm. 213), S. 518.

237 Peter Rühmkorf, *TABU I. Tagebücher 1989–1991*, Reinbek 1995, S. 10.

238 Peter Rühmkorf, *Selbst III/88, aus der Fassung*, Zürich 1989.

239 Vgl. hierzu Rüdiger Zymner, »Lyriden, Quanten, Wahrsprüche. Aphoristik und aphoristisches Verfahren bei Peter Rühmkorf«, in: *Wirkendes Wort* (2006), H. 2, S. 221–235.

240 Vgl. Peter Rühmkorf, *Paradiesvogelschiß*, Reinbek 2008, S. 7 f.; ausführlich hierzu: Jan Bürger, »… weil er klackste bei mir in den Garten.« Rühmkorfs späte *Ballade von den geschenkten Blättern*, in: ders. / Stephan Opitz (Hrsg.), *»Lass leuchten!« Peter Rühmkorf zwischen Aufklärung, Romantik und Volksvermögen*, Göttingen 2010, S. 135–147.

241 Alle Zitate ohne weitere Angaben sind unveröffentlicht und stammen aus Rühmkorfs undatiertem Zettelkasten aus den 50er-Jahren, Nachlass Peter Rühmkorf, DLA.

242 http://www.gutefrage.net/frage/mondfarbe-als-schreibfarbe-fuer-word (30. 11. 2012)

243 Benjamin anlässlich von Max Kommerells Buch über Jean Paul: »Der eingetunkte Zauberstab«, in: Walter Benjamin, *Angelus Novus. Ausgewählte Schriften*, Bd. 2, Frankfurt a. M. 1966, S. 494–502, hier S. 501

244 Eckhard Hammel (Hrsg.), *Synthetische Welten. Kunst, Künstlichkeit und Kommunikationsmedien*, Essen 1996, S. 119–132, hier S. 119.

245 In: Horst Baier / Hans Mathias Kepplinger / Kurt Reumann (Hrsg.), *Öffentliche Meinung und sozialer Wandel*, Opladen 1981, S. 222–228; vgl. auch: Niklas Luhmann, »Systeme verstehen Systeme«, in: ders. / Karl Eberhard Schorr (Hrsg.), *Zwischen Intransparenz und Verstehen. Fragen an die Pädagogik*, S. 72–117. Frankfurt a. M. 1986, S. 75.

246 Vgl. dazu auch das Nachwort der Autoren zu: Hans Blumenberg, *Quellen, Ströme, Eisberge*, Berlin 2012, S. 271–285.

247 In dem Aufsatz *Beobachtungen an Metaphern* hatte Hans Blumenberg auch die Metapher der kritischen Masse untersucht.

248 Hier klingt ein Thema an, für das sich beide Philosophen lange interessiert haben und das auch Gegenstand der direkten Kommunikation zwischen ihnen geworden ist. Hans Blumenberg hatte im Lexikon *Die Religion in Geschichte und Gegenwart* (RGG) von 1959 den Artikel *Kontingenz* verfasst (Bd 3: H–Kon, Sp. 1793 f.), für ihn »einer der wenigen Begriffe spezifisch christlicher Herkunft in der Geschichte der Metaphysik«. Niklas Luhmann hatte ihm 1969 deshalb geschrieben und um Hinweise auf englischsprachige Literatur zum Thema gebeten.

249 Niklas Luhmann, *Die Wissenschaft der Gesellschaft*, Frankfurt a. M. 1990, S. 107.

250 Niklas Luhmann, *Das Recht der Gesellschaft*, Frankfurt a. M. 1993, S. 126.

251 Niklas Luhmann, »Die Autopoiesis des Bewusstseins«, in: Alois Hahn / Volker Kapp (Hrsg.), *Selbstthematisierung und Selbstzeugnis. Bekenntnis und Geständnis*, Frankfurt a. M. 1987, S. 25–94.

252 Karteikarte: 8338, vgl. Immanuel Kant, *Werke*, hrsg. von Wilhelm Weischedel, Bd. 8, Darmstadt 1983, S. 80.

253 Karteikarte 7865: cogitare III, Nummer 31. – Auch Hannah Arendt charakterisiert das Denken unter Berufung auf Platon, Aristoteles, Kant und Jaspers als inneres Zwiegespräch. (Vgl. das Kapitel *Zwei in einem* in: *Vom Leben des Geistes. Das Denken*, München 1998, S. 179–192)

254 Karin Krauthausen ist in ihrem Aufsatz *Hans Blumenbergs präparierter Valéry* in der *Zeitschrift für Kulturphilosophie* (2012), H. 1, S. 211–224, den Spuren von Hans Blumenbergs Valéry-Rezeption von der Lektüre bis zur Entstehung eigener, teilweise unveröffentlichter Texte nachgegangen und hat an diesem Beispiel auch Hans Blumenbergs Arbeit mit dem Zettelkasten anschaulich gemacht. Vgl. weiterführend zu Blumenberg und Valéry auch ebd. S. 39–63.

255 Hrsg. von Herman Nunberg und Ernst Federn, Bd. 1: 1906–1908, Frankfurt a. M. 1976.

256 Zuerst stellt er die Übertragung der Kartennummern in die Bücher ein, ab 1985 (ab Karteikarte 23.461) unterlässt er auch die numerisch-thematische Verlistung der Karten.

257 Hans Blumenbergs Metaphern-Theorie wurde maßgeblich durch die Toposforschung von Ernst Robert Curtius angeregt.

258 S. 29 ANT NFG IV, später in *Beschreibung des Menschen*, Frankfurt a. M. 2006, S. 512.

259 Ernst Jünger, *Sämtliche Werke* (= SW), Bd. 22, Stuttgart 2003, S. 582.

260 Ernst Jünger, *Mantrana. Einladung zu einem Spiel*, in: SW, Abt. 2, Bd. 12, S. 517 f.

261 Ernst Jünger, *Sgraffiti*, Stuttgart 1985, S. 56.

262 1961 veröffentlicht Jünger die letzten Worte als »Fragment« (SW 22, S. 721–727). Vgl. jetzt die Edition aus dem Nachlass: Ernst Jünger, *Letzte Worte*, hrsg. von Jörg Magenau, Stuttgart 2013.

263 Ernst Jünger, *In Stahlgewittern*, Hannover 1920, S. V.

264 Ernst Jünger, *Lob der Vokale*, in: SW, Abt. 2, Bd. 12, Stuttgart 1979, S. 14.

265 Zur Publikationsgeschichte des Romans *Das steinerne Herz* siehe ›Jan Philipp Reemtsma, »Zensur«, in: *In Sachen Arno Schmidt .I. – Prozesse 1 & 2*, Zürich 1988, S. 193 ff.

266 Alice Schmidt, *Tagebuch aus dem Jahr 1955*, hrsg. von Susanne Fischer, Frankfurt a. M. 2008, S. 207 f.

267 DLA Marbach / Durchschlag im Archiv der Arno Schmidt Stiftung, Bargfeld.

268 Brief von Ernst Krawehl an Arno Schmidt, Archiv der Arno Schmidt Stiftung, Bargfeld.

269 Brief von Ernst Krawehl an Bernd Rauschenbach vom 30. Oktober 1985; eine weitere ›Umordnung‹ der Zettel geschah Mitte der 90er-Jahre im Verlauf der Archivierung des Krawehl'schen Nachlasses durch versehentliches Fallenlassen des Kastens.

270 Alice Schmidts nachgelassene Tagebücher finden sich im Archiv der Arno Schmidt Stiftung, Bargfeld.

271 Faksimiliert und transkribiert in: *Arno Schmidts ›Seelandschaft mit Pocahontas‹. Zettel und andere Materialien*, hrsg. von Susanne Fischer und Bernd Rauschenbach, Zürich 2000.

272 Mündliche Äußerung Arno Schmidts gegenüber Bernd Rauschenbach am 23. September 1976.

273 Brief Arno Schmidts an Ernst Krawehl vom 4. Mai 1963.

274 Die Zettel wurden inzwischen von der Arno Schmidt Stiftung aus der Tüte entnommen und weitgehend geglättet; die komplette Transkription der Zettel findet sich unter www.Arno-Schmidt-Stiftung.de/Archiv/Caliban.html (2. 1. 2013).

275 Für 52 DIN-A4-Seiten Reinschrift – also noch eine etwas höhere »Dichte« als bei der *Wasserstraße*.

276 Solche Ordnungskarten sind im *Pocahontas*-Zettelkasten nicht vorhanden, und die Anlage des Kastens lässt auch nicht vermuten, dass es sie in dieser frühen Arbeitsphase mit Zettelkästen schon gegeben hätte. Auch die auf die *Seelandschaft* folgende Erzählung *Kosmas* kam wohl noch ohne Ordnungskärtchen aus; Tagebucheintragung von Alice Schmidt am 15. November 1953: »A. arbeitet wie jd. Tg. drüben an Kosmas. Kommt rein und bringt Zigarrenkistel mit lauter blauen Mäppchen drin, an. Und da sind schon viele Hunderte kl. Zettelchen drin, hat er heute alles geordnet: ›wenns schon Mäppchenstadium ist, dann, ists faul.‹ Er hat aber noch keine Handlung, nur alles Sachliche.« – Ordnungskarten-Gerüste (ohne Zettel) hat Schmidt aufbewahrt zu folgenden fertiggestellten Texten: *Die Gelehrtenrepublik, Sitara und der Weg dorthin, Die Wasserstraße, Die Abenteuer der Sylvesternacht, … und dann die Herren Leutnants!, Der Ritter vom Geist.*

277 Arno Schmidts LILIENTHAL 1801 oder DIE ASTRONOMEN. *Fragmente eines nicht geschriebenen Romans*, unter Mitarb. von Susanne Fischer hrsg. von Bernd Rauschenbach, Zürich 1996.

278 Fotos von den Zettelkästen in Michel Ruetz' Bildband *Arno Schmidt. Bargfeld*, Frankfurt a. M. 1993.

279 Mündliche Mitteilung Schmidts an Bernd Rauschenbach Mitte der 70er-Jahre.

280 Diese Zahl nennt er in einem Rundfunkvortrag (Bargfelder Ausgabe der Werke Arno Schmidts [= BA], Supplemente, Bd. 2, S. 33). Stichproben lassen eine Zahl deutlich unter 50 000 vermuten.

281 Laut einem handschriftlichen Aufkleber auf dem Zettelkasten.

282 Alles mündliche Mitteilungen Schmidts an Bernd Rauschenbach am 21. 4. 1979.

283 Siehe dazu Jan Philipp Reemtsmas Ausführungen in Michel Ruetz, *Arno Schmidt. Bargfeld*, Frankfurt a. M. 1993, S. 77.

284 Vgl. *Großer Kain*, BA I,3, S. 356, Zeile 30.

285 In der *Schule der Atheisten* (BA IV, 2, S. 152) behauptet Kolderup, der Autor von *Zettel's Traum* habe ihm ein paar hundert Zettel »nachgesickertn Materials« geschenkt.

286 Siehe Bargfelder Ausgabe der Werke Arno Schmidts, Supplemente Bd. 1, S. 28 – 34.

287 *Vorläufiges zu Zettels Traum*, Frankfurt a. M. 1977, S. 3.

288 *Seelandschaft mit Pocahontas*, erstveröffentlicht in: *Texte und Zeichen*, Berlin/Neuwied, Nr 1/1955, S. 11 – 53; im Folgenden zitiert nach: BA I,1, S. 391 – 437 [SLMP].

289 *Die Umsiedler*, erstveröffentlicht in: *Die Umsiedler. 2 prosastudien (kurzformen zur wiedergabe mehrfacher räumlicher verschiebung der handelnden bei festgehaltener einheit der zeit)*. Frankfurt a. M. 1953.

290 *Berechnungen*, in: BA III/3, S. 101 – 106, hier S. 102.

291 Alice Schmidt, Tagebucheintragung vom 25. 6. 1953.

292 Zettel Nr. 380, in: *Arno Schmidts ›Seelandschaft‹* (Anm. 271), S. 49.

293 SLMP, S. 418.

294 *Arno Schmidts ›Seelandschaft‹* (Anm. 271), S. 163. Es handelt sich um ein 21 × 18,5 cm großes Blatt mit wenigen Notizen.

295 18 dieser Mäppchen, gefalzte Zettel mit kurzen Angaben zum Inhalt von Foto und Text, befinden sich noch im Zettelkasten. Ihre doppelte Numerierung zeigt, dass die Erzählung zu diesem Zeitpunkt noch auf 24 Einheiten angelegt war (siehe Abbildungsteil).

296 Nicht erhalten.

297 SLMP, S. 393.

298 SLMP, S. 395.

299 *Arno Schmidts ›Seelandschaft‹* (Anm. 271), S. 31.

300 SLMP, S. 407.

301 *Seelandschaft mit Pocahontas. Zettel und andere Materialien*, S. 38.

302 SLMP, S. 410f.

303 SLMP, S. 411.

304 *Seelandschaft mit Pocahontas. Zettel und andere Materialien*, S. 15.

305 Ab 1957 fertigte Schmidt keine handschriftlichen Manuskripte mehr an; die erste Fassung nach dem Zettelkasten ist nun immer ein Typoskript. Bei der *Seelandschaft* ist die Textgenese nach dem Zettelstadium mit einer Kombination aus Handschrift und Typoskript vergleichsweise kompliziert: Auf die handschriftliche Fassung der ›Fotos‹ (H¹) folgt eine Typoskriptfassung der *Fotos* (T¹), darauf eine handschriftliche Fassung der ›Texte‹ (H²), und schließlich das Aufkleben der handschriftlichen *Texte* auf die Blätter mit den typoskribierten ›Fotos‹. Vgl. dazu das Faksimile des Manu-Typoskripts: *Seelandschaft mit Pocahontas. Zettel und andere Materialien*, S. 84 – 161.

306 SLMP, S. 431.

307 Zettel 554, *Seelandschaft mit Pocahontas. Zettel und andere Materialien*, S. 71.

308 *Zettel's Traum*, BA I/4, S. 530f.

309 Siegfried Kracauer, *Glück und Schicksal*, in: *Frankfurter Zeitung*, 10. 10. 1931; wieder in: ders., *Werke*, hrsg. von Inka Mülder-Bach und Ingrid Belke, hier Bd. 5.3: *Essays, Feuilletons, Rezensionen 1928 – 1931*, hrsg. von Inka Mülder-Bach unter Mitarb. von Sabine Biebl, Andrea Erwig, Vera Bachmann und Stefanie Manske, Berlin 2011, S. 664f.

310 Ebd., S. 666.

311 Kracauer an Ernst Bloch, 5. 7. 1934, in: Ernst Bloch, *Briefe 1903 – 1975*, hrsg. von Karola Bloch, Uwe Opolka [u. a.], Bd. 1, Frankfurt a. M. 1985, S. 381.

312 So die Gattungsbezeichnung, die Kracauer selbst für das Buch wählte; siehe Kracauer, *Jacques Offenbach und das Paris seiner Zeit*, hrsg. von Ingrid Belke unter Mitarb. von Mirjam Wenzel, Frankfurt a. M. 2005, S. 11.

313 Konrad Gessner, *Pandectarum sive Partitionum universalum* (1548); zit. nach Krajewski (Anm. 6), S. 22.

314 Vgl. Nachlass Kracauer zu *Jacques Offenbach und das Paris seiner Zeit*, Konv. Exzerpte u. Materialien, 3 Mappen, 1. Mappe, Deutsches Literaturarchiv Marbach.

315 Vgl. Olivier Agard, »Jacques Offenbach ou l'archéologie de la modernité«, in: Nia Perivolaropoulou / Philippe Despoix (Hrsg.), *Culture de masse et modernité. Siegfried Kracauer sociologue, critique, écrivain*, Paris 2001, S. 178 – 211, bes. S. 190 ff.

316 So die Gattungsbezeichnung Kracauers für die Operetten, die Offenbach nach *Orpheus in der Unterwelt* (1858) komponierte, vgl. Kracauer, *Werke*, Bd. 8 (Anm. 312), S. 192 ff.

317 Vgl. ebd. S. 179. Adornos Kritik an *Jacques Offenbach und das Paris seiner Zeit* reklamiert u. a., dass Kracauer »den von Benjamin in die Diskussion eingeführten Begriff der Phantasmagorie umgänglich« zu machen suche; vgl. Theodor W. Adorno an Kracauer, 13. 5. 1937, in: ders., *Briefe und Briefwechsel*, hrsg. vom Theodor W. Adorno Archiv, Bd. 7: Ders. / Kracauer, *Briefwechsel 1923 – 1966*, hrsg. von Wolfgang Schopf, Frankfurt a. M. Main 2008, S. 356.

318 Kari Grimstadt, »Jacques Offenbach. Reflex und Reflexion eines Phänomens bei Karl Kraus und Siegfried Kracauer«, in: Michael Kessler / Thomas Y. Levin (Hrsg.), *Siegfried Kracauer. Neue Interpretationen*, Tübingen 1990, S. 62.

319 Kracauer, *Werke*, Bd. 8 (Anm. 312), S. 531.

320 Vgl. im Nachlass Kracauer zu *Jacques Offenbach und das Paris seiner Zeit*, Entw., 7 Hefte u. 178 Bl., Heft mit der Aufschrift »1819 – 1890«, Deutsches Literaturarchiv Marbach.

321 Ebd.

322 Zit. nach Hans Puttnies / Gary Smith, *Benjaminiana. Eine biographische Recherche*, Gießen 1991, S. 202 f.

323 Inka Mülder-Bach, »Nachwort und editorische Notiz«, in: Siegfried Kracauer, *Werke*, Bd. 3: *Theorie des Films*, hrsg. von Inka Mülder-Bach unter Mitarb. von Sabine Biebl. Frankfurt a. M. Main 2005, S. 852.

324 Die Neuauflage des Buchs im Rahmen der Werkausgabe weist diese verdeckten Zitate in Form eines Stellenkommentars nach.

325 Walter Benjamin, *Gesammelte Schriften*, Bd. V.1: *Das Passagen-Werk*, hrsg. von Rolf Tiedemann, Frankfurt a. M. 1991, S. 574.

326 Ders., »Ein Außenseiter macht sich bemerkbar. Zu S. Kracauer, *Die Angestellten*«, in *Die Gesellschaft* 7 (1930), Bd. 1, S. 477; wieder in: ders., *Gesammelte Schriften*, Bd. 3: *Kritiken und Rezensionen*, hrsg. von Hella Tiedemann-Bartels, Frankfurt a. M. 1991, S. 225.

327 Kracauer, *Werke*. Bd. 8 (Anm. 312), S. 13.

328 Ebd.

329 Ders., »Das Ornament der Masse«, in: *Frankfurter Zeitung*, 9. und 10. 6. 1927; wieder in: ders., *Werke*, Bd. 5.2, S. 612.

330 Vgl. ders., *Werke*, Bd. 8 (Anm. 312), S. 113 – 120, 303 – 310.

331 *Werke* (Anm. 329), S. 612.

332 Vgl. Kracauer, *Werke*, Bd. 3: *Theorie des Films* (Anm. 323), S. 129 f.

333 Vgl. Adorno an Kracauer, 13. 5. 1937, in: *Briefwechsel 1923 – 1966* (Anm. 317), S. 356 f. In seiner Replik auf Adornos Kritik führt Kracauer an, dass »der Begriff der Wirklichkeit [...] kein schlecht abstrakter, sondern ein konkret begrenzter, wohldefinierter« sei und »die bürgerliche Republik« meine, von der das Buch seinen »methodischen Ausgang« nehme; vgl. Kracauer an Adorno, 25. 5. 1937, in: ebd., S. 362 f.

334 Vgl. Kracauer, *Werke*, Bd. 3 (Anm. 323), S. 573.

335 Ebd., S. 599.

336 Ebd., S. 18.

337 Ebd., S. 130.

338 Vgl. ders., *Werke*, Bd. 8: *Jacques Offenbach und das Paris seiner Zeit* (Anm. 312), S. 485 – 502. In der Vorbemerkung stellt Kracauer noch einmal die Affinität des Buchs zum Filmischen heraus, indem er anführt: »Das folgende *motion picture treatment* ist unter ausschließlicher Benutzung des in meinem Buchs [...] verarbeiteten Materials zustande gekommen – eines Materials, das selber aus zahllosen Originalquellen geschöpft ist« (ebd., S. 485).

339 Ders., *Werke*. Bd. 4: *Geschichte – Vor den letzten Dingen*, hrsg. von Inge Belke unter Mitarb. von Sabine Biebl, Frankfurt a. M., S. 16.

340 Siehe ebd., Kap. VIII, S. 209 ff.

341 Ebd., S. 69.

342 Ebd., S. 210.

343 *Jean Pauls sämtliche Werke*, hist.-krit. Ausg., hrsg. von Eduard Berend, Nachdruck, Berlin 1975, IV/1, S. 370.

344 Für Hinweise und Korrekturen bedanke ich mich sehr herzlich bei Dr. Claudia Wedepohl vom Warburg Institute in London

345 Vgl. zuletzt Anthony Grafton / Jeffrey H. Hamburger, »Introduction. Warburg's Library and Its Legacy«, in: *Common Knowledge* 18,1: The Warburg Institute. Special Issue on the Library and Its Readers (2012), S. 1–16; vgl. darin auch Jill Kraye, »Unpacking the Warburg Library«, S. 117–127; vgl. auch Martin Jesinghausen-Lauster, *Die Suche nach der symbolischen Form. Der Kreis um die Kulturwissenschaftliche Bibliothek Warburg*, Baden-Baden 1985; Tilmann von Stockhausen, *Die Kulturwissenschaftliche Bibliothek Warburg. Architektur, Einrichtung und Organisation*, Hamburg 1992.

346 Vgl. zu Warburgs Werk die immer noch maßgebliche Darstellung von Ernst H. Gombrich, *Aby Warburg. An Intellectual Biography. With a memoir of the Library by F. Saxl*, London 1970. Darin auch Fritz Saxl, »The History of Warburg's Library (1886–1944)«, S. 326–338.

347 Vgl. Carl Georg Heise, *Persönliche Erinnerungen an Aby Warburg*, New York 1947; auch ders., »Rede bei der Gedenkfeier am 13. Juni 1966 an der Hamburger Universität«, in: *Aby Warburg zum Gedächtnis*, Hamburg 1966, S. 37–46, hier S. 43: »In immer uferloser anwachsenden Zettelkästen, seine Bücherregale fast verstellend, wurde das Material angehäuft. Seine ganze Familie wurde eingespannt, um die Sysiphus-Arbeit zu bewältigen.«

348 Vgl. Peter J. Schwartz, »Aby Warburgs Kriegskartothek. Vorbericht einer Rekonstruktion«, in: *Kasten 117. Aby Warburg und der Aberglaube im Ersten Weltkrieg*, hrsg. von Gottfried Korff, Tübingen 2007, S. 39–70; vgl. darin auch Claudia Wedepohl, »Agitationsmittel für die Bearbeitung der Ungelehrten«. Warburgs Reformationsstudien zwischen Kriegsbeobachtung, historisch-kritischer Forschung und Verfolgungswahn«, S. 325–368. Dieser verschollene Zettelkastenbestand umfasste wahrscheinlich noch einmal genauso viele Kästen wie die heute erhaltene Sammlung.

349 Die heute auf den Zetteln aufgedruckten Nummerierungen der Form nach 002/000xxx sind ebenfalls ein Hinweis auf die immer wieder veränderte Ordnung. Sie sind möglicherweise vor Warburgs Italienreise entstanden, um die ›römischen Kästen‹ mit dem Material der anderen Kästen zu bestücken.

350 Vgl. dazu Wedepohl (Anm. 348), S. 362; vgl. auch Ludwig Binswanger / Aby Warburg, *Die unendliche Heilung. Aby Warburgs Krankengeschichte*, hrsg. von Chantal Marazia und Davide Stimilli, Berlin 2007.

351 Vgl. Aby M. Warburg, »*Per Monstra ad Sphaeram«. Sternglaube und Bilddeutung. Vortrag in Gedenken an Franz Boll und andere Schriften 1923 bis 1925*, hrsg. von Davide Stimilli und Claudia Wedepohl, München 2008.

352 Vgl. Aby M. Warburg, »Heidnisch-antike Weissagung in Wort und Bild zu Luthers Zeiten«, in: ders., *Gesammelte Schriften*, hrsg. von Gertrud Bing, Leipzig/Berlin 1932, Bd. II, S. 487–558, 534 f., zu Dürer und Brant: 524 f.

353 Die gelehrte Gewissenhaftigkeit hebt Gombrich (Anm. 346), S. 13 f., hervor, die in einem Motto Warburgs zum Ausdruck kam: »Der liebe Gott steckt im Detail.«

354 Vgl. WIA Z. 002/000761.

355 Die Signatur lautet NLH 2925, ebenso wie die von Rudolf Burckhardt, *Biologie und Humanismus. Drei Reden*, Jena 1907.

356 3. Aufl., Jena: G. Fischer, 1902, Signatur im WI: DAD 260.

357 Gemeint ist Ernst Mach, *Die Mechanik in ihrer Entwicklung, historisch-kritisch dargestellt*, Leipzig 1921, Signatur im WI: FFF 180, das wiederum in der Nachbarschaft von Ludwig Lange, *Die geschichtliche Entwickelung des Bewegungsbegriffes und ihr voraussichtliches Endergebnis: Ein Beitrag zur historischen Kritik der mechanischen Principien*, Leipzig 1886, und zu Vorreden und Einleitungen zu klassischen Werken der Mechanik: *Galilei, Newton, D'Alembert, Lagrange, Kirchhoff, Hertz, Helmholtz*, hrsg. von Alouis Höfer, Leipzig 1899, steht.

358 Vgl. Ernst Mach, »Die Ähnlichkeit und die Analogie als Leitmotiv der Forschung«, in: *Annalen der Naturphilosophie* 1 (1901), S. 5–15. Andere Autoren der *Annalen* waren u.a. Max Planck, William Ramsey und Felix Hausdorff.

359 Vgl. Karl Lamprecht, »Ueber den Begriff der Geschichte und über historische und psychologische Gesetze«, in: *Annalen der Naturphilosophie* 2 (1903), S. 255–285: Zu Warburgs Verhältnis zu seinem Lehrer vgl. Gombrich 1970 (Anm. 346), S. 37: »if there is one man who may be called Warburg's real teacher, it is Lamprecht«; vgl. auch Kathryn Brush, »Aby Warburg and the Cultural Historian Karl Lamprecht«, in: *Art History as Cultural History. Warburg's Projects*, hrsg. von Richard Woodfield, Amsterdam 2001, S. 65–93.

360 Vgl. Roger Chickering, »The Lamprecht Controversy«, in: *Historikerkontroversen*, hrsg. von Hartmut Lehmann, Göttingen 2000, S. 15–29.

361 Vgl. Emil Menke-Glückert, *Goethe als Geschichtsphilosoph und die geschichtsphilosophische Bewegung seiner Zeit*, Leipzig 1907, S. 70. Signatur in der WI: HAE 260.

362 Vgl. Z. 002/000404; vgl. Immanuel Kant, *Sämmtliche Werke*, hrsg. von G. Hartenstein, Leipzig 1867–68.

363 Z. 002/000411. Warburg zitiert Wundt, *Logik. Eine Untersuchung der Principien der Erkenntnis und der Methode wissenschaftlicher Forschung*, Stuttgart 1895, Bd. II/2, S. 413, aus Ernst Bernheim, *Lehrbuch der historischen Methode und der Geschichtsphilosophie. Mit Nachweis der wichtigsten Quellen und Hilfsmittel zum Studium der Geschichte*, Leipzig 1908, S. 60 f.

364 Vgl. Aby Warburg, »Italienische Kunst und internationale Astrologie im Palazzo Schifanoja zu Ferrara« (1912), in: ders., *Gesammelte Schriften* (Anm. 352), Bd. II, S. 459–481, hier 461; vgl. dazu Gombrich 1970 (Anm. 346), S. 177–185; Warburg schreibt in seinen Notizen über das »Festwesen« von 1903 bis 1906: »Das eigentliche Object ihres Wetteifers war die Schilderung des innerlich oder äusserlich gesteigerten Ausdrucks der einzelnen menschlichen Erscheinung, es sei nur der innerlich religiös ergriffene, der zierlich geschmückte oder drastisch bewegliche Mensch. Ich will die Formel, die ich dafür gefunden habe, nicht überschätzen, aber es gibt eben auf dem Gebiete der bildenden Kunst, wie Osthoff auf sprachlichem Gebiet betrachtet hat, ein Suppletivwesen, ein Austauch- und Ersatzwesen der superlativen Formen.« Und er ergänzt in einer diagrammatischen Aufschreibeform: »Physignomische Grenzwerte im Augenblick der höchsten Erregung (pathos) oder tiefster Versenkung (ethos) / verstärkungsbedürftig« zit. nach Gombrich (Anm. 346), S. 178 f.

365 Vgl. Roger Chickering, »Das Leipziger ›Positivisten-Kränzchen‹ um die Jahrhundertwende«, in: *Kultur und Kulturwissenschaften um 1900*, Bd. II: *Idealismus und Positivismus*, hrsg. von Gangolf Hübinger, Rüdiger vom Bruch und Friedrich Wilhelm Graf, Stuttgart 1997, S. 227–240.

366 Vgl. Wundt (Anm. 363), Bd. II/2, S. 284f., vgl. auch ebd., S. 416: »Auf diese Weise entspringen die historischen Contraste unmittelbar aus dem allgemeinen psychologischen *Princip der Contrastverstärkung* (S. 282), einem Princip das sich vom individuellen Seelenleben aus auf alle jene objectiven Erscheinungen überträgt, die schliessich in den Gemüthsbewegungen und Willenshandlungen der Einzelnen ihre Quellen haben.«

367 Vgl. ebd., S. 416: Vorbild eines Historikers für Wundt, der das »Gesetz des Contrastes« erkannte, ist Leopold von Ranke, der gleichwohl nicht die zureichende begriffliche Klarheit angewandt habe, um die aus den »unerforschten Tiefen des menschlichen Geistes« rührende Kräfte präzise zu beschreiben; das kann, nach Wundt, »nicht historisch, sondern nur psychologisch begriffen werden«.

368 In: *Archiv für Kulturgeschichte* 4 (1906), S. 273–285, worin Lindner vorgibt, dass »allgemeine Grundzüge festgestellt werden, die für alle Zeiten, für alle Verhältnisse gültig sind« (S. 274).

369 Vgl. Z. 002/000415-000417.

370 Vgl. Eduard Meyer, *Zur Theorie und Methodik der Geschichte. Geschichtsphilosophische Untersuchungen*, Halle 1902, S. 26–29, hier S. 26 von Below folgend: »In der That, bei langjähriger historischer Forschung habe weder ich selbst jemals ein historisches Gesetz gefunden, noch bin ich bei irgend einem Andern einem historischen Gesetze begegnet.« Georg von Below selbst schreibt in einer seiner zahlreichen Polemiken gegen Lamp-

recht, »Die neue historische Methode«, in: *Historische Zeitschrift* 81 (1898), S. 193–273, hier S. 244: »Es ist nicht mehr oder weniger schwierig, die Gesetze der Geschichte zu finden, sondern der Begriff des ›historischen Gesetzes‹ ist eine contradictio in adiecto, d.h. Geschichtswissenschaft und Gesetzeswissenschaft schließen einander begrifflich aus.«

371 Vgl. Walter Goetz, »Geschichte und Kulturgeschichte«, in: *Archiv für Kulturgeschichte* 8 (1910), S. 4–19, S. 4: »Die erdrückende Mehrzahl der kompetenten Forscher hat abgelehnt, was dem einen Teile der damals Streitenden als das Wesentliche erschien: die biologische Gesetzmäßigkeit der Geschichte, die Formulierung bestimmter Kulturzeitalter, die vergleichende Methode – das alles sind Anschauungen, die in Deutschland unterlegen sind und die auch durch die immer wiederholte Versicherung auf künftigen Sieg nichts an innerer Gewißheit gewinnen.« Goetz gehört gleichwohl zu den liberaleren Historikern, die sich gegen Lamprecht stellten. So distanzierte er sich gegenüber dem Primat des Staates und propagierte eine Kulturgeschichte im allgemeinen Sinn (vgl. S. 12).

372 Vgl. Roger Chickering, *Karl Lamprecht. A German Academic Life (1856–1915)*, Atlantic Highlands 1993, S. 271: »Like his contemporaneous historical scholarship of his friends Werner Sombart and Ernst Troeltsch, Weber's essay suggested that the broader designs of cultural history might reemerge at the disciplinary juncture where sociology was taking shape. One is tempted to say that their *Kulturgeschichte* was more Lamprechtian in scope than the kind of cultural history then being defined by Meinecke, Goetz, and Below. It was certainly more comprehensive than the historians', and it was more sensitive to the historical interaction among realms of behavior that lay outside the state.«

373 Z. 002/000520. Der Text von Troeltsch, in: *Die Kultur der Gegenwart. Ihre Entwicklung und ihre Ziele*, hrsg. von Paul Hinneberg, Tl. I, Abt. IV: *Die Christliche Religion mit Einschluss der israelitisch-jüdischen Religion*, von Julius Wellhausen, A. Jülicher, Adolph Harnack [u.a.], Berlin 1906, S. 253–458.

374 Vgl. Z. 002/000521-000523.

375 Troeltsch (Anm. 373), S. 257; die von Warburg exzerpierte Passage lautet: »Barbarenkraft und religiöse Gemütsvertiefung, die Verfeinerung und Verinnerlichung aller Lebensinteressen, die Ausbreitung der [hier durchgestrichen ›die Ausbrei-t‹ – ein Hinweis darauf, dass er aus dem Buch abschreibt, B.S.] Phantasie ins Grandiose und Zart-Innerliche, die Entstehung immer neuer Kämpfe aufgrund der Idee einer kirchlichen Gesamtkultur, die Nötigung, die damit geschaffenen Probleme durch neue praktische und theoretische Schöpfungen zu lösen, und die Ergreifung und Ausdehnung der in der kirchlichen Kultur selbst schon enthaltenen antiken Elemente: das hat die eigentliche und echte Renaissance geschaffen; die antikisierende und heidnische Hochrenaissance Italiens ist nur ein unfruchtbarer Seitenzweig. Dem wird im ganzen zuzustimmen sein, wenn auch nicht übersehen werden darf, daß in dieser Renaissancebewegung aus dem antiken Material philosophische, naturwissenschaftliche, historische und theologische Ideen hervorgingen, die etwas völlig Neues bedeuten, aber freilich zu schwach und verschwommen sind, um gegen den Geist der überwiegend kirchlichen Kultur aufzukommen. Sie bleiben in der Stille und treten mit ihrer Wirkung erst hervor, nachdem diese Kultur sich in sich selbst verzehrt und dem neuen wissenschaftlichen Geist selbst die Breschen aufgetan hatte, durch die er eindringen konnte. Wesentlich Wiederbelebung der Antike ist freilich dieser Geist auch so nicht; denn sein Zentrum, die mathematische Naturwissenschaft, ist eine völlig moderne Schöpfung.«

376 Vgl. Warburg, *Gesammelte Schriften* (Anm. 352).

377 Z. 002/000524. Vgl. Ernst Troeltsch, »Die Bedeutung des Protestantismus für die Entstehung der modernen Welt«, in: *Historische Zeitschrift* 97 (1906), S. 1–66; und Max Weber, »Die protestantische Ethik und der ›Geist‹ des Kapitalismus«, in: *Archiv für Sozialwissenschaft und Sozialpolitik* 20/21 (1904/05), S. 1–54 / S. 51–10.

378 Vgl. WIA, GC, Kopierbuch II, S. 159: Aby Warburg an Max Weber, undatiert, und ebd.: Max Weber an Aby Warburg, undatiert.

379 Vgl. in der Reihenfolge die Zettel Z. 002/000524-000532.

380 Henrich Heine, *Die romantische Schule*, in: ders., *Sämtliche Werke*, Bd. 5., hrsg. von Klaus Briegleb, München 1976, S. 470. Vgl. auch Anette Horn, *Die Poetik des »Zettelkastens«* (Anm. 12).

381 Jean Paul, *Vorschule der Ästhetik* in: ders., *Werke* (Anm. 12), Abt. 1, Bd. 5, S. 322.

382 Stefan George, *Sämtliche Werke*, hrsg. von der Stefan-George-Stiftung, bearb. von Georg Peter Landmann und Ute Oelmann, Bd. 17, S. 53.

383 Jean Paul, *Vorschule der Ästhetik* in: ders., *Werke* (Anm. 12), Abt. 1, Bd. 5, S. 202.

384 Jean Paul, *Titan*, in: ders., *Werke* (Anm. 12), Abt. 1, Bd. 3, S. 58 f.

385 Ebd., S. 571–574.

Der vorliegende Marbacher Katalog erscheint zur
Ausstellung ›Zettelkästen. Maschinen der Phantasie‹
Literaturmuseum der Moderne, Marbach am Neckar
4. März bis 15. September 2013

© 2013 Deutsche Schillergesellschaft, Marbach am Neckar
Redaktion: Dietmar Jaegle
Ausstattung: Diethard Keppler und Marcus Wichmann
nach einem Entwurf von Diethard Keppler und Stefan Schmid
Gesamtherstellung: Offizin Scheufele, Stuttgart
ISBN 978-3-937384-83-2

Die Deutsche Schillergesellschaft wird gefördert
durch die Bundesrepublik Deutschland,
das Land Baden-Württemberg, den Landkreis
Ludwigsburg und die Städte Ludwigsburg
und Marbach am Neckar.

Fotografie (wenn nicht anders vermerkt):
DLA Marbach (Chris Korner)

Ausstellung: Heike Gfrereis und Ellen Strittmatter.
Mitarbeit Leihverkehr und Organisation: Vinca Loch-
stampfer. Mitarbeit Redaktion: Dietmar Jaegle.

Gestaltung: Diethard Keppler und Marcus Wichmann
(Grafik), Space4 (Architektur).

*Eine Ausstellung im Rahmen des Jean-Paul-Jahres
2013 des Deutschen Literaturarchivs Marbach,
der Berlin-Brandenburgischen Akademie der
Wissenschaften und der Staatsbibliothek zu Berlin.*

Begleitend zur Ausstellung finden zwei weitere Ausstellungen statt: ›fluxus 24: »du sagst ja immer, wir
sind ein Gespräch«. Vorlassbesichtigung bei Tankred
Dorst und Ursula Ehler‹ (18. Februar bis 2. Juni) –
›fluxus 25: Objekt digital. Friedrich Kittlers Speicherplatz‹ (13. Juni bis 22. September)

WIR DANKEN

für viel mehr als nur ihre Texte:
Markus Bernauer, Ulrich von Bülow, Jan Bürger,
F. C. Delius, Oswald Egger, Susanne Fischer, Wilhelm
Genazino, Hans Ulrich Gumbrecht, Hektor Haarkötter,

Eckart Henscheid, Tania Hron, Jost Philipp Klenner, Dorit Krusche, Adriana Markantonatos, Petra Spies McGillen, Norbert Miller, Jochen Missfeldt, Bernd Rauschenbach, Peter Reuter, Johannes F. K. Schmidt, Benjamin Steiner, Angela Steinsiek, Martin Stingelin, Alissa Walser, Miriam Wenzel und Sabine Wolf.

für Leihgaben und Abbildungen sowie Veröffentlichungs- und Abbildungsrechte:
Bettina Blumenberg, Oswald Egger, Helga Jauss-Meyer, der Erbengemeinschaft Reinhart Koselleck, Martin Warnke sowie der Akademie der Künste in Berlin, Archiv, dem Deutschen Dokumentationszentrum für Kunstgeschichte – Bildarchiv Foto Marburg, der Schweizerischen Nationalbibliothek und dem Schweizerischen Literaturarchiv Bern, der Staatsbibliothek zu Berlin – Preußischer Kulturbesitz, der Stiftung Insel Hombroich, dem Warburg-Haus Hamburg, dem Archiv des Warburg Institute London, dem Albrecht Knaur Verlag, München, der Universitätsbibliothek Gießen und der Universität Bielefeld.

für Hilfen bei der Suche nach Exponaten, nach Autoren und nach Funktionsweisen der Zettelkästen:
Catherine Amé, Lukas Dettwiler, Ricarda Dick, Janet Dilger, Ruth Doersing, Ulrike Garus, Petra Gebeschus, Florian Höllerer, Christiane Holm, André Kieserling, Annette Korolnik-Andersch, Rosemarie Kutschis, Marcel Lepper, Hubert Locher, Eckart Marchand, Franco Mombelli, Inka Mülder-Bach, Eef Overgaauw, Ulrich Raulff, Judith Schalansky, Denis Scheck, Susanne Scheidler, Heinz Schlaffer, Thomas Schmidt, Charlotte Schoell-Glass, Elisabeth Sears, Karlheinz Stierle, Jutta Weber, Claudia Wedepohl und Erdmut Wizisla.

für die Mithilfe bei der Realisation: Matthias Friedrich (LUNALICHT), Karl Lempp, MüllerKälber GmbH, Birgit Widler (Renz Siebdruck und Werbetechnik GmbH), Susanne Boehme, Enke Huhsmann und Anaïs Ott (konservatorische Betreuung), Johannes Kempf, Silke Weber, Christoph Willmitzer (Digitalisierung).